Roder/Röthemeyer/Braun
Verbraucherstreitbeilegungsgesetz

Verbraucher-streitbeilegungsgesetz

von

Matthias Roder

Ministerialrat im Bayerischen Staatsministerium
für Umwelt und Verbraucherschutz, München

Peter Röthemeyer

Leitender Ministerialrat im Niedersächsischen Justizministerium,
Mediator, Hannover

Felix Braun

Vorstand Zentrum für Schlichtung e.V.,
Kehl

2017

C.H.BECK

Zitierweise:
Roder/Röthemeyer/Braun/*Bearbeiter* VSBG § ... Rn. ...

www.beck.de

ISBN 978 3 406 69232 1

© 2017 Verlag C. H. Beck oHG
Wilhelmstr. 9, 80801 München
Druck und Bindung: Nomos Verlagsgesellschaft mbH & Co. KG
In den Lissen 12, 76547 Sinzheim

Satz und Umschlaggestaltung:
Druckerei C. H. Beck, Nördlingen

Gedruckt auf säurefreiem, alterungsbeständigem Papier
(hergestellt aus chlorfrei gebleichtem Zellstoff)

Vorwort

Es war keine leichte Aufgabe für den deutschen Gesetzgeber, als er sich daran machte, die EU-Richtlinie über die außergerichtliche Streitbeilegung in Verbraucherangelegenheiten umzusetzen. Aus dem bestehenden Flickenteppich an Schlichtungsverfahren musste ein umfassendes Schlichtungsangebot für sämtliche Verbraucherstreitigkeiten geschaffen werden, wobei weder die Wirtschaft zur Beteiligung verpflichtet, noch eine staatliche Parallelstruktur zur Gerichtsbarkeit aufgebaut werden sollte. Wieviel Verbraucherschlichtung sollte es in Deutschland künftig geben? Aus Verbrauchersicht konnte die Antwort eigentlich nur lauten, dass es so viel hochwertige Schlichtung wie möglich geben solle, um ohne finanzielles Risiko die Ansprüche gegenüber den Unternehmern als Vertragspartner besser durchsetzen zu können. Aber schon die Verbraucherverbände sahen in der Schlichtung ein zweischneidiges Schwert, das einerseits die Rechtsdurchsetzung erleichtert, andererseits aber die notwendige Rechtsfortbildung aufgrund der Nichtöffentlichkeit der Verfahren und der fehlenden Rechtsbindung des Streitmittlers gefährden könnte. Auf Seiten der Wirtschaft war trotz guter Erfahrungen mit branchenbezogenen Schlichtungsverfahren die Einschätzung vorherrschend, dass die Schlichtung vornehmlich dem Verbraucher nütze.

Das am 1. April 2016 in Kraft getretene Verbraucherstreitbeilegungsgesetz (VSBG) spiegelt die Zielkonflikte zwischen Verbraucher-, Rechts- und Wirtschaftspolitik deutlich wider. Herausgekommen ist ein gesetzlicher Rahmen, der von dem Prinzip geprägt ist, dass Schlichtung grundsätzlich freiwillig sein soll. Dieser Grundsatz wird freilich bereits durchbrochen in einzelnen spezialgesetzlichen Regelungen, die einen mehr oder minder sanften Zwang auf die Unternehmen ausüben, Schlichtungsstellen einzurichten und am Verfahren teilzunehmen.

Das VSBG belässt den Schlichtungsstellen und den Unternehmen grundsätzlich große Spielräume. Allerdings werden die Informationspflichten und die ihnen inhärente Pflicht, sich für oder gegen die Teilnahme an der Schlichtung zu entscheiden, ihre Wirkung nicht verfehlen. Ist der Anstieg an Schlichtungsverfahren im Jahr des Inkrafttretens des VSBG noch moderat ausgefallen, wird das Jahr 2017 für die weitere Entwicklung der Schlichtung eine entscheidende Rolle spielen. Denn ab dem 1. Februar 2017 müssen sich Unternehmer, sofern sie Verbraucher als Kunden haben und nicht unter die Kleinbetriebsklausel fallen, vorvertraglich entscheiden und darüber erklären, ob sie zur Teilnahme an einer Verbraucherschlichtung bereit sind. Ist eine Streitigkeit aus einem Verbrauchervertrag entstanden, trifft diese Pflicht ausnahmslos alle Unternehmer.

Bereits jetzt ist zu erkennen, dass einzelne große Anbieter ihren Kunden im Streitfall die Möglichkeit einer außergerichtlichen Streitbeilegung eröffnen wollen. Die Entscheidung für oder gegen Schlichtung wird damit, vorausgesetzt dass sich die Schlichtungsstellen als Institution zur Streitbeilegung weiter bewähren, zunehmend zum Qualitäts- und Abgrenzungsmerkmal.

Wer als Unternehmer diese Entscheidung zu treffen hat, sollte Bescheid wissen, wie Verbraucherschlichtung funktioniert, welche rechtlichen Rahmenbedingungen gelten und wann sie für ihn vorteilhaft sein kann. Das Gleiche gilt für den Verbraucher, der im Streitfall ebenfalls entscheiden muss, welchen Weg der Rechtsdurchsetzung er wählen will. Von Rechtsanwälten, gleich ob sie Unternehmer oder Verbraucher beraten, wird erwartet, dass sie über das nötige Wissen zur Schlichtung verfügen.

Dieses Buch wendet sich daher vor allem an Rechtsanwälte, Unternehmensjuristen und Verbraucherverbände, denen der Zugang zur Schlichtung und zu den nicht immer ohne weiteres verständlichen Regelungen des VSBG leichter gemacht werden soll. Aber auch diejenigen, die für eine Schlichtungsstelle oder als Mediatoren tätig sind, werden in dem Werk nützliche Hinweise finden.

Die Autoren verbinden die praktische Erfahrung aus der Leitung einer Verbraucherschlichtungsstelle mit den Blickwinkeln der richterlichen Tätigkeit, der Mediation und der Verbraucherpolitik. Angesichts der sehr jungen Rechtsmaterie wird es nicht verwundern, dass die Autoren neben der praxisorientierten Betrachtung auch den rechtswissenschaftlichen Diskurs nicht ausblenden und mit ihrem Werk einen Beitrag zur weiteren Entwicklung der Verbraucherschlichtung in Deutschland leisten wollen.

München/Hannover/Kehl, im November 2016

Matthias Roder
Peter Röthemeyer
Felix Braun

Bearbeiterverzeichnis

Felix Braun: §§ 2 II–IV, 3, 8, 11 I
Matthias Roder: §§ 5, 7, 9, 10, 11 II
Peter Röthemeyer: §§ 1, 2 I, 4, 6

Inhaltsübersicht

Inhaltsübersicht

Inhaltsverzeichnis

Inhaltsverzeichnis

Inhaltsverzeichnis

Inhaltsverzeichnis

XV

Inhaltsverzeichnis

Inhaltsverzeichnis

Abkürzungsverzeichnis

aA	anderer Ansicht
aaO	am angegebenen Ort
ADR	Alternative Dispute Resolution
Art.	Artikel
AS	Alternative Streitbeilegung
BaFin	Bundesanstalt für Finanzdienstleistungsaufsicht
BGB	Bürgerliches Gesetzbuch
BfJ	Bundesamt für Justiz
BNetzA	Bundesnetzagentur
Buchst.	Buchstabe
BR	Bundesrat
BRAO	Bundesrechtsanwaltsordnung
BT	Bundestag
bzw.	beziehungsweise
B2b	business to business
DRiG	Deutsches Richtergesetz
Drs.	Drucksache
EG	Erwägungsgründe
entspr.	entsprechend
EnWG	Energiewirtschaftsgesetz
EU	Europäische Union
EWR	Europäischer Wirtschaftsraum
f.	folgende
ff.	fortfolgende
FinSV	Finanzschlichtungsstellenverfahrensverordnung
ggf.	gegebenenfalls
GG	Grundgesetz
ieS	in engerem Sinne
iÜ	im Übrigen
iVm	in Verbindung mit
iwS	in weiterem Sinne
KAGB	Kapitalanlagegesetzbuch
KOM	(Europäische) Kommission
LuftVG	Luftverkehrsgesetz
MediationsG	Mediationsgesetz
mwN	mit weiteren Nachweisen
ODR	Online Dispute Resolution
og	Oben genante(r/s)
Rn.	Randnummer
RVG	Rechtsanwaltsvergütungsgesetz
SchlichtVerfV	Schlichtungsstellenverfahrensverordnung
SGB	Sozialgesetzbuch
söp	Schlichtungsstelle öffentlicher Personenverkehr

Abkürzungsverzeichnis

TKG .... Telekommunikationsgesetz

ua .... unter anderem
UKlaG .... Unterlassungsklagengesetz
uU .... unter Umständen
UWG .... Gesetz gegen den unlauteren Wettbewerb

vgl. .... vergleiche
VSBG .... Verbraucherstreitbeilegungsgesetz
VVG .... Versicherungsvertragsgesetz
VwGO .... Verwaltungsgerichtsordnung
VwVfG .... Verwaltungsverfahrensgesetz

WBVG .... Wohn- und Betreuungsvertragsgesetz
WpHG .... Wertpapierhandelsgesetz

zB .... zum Beispiel
ZPO .... Zivilprozessordnung

Literaturverzeichnis

Althammer Christoph (Hrsg.), Verbraucherstreitbeilegung: Aktuelle Perspektiven für die Umsetzung der ADR-Richtlinie, 2015

Berlin, Christof, Transparenz und Vertraulichkeit im Schlichtungsverfahren – Zur Frage der Veröffentlichung von Verfahrensergebnissen, VuR Sonderheft/2016, 36

Berlin, Christof, Alternative Streitbeilegung in Verbraucherkonflikten – Qualitätskriterien, Interessen, Best Practice, Diss. Frankfurt (Oder), 2014

Borowski, Sascha/Röthemeyer, Peter/Steike, Jörn, Handkommentar zum Verbraucherstreitbeilegungsgesetz, 2016

Braun, Felix/Klinder, Andrea, Die neue ODR-Verordnung, ZKM 2016, S. 17

Braun, Felix/Oppelt, Patrick, Die Bedeutung von ODR für Verbraucherschlichtung, VuR Sonderheft 2016, 33

Duve, Christien/Eidenmüller, Horst/Hacke, Andreas, Mediation in der Wirtschaft, 2. Aufl. 2011

Eidenmüller, Horst/Engel, Martin, Die Schlichtungsfalle: Verbraucherrechtsdurchsetzung nach der ADR-Richtlinie und der ODR-Verordnung der EU, ZIP 2013, 1704

Eidenmüller, Horst, Caucus-Mediation und Mediationsgesetz, Beilage zu ZIP 22/2016, 18

Engel, Martin, Außergerichtliche Streitbeilegung in Verbraucherangelegenheiten – Mehr Zugang zu weniger Recht, NJW 2015, 1633

Fritz, Roland/Krabbe, Heiner, „Mit dem Mediationsgesetz unter dem Arm?", ZKM 2016, 103

Fritz, Roland/Pielsticker, Dietrich, Mediationsgesetz, 2013

Gaier, Reinhard, Institutionelle Rechtsverwirklichung durch außergerichtliche Streitbeilegung?, NJW 2016, 1367

Gössl, Susanne L., Das Gesetz über die alternative Streitbeilegung – Chancen und Risiken, in: NJW 2016, 838 ff.

Graf-Schlicker, Der Zivilprozess vor dem Aus?, AnwBl. 2014, 537

Greger, Reinhard, Der „zertifizierte Mediator" – Heilsbringer oder Schreckgespenst?, ZKM 2012, 36

Greger, Reinhard, Infrastruktur der künftigen Verbraucherstreitbeilegung: Zugang und Organisation, ZZP 128 (2015), 137

Greger, Reinhard, Alternative Streitschlichtung: Die Umsetzung der ADR-Richtlinie in Deutschland, VuR 2015, 216

Greger, Reinhard, Unter falscher Flagge – Zum Fehlgebrauch des Mediationsbegriffs und seine Folgen, ZKM 2015, 172

Greger, Reinhard, Das neue Verbraucherstreitbeilegungsgesetz, MDR 2016, 365

Greger, Reinhard/Unberath, Hannes/Steffek, Felix, Recht der alternativen Konfliktlösung, 2. Aufl., 2016

Grupp, Michael, Auf dem Weg zu einer Privatjustiz: Eine neue europäische Streitkultur? AnwBl 2015, 186

Gsell, Beate, Die Umsetzung der Richtlinie über alternative Streitbeilegung – Juristisches Fachwissen der streitbeilegenden Personen und Rechtstreue des Verfahrensergebnisses, ZZP 128 (2015) 189

Halfmeier, Axel, Das VSBG verstärkt die Anreize zum Rechtsbruch, VuR Sonderheft 2016, 17

Höxter, Georg, Das Verbraucherstreitbeilegungsgesetz im Kontext grenzüberschreitender Streitigkeiten, VUR-Sonderheft 2016, 29

Hirsch, Günter, Außergerichtliche Beilegung von Verbraucherstreitigkeiten – ein alternativer Zugang zum Recht entsteht, NJW 2013, 2088

Hirsch, Günter, Streit um die außergerichtliche Streitbeilegung: neuer Zugang zum Recht oder Schlichterfalle, in: Festschrift für Egon Lorenz, 2014, 159

Hirsch, Günter, Alternative Streitbeilegung – Risiko oder Chance? – Ein Zwischenruf, ZKM 2015, 141

Hirsch, Günter, Pro & Contra: Vorteil für Verbraucher, DRiZ 2016, 134

Hubig, Stefanie, Alternative Konfliktlösung - Aktuelle Entwicklungen in der Rechtspolitik, ZKM 2014, 167

Hornung, Gerrit/Müller-Terpitz, Ralf (Hrsg.), Rechtshandbuch Social Media, 1. Aufl. 2015

Isermann, Edgar, söp-Schlichtung: Wie funktioniert das?, Rra 2016, 106

Janzen, Ulrike, Die neuen Regelungen zur Streitbeilegung in Verbrauchersachen – vom Entwurf zum Gesetz, VuR Sonderheft 2016, 4

Literaturverzeichnis

Klowait, Jürgen /Gläßer, Ulla, Kommentar zum Mediationsgesetz, 1. Aufl. 2014

Klowait, Jürgen, „Zertifizierter Mediator" – Empfehlenswertes Selbstmarketing oder unzulässige Irreführung?, ZKM 2015, 194.

Lemmel, Ulrike, Der Referentenentwurf des BMJV zur Umsetzung der ADR-Richtlinie, ZKM 2015,12

Limperg, Bettina, Kann denn Schlichten Sünde sein?, NJW-Editorial Heft 15/2015

May, Andreas/Moeser, Martin, Anerkannte Gütestellen in der anwaltlichen Praxis, NJW 2015, 1637

May, Andreas/Röder, Daniel, Anmerkung zu BGH, NJW 2016, 233 ff., NJW 2016, 235 f.

Meller-Hannich, Caroline/Höland, Armin/Krausbeck, Elisabeth, „ADR" und „ODR": Kreationen der europäischen Rechtspolitik. Eine Kritische Würdigung, ZEuP 2014, 8 (12)

Münchener Kommentar zum BGB, Band 3, 6. Aufl. 2012; Band 5, 6. Aufl. 2013

Niewisch-Lennartz, Antje, ADR-RL und Verbraucherstreitbeilegungsgesetz – alternative Therapie ohne Diagnose? ZKM 2015, 136

Nöhre, Monika/Ruge, Sylvia, Die Schlichtung am Beispiel der Schlichtungsstelle der Rechtsanwaltschaft – Eine Replik auf Bettina Limperg, BRAK-Mitteilungen 2015, 225

Palandt, Kommentar zum Bürgerlichen Gesetzbuch, 75. Aufl. 2016

Pelzer, Nils, Verbraucherschutz durch Schlichtung? „Berücksichtigung des geltenden Rechts" nach dem geplanten Verbraucherstreitbeilegungsgesetz, ZKM 2015, 43

Prütting, Hanns, Das neue Verbraucherstreitbeilegungsgesetz: Was sich ändert – und was bleiben wird, AnwBl 2016, 190 ff.

Riehm, Thomas, Die Rolle des materiellen Verbraucherrechts in der neuen Verbraucherstreitbeilegung JZ 2016, 866

Röthemeyer, Peter, Mediation, Grundlagen/Recht/Markt, 2015

Röthemeyer, Peter, Die Schlichtung – ein Stiefkind der Gesetzgebung, ZKM 2013, 47

Röthemeyer, Peter, Die Zertifizierungsfiktion, ZKM 2014, 65

Röthemeyer, Peter, Verfahren nach VSBG und ZPO im Vergleich, VuR Sonderheft 2016, 9

Röthemeyer, Peter, Die Mediation im „Kampf um's Recht"?, ZKM 2016, 151

Röthemeyer, Peter, Die Zertifizierung nach der ZMediatAusbV, ZKM 2016, 195

Roth, Herbert, Bedeutungsverluste der Zivilgerichtsbarkeit durch Verbrauchermediation, JZ 2013, 637

Roth, Herbert, Etabliert EU Verbraucherschutz zweiter Klasse?, DRiZ 2015, 24

Rühl, Giesela, Die Richtlinie über alternative Streitbeilegung: Handlungsperspektiven und Handlungsoptionen, ZZP 127 (2014) 61

Schmidt/Lapp/Monßen, Mediation in der Praxis des Anwalts, 2012, C.H. Beck

Schmidt-Kessel (Hrsg.), Alternative Streitschlichtung – Die Umsetzung der ADR-Richtlinie in Deutschland, 2015

Schneider/Wolf (Hrsg.), AnwaltKommentar RVG, 7. Auflage, 21014, Deutscher Anwaltverlag

Soffner, Torsten, Mediation im Sozialrecht, Dissertation Hannover 2015 (im Erscheinen)

Stadler, Astrid, Unabhängigkeit und Unparteilichkeit der streitbeilegenden Personen sowie Ausgestaltung des Schlichtungsverfahrens, ZZP 128 (2015) 165

Staudinger, Kommentar zum BGB – Buch 2: Recht der Schuldverhältnisse, 16. Aufl. Aufl. 2012

Stürner, Rolf, Die Rolle des dogmatischen Denkens im Zivilprozessrechts, ZZP 127 (2014) 271

Tamm, Marina/Tonner, Klaus, Verbraucherrecht, 2. Aufl. 2016

Thomas, Heinz/Putzo, Hans, Kommentar zur Zivilprozessordnung, 36. Aufl. 2015

Tonner, Klaus, Der RegE eines Verbraucherstreitbeilegungsgesetzes aus verbraucherrechtlicher und – politischer Sicht, ZKM 2015, 132

Unberath, Hannes, Qualität und Flexibilität der Mediation, ZKM 2010, 164

Wagner, Gerhard, Die Richtlinie über Alternative Streitbeilegung – Law Enforcement statt mediative Konfliktlösung, ZKM 2013, 104

Wagner, Gerhard, Pro & Contra: Vorteil für Verbraucher, DRiZ 2016, 135

Waltermann, Raimund, Arbeitsrecht, 17. Aufl. 2014

Wiese, Volker/Hörnig, Julia, Das neue VSBG – Ein Überblick, ZKM 2016, 56

Zieger Christoph/Smirra Nikolaus, Neue Informationspflichten im Zusammenhang mit alternativer Streitbeilegung, MMR 2016, 291

§ 1 Einführung

I. Der Grundansatz der Europäischen Union

Die ADR-Richtlinie verfolgt nach Art. 1 den Zweck, zu einem „reibungslosen Funktionieren des Binnenmarktes" beizutragen. Zentrales Ziel der ADR-Richtlinie ist eine Verbesserung der **Durchsetzung von Verbraucherrechten.** **1**

Ausgangspunkt ist der Befund eines bereits existierenden **hohen materiellen Verbraucherschutzniveaus,** das im wesentlichen auf Gemeinschaftsrecht zurückgeht. Nicht zuletzt aufgrund europäischer Harmonisierung steht dem Verbraucher ein umfassend schützendes Rechtssystem zur Verfügung, das ihm den Abschluss von Verträgen mit inländischen wie ausländischen Unternehmen erlaubt, ohne sich vor Vertragsschluss beraten oder absichern zu müssen. Er kann auch unbesehen Allgemeine Geschäftsbedingungen und sogar Individualregelungen akzeptieren, da der Kern des Schutzes halbzwingendes Recht darstellt, also Abweichungen zu Lasten des Verbrauchers unwirksam sind. **2**

Dabei ist sichergestellt, dass der Verbraucher seine Rechte vor Gericht geltend machen und durchsetzen kann. Der **Zugang zu Gericht ist** in Artikel 6 der Europäischen Konvention zum Schutze der Menschenrechte und Grundfreiheiten (EMRK) und in Art. 19 Abs. 4 des Grundgesetzes verankert, das Recht auf einen wirksamen Rechtsbehelf in Artikel 47 der EU-Grundrechtecharta garantiert. Es handelt sich freilich nur um ein Angebot. Es ist den Streitenden, in der Praxis also dem Verbraucher, überlassen, ob es genutzt wird. Dies ist Ausdruck des das gesamte Zivilrecht prägenden Prinzips der Privatautonomie. Der Staat hat in diesem Bereich nicht die Aufgabe, von sich aus, „von Amts wegen" das Recht durchzusetzen. Seine Rolle ergibt sich aus seinem Gewaltmonopol. Gleichsam als Kompensation dafür, dass der Staat den Bürgern die gewaltsame Durchsetzung ihrer Ansprüche verbietet, löst er den Konflikt selbst durch machtvolle Intervention. Dabei mag auch der präventive Gedanke, dass allein die Verfügbarkeit dieses privatrechtlichen Instruments Unternehmen zur Rechtstreue anhält, eine gewisse Rolle spielen, ist aber konzeptionell nur ein mittelbarer, gleichsam ein Begleiteffekt. **3**

Neben dieses rechtsstaatlich gebotene Pflichtangebot justizieller Streitlösung stellt die ADR-Richtlinie nun eine weitere staatliche Aufgabe, nämlich die Gewähr des Zugangs zu *alternativer* Streitbeilegung. Die EU löst das Vollzugsdefizit also einerseits nicht durch direkte staatliche Intervention; gedanklich immerhin hätte das hinter dem Vollzugsdefizit stehende rechtswidrige Agieren der Wirtschaft auch durch hoheitliche Eingriffe etwa durch Installieren von Aufsicht mit Verbots-, Untersagungs- und Strafelementen bekämpft werden können. Die ADR-Richtlinie achtet also die Privatautonomie, überlässt es mithin – weiterhin – den Parteien, in der Sache dem Verbraucher, ob und wie er Rechte geltend werden. Andererseits stärkt die EU den Zugang zum Recht nicht durch Eingriff in das staatliche Kernangebot, also durch Verbesserungen des Justizangebots. Es wählt gleichsam den **dritten Weg,** indem es den Mitgliedstaaten vorgibt, ein außergerichtliches Angebot zur Streitschlichtung zu schaffen. Für die Vielfalt der in Betracht kommenden Formen wählt die ADR-Richtlinie schon ausweislich ihrer Bezeichnung das englischsprachige Akronym ADR für „Alternative Dispute Resolution", das sich nach Einschätzung schon eines Grünbuchs aus dem Jahre 2002 weltweit durchzusetzen scheine.[1] **4**

---

[1] KOM(2002) 196 endgültig, 3.

5 Damit setzt die EU auf eine schon länger verfolgte und unterstützte Entwicklung zur außergerichtlichen Streitbeilegung. Schon Mitte der 1980er Jahre begann die Kommission über **Mechanismen der außergerichtlichen Rechtsdurchsetzung** nachzudenken.[2] Mit dem Grünbuch aus dem Jahre 1993 „über den Zugang der Verbraucher zum Recht und Beilegung von Rechtsstreitigkeiten der Verbraucher im Binnenmarkt"[3] hat die Kommission in den Mitgliedstaaten Ombuds- und Schlichtersysteme untersucht und Verbesserungen zu Funktion und Transparenz eingefordert. Der Aktionsplan der Kommission vom 14. Februar 1996[4] konkretisierte diese Überlegungen. Durch sektorspezifische Regelungen etwa in den Bereichen Energie, Finanzdienstleistungen, Post, Telekommunikation, Verkehr und Versicherungen, Verkehr sind außergerichtliche Rechtsinstrumenten angeordnet oder empfohlen[5] worden. Schließlich hat die Europäische Kommission Empfehlungen zur Organisation und zum Verfahren von außergerichtlichen Streitbeilegungsstellen getroffen.[6]

6 Neben der Schlichtung verstärkt die Europäische Union derzeit auch den Ansatz der **behördlichen Durchsetzung** von Verbraucherrechten. Die sog. CPC-Verordnung[7] stellt ein europäisches Behördennetzwerk (Consumer Protection Cooperation) bereit, das schon seit Ende 2005 bei grenzüberschreitenden Rechtsverletzungen eines Unternehmens eingreift. Durch einen aktuellen Änderungsentwurf[8] sollen die Mindestbefugnisse zB um Ausgleichszahlungen an Verbraucher erweitert werden; dabei ist beabsichtigt, den Anwendungsbereich über rein grenzüberschreitende Sachverhalte hinaus auch auf gleichartige Rechtsverstöße in mehreren Mitgliedstaaten („weitverbreitete Verstöße") auszudehnen.

II. Vollzugsdefizit

7 Das hohe europäische Verbraucherschutzniveau nützt wenig, wenn nicht davon Gebrauch gemacht wird. Statistische oder sozialwissenschaftliche Belege für ein solches Vollzugsdefizit sind freilich kaum auffindbar, es fehlt also – in ein medizinisches Bild gesetzt – eigentlich schon an einer tragfähigen Anamnese. Auch deutet die Richtlinie nur an, worauf die angenommene Zurückhaltung der Verbraucher bei der Durchsetzung ihrer Rechte beruhen könnte. In Erwägungsgrund (EG) 15 findet sich die durchaus bemerkenswerte Überlegung, „die Verbreitung der AS" könne „außerdem für jene Mitgliedstaaten von Bedeutung sein, in denen es einen beträchtlichen Rückstand an anhängigen Gerichtsverfahren gibt, wodurch Unionsbürgern das Recht auf einen fairen

---

[2] Mitteilung KOM(84) 692 endg.; vgl. *Meller-Hannich/Höland/Krausbeck,* ZEuP 2014, 8 (12).

[3] KOM(93) 576.

[4] KOM(96) 13 endg.

[5] Artikel 14 der Richtlinie 2002/65/EG des europäischen Parlaments und des Rates vom 23. September 2002 über den Fernabsatz von Finanzdienstleistungen an Verbraucher.

[6] Empfehlung 98/257/EG vom 30. März 1998 betreffend die Grundsätze für Einrichtungen, die für die außergerichtliche Beilegung von Verbraucherrechtsstreitigkeiten zuständig sind, ABl. 1998, L 115, 31; Empfehlung 2001/310/EG vom 4. April 2001 über die Grundsätze für an der einvernehmlichen Beilegung von Verbraucherrechtsstreitigkeiten beteiligte außergerichtliche Einrichtungen, ABl. 2001, L 109, 56.

[7] Verordnung (EG) Nr. 2006/2004 des europäischen Parlaments und des Rates vom 27. Oktober 2004 über die Zusammenarbeit zwischen den für die Durchsetzung der Verbraucherschutzgesetze zuständigen nationalen Behörden, ABl. 2004, L 364, 1.

[8] Vorschlag für eine Verordnung des Europäischen Parlaments und des Rates über die Zusammenarbeit zwischen den für die Durchsetzung der Verbraucherschutzgesetze zuständigen nationalen Behörden, KOM(2016) 283 endg; Ratsdok. 9565/16.

Prozess innerhalb einer angemessenen Frist vorenthalten" werde. So verhältnismäßig stark diese Kritik an der Justiz in Teilen der EU auch ist, so wenig kann und soll sie den Grund für das Vollzugsdefizit liefern, benennt doch der Erwägungsgrund nur einen Begleiteffekt ("außerdem"). Auch die in Art. 1 ADR-Richtlinie formulierte Anforderung an das AS-Verfahren, unabhängig, unparteiisch, transparent, effektiv, schnell und fair zu sein, trägt nicht als Begründung für die defizitäre Inanspruchnahme der Gerichte, die auch bei kritischer Betrachtung Mängel allenfalls zur Effektivität und Geschwindigkeit aufweisen mögen und das gewiss auch nicht in der gesamten EU.

In Deutschland wird die Defizitdiskussion unter dem Stichwort „**rationales Desinte-**   **8** **resse**" geführt, auch „rationale Apathie" genannt. Mit diesem Phänomen wird das Ergebnis einer Abwägung des Verbrauchers zwischen Nutzen, Aufwand und Risiko einer Klage beschrieben. In der Tat ist gut nachvollziehbar und in diesem Sinne rational, dass man zum Beispiel einen nicht plausiblen Rechnungsposten über einen Kleinbetrag auf der Telefonrechnung lieber auf sich beruhen lässt, als auch nur Zeit für die Klärung zu investieren. Und wer die Klärung selbst versucht und keine befriedigende Antwort erhält, wird kaum das Kostenrisiko eines Gerichtsprozesses auf sich nehmen. Zu diesen Überlegungen könnte eine repräsentative Befragung des Instituts für Demoskopie Allensbach Anhaltspunkte liefern. Der Durchschnittswert aus den Angaben der Befragten zu dem Betrag, ab dem sie vor Gericht ziehen würden, betrug 1.950 EUR, woraus etwa der Bundesjustizminister schließt, Verbraucher seien beim typischen Verbraucherstreit nicht bereit zu klagen.[9] Allerdings hatte Allensbach nur Beispiele verwandt, die nicht an Verbrauchersachen denken ließen und immerhin 38% der Befragten hatten keine Angaben gemacht bzw. dies als unmöglich bezeichnet. Im Übrigen sprechen die amtlichen Gerichtsstatistiken eine andere Sprache. Deutsche Amtsgerichten haben im Jahre 2014 insgesamt über 180.000 Verfahren mit Streitwerten unter 300 EUR und weitere knapp 170.000 mit Streitwerten zwischen 300 EUR und 600 EUR erledigt,[10] wovon allein im Bereich bis 600 EUR über 80.000 und im Bereich bis 2.000 EUR über 150.000 auf typische Verbrauchersachen (Kaufrecht, Reisevertragssachen, Kredit-/Leasingsachen) entfielen.[11] Demgegenüber fallen zwar nach Schätzung[12] der Bundesregierung 60.000 Verfahren, die zum Zeitpunkt des Gesetzentwurfs private Verbraucherschlichtungsfälle durchführten, durchaus ins Gewicht. Aber festzuhalten bleibt, dass auch Gerichte für vergleichsweise niedrige Streitwerte durchaus in Anspruch genommen werden.

Dennoch hat bei lebensnaher Betrachtung die Vermutung Berechtigung, dass Ver-   **9** braucher zumindest wegen Klein- oder Kleinstbeträgen nicht vor Gericht ziehen. Und es ist auch nicht von der Hand zu weisen, dass Unternehmen solche rationale Apathie in unredlicher Absicht einkalkulieren können. Eine Geschäftspraxis, die viele Tausend Vertragspartner um Kleinstbeträge bringt, geht auf, wenn nur wenige sich wehren. Es wäre misslich, wenn zur Abwehr solch unlauterer Methoden und zur Vermeidung dieser „**Streuschäden**" keine geeigneten Instrumente zur Verfügung stünden. Man kann allerdings der Auffassung sein, dass mit Sammelklagen vor Gerichten wirksamer vorgegangen werden könnte, vermeiden diese doch einerseits den individuellen Aufwand und sorgen andererseits eher für öffentliche Wahrnehmung als etwa das verschwiegene Schlichtungsverfahren (§ 22 VSBG).

---

[9] http://www.bmjv.de; Rede v. 11.6.2015 zur Eröffnung des 66. Deutschen Anwaltstages.
[10] Jeweils ohne Verweisungen oder Abgaben an ein anderes Gericht.
[11] Statistisches Bundesamt, www.destatis.de.
[12] BR-Drs. 258/15, 49.

III. Alternative zum gerichtlichen Verfahren

10   Als Mittel zur Verwirklichung ihres „Zweck(s)", „durch das Erreichen eines hohen Verbraucherschutzniveaus zum reibungslosen Funktionieren des Binnenmarkts beizutragen", gibt Art. 1 ADR-Richtlinie den Mitgliedstaaten vor, dem Verbraucher Zugang zu Stellen zu geben, die „unabhängige unparteiische, transparente, effektive, schnelle und faire AS-Verfahren anbieten".

11   „AS" meint „Alternative Streitbeilegung", was nicht im Richtlinientext selbst, wohl aber und immerhin in Erwägungsgrund (EG) 5 S. 1 klargestellt ist. Wogegen abgrenzt wird, was also der Bezugspunkt der Alternativität, die Alternative der Alternative ist, wird mittelbar aus EG 5 S. 2 deutlich: die **gerichtliche** Beilegung von Streitigkeiten.

12   Die **ADR-Richtlinie grenzt nicht methodisch, sondern funktional-institutionell** ab. Art. 1 S. 1 ADR-Richtlinie zählt zu den in Betracht kommenden Verfahren auch solche, in denen Lösungen „auferlegt" werden, bezieht in ihren Anwendungsbereich also die das Gerichtsverfahren prägende fremdbestimmte Entscheidung ein.

13   Alternativ ist ggf.[13] die Entscheidung der „AS-Stelle" in der Verbraucher-ADR also nur deshalb, weil sie nicht durch ein staatliches Gericht erfolgt. Umgekehrt schließt die Richtlinie die gerichtliche Aufgabenwahrnehmung auch dann aus, wenn es nicht um Entscheidung geht, sondern um konsensuale Methodik: Nach ihrem Art. 2 Buchst. f gilt die ADR-Richtlinie nicht für „Bemühungen von Richtern um die gütliche Beilegung eines Rechtsstreits im Rahmen eines Gerichtsverfahrens …". Entscheidend ist also die **institutionelle Funktion als Gericht:** Im Sinne der Richtlinie alternativ ist ein Verfahren und jedes Verfahren zur Streitlösung, das nicht von einem staatlichen Gericht im Rahmen der Rechtsprechungsfunktion angeboten wird. Es kommt also auch nicht auf das Gericht als Ort an, sondern auf die Funktion im Sinne eines zumindest primär auf eine Entscheidung orientierten Gerichtsverfahrens.

14   Der Staatsaspekt, oder umgekehrt betrachtet die Privatisierung der Lösungsfindung, ist dabei nicht von Bedeutung. Die Richtlinie bezieht auch behördliche Lösungen ein, wie insbesondere aus EG 24 deutlich wird, wonach ausdrücklich auch „staatliche Bedienstete" mit der Verbraucher-ADR betraut werden dürfen. Die ADR-Richtlinie darf also nicht als Privatisierungsauftrag missverstanden werden.[14] Diesem Ansatz entsprechend erlaubt das VSBG in § 28 auch behördliche Schlichtungen und sieht ein solches staatsnahes Konzept für die Auffangschlichtung sogar als Regelfall vor (§ 29 Abs. 1, Abs. 3 Nr. 1 VSBG), wobei als behördliche Universalschlichtungsstellen auch Gerichte in ihrer Funktion als Verwaltungsbehörde herangezogen werden können.[15]

15   Im Ergebnis verlangt die ADR-Richtlinie zu ihrer Umsetzung ein staatlich verordnetes **Lösungsprogramm außerhalb des Gerichts in seiner Kernfunktion,** sei es durch private oder staatliche Träger, möge es in konsensualer oder in fremdbestimmter Methodik bestehen.

IV. Kompetenztaktik der EU

16   Die Möglichkeit, das unterstellte Vollzugsdefizit durch Verbesserungen im gerichtlichen System zu beheben, hat die Kommission allerdings noch nicht einmal in den Blick

---

[13] Ein Entscheidungsverfahren darf angeboten werden, muss aber nicht.
[14] So auch *Niewisch-Lennartz* ZKM 2015, 136.
[15] So *Hirsch* NJW 2012, 2088 (2090), *Niewisch-Lennartz* ZKM 2015, 136 (140), *Limperg* BRAK-Mitteilungen 2015, 225 (228), HK-VSBG/*Röthemeyer*, § 29 Rn. 13.

genommen, hierzu jedenfalls keine Spuren in der ADR-Richtlinie hinterlassen. Das mag damit zusammenhängen, dass etwa diagnostizierte Mängel im Gerichtssystem europa-rechtlich nicht hätten behoben werden können, jedenfalls bei dem von der Kommission gewählten Ansatz, auch rein nationale Konflikte zu erfassen. Denn für nationale Pro-zesse fehlt der EU die Gesetzgebungskompetenz. Die Kompetenz für die justizielle Zu-sammenarbeit in Zivilsachen aus Art. 81 AEUV greift nicht für innerstaatliche Sach-verhalte. Deshalb ist die Richtlinie auf **Binnenmarktkompetenz** aus Art. 114 AEUV gestützt. Letztlich hat also weniger die Überzeugung von der Leistungsfähigkeit nicht-gerichtlicher Schlichtungsstrukturen als vielmehr Kompetenztaktik der Kommission die Feder geführt. Das freilich hat zur Folge, dass ein Mitgliedstaat, der die Ziele und Vor-gaben der ADR-Richtlinie „nur" im Gerichtssystem erfüllt, gegen die Richtlinie ver-stößt. Paradoxerweise verhindert die Richtlinie also gerade die Entwicklung, die sie be-absichtigt.[16]

Ob allerdings die gewählte Binnenmarktkompetenz überhaupt rechtlich tragfähig ist, **17** ist nicht geklärt. Das Vermeiden des Kompetenztitels der justiziellen Zusammenarbeit nach Art. 81 AEUV wäre dann problematisch, wenn Art. 81 AEUV, der sich ua auch mit alternativer Streitbeilegung befasst, als lex specialis[17] die Anwendbarkeit von Art. 114 AEUV ausschließt.[18]

Ein weiterer kompetenzrechtlicher Zweifel bezieht sich auf die **Subsidiarität.** So hat **18** etwa[19] die Europakammer des Bundesrats im Rahmen der Stellungnahme zu dem Richtlinienentwurf im Jahre 2012 bezweifelt, dass zur Beflügelung des grenzübergrei-fenden Einzelhandels innerstaatliche Streitfälle mit erfasst werden müssen; der Aufbau einer auf grenzübergreifende Konflikte spezialisierten Struktur reiche ersichtlich aus.[20] Dieser Kritik versucht die ADR-Richtlinie mit dem Argument zu begegnen, nur wenn ADR für grenzübergreifende und inländische Streitigkeiten zur Verfügung stünde, wür-den Verbraucher die Möglichkeiten des Binnenmarktes voll nutzen können (EG 7). Der damit insinuierte Zusammenhang, der Verbraucher müsse sich erst an eine inländische Schlichtungsstruktur gewöhnen und diese müsse EU-weit harmonisiert sein (EG 6), damit er hinreichendes Vertrauen zum Einkauf über die Grenze hinweg fasse, wirkt doch recht bemüht und zweckorientiert. Wären im Übrigen die Unterschiede der Schlichtungskulturen in den Mitgliedstaaten „in Bezug auf Flächendeckung, Qualität und Bekanntheit" (EG 6) wirklich derart groß, dass die vorgenommene Einschätzung als binnenmarkthinderlich zuträfe, dürfte die ADR-Richtlinie konsequenterweise nicht „unter Wahrung der jeweiligen innerstaatlichen Rechtstraditionen auf den vorhande-nen AS-Verfahren in den Mitgliedstaaten aufbauen" (EG 15). Diese Toleranz gegen-über vorgefundenen Strukturen zeigt sich etwa daran, dass auch die Entscheidungsme-thode (Art. 2 Abs. 1 ADR-Richtlinie) und unter bestimmten Voraussetzungen sogar unternehmensinterne Beschwerdeverfahren (Art. 2 Abs. 2 Buchst. a ADR-Richtlinie) akzeptiert werden.

Ob die Gratwanderung der EU zwischen Kompetenz- und Verhandlungstaktik recht- **19** lich aufgearbeitet wird, bleibt abzuwarten. Eine Nichtigkeitsklage nach Art. 263 AEUV vor dem Europäischen Gerichtshof ist bislang nicht erhoben. Möglicherweise kommt

---

[16] *Niewisch-Lennartz* ZKM 2015, 136 (137).

[17] So allgemein Streinz/*Leible* EUV/AEUV, Art. 81 Rn. 52 AEUV; speziell zur ADR-Richtlinie *Engel,* NJW 2015, 1633 (1634) mwN.

[18] An der Rechtsetzungskompetenz aus Art. 114 AEUV zweifeln aus inhaltlichen Gründen auch *Meller-Hannich/Höland/Krausbeck,* ZEuP 2014, 8 (16); vgl. Althammer/*Meller-Hannich* S. 19, 25.

[19] Ähnlich auch die erste Kammer des Niederländischen Parlaments; vgl. *Meller-Hannich/Höland/ Krausbeck,* ZEuP 2014, 8 (15).

[20] BR-Drs. 772/11 (Beschluss).

es zur Überprüfung der Kompetenz in einem Vertragsverletzungsverfahren im Rahmen einer Inzidentprüfung.

V. Zentrale Vorgaben der ADR-Richtlinie

20   Jenseits des Grundanliegens, dem Verbraucher flächendeckenden Zugang zu einer nichtgerichtlichen Streitbeilegungsstelle zu verschaffen, enthält die ADR-Richtlinie nur wenige Vorgaben. Sie achtet vielmehr verhältnismäßig strikt darauf, die in den Mitgliedstaaten vorhandenen Strukturen unangetastet zu lassen, wobei aus den erwähnten kompetenzrechtlichen Implikationen das Justizkernsystem nicht mit einbezogen wurde bzw. werden konnte.

1. Organisationsstruktur und Aufsicht

21   Die Richtlinie überlässt es den Mitgliedstaaten, wie sie ein flächendeckendes Angebot von AS-Stellen schaffen. Träger können Private, sogar das betroffene Unternehmen selbst (vgl. Art. 2 Abs. 2 Buchst. a ADR-Richtlinie), oder staatliche Einrichtungen sein. Auch Mischformen, sei es in Form gemeinsam getragener AS-Stellen oder als Nebeneinander staatlicher und privater AS-Stellen sind möglich. Zur Finanzierung sind ebenfalls verschiedenste Modelle möglich, wobei der Verbraucher allenfalls mit einer Schutzgebühr belastet werden darf (Art. 8 Buchst. b). Damit kommt zum einen eine Vollfinanzierung seitens der Wirtschaft in Betracht, wobei die Kosten etwa über Verbände oder Kammern wie auch von dem teilnehmenden Unternehmen -pauschal oder nach Fallaufwand- oder auch nach einer gemischten Konstruktion aufgebracht werden können. Daneben kann auch der Staat ganz oder teilweise die Finanzierung privater AS-Stellen übernehmen.

22   Die Richtlinie verpflichtet die Mitgliedstaaten zur Überprüfung, ob die AS-Stellen den Anforderungen etwa zur Unabhängigkeit und Qualifikation (Art. 6) der „mit AS betrauten natürlichen Person" (im VSBG: „Streitmittler"), zur Transparenz (Art. 7), zur Effektivität (Art. 8) und zur Fairness (Art. 9). Diese Überprüfung dient freilich nur der Entscheidung über die Frage, ob die betreffende Stelle gelistet werden kann (Art. 20) und damit auf EU-Ebene der Überprüfung, ob der Mitgliedstaat seine Verpflichtung zur Flächendeckung erfüllt. Eine Regulierung in dem Sinne, dass nur eine anerkannte Stelle AS betreiben darf, ist damit entgegen ursprünglichen Plänen nicht vorgegeben. Andererseits untersagt die Richtlinie den Mitgliedstaaten solche Aufsichtsinstrumente der nicht.

2. Teilnahmepflichten

23   Auch hier lässt die Richtlinie den Mitgliedsstaaten weitgehend **freie Hand.** Das nationale Recht kann, muss aber nicht, Teilnahmepflichten für Unternehmen und/oder für Verbraucher vorsehen (Art. 1 S. 2 ADR-Richtlinie). Die hierfür gesetzte Bedingung der gleichwohl zu achtenden Zugänglichkeit zu den Gerichten konkretisiert Art. 9 Abs. 2 Buchst. a ADR-Richtlinie dahin, dass jedenfalls in Verfahren mit Lösungsvorschlag der Verbraucher jederzeit das Recht haben muss, das Verfahren abzubrechen, während solcher Schutz für Unternehmen nicht vorgesehen ist (Art. 9 Abs. 2 Buchst. a S. 3 ADR-Richtlinie).

3. Verfahrensarten

24   Art. 2 bekennt sich zur **vollen methodischen Freiheit** zwischen Verfahren zur gütlichen Einigung bis hin zu Entscheidungsverfahren. In EG 21 sind unter ausdrücklicher

Hervorhebung der Gestaltungsfreiheit der Mitgliedstaaten auch (alle) Kombinationsmodelle für möglich erklärt. Allerdings enthält die ADR-Richtlinie für bestimmte Verfahren gewisse Bedingungen wie etwa eine Rechtmäßigkeitsgarantie in Art. 11 zugunsten der Verbraucher bei „auferlegten" Lösungen.

4. Verfahrensgrundsätze

Korrespondierend mit den methodischen Freiheiten enthält die Richtlinie nur wenige **25** Regelungen zum Verfahren. Der Zugang muss online wie offline eröffnet sein (Art. 8 Buchst. a), die Vertretung durch einen Rechtsanwalt muss möglich sein, darf aber nicht vorgegeben werden (Art. 8 Buchst. b, Buchst e S. 3). **Rechtliches Gehör** muss gewährt werden (Art. 9 Abs. 1 Buchst. a) und die AS-Stelle muss teilweise kleinteilig geregelte **Informationspflichten** einhalten (Art. 7, Art. 8 Buchst. c, Art. 9 Abs. 1 Buchst. b). Ferner hat der Mitgliedstaat das Verfahren **gegen Verjährung** zu immunisieren (Art. 12). Schließlich ist vorgegeben, dass das Verfahren in der Regel binnen 90 Kalendertagen beendet sein muss, allerdings gerechnet ab „Eingang der vollständigen Beschwerdeakte bei der AS-Stelle", was nach EG 40 das Vorliegen „aller einschlägigen Unterlagen" voraussetzt.

5. Maß der Rechtsbindung

Die EG 8 und 10 ordnen die Verbraucher-ADR als Teil eines Systems des „Rechts- **26** schutzes" ein, und die Richtlinie spricht in Art. 2 Abs. 3, Art. 3 (und in EG 5) von „Rechtsbehelfsverfahren". Ferner verlangt EG 31 von der AS-Stelle die „gebührende(r) Berücksichtigung der Rechte der Parteien". Mit dieser Wortwahl korrespondieren die konkreten materiell-rechtlichen Vorgaben an das Ergebnis des Verfahrens aber nicht. Lediglich Art. 11 verlangt Bindungen an das Recht zum Schutz des Verbrauchers, diese Regelung betrifft aber nur Verfahren mit „auferlegter Lösung", die EU-weit die Ausnahme darstellen dürften und die im VSBG nicht vorgesehen sind. Hiervon abgesehen behandelt die Richtlinie das **Maß der Rechtsbindung** eher als **Frage der Transparenz**. In Art. 7 Abs. 1 Buchst. i ADR-Richtlinie sind „Regelungen" der AS-Stellen verlangt, auf die sich die Stelle zur Streitbeilegung stützen kann. Als Beispiele werden ausdrücklich genannt: „Rechtsvorschriften, Billigkeitserwägungen, Verhaltenskodizes". Damit korrespondiert Art. 9 Abs. 2 Buchst. b iii) ADR-Richtlinie, wonach die Parteien darüber informiert werden müssen, dass die vorgeschlagene Lösung von dem Ergebnis eines Gerichtsverfahrens abweichen könne, „in dem Rechtsvorschriften angewendet werden".

Letztlich finden die Mitgliedstaaten, wenn und soweit sie kein Verfahren mit den **27** Verbraucher bindender Lösung vorsehen, auch insoweit volle Regelungsfreiheit vor.

6. Fazit: ADR-Gewährleistungsanspruch?

Wenn man die Freiräume, die die Richtlinie lässt, insgesamt in den Blick nimmt, löst **28** sie ihr Versprechen, Zugang zu alternativer Streitbeilegung zu verschaffen, kaum ein. Zwar hat der Verbraucher Zugang zu einer AS-Stelle, aber die ADR-Richtlinie garantiert nicht die Durchführung eines ADR-Verfahrens. Zwar wird in den EG 49 der Wunsch an die Mitgliedstaaten formuliert, die Unternehmen „soweit wie möglich" zu ermutigen, teilzunehmen, dies konkretisiert die ADR-Richtlinie aber nicht und verlangt von den Mitgliedstaaten keine bestimmte Maßnahme. Diese müssen weder die Unternehmen zwingen, noch sind sie gehalten, deren freiwillige Teilnahme durch Übernahme der Kosten oder durch andere Anreize auch nur zu fördern. Deshalb scheint es übertrieben, davon zu sprechen, neben den Justizgewährleistungsanspruch[21] werde für Verbraucher ein ADR-Gewährleistungsanspruch[22] gestellt. Die Justizgewähr schließt die Teilnahme des Gegners, hier des Unternehmens, ein oder vermittelt Konsequenzen für passives Verhalten wie etwa ein Versäumnisurteil. Die ADR-Richtlinie garantiert also nur die Gewähr der Vermittlung eines ADR-Angebots an das Unternehmen, vielleicht könnte man von einem **ADR-Angebotsvermittlungsanspruch** sprechen.

VI. Die Umsetzung in Deutschland

1. Ausgangslage

29   Ausgangspunkt des Diskurses in Deutschland ist der freilich wissenschaftlich nicht abgesicherte Befund „rationaler Apathie" oder des **„rationalen Desinteresses"**, also des Zustands einer nur zurückhaltenden Durchsetzung von Ansprüchen, von Verbraucherrechten (→ Rn. 8). Wenn Verbraucher – klar – bestehende Ansprüche nicht geltend machen, jedenfalls nicht durchsetzen und sich dabei auch noch „rational" verhalten, fordert dies im Denkmodell die Unternehmerseite zu einer strategischen Nutzung im Sinne eines **„kalkulierten Rechtsbruchs"** oder einer „rationalen Rechtsverletzung" heraus. Der Unternehmer, so die Modellannahme, stelle den angenommenen Ertrag aus der von Kundenseite hingenommenen Rechtsverletzung den prognostizierten Kosten des Widerstands gegenüber und entscheide sich dann für den Rechtsbruch, wenn der Ertrag ökonomisch überwiegt. Letztlich lässt sich das Problem im Modell in einer einfachen mathematischen Formel ausdrücken, in der die Wahrscheinlichkeit der Hinnahme des Rechtsbruchs (reziprok die Wahrscheinlichkeit des Widerstands) und die Kosten für den Fall von Widerstand, vor allem die für die rechtliche Aufarbeitung (Anwalts- und Gerichtskosten) entscheidend sind. Ein Unternehmen mit vielen Kunden hat in diesem Modell den Anreiz, allen Kunden zu Unrecht Klein- oder Kleinstbeträge abzuverlangen (zB auf der Telefonrechnung), so genannte „Streuschäden" zu verursachen, solange sich nur ein verhältnismäßig geringer Teil der Kunden wehrt und die dadurch verursachten (Mehr-)Aufwände gering sind. Der Umgang mit dem Rechtsbruch ist danach also Teil der Finanzplanung.

30   Es kann bezweifelt werden, ob das Modell gänzlich plausibel, jedenfalls, ob es vollständig ist. Die Degradierung von Rechtstreue zur rein kalkulatorischen und damit zur disponiblen Größe mag man auch dann bezweifeln, wenn man nicht von der romantischen Vorstellung des ehrbaren Kaufmanns ausgeht. Die moderne Hirnforschung hat die mit dem Modell unterstellte Vorstellung eines homo oeconomicus zumindest stark ins Wanken gebracht. Aber selbst ein homo oeconomicus wird weitere Aspekte mit ökonomischer Auswirkung einstellen wie etwa die **Unternehmensreputation**[23] und den Wettbewerb zu (lauteren) Unternehmen einschließlich der wettbewerbsrechtlichen Risiken. Schließlich unterstellt das Modell Vorsatz auf Unternehmerseite und Eindeutigkeit der Rechtslage, obwohl beides nicht immer gilt. Gerade kleinen Unternehmern unterlaufen Fehler unbedacht, sind vielleicht mangelnder Sorgfalt oder fehlenden Ressourcen etwa für Rechtsberatung geschuldet. Neben der Figur des „rationalen Rechtsverletzers" müsste deshalb zumindest die des „unbedachten Rechtsbruchinkaufnehmers" in die Überlegungen einbezogen werden. Entsprechendes gilt für das Handeln bei rechtlicher Un-

---

[21] In Deutschland aus Art. 19 Abs. 4 GG.
[22] So aber Althammer/*Meller-Hannich* S. 19, 20.
[23] Diese immerhin bezieht auch *Halfmeier* VuR-Sonderheft 2016, 16 (18) ein – freilich unter bloßen Kostengesichtspunkten.

sicherheit: Ein gut beratenes Unternehmen, das sich bei unklarer Rechtslage zur Nutzung des Graubereichs im eigenwirtschaftlichen Sinne entschließt, hat eine andere Motivationslage als der „kalkulierende Rechtsverletzer", die Suche nach geeigneten staatlichen Klärungsangeboten könnte hier in eine andere Richtung weisen.

Aber unabhängig von diesen Zweifeln scheint die These richtig zu sein, dass mit der **31** Wahrscheinlichkeit, dass Verbraucher (mögliche) Rechtsbrüche nicht hinnehmen und eine Klärung und Durchsetzung von Ansprüchen herbeiführen, der Anreiz für unlauteres Verhalten bei Unternehmen tendenziell sinkt – mögen diese kühl strategisch abwägen (kalkulieren) oder eher intuitiv vorgehen. Die Reflexion staatlicher Intervention im Sinne von Verhaltenssteuerung ist also allemal gerechtfertigt. Diese Diskussion ist nicht neu und hat mit der von der EU freilich aufgedrängten Notwendigkeit, die ADR-Richtlinie umzusetzen, neue Nahrung bekommen.

2. Übersicht: Einordnung der Verbraucherschlichtung in das Portfolio staatlicher Intervention

Die Verbraucherschlichtung ist Teil des individuellen privaten Rechtsschutzes und **33** ergänzt damit den individuellen Schutz durch staatliche Gerichte (→ Rn. 34). Eine zweite Betrachtungsebene bezieht die Möglichkeit kollektiven Rechtsschutzes ein (→ Rn. 35). Die Verbraucherschlichtung ist weiter abzugrenzen gegen Möglichkeiten des Staates, direkt und selbst zu intervenieren (→ Rn. 38 ff.) und gegen den wettbewerbsrechtlichen Schutz (→ Rn. 40 ff.). Schließlich haben ADR-Richtlinie und VSBG die Verbraucher-ADR nicht erst „entdeckt", sondern knüpfen an bestehende Strukturen an.

a) Individueller gerichtlicher Rechtsschutz

Der **individuellen** Durchsetzung von Ansprüchen dient klassischerweise das staat- **34** liche Gericht. Der Staat hält hier freilich ein bloßes Angebot bereit. Rechtsdurchsetzung ist hier kein originäres Ziel, vielmehr begibt der Staat sich in eine dienende Funktion. Wenn und soweit die privaten Rechtsträger es wünschen (und bezahlen), wird die **Rechtslage geklärt.** Die Rechtsdurchsetzung freilich bezieht sich nur auf den konkreten Fall und selbst in diesem kommt es zur Durchsetzung im engeren Sinne auch erst durch die vom Urteil ermöglichte Vollstreckung. Das gesamte Verfahren ist vom **Grundsatz der Privatautonomie**[24] geprägt: Den Streitstoff bestimmen die Parteien, sie können durch Klagerücknahme, Anerkennung oder Erledigungserklärung den Prozess jederzeit beenden und sie müssen nicht einmal das Urteil beachten, wenn sie einvernehmlich eine andere Lösung finden. Die Abweichung vom Recht, der Rechtsbruch als solcher spielt nur unter diesen Rahmenbedingungen eine Rolle, er ist nicht Leitschnur des Gesetzes oder ihr Auftragsinhalt, erst recht nicht mit Blick auf eine mögliche Vielzahl gleichgelagerter, aber nicht rechtshängiger Fälle.

b) Kollektiver Rechtsschutz

Die Möglichkeit, mit anderen, ähnlich Betroffenen gemeinsam zu klagen, schafft **35** nicht nur Synergien und hilft, Kosten bzw. Kostenrisiken zu senken. Vielmehr kann ein solches Instrument gesteigerten Druck im Sinne von Verhaltenssteuerung aufbauen. In der Kalkulation des Rechtsbruchs wird die Wahrscheinlichkeit der Gegenwehr höher,

---

[24] Vgl. grundlegend zur Bedeutung der Privatautonomie im Verbraucherschutzrecht Tamm/Tonner/ *Tamm* § 1.

die Abschreckung vor Unlauterkeit größer. Aus Verbrauchersicht bleibt die Rechtsklärung nicht Privileg und Risiko des Einzelnen, sondern kommt vielen, potentiell allen Betroffenen zugute.

36   Die Diskussion um kollektiven Rechtsschutz hat eine lange, auch europäisch geprägte Geschichte. In Deutschland stellt das Gesetz über Musterverfahren in kapitalmarktrechtlichen Streitigkeiten (Kapitalanleger-Musterverfahrensgesetz – KapMuG) ein Musterverfahren für den freilich kleinen Bereich von Ansprüchen wegen falscher, irreführender oder unterlassener öffentlicher Kapitalmarktinformationen zur Verfügung. Vorstöße zur Erweiterung stoßen regelmäßig auf Widerstände, die allzu oft auf (tatsächliche oder vermeintliche) Erfahrungen mit den class action gestützt werden, die vor allem in den Vereinigten Staaten schon lange etabliert sind. Als Folge europäischer Anstöße hat in jüngerer Zeit die Diskussion in Deutschland wieder Fahrt aufgenommen,[25] besonders befeuert wurde sie durch den Abgasskandal der Volkswagen AG, dessen Abarbeitung in den Vereinigten Staaten insbesondere die Vorteile von class action in das Bewusstsein holte.[26] Das Bundesministerium der Justiz und für Verbraucherschutz hat schon vor längerer Zeit einen Entwurf zur Einführung der Musterfeststellungsklage angekündigt.

37   Der kollektive Rechtsschutz ist nicht gebunden an das staatliche Gericht. Auch in einer privaten Struktur ist es möglich, Muster- oder Sammelverfahren bereitzuhalten. Die überindividuellen Bindungen müssten und könnten privatrechtlich gestaltet werden. Die ADR-Richtlinie lässt eine solche Ausgestaltung zwar zu, spricht diese Möglichkeit in EG 27 auch an, hält sie aber ersichtlich nicht für prioritär.

c) Direkte staatliche Intervention

38   Rechtsverstöße von Unternehmen kann der Staat auch zum Anlass nehmen, unmittelbar selbst einzugreifen. Das klassische Instrument ist das **Straf- und Ordnungswidrigkeitenrecht**, das zu behördlichen und staatsanwaltschaftlichen Ermittlungen und ggf. zur Aufarbeitung durch ein Gericht führt. Das deutsche Wirtschaftsstrafrecht freilich ist im Schwerpunkt auf die Sicherung des freien Wettbewerbs orientiert, insbesondere durch das Gesetz gegen Wettbewerbsbeschränkungen, während die Verletzung von Rechten des Verbrauchers nur in Ausnahmefällen pönalisiert wird.

39   In der jüngeren Vergangenheit stärker in den Blick geraten ist die behördliche Intervention, die traditionell in Deutschland eine im europäischen Vergleich untergeordnete Rolle einnimmt. Der schon erwähnte (→ Rn. 3) Europäischer Verordnungsvorschlag zur Änderung der CPC-Verordnung dürfte die in Deutschland ohnehin aufflammenden Ideen zur stärkeren staatlichen Lauterkeitskontrolle beleben. Diskutiert werden insbesondere Modelle behördlicher Durchsetzung von Verbraucherrechten in Großbritannien, den Niederlanden und den USA, die bei aller Unterschiedlichkeit im Detail erfolgreich die (bloße) Möglichkeit der Rechtsdurchsetzung zur Verhaltenssteuerung häufig im Wege informeller Lösungen nutzen.

d) Lauterkeitsrechtlicher Schutz

40   In der Logik, dass die systematische Übervorteilung der Verbraucher dem Unternehmen regelmäßig auch einen Vorteil im Markt erbringt, stellt das deutsche Recht den

---

[25] Vgl. etwa den Entwurf der Fraktion BÜNDNIS 90/DIE GRÜNEN eines Gesetzes über die Einführung von Gruppenverfahren BT-Drs. 18/1464 – mit den Stimmen der Regierungsfraktionen abgelehnt.

[26] Vgl. etwa die Beschlüsse der Verbraucherschutzministerkonferenz vom 22. April 2016 TOP 50 bis 52; https://www.verbraucherschutzministerkonferenz.de/documents/Endgueltiges_Protokoll_VSMK_ 2016.pdf.

Wettbewerbern Ansprüche und Durchsetzungsmechanismen zur Verfügung. Dieses Instrument schützt die Interessen des Verbrauchers nur indirekt und zukunftsorientiert. Es führt zur Unterlassung wettbewerbswidrigen und damit zumindest teilweise und potentiell verbraucherbenachteiligenden Verhaltens für die Zukunft, zur Rückabwicklung vergangener Verstöße ist es nicht gedacht, der individuelle Anspruch spielt keine Rolle. Aber auch die mitbedachte und gewiss sinnvolle Verhaltenssteuerung spiegelt in der Praxis nicht immer die kollektive Interessenlage wider. So wird schon länger ein vor allem anwaltsinteressengesteuertes „Abmahnunwesen" beklagt, das gewiss das Verhalten von Unternehmen steuert, aber eher in der Richtung, Formalverstöße zu vermeiden und weniger in dem Sinne, Verbraucherinteressen zu beachten. Natürlich gibt es eine Schnittmenge zwischen Formaltreue und Verbraucherschutz, aber keine Deckungsgleichheit, und die Annahme ist nicht ganz von der Hand zu weisen, dass die durch das Wettbewerbsrecht veranlasste Priorisierung der Formaltreue in Beug auf „wahre" Verbraucherinteressen Ressourcen bindet und Fehlanreize setzt.

e) Vorgefundene Schlichtungsstruktur

Historisch lassen sich Schlichtungsstellen schon seit der ersten Hälfte des 19. Jahr-　**41**
hunderts belegen, als die Einrichtung von Schiedsämtern zumeist auf kommunaler Ebene begann. Daneben gestattet § 794 ZPO den Ländern schon seit mehr als 90 Jahren[27] die Einrichtung oder Anerkennung von Gütestellen. Während der Hauptgrund von Schieds- und Gütestellen die Entlastung der Justiz war, haben neuere Initiativen Qualitätsmanagement und Kundenbindung zum Ziel. Als Beispiel aus dem Bereich von Körperschaften des öffentlichen Rechts seien die schon seit 40 Jahren bestehenden Gutachterkommissionen und Schlichtungsstellen bei den Ärztekammern[28] genannt, ferner Bauschlichtungsstellen, die von Handwerkskammern (mit-) getragen werden. Seit 2009 besteht ein von Ländern und Unternehmen getragenes Angebot zur Schlichtung von Streit aus online geschlossenen Verträgen.[29] In jüngerer Zeit schließlich sind zahlreiche Schlichtungsstellen durch oder aufgrund Rechtsakts errichtet worden, zB die Schlichtungsstelle der Bundesnetzagentur nach § 47a Abs. 4 Telekommunikationsgesetz, die Schlichtungsstelle Energie e.V. nach § 111d Abs. 4 Energiewirtschaftsgesetz und der Versicherungsombudsmann nach § 214 Versicherungsvertragsgesetz. Diese Schlichtungsstellen sind oft von sektorspezifischen Regelungen der Europäischen Union angestoßen worden.[30]

Hintergrund war häufig die Feststellung oder Vermutung „systematischen Rechts-　**42**
bruchs"[31] in der betreffenden Branche. Als Beispiel kann die Luftschlichtung genannt werden. Die durch Europäisches Recht schon seit 2004 geprägten Luftgastrechte sind von den Luftfahrtunternehmen anfangs nur zögerlich und defensiv reguliert worden und auch die Angebote der im Jahre 2009 gegründeten „Schlichtungsstelle für den öffentlichen Personenverkehr e.V. (söp)"[32] sind von den Luftfahrtunternehmen zunächst nur zurückhaltend in Anspruch genommen worden. Erst eine gesetzliche Änderung im Jahre 2013 (§ 57a Luftverkehrsgesetz), die dem Verbraucher im Streit mit

---

[27] Durch Verordnung über das Verfahren in bürgerlichen Rechtsstreitigkeiten vom 13.2.1924; vgl. *Greger* NJW 2011, 1478 mwN.

[28] Näheres unter http://www.bundesaerztekammer.de/patienten/gutachterkommissionen-schlichtungsstellen.

[29] www.online-schlichter.de.

[30] Begründung Regierungsentwurf BR-Drs. 258/15, 42.

[31] Begriff zu finden bei *Eidenmüller/Engel*, ZIP 2013, 1704 (1709).

[32] www.soep-online.de; vgl. hierzu *Isermann*, RRa 2016, 106 ff.

Luftfahrtunternehmen, die sich der söp oder einer anderen privaten Schlichtungsstelle nicht angeschlossen haben, Zugang zu einer behördlichen Schlichtung beim Bundesamt für Justiz gibt, hat zur Mitwirkung der wichtigsten Fluggesellschaften bei der söp wie überhaupt zu einer rechtskonformeren Geschäftspolitik der Branche geführt.

43   Diese vorgefundene Schlichtungsstruktur freilich war und ist weiterhin nicht heterogen. Selbst bei Verwendung desselben Begriffs der „Schlichtung" bestanden und bestehen in den verschiedenen Bereichen recht unterschiedliche Vorstellungen bis hin zum Einschluss von Entscheidungsverfahren.[33]

3. Die rechtspolitische Debatte

44   Die ADR-Richtlinie ist erst spät in das Bewusstsein von Verbraucher- und Unternehmensverbänden, der Rechtswissenschaften und auch der Justiz und Rechtsanwaltschaft gelangt. Die mit den Umsetzungsentwürfen angefachte Debatte war und ist von einer gewissen Ambivalenz geprägt. Einerseits kann man jeden Beitrag zur Überwindung des rationalen Desinteresses als Fortschritt einordnen. Es kommt hinzu, dass das gewählte Instrument der „Schlichtung" positiv belegt ist. Das Motto „Schlichten statt richten" ist seit einigen Jahrzehnten fester Bestandteil der rechtspolitischer Rhetorik und auch das Bundesverfassungsgericht hat in einer vielbeachteten und vielzitierten Entscheidung festgestellt: „Eine zunächst streitige Problemlage durch eine einverständliche Lösung zu bewältigen, ist auch in einem Rechtsstaat grundsätzlich vorzugswürdig gegenüber einer richterlichen Streitentscheidung."[34]

45   Dieser breite justizpolitische Konsens hatte lange[35] die Abgrenzung zur Justizdienstleistung nicht in den Blick genommen oder nur die (potentiellen) Vorteile der Schlichtung gegenüber der Justiz, die etwa das Bundesverfassungsgericht zu Kostenfragen, Geschwindigkeit und auch darin sieht, dass Lösungen gefunden werden können, „die in der Rechtsordnung so nicht vorgesehen sind."[36] Diese eindimensionale, nämlich die Vorteile der Justiz ausblendende Sicht war lange Zeit auch deshalb kaum angefochten, weil die Justiz als überlastet galt. Der Befund der Überlastung der Justiz ist längst der Realität gesunkener Eingangszahlen in fast allen Gerichtsbarkeiten gewichen. „Der Zivilprozess vor dem Aus?"[37] fragt immerhin (nur) die zuständige Abteilungsleiterin im BMJV und im Zusammenhang mit dem VSBG ist in der Literatur vom „Bedeutungsverlust der Zivilgerichtsbarkeit durch Verbrauchermediation"[38] die Rede.

46   Neben diesem quantitativen, das Justizmanagement und Verfahrensdauern betreffenden, Moment ist in die Diskussion um die Umsetzung der ADR-Richtlinie schließlich auch ein **qualitativer Aspekt** einbezogen worden. Von der „Schlichtungsfalle",[39] von Anreizen für Unternehmen zum „kalkulierten Rechtsbruch",[40] von „light justice",[41] „Verbraucherschutz zweiter Klasse"[42] und „Zwei-Klassen-Justiz"[43] ist die Rede und schnell auch eine kongeniale Kurzformel gefunden: „Mehr Zugang zu weniger

---

[33] Vgl. *Röthemeyer* ZKM 2013, 47 ff.

[34] BVerfG Beschl. v. 14.2.2007 – 1 BvR 1351/01 Rn. 35.

[35] Erste Stimmen: *Stürner,* ZZP, 127 (2014), 271, 316 f.; *Meller-Hannich/Höland/Krausbeck* ZEuP 2014, 8 (34).

[36] AaO.

[37] *Graf-Schlicker* AnwBl. 2014, 537 ff.

[38] *Roth* JZ 2013, 637 ff.

[39] *Eidenmüller/Engel,* ZIP 2013, 1704 ff.

[40] *Eidenmüller/Engel,* ZIP 2013, 1709.

[41] *Wagner* ZKM 2013, 104; DRiZ 2016, 135.

[42] *Roth* DRiZ 2015, 24 ff.

[43] *Meller-Hannich/Höland/Krausbeck,* ZEuP 2014, 8 (38).

Recht".[44] Diese Kritik, die sich nicht gegen konsensuale Methodik im Allgemeinen, sondern spezifisch nur gegen die Verbraucher-ADR wendet, verbindet sich bald mit Grundlagenkritik. *Stürner* etwa beklagt den „Siegeszug" von Schlichtung und Mediation und diagnostiziert „wild wuchernde(n)" Verfahren mit der Perspektive, ein „volles zweites Verfahrenssystem abgeschwächter Rechtsbindung aufzubauen".[45]

Im weniger risiko- als vielmehr chancenorientierten „Lager" äußern sich pointiert   **47** Schlichtungspraktiker.[46] Die Verbraucher-ADR wird aber auch von Meinungsträgern außerhalb bestehender Schlichtungspraxis weniger als Konkurrenz zur Justiz eingeordnet, sondern als (wertvolle) Ergänzung justizieller Angebote.[47]

Inhaltlich ging die Diskurs den geschilderten Bedenken entsprechend um Fragen der   **48** **Qualifikation der Streitmittler,** der **Rechtsbindung des Schlichtungsvorschlags,** der **Unabhängigkeit von Schlichtungsstellen und Streitmittler,** der Funktion der **Rechtsfortbildung,** im chancenorientierten Kontext aber auch um die weitergehende **Teilnahmeverpflichtung von Unternehmen,** um **Kosten- und Finanzierungsfragen,** schließlich auch darum, ob die **Bundes- oder die Länderebene** zur Anerkennung der Schlichtungsstellen und zur Auffangschlichtung zuständig ist. Auch das Verhältnis zum gerichtlichen Verfahren und insbesondere Reaktionsmöglichkeit, das justizielle Angebot zu verbessern, geriet in den Blick.[48]

VII. Die Grundausrichtung des Verbraucherstreitbeilegungsgesetzes

Die zahlreichen Spielräume, die die ADR-Richtlinie den Umsetzungsgesetzgebern   **49** lässt, nutzt das VSBG nur eingeschränkt.

Zu **Methodik und Verfahren** wird das VSBG nicht konkreter als die ADR-Richtlinie,   **50** wie diese belässt sie es bei der vorgefundenen Definition der Mediation und verzichtet, besser: versäumt Klärungen insbesondere zum Begriff der Schlichtung. Von der Möglichkeit, die Verfahrensarten zu begrenzen, macht das VSBG nur insofern Gebrauch, als es Entscheidungsverfahren mit Verbraucherbindung ausnimmt (§ 5 Abs. 2). Zum **Anwendungsbereich** geht § 2 Abs. 1 VSBG mit der Bezugnahme auf den Verbrauchervertrag nach § 310 Abs. 3 BGB freilich vor allem aus gesetzestechnischen Gründen über die von Art. 2 Abs. 1 ADR-Richtlinie verlangten Kauf- und Dienstleistungsverträge leicht hinaus. Zur **Qualifikation der Streitmittler** ist (erst) in der parlamentarischen Endphase über die Anforderungen der Richtlinie hinaus die Befähigung zum Richteramt bzw. das Mediationszertifikat vorgegeben (§ 6 Abs. 2 S. 2 VSBG). Über die bestehenden Regelungen hinaus sind neue sektorielle oder allgemeine **Teilnahmepflichten** für Unternehmen nicht begründet worden, wie überhaupt in die bestehende Schlichtungsstruktur nur minimalinvasiv eingegriffen wurde. Die **Rechtsbindung des Schlichtungsvorschlags** ist in § 19 VSBG vage und offen ausgestaltet.

---

[44] *Engel* NJW 2015, 1633 ff.

[45] *Stürner* ZZP, 127 (2014), 271, 316 f.

[46] *Hirsch,* Festschrift für Egon Lorenz, S. 159, 165 sowie in ZKM 2015, 141 ff. und DRiZ 2016, 134; *Nöhre/Ruge* BRAK-Mitteilungen 2015, 225; zustimmend „bei aller Vorsicht gegenüber Berichten über eigene Erfolge" *Gaier* NJW 2016, 1367 (1368).

[47] *Hubig* ZKM 2014, 167 (169); *Lemmel* ZKM 2015, 22 (25); *Greger* ZZP 128 (2015), 137, 138 f. und in MDR 2016, 365; *Tonner* ZKM 2015, 132 (133);

[48] *Niewisch-Lennartz* ZKM 2015, 136; *Wagner* DRiZ 2016, 135; *Röthemeyer* VUR Sonderheft 2016, 9.

51 Zur **innerstaatlichen Zuständigkeit** ist im Kompromisswege das Bundesamt für Justiz mit der Aufgabe der Anerkennung als Verbraucherschlichtungsstelle betraut worden (§ 24 iVm § 27 Abs. 1 VSBG) und die Auffangschlichtung hat bis einschließlich 2019 faktisch der Bund durch Förderung einer Allgemeinen Verbraucherschlichtungsstelle (Zentrum für Schlichtung e. V. in Kehl)[49] übernommen (§ 43 Abs. 1), ab 2020 haben die Länder diese Aufgabe wahrzunehmen (§ 29 VSBG).

---

[49] www.verbraucher-schlichter.de.

§ 2 Grundlagen und Anwendungsbereich des VSBG

I. Verfahrensarten

Verfahren meint hier ein System von Techniken und Methoden, das in sich geschlossen ist. Methode ist nach diesem Verständnis Teil des Verfahrens, nicht ein Synonym. **1**

ADR-Richtlinie und VSBG beschreiben nicht ein spezifisches Programm eines in diesem Sinne geschlossenen Systems. Vielmehr legen sie sich und die Anwender nicht auf eine spezifische Verfahrensart fest und überlassen die Verfahrens- und Methodenwahl der Streitbeilegungsstelle bzw. ihrem Träger. Bei der Entwicklung ihres Verfahrens bzw. ihrer Verfahrensarten sind Stelle und Träger allerdings nicht völlig frei, sondern werden gewissen Maximen und Verfahrensfragmenten unterworfen (→ § 5 Rn. 1 ff). **2**

1. Vorgaben und Vorstellungen der ADR-Richtlinie

Die ADR-Richtlinie enthält keine Definition eines oder mehrerer Verfahren. Vielmehr beschreibt sie aus der Arbeitsperspektive der AS-Stellen[1] nur und immerhin verschiedene Verfahrensgruppen. Bezugspunkt dieser Beschreibung ist die Art und Weise, wie die AS-Stelle auf die Lösung des Streits hinarbeitet. Art. 2 Abs. 1 ADR-Richtlinie differenziert danach, ob die AS-Stelle **3**
- eine Lösung vorschlägt,
- eine Lösung auferlegt oder
- die Parteien mit dem Ziel zusammenbringt, sie zu einer gütlichen Lösung zu veranlassen.

Wenn man diese Handlungsweisen mit bereits definierten oder zumindest beschriebenen außergerichtlichen Verfahrensarten abgleicht, könnte man folgende systematische Einteilung vornehmen: **4**
- Vorschlagsverfahren: Schlichtung
- Entscheidungsverfahren: Schieds(gerichts)verfahren
- Lösungsvermittlung: Mediation.

Auf europäischer Ebene definiert ist freilich nur die Mediation: Nach Art. 3 Buchst. a) Abs. 1 S. 1 der Mediations-Richtlinie[2] ist Mediation „ein strukturiertes Verfahren unabhängig von seiner Bezeichnung, in dem zwei oder mehr Streitparteien mit Hilfe eines Mediators auf freiwilliger Basis selbst versuchen, eine Vereinbarung über die Beilegung ihrer Streitigkeiten zu erzielen", wobei nach Art. 3 Buchst. b) „Mediator" „eine dritte Person (ist), die ersucht wird, eine Mediation auf wirksame, unparteiische und sachkundige Weise durchzuführen ...". **5**

2. Verfahrensarten nach dem VSBG

a) Einleitung

Das VSBG enthält keine Definition auch nur eines Verfahrens, es setzt aber die Existenz verschiedener Verfahren voraus. Als Oberbegriff verwendet das VSBG teilweise **6**

---

[1] So formuliert die Richtlinie in der deutschen Übersetzung, wobei „AS" für Alternative Streitbeilegung steht, wie in EG 5 klargestellt ist.
[2] Richtlinie 2008/52/EG des europäischen Parlaments und des Rates vom 21. Mai 2008 über bestimmte Aspekte der Mediation in Zivil- und Handelssachen, ABl. 2008, L 136, 3.

„Konfliktbeilegungsverfahren" (§§ 1, 5) und überwiegend synonym[3] „Streitbeilegungsverfahren" (§§ 6, 7, 10 bis 16, 19, 21 bis 23, 29 bis 31, 34, 36, 37) und schließt mit letzterem Begriff sprachlich an das Gesetz „zur Förderung der Mediation und anderer Verfahren der außergerichtlichen Streitbeilegung"[4] an. Leider verwendet das VSBG daneben als weiteren (dritten) Oberbegriff noch den der „Schlichtung", was etwa in der Bezeichnung „Verbraucherschlichtungsstelle" oder in § 29 Abs. 2 und § 34 Abs. 5, wo von „Schlichtungsangeboten" die Rede ist, zum Ausdruck kommt.

b) Schlichtung

7   Teil dieser „Schlichtung im weiteren Sinne" ist das Verfahren der Schlichtung, das die Bundesregierung in der Begründung des Regierungsentwurfs als „Schlichtung im engeren Sinne" bezeichnet.[5]

8   Schlichtung im Sinne eines Streitbeilegungsverfahrens wird freilich nicht definiert und im Gesetzestext auch nur mittelbar im Kontext mit dem **Schlichtungsvorschlag** angesprochen, das sich aus dem Gesetz (§§ 19 ff.) immerhin als das zentrale Element des Schlichtungsverfahrens herauslesen lässt. Eine auch nur ansatzweise geschlossene Definition des Schlichtungsverfahrens lässt sich den Gesetzesmaterialien nicht entnehmen; auch die Begründung des Regierungsentwurfs setzt das Schlichtungsverfahren schlicht voraus, ohne es näher zu beschreiben.[6] Diese gesetzgeberische Zurückhaltung hat gewiss mit dem Ansatz zu tun, die vorgefundenen Strukturen und Angebote möglichst unangetastet zu lassen; mit dieser Vermeidung von Gestaltungsaufwand hat der Gesetzgeber nicht nur eine sprachliche Konsolidierung versäumt,[7] sondern auch bestehende inhaltliche Widersprüche[8] perpetuiert.

c) Mediation

9   Freilich ist durch § 18 VSBG ausdrücklich klargestellt, dass **Mediation** angeboten werden kann; zu den für die VSBG-Mediation geltenden Besonderheiten.[9] Mediation ist nach § 1 Abs. 1 des Mediationsgesetzes (MediationsG)[10] ein „vertrauliches und strukturiertes Verfahren, bei dem Parteien mithilfe eines oder mehrerer Mediatoren freiwillig und eigenverantwortlich eine einvernehmliche Beilegung ihres Konflikts anstreben." Der Mediator ist nach § 1 Abs. 2 „eine unabhängige und neutrale Person ohne Entscheidungsbefugnis, die die Parteien durch die Mediation führt." Das MediationsG hat also dieselbe zirkuläre Tendenz wie die Mediationsrichtlinie, zur Definition von Mediation auf den Mediator und zur Definition von Mediator auf die Mediation zurückzugreifen.

---

[3] Die von der Bundesregierung wohl beabsichtigte Differenzierung, „Konfliktbeilegungsverfahren" meine die abstrakt möglichen, „Streitbeilegungsverfahren" die konkret angebotenen (BT-Drs. 18/5760, 25 – zu Nr. 5), kommt im Wortlaut nicht zum Ausdruck.

[4] Vom 21. Juli 2012, BGBl. I S. 1577; Kern dieses Gesetzes zur Umsetzung der Mediationsrichtlinie ist das Mediationsgesetz; vgl. Fn. 10.

[5] BR-Drs. 258/15, 76.

[6] BR-Drs. 258/15, 59.

[7] Die Bundesregierung hat gegen entsprechende Vorschläge des Bundesrats (BR-Drs. 258/15 [Beschluss], 7) eingewandt, zu einer Konsolidierung des Sprachgebrauchs im gesamten Rechtsgebiet der außergerichtlichen Konfliktbeilegung habe die Zeit gefehlt (BT-Drs. 18/5760, 25 – zu Nr. 5).

[8] Vgl. *Röthemeyer* ZKM 2013, 47 ff.

[9] Vgl. HK-VSBG/*Röthemeyer* § 18 Rn. 14 ff.

[10] Mediationsgesetz vom 21. Juli 2012, BGBl. I, S. 1577; es handelt sich um Art. 1 des oben in Fn. 4 zitierten Gesetzes

Die erkennbare definitorische Zurückhaltung (auch) des Mediationsgesetzgebers war **10** gewiss auch dem Umstand geschuldet, dass in das breite Spektrum unterschiedlicher Ausprägungen von Mediationsmethodik nicht eingegriffen werden sollte. Es hatte sich eine Vielzahl von Mediationsarten oder -stilen herausgebildet. Nach *Riskin*[11] etwa lässt sich eine Methodenmatrix zwischen den Achsen des Maßes der Unterstützung (von beurteilend bis moderierend) einerseits und des Themenumfangs sowie der Bearbeitungstiefe andererseits aufspannen.[12] *Gläßer*[13] unterscheidet zwischen folgenden Mediationsstilen: moderierend, transformierend, evaluierend, strategisch.

Sucht man nach den **Wesensmerkmalen der Mediation,** kann man eine Einteilung **11** nach verfahrens-, partei- und vermittlerbezogenen Elementen vornehmen.

- Verfahrensbezogene Merkmale:
  - Struktur
  - Vertraulichkeit
- Parteibezogene Merkmale:
  - Freiwilligkeit der Teilnahme
  - Eigenverantwortlichkeit der Konfliktlösung
- Vermittlerbezogene Merkmale:
  - Verfahrensführung ohne Entscheidungsbefugnis
  - Unabhängigkeit und Neutralität.

Schon diese Einteilung ist nicht unkritisch, stehen doch Elemente wie die der Ver- **12** traulichkeit und Unabhängigkeit des Mediators zur Disposition der Parteien, was durchaus an der Wesensmerkmalskraft zweifeln lässt.[14] Ferner bedeutet Freiwilligkeit keineswegs völliges Fehlen äußeren oder inneren Drucks in Richtung Mediation.[15] So kann etwa der Gesetzgeber die Erhebung einer Klage vor staatlichen Gerichten durchaus von dem Versuch einer außergerichtlichen Einigung abhängig machen.[16] Es ist gewiss kein Zufall, dass gerade das Prinzip der Freiwilligkeit unter methodischen[17] aber auch unter marktstrategischen Aspekten in den Mittelpunkt der Diskussion im Vorfeld der Evaluierung des Mediationsgesetzes gerückt ist.

d) Abgrenzung von Schlichtung und Mediation

aa) Rollenverständnis

Klopft man die Liste der Wesensmerkmale auf Unterscheidungskriterien gegenüber **13** der Schlichtung ab, kann man (allenfalls)[18] am Begriff „Eigenverantwortung der Konfliktlösung" einhaken. Zwar verantworten auch in der Schlichtung letztlich die Parteien die Lösung, bedarf doch der Schlichtungsvorschlag -von der Ausnahme der Unternehmerbindung (→ § 6 Rn. 75 ff.) abgesehen- der Annahme beider Parteien. Die Parteien finden aber einen Vorschlag *vor*, den sie nur annehmen oder ablehnen können. Und diese durch den Schlichter formulierte Lösungsmöglichkeit beeinflussen sie zwar

---

[11] Harvard Negotiation Law Review 1996, 7 (25).

[12] Vgl. *Unberath* ZKM 2010, 164, *Duve/Eidenmüller/Hacke* 88 f., *Röthemeyer* Mediation Rn. 236 ff.

[13] In Klowait/Gläßer § 1 Rn. 11 MediationsG.

[14] Vgl. Greger/Unberath/*Greger* § 1 Rn. 3 MediationsG.

[15] Vgl. näher *Röthemeyer* Mediation Rn. 246 f.

[16] BVerfG NJW-RR 2007, 1073 (1074); nach Art. 3 Buchst. a) Abs. 1 S. 2 Mediations-RL kann nach Entscheidung der Mitgliedstaaten sogar Mediation angeordnet werden.

[17] Vgl. einerseits *Greger* ZKM 2015, 172 ff. einerseits *Fritz/Krabbe* ZKM 2016, 103, *Prior* ZKM 2016, 105 und *Eidenmüller* Beilage zu ZIP 22/2016, 18 andererseits; zum Ganzen *Röthemeyer* ZKM 2016, 151 ff.

[18] Zur Mehrdeutigkeit des Mediationsgesetzes und seiner Begründung vgl. *Soffner* Teil 2, § 1 B. II.

in dem Sinne mittelbar, dass diese auf ihren Vorträgen und Beiträgen im Verfahren beruhen, sie wirken aber anders als in der Mediation nicht im unmittelbaren Sinne aktiv an der Vorschlagsentwicklung mit. Diesen Unterschied kann man auch dann für signifikant halten, wenn man entsprechend der in der Tat gebotenen weiten methodischen Auslegung des Mediationsgesetzes dem Mediator im Rahmen des so genannten evaluierenden Stils die Befugnis zur Entwicklung von Lösungsoptionen und -vorschlägen zugesteht.[19]

14   Die Abgrenzung kann mithin bei der **Verfahrensrolle des Streitmittlers** und spiegelbildlich bei der **Rolle der Parteien** ansetzen.

15   Bei der idealtypischen Schlichtung ist allen Beteiligten von Anfang an klar, dass am Ende der Schlichtungsvorschlag steht. Der Streitmittler konzentriert sich darauf, die Informationen zu bekommen, die er für die Entwicklung des Vorschlags benötigt. Die Streitdynamik interessiert ihn eher am Rande. Zwar macht er sich vielleicht auch Gedanken darüber, unter welchen Umständen sein Vorschlag gute Chancen auf Akzeptanz haben könnte, sein Hauptaugenmerk gilt aber seiner Aufgabe, eine nach dem für ihn geltenden Maßstab vorzuschlagende Lösung zu entwickeln.

16   Die Parteien verfolgen das Ziel, einen für sie möglichst vorteilhaften Vorschlag zu erhalten. Zwar ist ihnen bewusst, dass der Vorschlag anders als das Urteil nicht verbindlich ist, er hat aber doch eine **gehobene faktische Lösungskraft.** Jedenfalls zunächst kann der Vorschlag nur angenommen oder abgelehnt werden. Jede Seite kann sich ausrechnen, dass eine Neuverhandlung nach Ablehnung unter psychologisch erschwerten Bedingungen stattfinden würde. Deshalb werden sich die Beteiligten sagen, dass es sinnvoll sein kann, lieber eine vielleicht nicht optimale Lösung zu akzeptieren, als ganz neu verhandeln zu müssen. Da jede Seite diese besondere Kraft des Schlichtungsvorschlags bei Beginn des Verfahrens bewusst oder unbewusst antizipiert, konzentriert sich die Schlichtungspartei typischerweise so auf den Schlichter wie die Prozesspartei auf den Richter. Die Schlichtungspartei handelt und argumentiert in Richtung Schlichter, will ihn überzeugen, vielleicht auch für sich einnehmen.[20] Die andere Seite ist als Gesprächspartner weniger wichtig; sie will man nicht überzeugen, sondern mit Hilfe des Gerichts/Schlichters „besiegen". Zwar ist anders als beim staatlichen Urteil auch die Gegenseite nicht an den Schlichtungsvorschlag gebunden, dennoch ist ein günstiger Schlichtungsvorschlag als eine wichtige Etappe wertvoll, kann er doch auch und gerade bei Ablehnung durch die Gegenseite im Rahmen weiterer Verhandlungen oder im anschließenden Gerichtsverfahren eine gute Ausgangsbasis darstellen.

17   Insgesamt befinden sich die Beteiligten der idealtypischen Schlichtung psychologisch sehr viel stärker in dem Rollenverständnis des Gerichtsverfahrens als etwa in dem der Mediation. Hier sind die Medianden unter Anleitung des Mediators aufeinander bezogen, versuchen – idealtypisch und jedenfalls, nachdem sie das Verfahren verstanden und akzeptiert haben – ihre Sichtweise der anderen Seite zu vermitteln, werden angehalten, die der anderen Seite zu verstehen, loten gemeinsam Interessenschnittmengen aus und entwickeln zusammen die Lösung. Der Mediator ist nicht unmittelbar lösungsaktiv, sondern nur mittelbar in dem Sinne, dass er den Boden für die unter den Medianden zu findende Lösung bereitet. Der Mediator ist mehr auf das Gespräch fokussiert, weniger auf die Lösung. Wenn für den Schlichter wie das Gericht die Waage steht, mag man die Intervention des Schlichters mit einem Pendel vergleichen. Anders als der Mediator ist er aber nicht auf den Lösungsweg, sondern auf die Lösung selbst fokussiert.

---

[19] So mit überzeugender Begründung *Soffner* Teil 2 § 1 B. II. 2 b.
[20] Zustimmend Greger/Unberath/Steffek/*Greger* D Rn. 20.

bb) Weitere Aspekte

Neben dem auf das Verfahren bezogenen Gesichtspunkt des Rollenverständnisses gibt **18** es weitere Unterschiede, die auch im Sinne einer Indikationsstellung bei der Auswahl des fallbezogen geeigneten Verfahrens eine Rolle spielen können. Auch hierbei handelt es sich freilich eher um „weiche" Kriterien, weil auch insoweit die Weite des Mediationsbegriffs und die Unterschiedlichkeiten der Mediationsstile bedacht werden müssen.

Anspruch versus Interesse: In der Schlichtung wie im Gericht geht es um Ansprüche **19** oder Forderungen, die sich in konkreten Anträgen formulieren lassen. Die Mediation blickt auf die Interessen und Bedürfnisse der Parteien, die hinter den Ansprüchen stehen. Wenn also die Beziehungsebene eine für den Konflikt wesentliche Rolle spielt, etwa der „Ton" des Mitarbeiters des Beschwerdemanagements, kann diese Störung mithilfe der Mediation besser aufgearbeitet werden als mit der Schlichtung.

Perspektive: Gericht und Schlichter bewerten Geschehenes, die Medianden schauen, **20** zwar durchaus in Kenntnis und Bewusstsein der Vergangenheit, aber doch eher nach vorne mit dem Ziel einer zukunftsorientierten Gestaltung.

Lösungsmaßstab: Dieser Aspekt hängt mit dem Rollenverständnis zusammen, hat **21** aber eine weitere Facette: Bei Gericht und in der – idealtypischen – Schlichtung ist der Lösungsmaßstab vorgegeben, zumeist besteht er im Recht. Die – idealtypischen – Medianden haben oder entwickeln gemeinsam einen eigenen Maßstab. Hierbei mag das Recht eine Rolle spielen, aber auch andere Werte und Orientierungslinien können einbezogen werden.

e) Weitere Verfahren

Die Gesetzesbegründung nennt Schlichtung und Mediation ausdrücklich als Beispiele **22** in Betracht zu ziehender Verfahren.[21] Auch das Mediationsgesetz geht bereits ausweislich seiner Überschrift („Gesetz zur Förderung der Mediation und anderer Verfahren der außergerichtlichen Konfliktbeilegung") von einer Mehrzahl vorhandener konsensualer Verfahren aus. Wie wenig der Mediationsgesetzgeber diese freilich reflektiert hatte, zeigt schon die beispielhafte Aufzählung unterschiedlicher „Verfahren zur außergerichtlichen Konfliktbeilegung" in der Begründung des Mediationsgesetzes: „… die in zahlreichen Landesgesetzen vorgesehenen Schlichtungs-, Schieds- und Gütestellen, die Ombudsleute, Clearingstellen und neuere Schieds- und Schlichtungsverfahren wie Shuttle-Schlichtung, Adjudikation, Mini Trial, Early Neutral Evaluation und Online-Schlichtung …". Es handelt sich grob beschrieben[22] um eine Zusammenstellung von einerseits Stellen ohne notwendige Verfahrensimplikation, von Spielarten der Schlichtung und mit der Adjudikation um ein besonderes partielles Entscheidungsverfahren, das schon deshalb als VSBG-Verfahren nicht taugt.

Seit dem Mediationsgesetz von 2012 ist ein gesetzgeberischer Impuls für eine weitere **23** Verfahrensart nicht gegeben, in der Literatur findet sich durchaus Diskurs,[23] der zur Schärfung des Mediationsbegriffs führen mag, und methodische Innovation ohne den Anspruch begrifflicher Klärung, insgesamt aber wenig, was sich zur Entwicklung eines Verfahrens der Verbraucher-ADR jenseits von Mediation und Schlichtung nutzen ließe.

---

[21] BR-Drs. 258/15, 59.

[22] Vgl. iE *Röthemeyer* Mediation Rn. 398 ff.

[23] Vgl. einerseits *Greger* ZKM 2015, 172 ff. einerseits *Fritz/Krabbe* ZKM 2016, 103, *Prior* ZKM 2016, 105 und *Eidenmüller* Beilage zu ZIP 22/2016, 18 andererseits; zum Ganzen *Röthemeyer* ZKM 2016, 151 ff.

24   Allerdings könnte man durchaus eine methodische Lücke zwischen der interesse-orientierten Mediation einerseits und der auf einen Lösungsvorschlag orientierten VSBG-Schlichtung andererseits sehen. Einerseits mag der Konflikt nicht die Beziehungsebene erreichen oder dessen Aufarbeitung zu aufwändig (auch unangemessen teuer) erscheinen. Andererseits mag es dem Streitmittler unnötig oder anmaßend erscheinen, selbst einen Schlichtungsvorschlag zu unterbreiten, sondern findet seine Rolle eher darin, den Lösungsraum auszuloten und die Lösungsfindung mehr den Parteien zu überlassen. Nach diesem Verständnis leitet der Streitmittler zwar die Verhandlungen der Parteien, ohne aber Phasen oder Stufen einer Mediation zu beachten. Ein solches Vorgehen könnte man vielleicht als **Konfliktmoderation** bezeichnen.[24] Der Moderator schlägt nicht vor, sondern sucht nach Lösungsmöglichkeiten oder einem Lösungspfad. Er fragt etwa die Parteien, ob ein Kompromiss in einem Gutschein bestehen könnte und regt ggf. die bilaterale Verhandlung über die Höhe an.

f) Mischmodelle und Hybride

25   Nach der Begründung des Gesetzentwurfs soll „auch eine Kombination von Verfahren mit Schlichtungs- und Mediationselementen möglich"[25] sein. Eine Kombination ist in zweierlei Hinsicht denkbar: Zum einen können Elemente von Schlichtung und Mediation zu einem dritten Verfahren verschmolzen werden (integrierende Kombination oder Mischung), zum anderen können Schlichtung und Mediation in einem gestuften Verhältnis angeboten werden (hybride Struktur).

26   **Mischmodelle:** Da der Begriffe der Schlichtung letztlich ungeklärt und auch zur Mediation vieles offen ist, führt eine Mischung kaum zu einem eigenständig abgrenzbaren Verfahren. Hier zeigt sich aber und immerhin, dass das Gesetz den Verbraucherschlichtungsstellen und Streitmittlern volle Freiheit bei der Verfahrensgestaltung lässt. Es gibt **keinen numerus clausus der Verfahrensarten;** das Gesetz verlangt nur die Einhaltung noch dazu weniger Verfahrensregeln, die sich im wesentlichen aus § 17 VSBG ergeben (→ § 5 Rn. 11ff.) und im Falle eines Schlichtungsvorschlags die Regelung des § 19 VSBG (→ § 6). Freilich kann es bei Mischmodellen im Einzelfall schwierig sein zu klären, ob es sich um Mediation im Sinne von § 18 VSBG und im Sinne von § 1 MediationsG handelt; im Zweifel sollten die (wenigen) Besonderheiten des MediationsG beachtet werden.

27   **Hybride:** Zur Freiheit der Gestaltung der VSBG-ADR gehört auch, zwei (oder noch mehr) verschiedene Verfahren hintereinander zu schalten. So kann es sinnvoll sein, zunächst eine Mediation oder Moderation zu versuchen, um im Falle des Scheiterns zur Schlichtung überzugehen. Theoretisch kann auch nach gescheiterter Schlichtung (abgelehntem Schlichtungsvorschlag) Mediation angeboten werden. Gesetzliche Einschränkungen gibt es insoweit nicht, wobei etwa § 19 VSBG bzw. § 18 VSBG iVm dem MediationsG nur für die jeweilige Stufe gelten. Eine Besonderheit mag sich zu der Frage ergeben, ob der Streitmittler nach durchgeführter Mediation noch hinreichend unparteilich im Sinne von § 7 VSBG ist, mag er doch Informationen erhalten haben, die die Parteien mit dem Ziel eigenständiger Eignung eingebracht haben, aber in einem auf einen Schlichtungsvorschlag orientierten Verfahren verbergen würden/wollen. Das mag über § 7 Abs. 4 VSBG zur Ablösung des Streitmittlers führen.[26] Es bietet sich allerdings

---

[24] Den Begriff verwenden auch Fritz/Pielsticker/*Fritz*, Mediationsgesetz, 2013, Andere Verfahren I Rn. 5. sowie freilich wohl nur in Abgrenzung zur Mediation *Greger* ZKM 2015, 172 (173, 175).

[25] BR-Drs. 258/15, 59.

[26] Vgl. iE unter Hinweis auf die Regelung der parallelen Konstellation im staatlichen Gerichtsprozess (§ 41 Nr. 8 ZPO) HK-VSBG/*Röthemeyer* § 7 Rn. 25 f.

zum Schutze der Erfolgsaussicht der Mediation an, bereits in der Verfahrensordnung einen Wechsel des Streitmittlers für den Fall des Übergangs zu einem anderen Verfahren vorzusehen.

II. Sachlicher und personaler Geltungsbereich

Nach den Bestimmungen der ADR-Richtlinie haben die Mitgliedsstaaten dafür Sorge **28** zu tragen, dass es ein umfassendes Schlichtungsangebot für Streitigkeiten zwischen Verbrauchern und Unternehmern über vertragliche Verpflichtungen gibt, die sich aus Kaufverträgen oder Dienstleitungsverträgen ergeben.

Erfasst sind dabei – außer den wenigen, von der Richtlinie explizit genannten Bereichen – alle Wirtschaftssektoren, in denen solche Verträge zwischen Verbrauchern und Unternehmern geschlossen werden können.

Verbraucher ist dabei auch, wer als natürliche Person einen Vertrag abschließt, der zwar auch gewerblichen, aber ebenfalls privaten Zwecken dient, der überwiegende Zweck jedoch der privaten Sphäre zuzuordnen ist.[27]

Sichergestellt sein muss, dass die verschiedenen Schlichtungsstellen, die für Verbrau- **29** cherstreitigkeiten zuständig sind, die sich gegen Unternehmer aus dem Hoheitsgebiet des jeweiligen Mitgliedsstaates richten, zusammen das gesamte sektorenumfassende Spektrum abdecken. Nur dann genügen die Mitgliedstaaten den Vorgaben aus Art. 5 der Richtlinie. Lediglich Streitigkeiten aus Verträgen über

- nichtwirtschaftliche Dienstleistungen von allgemeinem Interesse,
- Gesundheitsdienstleistungen und
- Weiter- und Hochschulbildung durch staatliche Einrichtungen

müssen nicht abgedeckt werden.

Diese Vorgaben der Richtlinie finden in Deutschland ihre Entsprechung in § 4 Abs. 2 **30** S. 2 und § 29 Abs. 2 S. VSBG. Ein Verbot für (Allgemeine) Verbraucherschlichtungsstellen, in diesen Bereichen dennoch tätig zu werden, besteht aber nicht. Dass diese Bereiche vom Geltungsbereich der ADR-Richtlinie ausgenommen sind, entbindet lediglich die Mitgliedstaaten davon, auch für diese Bereiche für ein Schlichtungsangebot Sorge zu tragen.[28]

Die Verpflichtung trifft die Mitgliedstaaten auch nur, sofern einerseits in ihrem jewei- **31** ligen Hoheitsgebiet niedergelassene Unternehmer und in einem EU- oder EWR-Staat (einschließlich dem jeweils eigenen) wohnhafte Verbraucher Partei sein könnten.

Bei Verbrauchern kommt es hier also nicht auf deren Nationalität, sondern auf deren **32** Wohnsitz oder gewöhnlichen Aufenthaltsort an, wie sich § 4 Abs. 4 VSBG entnehmen lässt. In der Tat kann das niedrigschwellige Angebot, das die Verbraucherschlichtung gewähren soll, gerade auch für Verbraucher aus anderen Staaten, die nur vorübergehend in einem EU- oder EWR-Staat leben, besonders hilfreich sein.

Bei Unternehmern ist darauf abzustellen, ob der Unternehmer eine Niederlassung **33** im jeweiligen Staat hat. Auch dies ergibt sich aus Artikel 5 Abs. 1 der ADR-Richtlinie, wonach es ausreichend ist, wenn jeder Mitgliedstaat für ein Schlichtungsangebot in Bezug auf die in seinem Hoheitsgebiet niedergelassenen Unternehmer sorgt.[29] Der deutsche Gesetzgeber hat dies mit § 4 Abs. 4 VSBG umgesetzt. Nach Artikel 4 Abs. 2 2. Spiegelstrich der ADR-Richtlinie ist hinsichtlich der Unternehmerniederlassung zu

---

[27] Palandt/*Ellenberger* BGB § 13 Rn. 1, 3.
[28] Greger/Unberath/Steffek/*Greger* VSBG § 4 Rn. 11.
[29] BR-Drs. 258/15, 64.

beachten, dass auch eine Zweigniederlassung ausreichend ist, „falls der Unternehmer eine Gesellschaft oder sonstige juristische Person oder eine aus natürlichen oder juristischen Personen bestehende Vereinigung ist".

34   Sofern es in einem Mitgliedstaat jedoch eine oder mehrere private Verbraucherschlichtungsstellen gibt, die alle Bereiche umfassen, erschöpft sich die Verpflichtung der Mitgliedstaaten darin, darüber zu wachen, dass diese Stelle oder Stellen auch konform zum Richtlinienumsetzungsgesetz dieses jeweiligen Staates sind und bleiben. In Deutschland muss es sich dabei um Verbraucherschlichtungsstellen im Sinne des VSBG handeln.

35   Wenn dies nicht der Fall ist, es also Lücken gibt, trifft den Staat die Verpflichtung, selbst für eine Verbraucherschlichtungsstelle mit Auffangfunktion zu sorgen, so dass Verbraucher für alle von der Richtlinie aufgeführten Bereiche bei entsprechenden Streitigkeiten mit Unternehmern Zugang zu Schlichtung haben (siehe hierzu für Deutschland unten → Rn. 58). Diese Auffangschlichtungsstellen haben je nach dem in den verschiedenen Mitgliedstaaten angetroffenen Angeboten an Schlichtungsstellen einen kleineren oder größeren Zuständigkeitsbereich.

36   Während die Auffangschlichtungsstellen also jene Bereiche abdecken müssen, die die ADR-Richtlinie verbindlich vorgibt, haben private Verbraucherschlichtungsstellen die Möglichkeit, ihren Zuständigkeitsbereich zu beschränken, aber auch zu erweitern, wobei Arbeitsverträge aber stets ausgenommen sind, wie § 4 Abs. 1 Halbs. 2 und Abs. 3 Halbs. 2 VSBG festlegen; eine Verbraucherschlichtungsstelle kann sich auch nicht freiwillig dafür zuständig erklären.[30]

37   Grundvoraussetzung, um Verbraucherschlichtungsstelle nach dem VSBG zu sein, ist immer, dass der Zuständigkeitsbereich Verbraucherverträge im Sinne von § 310 Abs. 3 BGB umfasst, die in Deutschland niedergelassene Unternahmen betreffen. Sofern die Verbraucherschlichtungsstelle ihren Zuständigkeitsbereich erweitert hat, muss aber die Beilegung von Verbraucherstreitigkeiten auf Antrag des Verbrauchers jedenfalls Haupttätigkeit der Stelle sein.[31]

38   Im Folgenden wird daher den Fragen nachgegangen,
- welche Arten von Verträgen erfasst sind und
- wo die Grenzen und die Möglichkeiten bei der Bestimmung des Zuständigkeitsbereichs einer Verbraucherschlichtungsstelle liegen.

1. Erfasste Verträge

39   Nachdem also festgestellt wurde, dass Streitigkeiten über Verbraucherverträge im Sinne von § 310 Abs. 3 BGB unter Ausnahme von Arbeitsverträgen erfasst sind, soll im Folgenden näher dargestellt werden, welche Arten von Verträgen dies im Einzelnen umfassen kann.

a) Entgeltliche Verträge

40   Zunächst lohnt es sich, sich die diesbezüglichen Bestimmungen der ADR-Richtlinie in ihrer europarechtlichen Dimension zu vergegenwärtigen.

41   Artikel 4 Abs. 1 Buchstabe c) der ADR-Richtlinie definiert einen Kaufvertrag als „jeden Vertrag, durch den der Unternehmer das Eigentum an Waren an den Verbraucher überträgt oder deren Übertragung zusagt und der Verbraucher hierfür den Preis zahlt oder dessen Zahlung zusagt, einschließlich Verträgen, die sowohl Waren als auch Dienstleistungen zum Gegenstand haben."

---

[30] HK-VSBG/*Steike* § 4 Rn. 2.
[31] BR-Drs. 258/15, 61.

Nach Artikel 4 Abs. 1 Buchstabe d) der ADR-Richtlinie ist ein Dienstleistungsvertrag **42** jeder „Vertrag, der kein Kaufvertrag ist und nach dem der Unternehmer eine Dienstleistung für den Verbraucher erbringt oder deren Erbringung zusagt und der Verbraucher hierfür den Preis zahlt oder dessen Zahlung zusagt."

Mit Dienstleistungsverträgen sind nicht nur solche im Sinne der §§ 611 ff. BGB ge- **43** meint, vielmehr ist dieser Begriff in seiner europarechtlichen Dimension zu verstehen, wie auch Artikel 4 Abs. 1 Buchstabe d) der Richtlinie verdeutlicht.

Dienstleistungsvertrag ist nach der dort gegebenen Definition jeder Vertrag, der nicht **44** ein Kaufvertrag im Sinne der oben genannten Definition ist „und nach dem der Unternehmer eine Dienstleistung für den Verbraucher erbringt oder deren Erbringung zusagt und der Verbraucher hierfür den Preis zahlt oder dessen Zahlung zusagt." So sind zum Beispiel auch Werkverträge nach § 631 BGB zwischen einem Verbraucher und einem Unternehmer erfasst.

In Umsetzung dieser Vorschriften aus der Richtlinie definiert § 4 VSBG, wofür eine **45** Verbraucherschlichtungsstelle zuständig sein kann. Hiernach kann eine solche Schlichtungsstelle sämtliche Streitigkeiten aus einem Verbrauchervertrag nach § 310 Abs. 3 BGB oder über das Bestehen eines solchen Vertrags behandeln, wobei arbeitsvertragliche Streitigkeiten aber nach § 4 Abs. 1 Halbs. 2 und Abs. 3 Halbs. 2 VSBG explizit ausgenommen sind. Dieser explizite Ausschluss arbeitsrechtlicher Verträge ist insofern nötig, als ein Arbeitsvertrag auch unter § 310 Abs. 3 BGB fällt, mithin also ein Verbrauchervertrag ist, der ohne diese gesetzgeberische Klarstellung also dem VSBG unterfiele. Da die ADR-Richtlinie arbeitsrechtliche Streitigkeiten jedoch nicht mitregelt und auch der deutsche Gesetzgeber dies nicht als Aufgabe von Verbraucherschlichtungsstellen erachtet, bedurfte es dieser Klarstellung im VSGB.

b) Unentgeltliche Verträge

Dass auch unentgeltliche Verträge durchaus Verbraucherverträge im Sinne von § 310 **46** Abs. 3 BGB sein können, ergibt sich gerade nicht aus der ADR-Richtlinie, sondern aus einem Umkehrschluss aus § 312 Abs. 1 BGB, der für seinen Anwendungsbereich eine „entgeltliche Leistung" fordert. Auch unentgeltliche Verträge können daher Verbraucherverträge sein, da ansonsten diese gesetzgeberische Klarstellung in § 312 Abs. 1 BGB gegenüber § 310 Abs. 3 BGB nicht nötig wäre.

Dass unentgeltliche Verbraucherverträge also vom Anwendungsbereich des VSBG **47** mitumfasst sind, ist auch durchaus geboten. In Bereichen, die Verbraucher trotz Unentgeltlichkeit an sensibler Stelle treffen können, ist es wichtig, dass ihnen ein niedrigschwelliger Zugang zum Recht in Form von Schlichtung offensteht. Zu denken ist hier insbesondere an Internetdienste wie social media oder Gratis-E-Mail-Accounts, die sich nicht über vom Verbraucher zu zahlende Entgelte, sondern beispielsweise über eingeblendete Werbung finanzieren.[32] Ein unberechtigt verweigerter Zugang zu diesen Diensten kann einen Verbraucher vor erhebliche Probleme stellen und ihn auch schädigen.

Etwas anderes folgt weder aus ODR-Verordnung noch aus der ADR-Richtlinie. Die- **48** se sind zwar insoweit eindeutig, als der Verbraucher nach den dort gegebenen Definitionen für die jeweiligen Leistungen einen Preis zahlen oder dessen Zahlung zusagen muss. Die Richtlinie gibt anders als die Verordnung aber nur einen Mindestrahmen vor, so dass ein Mitgliedstaat den Geltungsbereich des Umsetzungsgesetzes durchaus erweitern darf. Dies ist in Deutschland wie oben dargelegt durch das VSBG geschehen.

---

[32] Hornung/Müller-Terpitz/*Bräutigam*/*Sonnleithner* Rn. 16 ff.

49   Durch die ODR-Verordnung wird auch „nur" ein Zugang zu Schlichtung bei Streitigkeiten über online geschlossene Verträge geschaffen; ein weitergehendes Schlichtungsangebot in den Mitgliedstaaten wird aber auch für online geschlossene Verträge nicht verboten.

c) Vorvertragliche Schuldverhältnisse

50   Nach dem reinen Gesetzeswortlaut des VSBG muss es zu einem Vertragsschluss gekommen sein oder eben über das Bestehen eines solchen gestritten werden. Auch in der Gesetzesbegründung steht hierzu nichts.

51   Dennoch spricht vieles dafür, die Zuständigkeit der Verbraucherschlichtungsstellen auch für Fälle des Verschuldens bei Vertragsanbahnung nach § 311 Abs. 2 BGB zu bejahen. Dies zumindest dann, wenn es auch zu einem Vertragsschluss gekommen ist. Praktisch relevant werden könnte dies vor allem in Hinblick auf Beratungspflichten eines Verkäufers im Vorfeld des Vertragsabschlusses, bei denen die Haftung nach § 311 Abs. 2 BGB neben die kaufvertraglichen Ansprüche treten kann.[33]

52   Für eine erweiternde Auslegung spricht letztlich auch die Richtlinie selbst. Sie stützt sich zwar insbesondere auf die Binnenmarktkompetenz nach Art. 114 AEUV, betont dann aber bereits in ihrem ersten Erwägungsgrund, dass die Richtlinie nach Artikel 169 AEUV auch einen Beitrag zu einem hohen Verbraucherschutzniveau leisten soll.

53   Dadurch, dass Ansprüche nach § 311 Abs. 2 BGB in die Zuständigkeit von Verbraucherschlichtungsstellen fallen, werden zufällige Ergebnisse vermieden. Ansonsten käme es darauf an, wann genau die Beratung stattgefunden hat und wie sie festgehalten wurde, um die Zuständigkeit zu bejahen oder zu vermeiden.

54   Selbst wenn man dieser erweiternden Auslegung, dass die Zuständigkeit immer eröffnet ist, nicht folgt, so gestattet das VSBG auf jeden Fall dann eine Erweiterung auch auf Fälle des § 311 Abs. 2 BGB, wenn die Verfahrensordnung der Verbraucherschlichtungsstelle dies ausdrücklich vorsieht. Nach § 4 Abs. 3 VSBG kann eine Verbraucherschlichtungsstelle ihre Zuständigkeit auf die Beilegung sonstiger zivilrechtlicher Streitigkeiten erweitern (siehe auch → Rn. 61 ff.), wozu eben auch solche nach § 311 Abs. 2 BGB gehören.

2. Grenzen und Möglichkeiten bei der Bestimmung des Zuständigkeitsbereichs einer Verbraucherschlichtungsstelle

55   Verbraucherschlichtungsstellen, auch Allgemeine Verbraucherschlichtungsstellen, haben grundsätzlich die Möglichkeit, ihren Zuständigkeitsbereich im Vergleich zu dem von der ADR-Richtlinie vorgegebenen, mindestens abzudeckenden, Bereich zu erweitern. Eine Beschränkung ist Verbraucherschlichtungsstellungen ebenfalls grundsätzlich gestattet, jedoch weder den Allgemeinen Verbraucherschlichtungsstellungen noch den Universalschlichtungsstellen. Welche Gestaltungsmöglichkeiten es in Hinblick auf den Zuständigkeitsbereich gibt und wie weit diese gehen, soll im Folgenden dargestellt werden.

a) Beschränkungen des Zuständigkeitsbereichs

56   Von der Ausnahme arbeitsvertraglicher Verträge abgesehen, sind von § 4 VSBG sämtliche Verträge zwischen einem Unternehmer im Sinne des § 14 BGB und einem Verbraucher im Sinne von § 13 BGB erfasst.

---

[33] Palandt/*Grüneberg* BGB § 311 Rn. 16.

Nach § 4 Abs. 2 VSBG kann eine private Verbraucherschlichtungsstelle ihre Zuständigkeit aber auch individuell beschränken. Die Beschränkung kann sich auf einzelne Wirtschaftsbereiche, Vertragstypen oder Unternehmen beziehen.[34] Aus der Beschränkung auf bestimmte Unternehmer kann sich auch eine örtlich beschränkte Zuständigkeit ergeben. Ob eine solche Verbraucherschlichtungsstelle auch darüber hinaus ihre örtliche Zuständigkeit begrenzen kann, sich also zum Beispiel für eine Branche in einem bestimmten Landkreis, Bundesland oder ähnlich fest umrissenen geografischen Gebiet zuständig erklärt, ist erörterungswürdig. Nach § 4 Abs. 4 VSBG ist ein Ausschluss nur bezüglich bestimmter Staaten auf Verbraucher- und Unternehmerseite möglich; eine Zuständigkeitsbeschränkung auf einzelne Bundesländer ist nur Allgemeinen Verbraucherschlichtungsstellen in § 4 Abs. 2 S. 3 und 4 VSBG explizit gestattet. Ob dies so vom Gesetzgeber gewollt war, ist zumindest teleologisch zu hinterfragen. Vorrangig sollen nämlich private Verbraucherschlichtungsstellen in möglichst großer Zahl entstehen, so dass nur ein möglichst kleiner Rest verbleibender Verbraucherstreitigkeiten von staatlichen Auffangschlichtungsstellen abgedeckt werden muss. Sofern man also eine regionale Zuständigkeitsbeschränkung, die nicht an bestimmte Unternehmer anknüpft, ablehnt, würde man regionalen Initiativen von vornherein die Möglichkeit nehmen, sich als Verbraucherschlichtungsstelle anerkennen zu lassen. Auch ist zu bedenken, dass es in bestimmten Branchen günstig für ein Schlichtungsverfahren sein kann, wenn örtliche Nähe zu den Parteien gegeben ist. **57**

Für eine private Allgemeine Verbraucherschlichtungsstelle gilt hinsichtlich der Beschränkbarkeit der sachlichen Zuständigkeit nach § 4 Abs. 2 S. 2 VSBG ein strengerer Maßstab als für sonstige private Verbraucherschlichtungsstellen. Sie muss ein weites Feld abdecken und ist sogar dann konkurrierend zuständig, wenn es branchenspezifische Verbraucherschlichtungsstellen gibt, es sei denn, dass diese nach anderen Rechtsvorschriften als denen des VSBG anerkannt, beauftragt oder eingerichtet sind. **58**

Allerdings darf sie wie bereits oben erwähnt nach § 4 Abs. 3 S. 3 und 4 VSBG ihre örtliche Zuständigkeit auf ein Bundesland oder mehrere Bundesländer beschränken, was sie dann aber auch in ihrer Bezeichnung durch einen entsprechenden Zusatz kenntlich machen muss. **59**

Für jene Verbraucherschlichtungsstellen, die nach anderen Rechtsvorschriften als denen des VSBG anerkannt, beauftragt oder eingerichtet sind, gilt der in jenen Rechtsvorschriften normierte Rahmen, der bestimmte Beschränkungen nicht zulässt. Dies liegt in der Natur der Sache, da der Gesetzgeber für bestimme Wirtschaftsbereiche, etwa dem Luftverkehr, die Existenz dafür zuständiger Verbraucherschlichtungsstellen vorschreibt und hierfür einen Rahmen definiert. **60**

b) Erweiterungen des Zuständigkeitsbereichs

Die Verbraucherschlichtungsstelle kann ihren Zuständigkeitsbereich nicht nur beschränken, sondern ihre Tätigkeiten nach § 4 Abs. 3 VSBG auch bewusst auf sonstige zivilrechtliche Streitigkeiten erstrecken, sofern Parteien des Verfahrens Verbraucher und/oder Unternehmer sind. Erfasst sein können also Streitigkeiten zwischen Verbrauchern, zwischen Unternehmern oder zwischen Verbrauchern und Unternehmern. Bei letzterer Konstellation ist auch möglich, dass der Antrag von einem Unternehmer gegen einen Verbraucher gerichtet werden kann. Trotz dieser Erweiterungsmöglichkeiten sind aber auch hier arbeitsrechtliche Streitigkeiten ausgenommen. **61**

---

[34] Siehe Beispiele bei Greger/Unberath/Steffek/*Greger* VSBG § 4 Rn. 12.

62   Zu beachten ist aber stets, dass bei alledem das Haupttätigkeitsfeld das Beilegen von Streitigkeiten aus Verbraucherverträgen sein muss, sofern eine Verbraucherschlichtungsstelle nach dem VSBG betrieben wird und als solche anerkannt werden soll oder bleiben will; auch darf der sachliche Zuständigkeitsbereich für Streitigkeiten unter Unternehmern nicht weiter sein als derjenige für solche, in denen sich Verbraucher und Unternehmer gegenüberstehen.[35]

63   Ob es sinnvoll ist, dass Streitigkeiten zwischen Unternehmen von einer Verbraucherschlichtungsstelle bearbeitet werden, wird die Praxis zeigen und wird insbesondere auch von der betroffenen Branche abhängen. Einwenden kann man, dass eine Verbraucherschichtungsstelle auf Verbraucherrecht fokussiert sein muss, wie zB das Erfordernis zeigt, dass ein Streitmittler besondere Kenntnisse im Verbraucherrecht haben muss.[36] Andererseits ist zu beobachten, dass es bereits außergerichtliche Streitbelegungsangebote gibt, die nicht danach differenzieren, ob der Kunde Verbraucher oder Unternehmer ist, so zB die Bauschlichtungsstellen der Handwerkskammern in NRW.[37] Weiterhin ist zu bedenken, dass es in bestimmten Branchen neben der Kenntnis des Verbraucherrechts auch ganz entscheidend auf technischen Sachverstand ankommt. Diesbezüglich ist es gänzlich unbedeutend, ob es sich um einen Vertrag zwischen Unternehmern oder um einen Verbrauchervertrag handelt. Schlichtung hier auch bei Streitigkeiten unter Unternehmern zuzulassen, kann zu wertvollen Synergieeffekten führen.

64   Dafür, ob Unternehmer Interesse daran haben werden, ein solches Verfahren bei Streitigkeiten untereinander zu nutzen, wird es darauf ankommen, dass das Verfahren für beide Unternehmer zeit- und kostensparender im Vergleich zu einem Gerichtsverfahren ist und gleichzeitig attraktiver und verlässlicher gegenüber einer zwischen den Unternehmern selbst getroffenen außergerichtlichen Regelung der Streitigkeit. Dies wiederum wird zumindest dann der Fall sein, wenn die Unternehmer nicht in der gleichen Branche tätig sind und somit auf einer Seite strukturelle Defizite in Hinblick auf technischen Sachverstand und spezielle Rechtkenntnisse festzustellen sind, er sich also quasi ähnlich wie ein Verbraucher in einer Lage mit entsprechendem Defizit befindet.

65   Aus Sicht der Verbraucherschlichtungsstelle ist die Öffnung des Zuständigkeitsbereichs auch für reine Unternehmerstreitigkeiten – oder auch für Streitigkeiten unter Verbrauchern – nicht mit höheren Risiken verbunden, sofern die vorgehaltene Kompetenz bei der Schlichtungsstelle auch dann zur Bearbeitung der Fälle passt und zwar unabhängig davon, welche Parteien betroffen sind.

66   Da wie bereits ausgeführt das Haupttätigkeitsfeld der Schlichtungsstelle im Bereich von Verbraucherverträgen liegen muss, muss die Schlichtungsstelle hierauf ein besonderes Augenmerk richten, um nicht ihre Eigenschaft als Verbraucherschlichtungsstelle zu gefährden. Da dies bisweilen schwierig zu prognostizieren sein dürfte, könnte dieses Problem dadurch umgangen werden, dass ein einziger Trägerverein im Sinne von § 3 VSBG mehrere Schlichtungsstellen unter einem institutionellen Dach betreibt, zB eine Verbraucherschlichtungsstelle und eine B2B-Schlichtungsstelle sowie eine C2C-Schlichtungsstelle. So lassen sich Kompetenzen bündeln, was außerdem zu mehr Kosteneffizienz beitragen kann, und dennoch wird eine einmal erfolgte Anerkennung der Verbraucherschlichtungsstelle nicht gefährdet.

---

[35] BR-Drs. 258/15, 61.
[36] HK-VSBG/*Steike* § 5 Rn. 25.
[37] http://www.bauschlichtung-nrw.de/.

III. Spezialgesetzliche Regelungen

Je nachdem, ob bestimmte Methoden der außergerichtlichen Streitbeilegung zur **67** Anwendung kommen oder ob bestimmte Branchen betroffen werden, sind zusätzlich zum VSBG weitere Gesetze einschlägig, aus denen sich Besonderheiten ergeben.

So ist nach § 18 VSBG das Mediationsgesetz ergänzend anzuwenden, sofern der **68** Streitmittler nach der Verfahrensordnung der Verbraucherschlichtungsstelle Mediationen durchführt.

Schon geraume Zeit vor Inkrafttreten des VSBG gab es zudem verschiedene gesetz- **69** liche Regelungen zur Verbraucherschlichtung in bestimmten Wirtschaftsbereichen, so zum Beispiel in Bezug auf Versicherungen in § 214 VVG oder im Bereich Energie in § 111b EnWG. Diese wurden durch das VSBG nicht abgelöst, vielmehr werden sie durch das VSBG ergänzt.

Hierdurch wird in diesen Bereichen ein besonderer Rahmen vorgegeben, der die **70** unter → Rn. 55 ff.) dargestellten Gestaltungsmöglichkeiten für die jeweils betroffene Verbraucherschlichtungsstelle einschränkt. Beim Erstellen ihrer Verfahrensordnung etwa ist er vorrangig zu beachten.

Doch auch für eine Allgemeine Verbraucherschlichtungsstelle haben spezialgesetz- **71** liche, branchenspezifische Regelungen Auswirkungen.

So muss es Verbraucherschlichtung für Streitigkeiten im Zusammenhang mit einem **72** Wohn- und Betreuungsvertrag geben, wodurch in diesem Rahmen erbrachte Gesundheitsdienstleistungen als Vertragsinhalt umfasst sind, die ansonsten vom Zuständigkeitsbereich einer Allgemeinen Verbraucherschlichtungsstelle nach § 4 Abs. 2 Nr. 1 lit. b) VSBG ausgenommen sind.

IV. Wann lohnt sich Schlichtung?

Der Begriff Alternative Dispute Resolution, für den die Abkürzung ADR steht, ist **73** selbstverständlich nicht in dem Sinne zu interpretieren, dass Alternative Streitbeilegung zwangsläufig und immer eine bessere Alternative zum Gerichtsverfahren wäre. Vielmehr muss es bei jedem einzelnen Streitfall darum gehen, das am besten geeignete Verfahren zu finden.

Das VSBG, das die ADR-Richtlinie in Deutschland umsetzt, verfolgt in methodischer **74** Hinsicht unter den verschiedenen Arten alternativer Streitbeilegung insbesondere den Ansatz der Schlichtung. In der Tat kann Schlichtung bei Verbraucherstreitigkeiten in vielen Fällen auch tatsächlich einem Gerichtsverfahren vorzuziehen sein.

Obwohl Schlichtung grundsätzlich nicht den nachfolgenden Gang zu den Gerichten **75** versperrt, erscheint es wichtig, sich der Vor- und Nachteile von Schlichtung bewusst zu sein, um im Einzelfall ohne Umwege das bestpassendste Verfahren wählen zu können.

Nachfolgend werden daher Vor- und Nachteile in Bezug auf bestimmte Fragestellun- **76** gen im Bereich der Schlichtung beleuchtet, wobei die Blickwinkel beider Parteien, Verbraucher und Unternehmer, berücksichtigt und dargestellt werden, soweit sich dies anbietet.[38]

Dabei geht es insbesondere um folgende Punkte:
- Unparteilichkeit und Unabhängigkeit,

---

[38] Eine schlagwortartige Übersicht zu den Interessen von Verbrauchern, Unternehmern und der Allgemeinheit in Bezug auf Verbraucherschlichtung findet sich bei Berlin, Alternative Streitbeilegung in Verbraucherkonflikten, S. 170 f.

- Verfahrenskosten,
- Verjährungshemmung,
- rechtliche Qualität,
- Niedrigschwelligkeit des Verfahren,
- Vertraulichkeit des Verfahrens und Transparenz,
- Besondere Kenntnis des Verbraucherrechts und branchenspezifische Spezialisierungen sowie
- grenzüberschreitende Streitigkeiten.

77   Liegen für Verbraucher viele Vorteile der Schlichtung recht offensichtlich auf der Hand, so ist sicher zuzugeben, dass Unternehmer vielfach erst von der Idee der Schlichtung überzeugt werden müssen.[39] Umso wichtiger ist die Darstellung der Vorteile auch für Unternehmer.

78   An passender Stelle werden nachfolgend auch die sich den Schlichtungsstellen bietenden Möglichkeiten bei der Ausgestaltung ihres Verfahrens aufgezeigt, um die Attraktivität ihres Angebots zu erhöhen.

1. Unparteilichkeit und Unabhängigkeit

79   Bei einer Verbraucherschlichtungsstelle wird der Fall nicht in die Hände eines einseitigen Interessenvertreters abgegeben, sondern in jene eines neutralen Dritten. In der Tat können Verbraucherschlichtungsstellen nur dann als solche anerkannt werden, wenn insbesondere auch ihre Unparteilichkeit und Unabhängigkeit von der Anerkennungsbehörde, dem Bundesamt für Justiz, geprüft und bestätigt wurde (siehe dazu ausführlich insbesondere unten → Rn. 116 ff.).

80   Da eine Verbraucherschlichtungsstelle im Sinne des VSBG also zwingend neutral sein muss, ist nicht zu befürchten, dass der Fall tendenziell zugunsten einer bestimmten Partei gelöst wird.

81   Dennoch ist nicht ausgeschlossen, dass sich Unternehmen an dem Begrifflich „Verbraucher"schlichtungsstelle stoßen könnten, da diese Bezeichnung dahingehend missverstanden werden könnte, dass eine Nähe speziell zu Verbrauchern bestehen würde. Dadurch kann der unzutreffende Eindruck entstehen, dass Unternehmer, die sich noch nicht mit dem VSBG beschäftigt haben, eine Verbraucherschlichtungsstelle als eine Art außergerichtliche Streitbelegungsstelle eines Verbraucherverbandes missverstehen, die wie die entsprechenden Verbände selbst einseitig die Interessen der Verbraucher vertritt. Der Ombudsmann für Versicherungsfragen stellte bei Vorstellung seines Jahresberichts 2015 fest: „Ich bin kein Verbraucherschützer".[40] Solche Klarstellungen werden noch vielfach nötig sein, um die Rolle der Verbraucherschlichtungsstellen dauerhaft im Kopfe aller Parteien zu verankern, letztlich auch dem der Verbraucher, die bisweilen ebenfalls falsche Vorstellungen haben und eine Vertretung ihrer Interessen erwarten.

2. Verfahrenskosten

82   Ein wesentlicher Vorteil für Verbraucher liegt darin, dass das Verfahren für sie keinerlei Kostenrisiko birgt. Die ADR-Richtlinie gibt in Art 8 lit. c) vor, dass das Verfahren für Verbraucher entweder kostenlos oder zumindest -günstig sein muss, da maximal eine Schutzgebühr vom Verbraucher erhoben werden darf. Dabei sind völlig kostenlosen Verfahren nach Erwägungsgrund 41 der Richtlinie der Vorzug zu geben.

---

[39] *Janzen* VuR-Sonderheft 2016, 4 (9).
[40] http://www.test.de/Beschwerderekord-Versicherungsombudsmann-hat-viel-zu-tun-5028895-0/.

Dieser Empfehlung aus der Richtlinie ist der deutsche Gesetzgeber weitgehend gefolgt. § 23 VSBG legt fest, dass von Verbrauchern nur im Falle einer missbräuchlicher Anrufung der Verbraucherschlichtungsstelle ein Entgelt von höchstens 30 EUR verlangt werden kann. Ein höheres von Verbrauchern zu entrichtendes Entgelt ist nur möglich, wenn an dem Verfahren kein Unternehmer beteiligt ist, dies dem Verbraucher bekannt ist und er das Verfahren trotzdem fortsetzen möchte. Dies setzt aber voraus, dass sich die Verbraucherschlichtungsstelle auch für solche Fälle nach § 4 Abs. 3 VSBG eine entspreche Zuständigkeit gibt, also für Streitigkeiten unter Verbrauchern (siehe dazu oben → Rn. 61).   **83**

Für Verbraucher ist die prinzipielle Kostenlosigkeit eines Verfahrens vor einer Verbraucherschlichtungsstelle von besonderem Interesse, da sie in vielen Fällen – insbesondere ohne rechtliche und kostenpflichtige Beratung – nicht abschätzen können, ob eine Klage vor Gericht Aussicht auf Erfolg hätte oder nicht. Von Verbrauchern wird zumindest subjektiv oft ein erhebliches Prozessrisiko wahrgenommen, das sie von einer Verfolgung ihrer Rechte abhält. Daran ändert auch die Tatsache, dass in Deutschland sehr viele Verbraucher eine Rechtsschutzversicherung haben, wenig. Nach Angaben des Gesamtverbands der Deutschen Versicherungswirtschaft e. V. waren 2013 in Deutschland 21 Millionen Verbraucher rechtschutzversichert.[41] Allerdings wird von Verbrauchern bei Vertragsschluss sehr oft eine Selbstbeteiligung gewählt, um die Versicherungskosten zu reduzieren. Die Selbstbeteiligung liegt in der Regel bei 150 bis 200 EUR je Versicherungsfall.[42] Zumindest in dem Bereich, in dem der Streitwert der Verbraucherstreitigkeit niedriger oder ähnlich hoch ist, dürften Verbraucher also oftmals eine anwaltliche Beratung und eine Klage scheuen.   **84**

Da hingegen ein Schlichtungsverfahren für Verbraucher – von den raren oben genannten Ausnahmefällen abgesehen – völlig kostenfrei ist und zwar auch im Falle des Unterliegens, sorgt das VSBG dafür, dass Verbraucher zumindest aus Sorge eventueller Kosten nicht von der Geltendmachung ihrer Rechte absehen müssen. Verbunden mit einem niedrigschwelligen Zugang (siehe unten → Rn. 111 ff.) zu Schlichtung kann somit dem oft zitierten „rationalen Desinteresse"[43] begegnet werden, nach welchem Aufwand und Kostenrisiko Verbraucher aus rationalen Gründen von einer weiteren Verfolgung ihrer Rechte absehen lassen, insbesondere bei geringen Streitwerten.   **85**

Für Unternehmen hat dies freilich den Nachteil, dass künftig mehr Beschwerden verfolgt und nicht einfach fallengelassen werden dürften. Ob dies tatsächlich so sein wird, wird sich zeigen, erscheint aber wahrscheinlich.   **86**

Umgekehrt kann aber die im Rahmen der Informationspflicht nach § 36 VSBGB von einem Unternehmer angekündigte Bereitschaft an einem für den Verbraucher kostenlosen Schlichtungsverfahren teilzunehmen (siehe unten → § 7 Rn. 1 ff.) maßgeblich für einen Vertragsschluss werden und ihn so positiv von Mitbewerbern abheben, ähnlich einem Gütesiegel, was ein Vorteil für den Unternehmer ist.   **87**

Verständlicherweise dürften Unternehmern die Kosten selbst, die also fast immer allein von ihnen zu tragen sind, als wenig vorteilhaft erscheinen. Da die Schlichtungsentgelte nur in den seltensten Fällen vom Verbraucher zu tragen sein werden, fast alle Schlichtungsstellen aber fallbezogene Entgelte für ihre Tätigkeit erheben, sind es logischerweise die Unternehmer, die diese in der Regel zu zahlen haben, selbst wenn sich der Antrag des Verbrauchers im Schlichtungsverfahren als ganz oder teilweise unbegründet erweist.   **88**

---

[41] http://www.gdv.de/2013/01/die-rechtsschutzversicherung/.
[42] http://www.gdv.de/wp-content/uploads/2015/09/GDV-5006_Rechtschutz_0615.pdf.
[43] *Röthemeyer* VuR-Sonderheft 2016, 9 (16).

89   Dass ein Schlichtungsverfahren dennoch unter Kostengesichtspunkten im Vergleich zu einem Gerichtsverfahren für einen Unternehmer attraktiv sein kann, wird dabei oft übersehen. Dies jedenfalls dann, wenn die Rechtlage beiden unklar ist, ein Prozessrisiko für beide besteht und sich beide Seiten vor Gericht und schon im Vorfeld anwaltlich vertreten lassen würden. Gerade bei Streitigkeiten, in denen weder Verbraucher noch Unternehmer die Rechtslage genau überblicken, was insbesondere bei kleineren Unternehmen ohne eigene Rechtsabteilung der Fall sein kann, bietet ein Schlichtungsverfahren die Chance, die Rechtslage durch einen neutralen Dritten klären zu lassen (siehe → Rn. 79 ff.). Dies kann Unternehmern zudem über den Einzelfall hinaus durchaus den Nutzen bringen, eine rechtwidrige Praxis abzustellen, derer sie sich möglicherweise gar nicht bewusst waren.

90   Zu bedenken ist auch, dass selbst denjenigen Unternehmen, die über die nötige juristische Kompetenz im eigenen Hause verfügen, Kosten entstehen – zumindest umgerechnet in aufgewendeter Arbeitszeit, um mit dem Verbraucher zu kommunizieren oder in einem Gerichtsverfahren zu agieren. Die Verfahren vor Schlichtungsstellen sind zudem zumeist rein schriftlicher Natur, weswegen es vor den wenigsten großen Schlichtungsstellen zeitaufwändige Termine gibt und so auch Ortstermine nicht erforderlich sind.

91   Im Übrigen ist das Verfahren, abgesehen von den Fällen, in denen ein Unternehmer zu einer Teilnahme gesetzlich verpflichtet ist oder sich selbst dazu verpflichtet hat, für den Unternehmer freiwillig. Daher kann er sich den Kosten entziehen, sofern er sich nicht auf Verfahren vor einer Verbraucherschlichtungsstelle einlässt.

92   Zu klären wird hier aber sein, wie sich eine Erklärung des Unternehmers im Rahmen seiner Informationspflichten nach § 36 VSBG auswirken wird, nach der er sich zu einer Teilnahme bereit erklärt oder freiwillig verpflichtet hat (siehe hierzu auch ausführlich → § 7 Rn. 11 ff.).

93   Legt man § 36 VSBG dahingehend aus, dass er eine Beteiligung in bestimmten Fällen auch ablehnen kann, würde das Risiko für den Unternehmer beträchtlich sinken. Dafür spricht, dass der Gesetzgeber vorschreibt, der Unternehmer müsse angeben, „inwieweit" er bereit ist. Er muss aber gehalten sein, im Rahmen der von ihm gegebenen Information möglichst genau darzustellen, wann er ein Schlichtungsverfahren ablehnt und wann er dazu bereit ist. Anderenfalls könnten Unternehmer leicht und werbewirksam den Anschein erwecken, zu Schlichtungsverfahren bereit zu sein, diese dann aber de facto immer ablehnen unter dem nicht weiter nachprüfbaren Einwand, dies sei eine Einzelfallentscheidung. Dies dient nicht der von § 36 VSBG gewollten Orientierung für den Verbraucher vor Abschluss des Vertrages. Falsch dürfte sich daher ein Unternehmer verhalten, der keine genauen Angaben dazu macht, wann er zu einer Schlichtung bereit ist und wann nicht, und dann im Einzelfall eine Beteiligung ablehnt. Möglich dürfte ihm aber sein, seine Bereitschaft für bestimmte Arten von Streitigkeiten auszuschließen, etwa über Gewährleistungsansprüche oder hinsichtlich bestimmter Streitwerte.[44] Entscheidend ist, dass sich Verbraucher schon im Voraus ein verlässliches Bild darüber machen können, wann Schlichtung möglich ist und wann nicht.

94   Zu beachten ist aber auch § 36 Abs. 3 VSBG, nach dem Unternehmer, die am 31. Dezember des vorangegangenen Jahres zehn oder weniger Personen beschäftigt haben, von der Informationspflicht ausgenommen sind. Informieren diese also nicht freiwillig, so können sie also in der Tat im Einzelfall entscheiden, an einem Verfahren vor einer Verbraucherschlichtungsstelle teilzunehmen oder nicht.

---

[44] Greger/Unberath/Steffek/*Greger* VSBG § 36 Rn. 7 mit Formulierungsbeispiel.

Im Übrigen können Unternehmer der berechtigten Sorge vor Kosten bei gänzlich un- **95** begründeten Anträgen in begrenztem Umfang im Übrigen schon bei Entstehen der Streitigkeit selbst begegnen, auch wenn sie nicht § 36 Abs. 3 VSBG unterfallen. Ein Schlichtungsverfahren ist nämlich erst dann möglich ist, wenn der Verbraucher seinen Anspruch bereits selbst gegenüber dem Unternehmer geltend gemacht hat, wie aus § 14 Abs. 1 Nr. 2 VSGB folgt. Sofern dieser Anspruch unbegründet ist, dürfte der Unternehmer gut daran tun sein, dies nachvollziehbar und mit guter Begründung darzulegen, auch wenn dies zugegebenermaßen nicht immer dazu führen dürfte, dass Verbraucher von einem Schlichtungsantrag absehen (was im Übrigen natürlich ihr gutes Recht ist, da sie vielmals dem Unternehmer bei einer rechtlichen Einschätzung unterlegen sind und auch eine gute Begründung nicht ohne weiteres überprüfen können).

Am Rande sei noch erwähnt, dass Schlichtungsstellen, die nicht dem VSBG entspre- **96** chen, hinsichtlich der Kostengestaltung frei sind und diese auch anders zwischen den Parteien verteilen können. Welche Chancen und Risiken ein Nebeneinander von Verbraucherschlichtungsstellen nach dem VSBG und sonstigen Schlichtungsstellen für Verbraucherstreitigkeiten birgt, wird weiter unten erörtert (siehe → Rn. 138 ff.).

3. Verjährungshemmung

Nach Artikel 12 Abs. 1 der ADR-Richtlinie haben die Mitgliedstaaten sicherzustel- **97** len, dass die Parteien eines Schlichtungsverfahrens nicht durch den Ablauf der Verjährungsfristen während des Verfahrens daran gehindert werden, im Anschluss an das Schlichtungsverfahren in Bezug auf dieselbe Streitigkeit ein Gerichtsverfahren einzuleiten.

Dies wurde in Deutschland durch eine Neufassung von § 204 Abs. 1 Nr. 4 BGB um- **98** gesetzt (ausführlich zur Verjährungshemmung unten → § 5 Rn. 97 ff.). Danach wird die Verjährung durch die Veranlassung der Bekanntgabe eines Antrag bei einer staatlichen oder staatlich anerkannten Streitbeilegungsstelle gehemmt (oder einer anderen Streitbeilegungsstelle, wenn das Verfahren im Einvernehmen mit dem Antragsgegner betrieben wird). Die Verjährung wird schon durch den Eingang des Antrags bei der Streitbeilegungsstelle gehemmt, wenn der Antrag demnächst bekannt gegeben wird, wie sich ebenfalls direkt aus dem Gesetz ergibt.

Diese Regelung ist also in der Tat äußerst geeignet, Verbraucher dazu zu bewegen, **99** ohne Sorge vor eintretender Verjährung zunächst ein Schlichtungsverfahren vor einer Verbraucherschlichtungsstelle einzuleiten, anstelle eine Klage einzureichen. Die sechsmonatige Nachwirkung des § 204 BGB ist dabei großzügig bemessen.

Ob sich die andere Partei auf Verhandlungen einlässt und mit einem Verfahren ein- **100** verstanden ist, ist unerheblich, da es nach § 204 Abs. 1 Nr. 4 lit. a) BGB allein auf die Bekanntgabe des Schlichtungsantrags ankommt, die demnächst nach der Antragstellung zu erfolgen hat. Allerdings ist zu beachten, dass § 204 Abs. 1 Nr. 4 lit. a) BGB nur dann greift, wenn die Streitbeilegungsstelle staatlich oder staatlich anerkannt ist. Dies sind jedenfalls alle anerkannten Verbraucherschlichtungsstellen nach dem VSBG.[45] Zumindest derzeit gibt es aber auch noch Schlichtungsstellen, die sich zwar Verbraucher-Unternehmer-Streitigkeiten annehmen, aber nicht als Verbraucherschlichtungsstelle im Sinne des VSBG anerkannt sind (siehe unten → Rn. 138 ff.). Verbraucher müssen also genau darauf achten, bei welcher Art von Stelle sie ihren Antrag stellen, um in zeitkritischen Fällen nicht doch eine Verjährung des Anspruchs zu riskieren.

---

[45] BR-Drs. 258/15, 99.

101   Da Verfahren vor Verbraucherschlichtungsstellen im Sinne des VSBG auch niedrigschwellig ausgestaltet sein müssen (siehe dazu unten → Rn. 111 ff.) und zum Beispiel eine durch wenige Formalien gekennzeichnete Online-Antragstellung gesetzlich vorgesehen ist, kann die hier vorgesehene Verjährungshemmung nach § 204 Abs. 1 Nr. 4 lit. a) BGB gerade in Fällen, in denen eine Verjährung unmittelbar bevorsteht, ein erheblicher Vorteil für Verbraucher sein, um ihre Rechte noch rechtzeitig und mit verhältnismäßig geringem Aufwand geltend zu machen und so der Verjährung zu entgehen.

102   Allerdings ist zu bedenken, dass Verbraucher hier unter Umständen Gefahr laufen können, in eine „Schlichtungsfalle" zu geraten und sich in falscher Sicherheit zu wiegen. Da die Antragstellung so niedrigschwellig ausgestaltet sein sollte, dass Verbraucher gerade nicht zwingend einen Anwalt hierfür hinzuziehen müssen, kann es passieren, dass der Schlichtungsantrag nicht ausreichend bestimmt ist und daher nicht ohne Rückfragen bekanntgegeben werden kann. In diesem Fall droht Verjährung. Problematisch kann auch sein, wenn im Falle einer Vertretung eine unbefugte Person den Antrag stellt und dadurch entscheidende Zeit verstreicht.[46]

103   Von diesen Fällen abgesehen ist die Verjährungshemmung aber insgesamt als für Verbraucher vorteilhaft zu werten, sofern diese sorgfältig bei der Antragstellung vorgehen. Um ihnen eine korrekte Antragstellung zu erleichtern, könnte es sich anbieten, dass Verbraucherschlichtungsstellen Erläuterungen zur Antragstellung auf ihrer Website anbieten.

4. Rechtliche Qualität

104   Die Streitmittler sollen ihre Schlichtungsvorschläge nach § 19 VSBG am geltenden Recht ausrichten und insbesondere das zwingende Verbraucherschutzrecht beachten (siehe zum Schlichtungsvorschlag ausführlich unter → § 6 Rn. 1 ff.). Dabei sind sie den Geboten der Neutralität und Unparteilichkeit verpflichtet.

105   Dies kann bedeuten, dass der Verbraucher gegebenenfalls erfahren muss, dass er nur teilweise oder letztlich gar nicht mit seiner Beschwerde im Recht ist. Diese ausgeprägt rechtliche Komponente bei der Bewertung des Falles einerseits, durch die die Parteien in rechtlicher Hinsicht meist erstmals auf Augenhöhe gebracht werden, erlaubt aber andererseits durchaus Flexibilität in Hinblick auf die Lösung selbst, bzw. den Schlichtungsvorschlag.

106   Gerade Parteien, die um die rechtliche Bewertung ihres Falles wissen, werden sich leichter tun, flexible Lösungen zu finden oder zu akzeptieren, die für beide vorteilhafter sind, als jene Lösungen, die sich aus strikter Anwendung des Rechts ergäben.

107   Das Erläutern der objektiven Rechtslage kann gerade auch für kleinere und mittlere Unternehmen ohne eigene Rechtsabteilung von Vorteil sein. Über den Fall hinaus kann ihnen diese rechtliche Bewertung gegebenenfalls erlauben, bislang unbewusste Verstöße gegen das Recht für die Zukunft abzustellen, was sie vor Abmahnungen und Prozessen schützt sowie zu einem verbraucherfreundlicheren Unternehmern macht. Dies relativiert auch die Kosten des Schlichtungsverfahrens im Einzelfall.

108   Natürlich mag es einem Unternehmen unattraktiv erscheinen, in einem Schlichtungsfall ein Entgelt zahlen zu müssen, das im Verhältnis zu einem für viele Verbraucherstreitigkeiten typischen geringen Streitwert hoch erscheint. Diese Sichtweise relativiert sich aber beträchtlich, wenn ein Unternehmen dies vielmehr als Chance sieht, rechtliche Expertise einzuholen, um ein grundsätzliches und zumindest potentiell viele Verträge betreffendes Problem abzustellen.

---

[46] *Gössl* NJW 2016, 838 (840).

Die rechtliche Bewertung der Verbraucherschlichtungsstelle ist für beide Parteien aber **109**
selbst dann von Bedeutung, falls es nicht letztlich zu einer Lösung im Rahmen eines unverbindlichen Schlichtungsverfahrens kommt. Die Parteien können dann aber dank der
im Schlichtungsverfahren gegebenen rechtlichen Bewertung die Prozessrisiken wesentlich besser bewerten, einschließlich möglicher Beweisprobleme, und daher entweder von
einer gerichtlichen Verfolgung der Ansprüche absehen oder diese gerade anstreben.

Für jene Unternehmer, die auf Einhaltung des Rechts bedacht sind, kann diese recht- **110**
liche Ausprägung des Schlichtungsverfahrens, insbesondere mit den Geboten der Neutralität und der Unparteilichkeit kombiniert, nicht als nachteilig empfunden werden (allenfalls in Hinblick auf die Kostenlast auch im Falle des Unterliegens, die aber durch
den Zugewinn an rechtlicher Sicherheit zumindest in einigen Fällen aufgewogen werden können). Manchem Verbraucher mag dies vor Augen führen, dass ein vor dem
Schlichtungsangebot bereits erfolgtes Kulanzangebot nicht uninteressant war – oder
eben nicht. Auch Verbraucher, die nichts weiter als das wollen, was ihnen rechtlich zu-
steht, kann diese Verrechtlichung des Verfahrens nicht als nachteilig erscheinen.

5. Niedrigschwelligkeit des Verfahrens

Die ADR-Richtlinie geht in ihren Erwägungsgründen davon aus, dass durch ihre **111**
Umsetzung der Zugang zu einfachen, effizienten, schnellen und kostengünstigen Möglichkeiten der Beilegung von Verbraucherstreitigkeiten gewährleistet werden soll.[47] Sowohl eine online- als auch eine offline-Antragstellung muss gem. Art. 5 Abs. 2 Buchstaben a) und c) der ADR-Richtlinie dabei möglich sein. Anliegen der Richtlinie ist es
also, für einen niedrigschwelligen Zugang zu ADR-Verfahren zu sorgen.

Diesem Gedanken hat der deutsche Gesetzgeber bei der Umsetzung der Richtlinie **112**
Rechnung getragen. So wurde im Gesetzgebungsverfahren betont, dass die Verfahren
bei Verbraucherschlichtungsstellen leicht zugänglich sein müssen; hervorgehoben wurde weiterhin, dass die formalen Anforderungen an die Antragstellung und die Darlegung des Sachverhalts gering sein müssen.[48] Dies ist umso wichtiger, als Verbraucherstreitigkeiten oftmals geringe Streitwerte betreffen. Es spricht viel für die Annahme der
These[49], dass sich Verbraucher aufgrund eines sog. rationalen Desinteresses ganz bewusst dagegen entscheiden, auch berechtigte Ansprüche weiter zu verfolgen, da dem
Streitwert ein im Verhältnis zu hoher Aufwand an Zeit und Kosten bei der Durchsetzung gegenübersteht.[50]

Nachfolgend sollen daher auch die Potenziale von Schlichtung in Hinblick auf einen **113**
niedrigschwelligen Zugang und die sich daraus ergebenden Vorteile dargestellt werden.
Die Möglichkeiten werden schon heute von vielen Schlichtungsstellen ganz oder teilweise genutzt.

Dass durch die Möglichkeit der **Online-Antragstellung** die Zugangsschwelle schon **114**
insofern herabgesetzt ist, als der Antrag zeit- und ortsunabhängig einreicht werden
kann, ist bereits an sich ein Vorteil.

Hierfür reicht es aus, dass mit der Verbraucherschlichtungsstelle auch per E-Mail **115**
kommuniziert werden kann. Das VSBG lässt in § 11 die Textform nach § 126b BGB zu
und entspricht damit den Vorgaben der ADR-Richtlinie, die einen On- und Offline-
Zugang fordert.

---

[47] Erwägungsgrund 4 ADR-Richtlinie.
[48] BR-Drs. 258/15, 43.
[49] S. *Röthemeyer* VuR-Sonderheft 2016, 9 (16).
[50] *Berlin*, Alternative Streitbeilegung in Verbraucherkonflikten, S. 53 mwN.

116   Ein solcher Zugang bedeutet jedoch nicht automatisch, dass das Verfahren allein deswegen als besonders niedrigschwellig zu bewerten wäre,[51] weswegen nachfolgend zum einen dargestellt werden soll, welche konkreten Ausgestaltungsmöglichkeiten es gibt und woran zum anderen darüber hinaus gedacht werden sollte.

117   Insbesondere **Online-Formulare**[52] haben ein hohes Potenzial in Hinblick auf die Vereinfachung des Zugangs, allerdings nur, wenn sie gut gestaltet sind. Zunächst sollten die Formulare selbstverständlich möglichst **intuitiv bedienbar** sein. Weiterhin empfiehlt sich eine Programmierung in sog. **responsive design,** welches eine optimale Darstellung und Bedienbarkeit gewährleistet, die sich dem verwendeten Gerät (Smartphone, Tablet oder PC) anpasst. Es kann weiterhin sinnvoll sein, dass die **Beantwortung einer Frage automatisch eine andere auslöst,** so dass der Antragsteller, der in der Regel keine juristische Vorbildung hat, zu möglichst allen anspruchsrelevanten Punkten im Rahmen seiner Beschwerde Angaben macht. Derartige Formulare bieten sich vor allem für branchenspezifische Schlichtungsstellen an, die häufig mit ähnlich gelagerten Beschwerden konfrontiert sein dürften, so dass sich die Fragen und zu prüfenden Anspruchsvoraussetzungen besonders gut antizipieren lassen.

118   Allerdings darf ein Online-Formular nicht dazu führen, dass sich der Antragsteller in einer Situation wiederfindet, in der er bestimmte Angaben etwa durch Auswahl bestimmter Begriffe in einem Pulldown-Menü machen muss, diese aber nicht wirklich sein Anliegen widerspiegeln. Dies wird der Antragssteller frustrierend finden. Ggf. wird er deswegen bereits an dieser Stelle seinen Antrag abbrechen oder aber nicht ganz passende Angaben machen, so dass ein falsches Bild der Tatsachen entsteht. Daher sind immer **ausreichend Freitextfelder** vorzusehen. Freitextfelder sind ohnedies empfehlenswert, da in einem Schlichtungsverfahren zwar eine rechtliche Bewertung vorgenommen wird, das Ergebnis der Schlichtung und insbesondere der Schlichterspruch aber von der rein rechtlichen Wertung abweichen kann. Insofern ist es umso wichtiger, die wahren Interessen der Parteien zu kennen, denn damit ist ein wichtiger Beitrag dazu geleistet, dass das Schlichtungsverfahren nicht nur zu einer Lösung des Problems führt, sondern der Konflikt auch nachhaltig befriedet wird.

119   Die Anregung, möglichst genau anzugeben, was mit dem Antrag erreicht werden soll, sollte auch in einem vor oder neben dem Freitextfeld stehenden Ausfüllhinweis zum Ausdruck kommen; generell sollten Ausfüllhinweise idealerweise dort einzublenden sein, wo Verbraucher häufiger Fragen bei der Antragstellung haben, etwa durch den Klick auf ein neben dem auszufüllenden Feld stehendes Icon. Derartige Funktionen kann die Schlichtungsstelle im Laufe der Zeit ein aus- oder abbauen, unter Einbeziehung der tatsächlich durch häufige Rückfragen der Antragsteller gewonnenen Erkenntnisse.

120   Des weiteren sollte es dem Antragsteller möglich sein, seine Angaben stützende **Dokumente** direkt bei der Online-Antragstellung **hochzuladen.**

121   Im Übrigen sollte bei der Programmierung an **Barrierefreiheit** gedacht werden.

122   Dass Verbraucherschlichtungsstellen neben dem Online- auch einen **Offline-Zugang** bieten müssen, trägt trotz der soeben dargestellten Vorteile des Online-Antrags dem Umstand Rechnung, dass für bestimmte, wenn auch immer kleiner werdende Teile der Bevölkerung das Internet selbst ein Hindernis sein kann. Für diese Teile der Bevölkerung ist ein Offline-Antrag im Vergleich zum Online-Antrag niedrigschwelliger. Technisch bedingt kann ein Papierantrag nicht dergestalt interaktiv sein, so dass eine Ant-

---

[51] Kritisch zu einem schriftlichem Verfahren generell – ob online oder offline – da gerade die Schriftlichkeit nicht als niedrigschwellig angesehen wird, *Halfmeier* VuR-Sonderheft 2016, 17 (21).
[52] Ausführlich *Braun* ZKM 2013, 168 ff.

wort eine bestimmte Frage auslösen kann und andere ausblendet. Je nachdem lässt sich aber mit Verweisen arbeiten, die innerhalb des Formulars auf andere Fragen hinweisen. Dies sollte freilich nicht dazu führen, dass das Formular schwer verständlich wird und damit gerade Hindernisse aufbaut. Das Antragsformular ist also dem jeweiligen Medium bestmöglich anzupassen.

Unabhängig vom Medium ist auf eine **leicht verständliche Sprache** zu achten. Dies ist   **123** durchaus eine Herausforderung für den Ersteller der Formulare, da einerseits darauf zu achten ist, dass sie für Nicht-Juristen verständlich sind, andererseits rechtlich relevante Fragen darüber geklärt werden sollen. Ganz im Sinne der von der ADR-Richtlinie geforderten Effizienz der Schlichtungsverfahren ist es nämlich, wenn direkt bei der Antragstellung möglichst viele Informationen gegeben werden, so dass Rückfragen von der Schlichtungsstelle zum Antrag selbst weitestgehend vermieden werden können. Darüber hinaus auch kann die Schaffung eines zusätzlichen Angebots in sog. „leichter Sprache" von der Schlichtungsstelle erwogen werden.

Dass diese Niedrigschwelligkeit des Zugangs im Interesse des Antragstellers, also in   **124** der Regel des Verbrauchers ist, ist offensichtlich. Zumindest diejenigen Unternehmer, denen an einer dauerhaften Kundenbeziehung liegt oder die „gütesiegelartig" zeigen wollen, dass sie ein neutrales Schlichtungsverfahren nicht scheuen und es damit auch ernst meinen (was sich durchaus positiv auf die Reputation auswirken kann), können dies aber nicht als Nachteil[53] empfinden.

Sofern das Verfahren nicht nur bei der Antragstellung, sondern auch hinsichtlich der   **125** Ausgestaltung des gesamten, weiteren Verfahrens besonders niedrigschwellig ist, kann dies auch für Unternehmen vorteilhaft sein. Eine Sprache, die auch bei detaillierten rechtlichen Bewertungen den Bedürfnissen von Nicht-Juristen gerecht wird, wird auch vielen Unternehmern hilfreich sein, die keine eigene Rechtsabteilung haben.

Ein schriftliches Verfahren hat den Vorteil, insbesondere wenn es online stattfindet,   **126** dass beide Parteien, weitestgehend auf Termine verzichten und Reisen vermeiden können – auch dies kann also zur Niedrigschwelligkeit des Verfahrens beitragen.

Vor dem Hintergrund, dass es Verbraucher gibt, die aber gerade Schriftlichkeit als   **127** Hürde sehen, sollte der genaue Wortlaut des § 11 VSBG beachtet werden. Dieser schreibt zwar vor, dass eine Verbraucherschlichtungsstelle immer in Textform eingereichte Anträge, Stellungnahmen und Mitteilungen entgegen nehmen muss. Im Umkehrschluss ist es der Verbraucherschlichtungsstelle aber unbenommen, auch andere Formen, etwa eine **mündliche Eingabe** mit entsprechender Protokollierung, zuzulassen.[54] Erkennt eine Verbraucherschlichtungsstelle also, dass in ihrem Bereich für bestimmte Nutzergruppen gerade die Schriftlichkeit – ob on- oder offline – eine Hürde darstellt, steht es ihr also jederzeit frei, in ihrer Verfahrensordnung auch einen anderer Zugang zuzulassen. Es sei an dieser Stelle aber darauf hingewiesen, dass Verbraucher selbst im Falle eines rein schriftlichen Verfahrens Unterstützung insbesondere durch Verbraucherzentralen erfahren können, bei denen sie auf jeden Fall persönlich vorsprechen können.

6. Vertraulichkeit des Verfahrens und Transparenz

Während die Vertraulichkeit des Verfahrens[55] – im Gegensatz zur Transparenz – kei-   **128** nes der Qualitätskriterien der ADR-Richtlinie ist, die in Art. 6 ff. der ADR-Richtlinie näher ausformuliert sind, so wird die Wichtigkeit der Vertraulichkeit wohl aber in der

---

[53] Freilich hängt dies von den entstehenden Kosten eines Verfahrens ab.
[54] HK-VSBG/*Borowski* § 11 Rn. 5.
[55] Siehe zu dem Ganzen ausführlich *Berlin* VuR-Sonderheft, 2016, 36 ff.

Erwägungsgründen betont. Im VSBG finden sich hingegen ausdrückliche Regelungen hierzu.

129   Nach Erwägungsgrund 29 der ADR-Richtlinie sollte gewährleistet sein, dass während des gesamten Verfahrens Vertraulichkeit und Privatsphäre gewahrt sind. Dies hat der deutsche Gesetzgeber weiter konkretisiert, indem er in **§ 22 VSBG** vorschreibt, dass die Streitmittler und die weiteren in die Durchführung des Schlichtungsverfahrens eingebundenen Personen – in Bezug auf alles, was ihnen in Ausübung ihrer Tätigkeit bekannt geworden ist – zur Verschwiegenheit verpflichtet sind, soweit durch Rechtsvorschrift nichts anderes geregelt ist.

130   Diese **Verschwiegenheitspflicht der Verbraucherschlichtungsstelle** und die damit verbundene Vertraulichkeit des Verfahrens dürften beide Parteien, Verbraucher und Unternehmer, als Vorteil empfinden. Unternehmern dürfte es leichter fallen, zuzugeben, dass sie sich in rechtlicher Hinsicht nicht korrekt verhalten haben, da dieses Eingeständnis nur den jeweiligen Einzelfall betrifft und nur von einem einzigen Verbraucher, dem Antragsteller, vernommen wird. Damit wird vor allem auch nicht den Blick auf eine möglicherweise existente Vielzahl betroffener Fälle gelenkt, wodurch Folgeprozesse oder ähnliches vermieden werden können. Verbrauchern kann dies insofern nutzen, da sie aus diesen Gründen als Partei eines Schlichtungsverfahrens ggf. sogar leichter zu ihrem Recht kommen, da der Unternehmer eher bestimmte Tatsachen zugeben und sich freier zu der Sache einlassen wird.[56]

131   Allerdings ist zu beachten, dass die in § 22 VSBG normierte Verschwiegenheitspflicht nur die Verbraucherschlichtungsstelle selbst trifft, nicht aber die Parteien. Ein Verbraucher könnte also bestimmte Äußerungen des Unternehmers kundtun, etwa über soziale Medien, in Foren oder auch gegenüber der Presse. Er könnte dies auch in einem dem Schlichtungsverfahren möglicherweise folgenden Gerichtsverfahren.

132   Dem kann aber zumindest in gewissen Grenzen sinnvollerweise durch eine **Verschwiegenheitsabrede** begegnet werden.[57] Dabei sollte einerseits die dem Finden einer Lösung zuträgliche Vertraulichkeit bedacht werden, andererseits aber das Risiko, dass bestimmte erst im Schlichtungsverfahren bekannt gewordene Tatsachen in einem Prozess nicht mehr vorgebracht werden können. Daher sollten solche Abreden **nur bilateral zwischen den Parteien nach Abwägung** dieser Punkte getroffen werden; dabei scheint auch sinnvoll, dass der Streitmittler den Parteien mit der gebotenen Neutralität Vor- und Nachteile solcher Abreden erklärt.

133   Sofern am Ende des Schlichtungsverfahrens aber eine Einigung erreicht wurde, die beide einhalten bzw. umsetzen wollen, kann der Unternehmer aber in der Tat ein Interesse daran haben, dass die gefundene Lösung nicht öffentlich wird. Eine hierauf bezogene Vertraulichkeitsabrede kann also in dem konkreten Fall im Unternehmerinteresse sein und dasjenige des Verbrauchers zumindest insofern nicht beeinträchtigen, da dessen Problem gelöst ist (was ohne die Abrede vielleicht nicht der Fall wäre). Nachteile hätten möglicherweise andere Verbraucher.

134   Kann die Vertraulichkeit des Verfahrens dem Verbraucher also durchaus Vorteile im Einzelfall bringen, so ist aber nicht ausgeschlossen, dass Verbraucher in ihrer Gesamtheit hierdurch Nachteile haben könnten, da massenhafte Rechtsverletzungen so möglicherweise weniger oder zumindest erst später öffentlich werden.

135   Im Übrigen kann es möglicherweise zu einem **Defizit bei der richterlichen Rechtsfortbildung** kommen, wenn Verbraucherstreitigkeiten künftig überwiegend nur noch

---

[56] Ähnlich zu den Vorteilen für beide Seite HK-VSBG/*Röthemeyer* § 22 Rn. 2.
[57] Greger/Unberath/Steffek/*Greger* VSBG § 22 Rn. 2; ausführlich zu dem Ganzen und mit Formulierungsvorschlag für eine Vertraulichkeitsklausel HK-VSBG/*Röthemeyer* § 22 Rn. 20 ff.

von Verbraucherschlichtungsstellen behandelt würden.[58] Allerdings stellt sich die Frage, ob in Folge des Inkrafttretens des VSBG wirklich weniger Streitigkeiten vor Gericht ausgetragen werden dürften oder ob es nicht vielmehr jene Verbraucher sein werden, die bisher aus rationalem Desinteresse (s. oben → Rn. 85)) von einer Verfolgung ihrer Rechte absahen, nun die Verbraucherschlichtung dafür nutzen werden, während diejenigen, die schon bisher den Gang zu den Gerichten beschritten, dies auch künftig tun werden. Dies wird aber zugegebenermaßen noch zu ergründen sein, scheint jedoch keinesfalls unwahrscheinlich. Es könnte angesichts der rechtlichen Qualität der Verbraucherschlichtung weiterhin dazu kommen, dass jene Verbraucher, die ein Schlichtungsverfahren ohne Erfolg betrieben haben, obwohl ihr Anspruch begründet war und dies auch im Verfahren bestätigt bekamen, nun vor Gericht ziehen werden, was sie ansonsten wegen des Prozessrisikos gescheut hätten. Auch dieser Effekt wird zu beobachten und evaluieren sein.

136 Es sei im Übrigen noch angemerkt, dass ohnedies nur ein Teil aller Klagen in einem Urteil mündet und auch dann sehr viele Urteile der unteren Instanzen nicht veröffentlicht werden,[59] weswegen auch der Rechtsweg nicht immer zu richterlicher Rechtsfortbildung führt.

137 Abgesehen von dem allen wird der Sorge vor mangelnder Rechtsfortbildung aber zumindest in gewissem Umfang dadurch Rechnung getragen, dass die Verbraucherschlichtungsstellen **Auskunfts- und Berichtspflichten nach § 34 VSBG** haben (siehe hierzu unten → § 3 Rn. 90 ff.). Nach § 34 Abs. 3 VSBG hat die Verbraucherschlichtungsstelle sowohl in ihrem Tätigkeitsbericht nach § 34 Abs. 1 VSBG als auch in ihrem Evaluationsbericht nach § 34 Abs. 2 VSBG insbesondere über auffällige Geschäftspraktiken zu berichten. Nach § 34 Abs. 4 VSBG muss sie zudem auch außerhalb dieser Berichte darüber Auskunft geben, wenn sie von einer der hierfür zuständigen Behörden nach § 2 des EG-Verbraucherschutzdurchsetzungsgesetztes hierzu aufgefordert wird. Mit auffälligen Geschäftspraktiken sind auffällige Verhaltensweisen der Unternehmer zulasten der Verbraucher gemeint,[60] also Geschäftspraktiken, die häufig Gegenstand von Verbraucherbeschwerden waren.[61]

138 Einerseits werden damit signifikante, häufig auftretende Problemfälle sowohl der Öffentlichkeit zur Kenntnis gebracht, wodurch sowohl Verbraucher- und Unternehmerverbände wie auch letztlich der Gesetzgeber handeln können, um diesen Fällen Einhalt zu gebieten – was übrigens zeigt, dass Verbraucherschlichtung nicht eine Lösung für alles sein kann, sondern sich komplementär zu anderen Instrumenten, wie etwa denen des kollektiven Rechtsschutzes verhält.

139 Andererseits ist über diese Auffälligkeiten zu berichten, ohne dass dabei ein bestimmtes Unternehmen genannt wird. Diese Anonymität ist auch eine Ausprägung der Vertraulichkeit des Verfahrens und kommt dem betroffenen Unternehmer zugute,[62] was also ein Vorteil für die an der Schlichtung teilnehmenden Unternehmer ist. Allerdings kann diese Anonymität den Nachteil mit sich bringen, dass sie ein schlechtes Licht auf eine ganze Branche wirft, auch wenn nur ein einziges (oder vereinzelte) Unternehmen diese negativ auffällige Geschäftspraktik an den Tag legt. Um dies zu vermeiden, sollte die Verbraucherschlichtungsstelle in ihrem Bericht hierauf näher eingehen, ohne freilich die Anonymität zu gefährden.

---

[58] HK-VSBG/*Röthemeyer* § 22 Rn. 1 f.
[59] *Berlin* VuR-Sonderheft 2016, 36 (40).
[60] HK-VSBG/*Steike* § 34 Rn. 12.
[61] BR-Drs. 258/15, 90.
[62] HK-VSBG/*Röthemeyer* § 22 Rn. 9.

140 Zuzugeben ist, dass die einseitige Konzentration auf häufige Verbraucherbeschwerden über Unternehmen nicht der Neutralität entspricht, denn es ist zumindest denkbar, dass auch Verbraucher ein systematisches, unternehmerschädigendes Verhalten an den Tag legen.[63]

141 § 34 VSBG normiert aber nur bestimmte Berichts- und Auskunftspflichten, denen eine Verbraucherschlichtungsstelle auf jeden Fall nachkommen muss. Ihr steht es frei, auch außerhalb des Berichts nach § 34 VSBG über ihre Tätigkeit zu berichten, etwa über bestimmte Entwicklungen, oder interessante Schlichtersprüche zu veröffentlichen.[64] Daher verbietet also nichts, dass eine Verbraucherschlichtungsstelle in ihren Berichten auch auf den eben angesprochenen Punkt eingeht. Sie wird damit ihre Neutralität nach außen zum Ausdruck bringen und dabei zugleich die Transparenz ihrer Arbeit erhöhen. Dies übrigens auch dann, wenn sie feststellt, dass in ihrem Zuständigkeitsbereich kein auffälliges Verbraucherverhalten im Berichtsjahr verzeichnet werden konnte, denn auch mit dieser Aussage dokumentiert sie, dass sie auch für solche potentiellen Probleme ein wachsames Auge hat. Damit dürfte sie sich auch für Unternehmer attraktiver machen.

7. Besondere Kenntnis des Verbraucherrechts und branchenspezifische Spezialisierungen

142 Allen Verbraucherschlichtungsstellen ist gemein, dass – selbst wenn sie freiwillig ihren Zuständigkeitsbereich auch auf B2B- oder C2C-Fälle erweitern können – ihre Haupttätigkeit im Bereich der Verbraucherstreitigkeiten liegen muss (s. ausführlich oben → Rn. 62).

143 Auch Universalschlichtungsstellen, Allgemeine Verbraucherschlichtungsstellen oder hinsichtlich ihres sachlichen Zuständigkeitsbereichs breiter angelegte Verbraucherschlichtungsstellen sind damit schon rein faktisch zumindest **auf verbraucherrechtliche Fragen spezialisiert.** Dass sie dies auch von Anfang sein müssen und entsprechende Qualifikationen nachweisen müssen, ergibt sich auch ganz explizit aus § 6 VSBG. Nach dieser Vorschrift muss sichergestellt sein, dass eine Verbraucherschlichtungsstelle über mindestens einen Streitmittler und einen Vertreter[65] verfügt; dieser muss unter anderem über Rechtskenntnisse im Verbraucherrechte und das Fachwissen[66] verfügen, das für die Beilegung von Streitigkeiten im Zuständigkeitsbereich der Verbraucherschlichtungsstelle, für die er tätig ist, erforderlich ist.

144 Zugegebenermaßen ist das Verbraucherrecht eine breit gefächerte Querschnittsmaterie, weswegen **ein darüber hinaus gehender Spezialisierungsgrad vor allem bei branchenspezifischen Schlichtungsstellen** anzutreffen ist. Dort kann nicht nur eine besondere und vertiefte Kenntnis der einschlägigen Rechtsfragen erwartet werden; diese Schlichtungsstellen können vielmehr auch auf eher technische Fragen, die eine entsprechende sachkundige Bewertung der vorgebrachten Tatsachen erlauben kann, spezialisiert sein.

145 Doch auch bei breiter angelegten Verbraucherschlichtungsstellen ist nicht auszuschließen, dass diese sich trotz eines weit gefassten Zuständigkeitsbereichs im Laufe ihrer Tätigkeit besonderes Fachwissen dadurch aneignen werden, dass sie häufig mit be-

---

[63] HK-VSBG/*Steike* § 34 Rn. 12.
[64] BR-Drs. 258/15, 89.
[65] De facto muss sie also über zwei Streitmittler verfügen, Greger/Unberath/Steffek/*Greger* VSBG § 6 Rn. 2.
[66] Ausführlich zum Fachwissen HK-VSBG/*Röthemeyer* § 6 Rn. 25 ff.

stimmten Fallkonstellationen in einer Branche konfrontiert sind. Sind sie strukturell groß genug, können unter dem Dach einer Verbraucherschlichtungsstelle sogar spezialisierte Abteilungen oder ähnliches gebildet werden.

Unabhängig von diesen Möglichkeiten haben aber auch die breiter aufgestellten Verbraucherschlichtungsstellen durch die Spezialisierung auf das gesamte Verbraucherrecht (oder sogar in vertiefter Weise auf mehrere Bereiche daraus) einen höheren Spezialisierungsgrad als die ansonsten zuständigen Instanzgerichte. Es muss nicht betont werden, dass die dort tätigen Richter selbstverständlich mehr als gut dazu in der Lage sind, Verbraucherstreitigkeiten in höchster Qualität in rechtlicher Hinsicht zu würdigen und ein entsprechendes Urteil zu fertigen. Der hohe Spezialisierungsgrad, den insbesondere Branchenschlichtungsstellen vorhalten können, bietet jedoch Vorteile in Hinblick auf die Schnelligkeit und Effizienz des Verfahrens, da sich durch genaue und detailreiche Kenntnis der streitgegenständlichen Materie Recherchen oftmals erübrigen. **146**

8. Grenzüberschreitende Streitigkeiten

Den Erwägungsgründen der ADR-Richtlinie ist zu entnehmen, dass der EU-Gesetzgeber mit ihr das Ziel verfolgte, Verbraucher zu einer unbesorgteren, grenzüberschreitenden Nutzung des Binnenmarkts zu animieren. Den Grund dafür, dass Verbraucher stattdessen zumeist lieber im eigenen Land einkaufen, sieht die EU unter anderem in der Scheu vor komplizierten, langwierigen und kostspieligen Gerichtsverfahren, sofern es zu einer grenzüberschreitenden Verbraucherstreitigkeit kommen sollte.[67] Das soll sich durch die **EU- und EWR-weite Etablierung von Verbraucherschlichtungsstellen (bzw. ADR-Stellen) ändern, die auch Schlichtungsanträge von Verbrauchern aus anderen Staaten der EU und des EWR annehmen müssen.** Diesem für Verbraucherschlichtungsstellen durchaus herausfordernden Bereich ist ein besonderes Kapitel gewidmet (s. unten → § 8 Rn. 1 ff.). Nachfolgend soll daher nur auf die möglichen Vor- und Nachteile eingegangen werden, die Verbraucherschlichtung bei grenzüberschreitenden Konstellationen bieten kann. **147**

In der Tat werden mit einer solchen Streitigkeit einige Unsicherheiten mehr als bei einem rein innerstaatlichen Sachverhalt verbunden sein; dies für beide Parteien. Mag das zuständige Gericht noch verhältnismäßig leicht – zumindest mit fachkundiger Unterstützung eines Anwalts oder eines Verbraucherverbands – auszumachen sein, nämlich nach Art. 18 der Brüssel-Ia-VO[68] in der Regel am Wohnsitz des Verbrauchers, so stellen sich danach kompliziertere Fragen in Hinblick auf das anzuwendende Recht und in den meisten Fällen wird auch die Sprache eine Hürde sein. **148**

Die **sprachliche Hürde** taucht meist erst im Konfliktfall auf, da es wesentlich einfacher ist, zum Beispiel etwas im Laden oder im Internet zu kaufen, wozu Sprachkenntnisse seltenst erforderlich sind. Manche Parteien mögen zwar auch im Falle eines Konfliktes kommunizieren können, entweder weil die Sprache der jeweils anderen Partei beherrscht wird, oder weil eine andere Sprache, die weder Muttersprache der einen noch der anderen Partei ist, als Scharniersprache genutzt wird. Doch auch dann werden die Kenntnisse oft nicht völlig reichen oder das Ungleichgewicht zwischen den Parteien noch verstärken, jedenfalls dann, sobald präzise Darstellungen erforderlich werden. Und selbst diese – ggf. wenigstens für eine Partei suboptimale – Kommunikations- **149**

---

[67] *Höxter* VuR-Sonderheft 2016, 29.
[68] Verordnung (EU) Nr. 1215/2012 über die gerichtliche Zuständigkeit und die Anerkennung und Vollstreckung von Entscheidungen in Zivil- und Handelssachen (Brüssel Ia), ABl. 2012, L 351, 1.

fähigkeit ist keinesfalls der Regelfall. Die Probleme werden weiter verstärkt, wenn es zu einem Gerichtsverfahren kommt, bei dem zusätzliche Hindernisse wegen der dort üblichen formaleren Sprache befürchtet werden und wo es tatsächlich in der Regel auf eine präzise Ausdrucksweise ankommt, um einen Anspruch erfolgreich durchzusetzen. Dies lässt sich durch professionelle Übersetzer- und Dolmetscherdienste in den Griff bekommen, was aber mit hohen Kosten verbunden ist.

150   Abgesehen von der sprachlichen Seite macht aber die **rechtliche Bewertung des Falles** einen im Vergleich zu einem innerstaatlichen Konflikt deutlich erhöhten juristischen Beratungsaufwand nötig, da zunächst das **anwendbare Recht** ermittelt werden muss. Dies macht einen Vergleich des materiellen Verbraucherrechts beider Staaten aufgrund der Bestimmungen ROM-I-Verordnung[69] nötig, da grundsätzlich auch im Falle einer Rechtswahl nicht von den zwingenden Vorschriften des Rechts im Verbraucherland abgewichen werden darf. Auch an dieser Stelle dürfte es also durch entsprechende anwaltliche Beratung zu erheblichen Zusatzkosten im Vergleich zu einem innerstaatlichen Gerichtsverfahren kommen.

151   Sprachlicher und rechtlicher Beratungsbedarf und die damit einhergehenden erheblichen Zusatzkosten dürften regelmäßig dazu führen, dass das ohnehin schon oben geschilderte **Missverhältnis zwischen Streitwert und Kosten und Risiken im Falles eines Gerichtsverfahrens regelrecht explodiert,** weswegen es noch wahrscheinlicher ist, dass Verbraucher aus rationalem Desinteresse (s. oben → Rn. 85) von einer gerichtlichen Klärung absehen werden.

152   **Dem tritt die ADR-Richtlinie und somit auch das VSBG entgegen.**

153   Zwar wird nach der Grundkonzeption der ADR-Richtlinie die zuständige ADR-Stelle meist im Land des Unternehmens angesiedelt sein.[70] Dies ist für Unternehmer im Vergleich zu der Verbrauchergerichtsstands-Regelung der Brüssel-Ia-Verordnung vorteilhaft. Es mag sich aber in der Praxis auch als Vorteil für den Verbraucher erweisen, da zu vermuten ist, dass ein Unternehmer eher auf eine Verbraucherschlichtungsstelle aus dem eigenen Land reagieren wird als auf eine aus einem anderen Land, da hier für ihn keinerlei Hürden zu befürchten sind und dies einen gewissen Ausgleich für einseitig von ihm zu tragenden Kosten schafft.

154   Die mit dieser örtlichen also meist auf Unternehmerseite liegenden Zuständigkeit verbundenen Nachteile für Verbraucher werden bei grenzüberschreitenden Fällen aber zumindest insofern ausgeglichen, als sich Verbraucher an eine Stelle wenden können, von der sie in grenzüberschreitenden Fällen kostenlos und unbürokratisch Unterstützung erhalten. Dies gilt wegen Art. 14 der ADR-Richtlinie im Bereich aller Mitgliedstaaten. In Deutschland wurde dieses Richtlinienerfordernis in **§ 40 VSBG** umgesetzt. Die dort geregelte **Unterstützungspflicht** des Bundesamts für Justiz wurde im Wege der Beleihung dem Europäischen Verbraucherzentrum Deutschland übertragen, ebenso wie die Aufgabe der Kontaktstelle für die Europäische Plattform zur Online-Streitbeilegung (OS- oder ODR-Plattform) nach Art. 7 der ODR-Verordnung.[71]

155   Dies alles dient dazu, Verbrauchern insbesondere den Zugang zu zuständigen Verbraucherschlichtungsstellen zu erleichtern und dabei Hürden abzubauen.

---

[69] Verordnung (EG) Nr. 593/2008 des Europäischen Parlaments und des Rates vom 17. Juni 2008 über das auf vertragliche Schuldverhältnisse anzuwendende Recht (Rom I), ABl. 2008, L 177, 6.

[70] Siehe Art. 5 Abs. 1 ADR-Richtlinie, dem ist auch der deutsche Gesetzgeber mit § 4 Abs. 4 VSBG gefolgt, was im Übrigen auch der in Deutschland bereits vorgefundenen Schlichtungslandschaft entspricht.

[71] Verordnung (EU) Nr. 524/2013 des Europäischen Parlaments und Rates vom 21. Mai 2013 über die Online-Beilegung verbraucherrechtlicher Streitigkeiten, ABl. 2013, L 165, 1.

Die **ODR-Kontaktstelle** – wobei diese wie die ODR-Plattform nur Bedeutung für **156**
Streitigkeiten über vertragliche Verpflichtungen aus online geschlossenen Verträgen hat
– muss noch weitergehende Aufgaben wahrnehmen, die sich direkt aus Art. 7 Abs. 2
der ODR-Verordnung ergeben. Insbesondere muss sie bei der Einreichung der Beschwerde und gegebenenfalls der einschlägigen Unterlagen behilflich sein und die
Parteien und auch die ADR-Stellen mit allgemeinen Informationen über die in Mitgliedstaaten des Verbrauchers geltenden Rechte versorgen. Damit ist auch der oben geschilderten Problematik des anwendbaren Rechts zumindest in Grundzügen Rechnung
getragen.

Nicht zu unterschätzen ist auch das Potenzial der ODR-Plattform selbst (wenn auch **157**
hier insofern beschränkt, als der Streitigkeit ein online geschlossener Vertrag zugrunde
liegen muss), die Verbrauchern aus allen Mitgliedstaaten einen einheitlichen Zugang
bietet, indem sie eine Beschwerde zumindest in Grundzügen in ihrer eigenen Sprache
schildern können und automatisch zu der oder den zuständigen ADR-Stellen geleitet
werden. Die Plattform bietet auch automatische Übersetzungsfunktionen, deren Qualität und Nützlichkeit sich freilich auch noch in der Praxis beweisen muss.

Die **ODR-Plattform (samt Kontaktstellen)** kann im Übrigen **nicht nur von Verbrau- 158**
chern, sondern auch von ADR- bzw. Verbraucherschlichtungsstellen sowie Unterneh-
mern genutzt werden.

Insgesamt hat die EU- und EWR-weite Verbraucher-ADR damit durchaus das Poten- **159**
zial, Verbraucher auch in grenzüberschreitenden Konstellationen zu ermutigen, ihre
Rechte vor einer ADR-Stelle geltend zu machen, insbesondere in Folge eines grenzüberschreitenden Online-Geschäfts. In welchem Umfang dies tatsächlich der Fall sein wird,
wird sich in der Praxis zeigen, doch ist davon auszugehen, dass Verbraucher-ADR
durch das VSBG und die entsprechenden Gesetzen in den anderen Staaten stärker im
Bewusstsein verankert wird, so dass das Angebot auch grenzüberschreitend stärker genutzt wird.[72]

Für Unternehmer mag die auf diese Weise für Verbraucher erleichterte grenzüber- **160**
schreitende Geltendmachung von Rechten auch über Landesgrenzen hinaus auf den
ersten Blick einen Nachteil darstellen. Andererseits kann dies aber in der Tat auch dazu
führen, Verbraucher aus anderen Mitgliedstaaten als Kunden zu gewinnen. Doch auch
dies wird sich erst in der Praxis zeigen können.

Hinzuweisen bleibt darauf, dass die **Behandlung grenzüberschreitender Streitigkeiten 161**
die Verbraucherschlichtungsstelle vor einige Herausforderungen stellt, die aber unter
Rückgriff auf andere Stellen und durch die Bildung von Netzwerken (Stellen im Sinne
von § 40 VSBG, Zusammenarbeit mit ausländischen Streitbeilegungsstellen nach § 38
VSBG) bewältigt werden können. Hierauf wird noch vertieft einzugehen sein (s. unten
→ § 8 Rn. 1 ff.).

---

[72] Nicht unerwähnt bleiben sollte, dass das Netzwerk der Europäischen Verbraucherzentren hierfür
schon seit mehr als 10 Jahren den Boden mit Erfolg vorbereitet hat (http://ec.europa.eu/consumers/
solving_consumer_disputes/non-judicial_redress/ecc-net/index_en.htm). Die Europäischen Verbraucherzentren sind in vielen Staaten mit der Aufgabe der Kontaktstellen nach ADR-Richtlinie und ODR-
Verordnung betraut worden, so dass hieran auch tatsächlich angeknüpft werden kann (siehe Liste der
ODR-Kontaktstellen unter https://webgate.ec.europa.eu/odr/main/?event=main.complaints.odrList)

§ 3 Schlichtungsstellen

I. Einleitung: Organisatorische Anforderungen und Anerkennung von Verbraucherschlichtungsstellen

§ 24 VSBG stellt die Anerkennung einer privaten Schlichtungsstelle als Verbraucher- **1**
schlichtungsstelle neben der fachlichen Eignung unter den Vorbehalt, dass die Stelle die
in den Abschnitten 2 und 3 des VSBG enthaltenen organisatorischen Anforderungen
erfüllt.

Insbesondere soll daher nachfolgend den anerkennungsrelevanten Fragen nachge- **2**
gangen werden,
- wer Träger einer Verbraucherschlichtungsstelle sein kann,
- welche Anforderungen an die Finanzierung zu stellen sind,
- unter welchen Voraussetzungen und in welchem Umfang Verbraucher- oder Unternehmerverbände an einer Verbraucherschlichtungsstelle zu beteiligen sind,
- unter welchen Voraussetzungen sie als dauerhaft angelegt zu erachten ist und
- welche Informations-, Auskunfts- und Berichtspflichten für eine Verbraucherschlichtungsstelle bestehen.

Daneben ist wegen § 24 VSBG auch erforderlich, dass eine Verbraucherschlichtungs- **3**
stelle ihre Zuständigkeit regelt, eine Verfahrensordnung hat, eine Webseite unterhält,
Schlichtungsanträge online- und offline zulässt und die Verbraucherschlichtungsstelle
mit Streitmittlern in der im VSBG vorgesehenen Weise besetzt. Da diese Punkte aber
eingehend und gesondert an anderen Stellen in diesem Buch gewürdigt werden, werden
in diesem Kapitel keine weiteren Ausführungen hierzu gemacht.

Anerkennungsbehörde ist nach § 27 VSBG grundsätzlich das Bundesamt für Justiz, **4**
soweit nicht durch Bundesgesetz etwas anderes bestimmt ist. Bezüglich der anderen
einschlägigen Bundesgesetze sind die durch Artikel 3, 7, 9 und 15–22 des Gesetzes zur
Umsetzung der Richtlinie über alternative Streitbeilegung in Verbraucherangelegenheiten und zur Durchführung der Verordnung über Online-Streitbeilegung in Verbraucherangelegenheiten zu beachten, die Änderungen dieser Gesetze enthalten.[1] So
bedarf etwa die Verbraucherschlichtungsstelle im Sinne des EU-Fahrgastrecht-Kraft-
omnibus-Gesetzes der Anerkennung durch das Bundesministerium für Verkehr und digitale Infrastruktur im Einvernehmen mit dem Bundesministerium der Justiz und für
Verbraucherschutz. Aus § 27 Abs. 2 VSBG ergibt sich, dass es in diesen Fällen aufgrund
der ausschließlichen Zuständigkeit der jeweiligen Anerkennungsbehörden keiner weiteren Anerkennung durch das Bundesamt für Justiz bedarf; dies gilt selbst dann, wenn
die Schlichtungsstelle ihre Zuständigkeit über den spezialgesetzlich vorgeschriebenen
Rahmen hinaus erweitert.

Noch im Regierungsentwurf war die Anerkennung von Verbraucherschlichtungs- **5**
stellen durch Landesbehörden vorgesehen, was aber zu Ende des Gesetzgebungsverfahrens geändert wurde. Dies wird sicherlich zu einer einheitlichen Anerkennungs-
praxis beitragen und erscheint daher begrüßenswert, selbst wenn das Bundesamt für
Justiz freilich nicht immer zuständig ist, wie sich eben aus Bundesgesetzen ergeben
kann.

---

[1] BR-Drs. 258/15, 81.

6 Da das Anerkennungsverfahren beim Bundesamt für Justiz ein schriftliches Verfahren ist, muss sich dokumentieren lassen, dass die organisatorischen Anforderungen eingehalten werden.

7 Zu beachten ist, dass bei behördlichen Verbraucherschlichtungsstellen eine staatliche Anerkennung nicht erforderlich ist; dies aufgrund der unmittelbaren Gesetzesbindung der Behörden und der Tatsache, dass sie ohnedies der staatlichen Aufsicht unterliegen.[2]

8 Zu beachten ist allerdings, dass auch andere Stellen außergerichtliche Streitbeilegung von Verbraucherstreitigkeiten anbieten können, ohne die Vorgaben des VSBG befolgen zu müssen, da das VSBG die außergerichtliche Verbraucherstreitbeilegung nicht exklusiv regelt.[3] Freilich dürfen diese sich dann nicht als Verbraucherschlichtungsstelle bezeichnen; § 41 VSBG sieht für den Fall der vorsätzlichen oder fahrlässigen Falschbezeichnung eine Geldbuße von bis zu 50.000 EUR vor. Da es in Deutschland auch in der Tat ein Nebeneinander von Verbraucherschlichtungsstellen im Sinne des VSBG und anderen ADR-Angeboten für Verbraucher gibt, wird das Verhältnis von Verbraucherschlichtungsstellen und anderen Schlichtungsstellen unter → Rn. 138 näher beleuchtet.

II. Trägerschaft

9 Die ADR-Richtlinie gestattet Schlichtungsstellen sowohl in privater wie auch in behördlicher Trägerschaft. Auch das VSBG lässt beide Arten der Trägerschaft zu, was zudem der in Deutschland bereits vorgefundenen Lage entspricht, wo es eine Vielzahl beider Modelle gibt.

10 In Deutschland soll sich die Verbraucherschlichtung nach dem Willen des Gesetzgebers aber vorrangig privat organisieren,[4] behördliche Stellen sind hingegen in erster Linie dazu geeignet, Lücken bei der Verbraucherschlichtung zu schließen.[5]

11 Abschnitt 2 des VSBG widmet sich ausweislich seiner Überschrift nur den privaten Verbraucherschlichtungsstellen, Abschnitt 4 derer Anerkennung. Hinsichtlich behördlicher Verbraucherschlichtungsstellen ist Abschnitt 5 zu beachten, der nur einen Paragrafen, § 28 VSBG enthält, der wiederum nur auf ausgewählte Vorschriften der Abschnitte 2 und 3 verweist, um den Besonderheiten der behördlichen Trägerschaft Rechnung zu tragen.

1. Private Verbraucherschlichtungsstellen

12 Nach § 3 S. 1 VSBG kann Träger einer privaten Verbraucherschlichtungsstelle nur ein Verein sein.

13 Diese Klarstellung erfolgte erst in der letzten Phase des Gesetzgebungsverfahrens nach einer entsprechenden Beschlussempfehlung des Ausschusses für Recht und Verbraucherschutz des Deutschen Bundestages, da dies der bestehenden Praxis der Schlichtungsstellen in Deutschland entspricht und zu einer dauerhaften und qualitätsvollen Arbeit der Schlichtungsstelle beitragen soll.[6] Gegenüber dem noch im Regierungsentwurf verwandten, mit rechtlichen Unschärfen verbundenen Begriff „Verband", wird damit eine eindeutige, allein zulässige Rechtsform des Trägers vorgegeben.[7]

---

[2] BR-Drs. 258/15, 79, 83, Greger/Unberath/Steffek/*Greger* VSBG § 18 Rn. 3.
[3] Greger/Unberath/Steffek/*Greger* VSBG § 1 Rn. 2.
[4] BR-Drs. 258/15, 47.
[5] BR-Drs. 258/15, 82.
[6] BT-Drs. 18/6904, 71.
[7] Dass in § 9 VSBG noch von einem Verband als Träger die Rede ist, ist ein redaktionelles Versehen, so auch HK-VSBG/*Steike* § 9 Rn. 2.

Dass eine Festlegung auf die Vereinsform stattfand und nicht auf andere ebenso klar de- **14** finierte Formen juristischer Personen, lässt den Schluss zu, dass mit einem Verein im Sinne von § 3 Abs. 1 VSGB **nur ein Idealverein im Sinn von § 21 BGB**[8] gemeint sein kann und nicht ein wirtschaftlicher Verein im Sinne von § 22 BGB.[9] Anderenfalls würde das VSBG auch etwas Unmögliches verlangen, denn ein wirtschaftlicher Verein ist gegenüber anderen Vereinigungsformen wie AG, GmbH oder Genossenschaft subsidiär.[10] Damit kann es in Deutschland auch keinen Markt für Verbraucherschlichtungen, in dem Unternehmen wirtschaftlich tätig wären, geben. Dass VSBG untersagt gerade allen Rechtsformen, die auf eine wirtschaftliche Betätigung gerichtet sind, den Betrieb einer Verbraucherschlichtungsstelle. Für die Beschränkung auf einen Verein im Sinne von § 21 BGB spricht weiterhin, dass eine Festlegung auf den Verein wie eingangs erwähnt auch deshalb stattfand, weil dies der bereits in Deutschland vorgefundenen Praxis entspricht. Die damit gemeinten Schlichtungsstellen sind allesamt eingetragene Vereine im Sinne von § 21 BGB.

Als alleiniger Zweck eines solchen Vereins kommt selbstverständlich das Betreiben **15** einer Verbraucherschlichtungsstelle in Betracht. Allerdings ergibt sich aus § 3 S. 2 sowie aus § 9 VSBG, dass der **Trägerverein einer Verbraucherschlichtungsstelle auch einseitig Verbraucher- oder Unternehmerinteressen wahrnehmen kann,** so dass das Betreiben von Verbraucherschlichtung keineswegs der ausschließliche Vereinszweck sein muss. In diesem Fall – und ebenso, wenn der Verein von einem solchen Verband finanziert wird – muss für den Betrieb der Schlichtungsstelle ein getrennter, zweckgebundener und ausreichender Haushalt zur Verfügung stehen (siehe hierzu unten → Rn. 45 ff.). Dieses Erfordernis folgt aus Artikel 6 Abs. 4 S. 1 der ADR-Richtlinie, der damit die Absicherung der Unabhängigkeit und Unparteilichkeit der Schlichtungsstelle bezweckt. Über die Richtlinie hinaus ist in Deutschland auch § 9 VSBG zu beachten, der dann eine Beteiligung der jeweils anderen Seite vorsieht.

Der Vereinszweck hat auch Auswirkungen auf die Frage, ob der Trägerverein als **16** **gemeinnützig angesehen wird.** Dies ist bei einer Verbrauchereinrichtung, die Verbraucherberatung und Verbraucherschutz betreibt, aufgrund von § 52 Abs. 2 Nr. 16 AO regelmäßig gegeben. Die Frage hingegen, ob Verbraucherschlichtung als alleiniger Vereinszweck eines Trägervereins ebenfalls als Förderung des Verbraucherschutzes im Sinne dieser Vorschrift angesehen werden kann, erscheint nicht ausgeschlossen, aber nicht sicher. Auf der einen Seite soll die ADR-Richtlinie dem Erreichen eines hohen Verbraucherschutzniveaus dienen.[11] Andererseits ist Verbraucherschlichtung gerade in hohem Maße der Neutralität verpflichtet. Daher sollte im Vorfeld einer Vereinsgründung vor Beschluss der Satzung sicherheitshalber das zuständige Finanzamt hierzu befragt werden, falls Gemeinnützigkeit angestrebt wird.

2. Behördliche Verbraucherschlichtungsstellen

§ 28 VSBG schafft einen besonderen rechtlichen Rahmen für behördliche Schlich- **17** tungsstellen, wobei er dennoch auf zahlreiche für die privaten Verbraucherschlichtungsstellen geltenden Vorschriften verweist.

---

[8] Jedenfalls nach deutschem Recht; ein ausländischer Verein kann auch Träger einer Verbraucherschlichtungsstelle mit Verwaltungssitz in Deutschland sein, wenn er nach dem im eigenen Staat geltenden Recht rechtsfähig ist, siehe dazu Greger/Unberath/Steffek/*Greger* VSBG § 3 Rn. 1 mwN. Dies darf dem Sinne des VSBG nach aber nicht zu einer Umgehung führen, durch welche er sich wirtschaftlich betätigen könnte.

[9] Siehe dazu auch Greger/Unberath/Steffek/*Greger* VSBG § 4 Rn. 18.

[10] Palandt/*Ellenberger* BGB § 22 Rn. 1.

[11] Siehe insbesondere Erwägungsgründe 1, 2, 60 der Richtlinie.

18   Dies folgt einerseits aus der ADR-Richtlinie, wonach sichergestellt sein muss, dass auch behördliche Schlichtungsstellen den Vorgaben der Richtlinie zu entsprechen haben. Andererseits müssen spezialgesetzliche Anforderungen beachtet werden. Einige Vorgaben der Richtlinie passen aber nur eingeschränkt auf behördliche Verbraucherschlichtungsstellen, da sie nicht den Besonderheiten einer Behörde Rechnung tragen: In der Begründung des Regierungsentwurfes wird so zB darauf hingewiesen, dass Unabhängigkeit und Unparteilichkeit bei einer staatlichen Stelle schon über die Bindung an Recht und Gesetz gewährleistet sind.[12]

19   Wie bereits erwähnt, gab es in Deutschland bereits vor Inkrafttreten des VSBG eine Vielzahl behördlicher Schlichtungsstellen für Streitigkeiten zwischen Verbrauchern und Unternehmern.

20   Teilweise haben diese subsidiäre, teilweise originäre Zuständigkeit.

a) Subsidiär zuständige behördliche Schlichtungsstellen

21   Zu den subsidiär zuständigen behördlichen Schlichtungsstellen zählen etwa die im Regierungsentwurf genannten Stellen:
- die Schlichtungsstelle des Bundesamts für Justiz für die Ansprüche von Fluggästen gegen Luftfahrtunternehmen (§ 57b Ab. 1 LuftVG),
- die Schlichtungsstelle bei der Deutschen Bundesbank für Ansprüche von Verbrauchern gegen Finanzdienstleister (§ 14 Abs. 1 UKlaG) und
- die Schlichtungsstelle bei der Bundesanstalt für Finanzdienstleistungsaufsicht für Ansprüche von Verbrauchern nach dem Kapitalanlagegesetzbuch (§ 342 Ab. 1 des Kapitalanlagegesetzbuchs).

22   Dass die in diesen Bereichen tätigen privaten Schlichtungsstelle vorrangig zuständig sind, entspricht der Intention des VSBG-Gesetzgebers, dass behördliche Schlichtungsstellen eigentlich nur Lücken im Bereich der Verbraucherschlichtung schließen sollen.[13]

b) Originär zuständige behördliche Schlichtungsstellen

23   Zu beachten ist dennoch, dass es auch originär zuständige behördliche Schlichtungsstellen gibt, so bei der Bundesnetzagentur für Ansprüche aus Telekommunikationsverträgen (§ 47a des Telekommunikationsgesetzes) und zu Rechten aus der Postdienstleistungsverordnung (§ 10 Abs. 1 der Postdienstleistungsverordnung).

c) Sonstiges

24   Aus § 28 S. 2 VSBG folgt, dass auch **von Kammern der Wirtschaft und der freien Berufe betriebene Verbraucherschlichtungsstellen** als behördlich zu erachten sind. Aus § 28 VSGB selbst erwächst den Kammern jedoch keine Pflicht zum Betreiben von Verbraucherschlichtungsstellen, wie im Rahmen des Gesetzgebungsverfahrens klargestellt wurde.[14] Eine derartige Pflicht kann sich nur aus anderen Vorschriften ergeben, etwa aus § 191 f BRAO.

25   Sofern Kammern Verbraucherschlichtungsstellen eingerichtet haben, muss **Interessenkonflikten** vorgebeugt werden. Um dies zu erreichen – die Kammern sind grundsätzlich den Interessen ihrer Kammermitglieder verpflichtet – sind bei diesen auch Verbraucherverbände zur Sicherung der Neutralität einzubeziehen, wie sich aus dem in § 28 S. 2 VSBG enthaltenen Verweis auf § 9 Abs. 1 VSBG ergibt.

---

[12] BR-Drs. 258/15, 82.
[13] BR-Drs. 258/15, 82.
[14] Ausführlich zu den Kammern HK-VSBG/*Röthemeyer* § 28 Rn. 8 ff.

Zu beachten ist, dass sich für behördliche Verbraucherschlichtungsstellen **besondere** **26**
Vorgaben aus anderen Rechtsvorschriften ergeben können, worauf § 28 S. 3 VSBG
explizit hinweist. Betroffen sind die Bereiche Anwaltsverträge, Energieversorgung, Ver-
sicherungsverträge, Postdienstleistungen, Telekommunikationsdienstleistungen, Finanzdienstleistungen, Zahlungsdienste, Kapitalanlageverträge, Beförderung im Luft-, Kraft-
omnibus-, Eisenbahn- und Schiffsverkehr.[15]

Selbstverständlich können auch **auf Länderebene** behördliche Verbraucherschlich- **27**
tungsstellen geschaffen werden. Im Falle von Universalschlichtungsstellen ist dies in
§ 29 Abs. 3 Nr. 1 VSBG sogar explizit vorgesehen. Nur weil ein Land eine Schlichtungsstelle betreibt, die Verbraucherstreitigkeiten behandelt, führt dies aber nicht automatisch dazu, dass diese dann die Eigenschaft einer Verbraucherschlichtungsstelle
hätte. Erforderlich beim Einrichten einer Verbraucherschlichtungsstelle durch ein Land
ist vielmehr, dass der Bezug zum VSBG seitens des jeweiligen Landes hergestellt und
beachtet wird und die Stelle explizit als Verbraucherschlichtungsstelle eingerichtet und
so genannt wird.[16]

Am Rande sei noch angemerkt, dass eine staatliche Finanzierung einer privaten Ver- **28**
braucherschlichtungsstelle aus dieser natürlich nicht eine behördliche Verbraucherschlichtungsstelle macht, wie sich auch ganz eindeutig aus § 43 VSBG ergibt.

3. Sonderfall Universalschlichtungsstellen

Nach einem kurzen Exkurs zur Funktion der Universalschlichtungsstellen und einer **29**
Abgrenzung zu Allgemeinen Verbraucherschlichtungsstellen soll auf die Besonderheiten
bei der Trägerschaft eingegangen werden.

a) Vorbemerkung zur Funktion der Universalschlichtungsstelle und Verhältnis zu Allgemeinen Verbraucherschlichtungsstellen

Wie bereits unter § 2 II.2. dargestellt, haben die Mitgliedsstaaten nach Art. 5 Abs. 1 **30**
der ADR-Richtlinie dafür Sorge zu tragen, dass es in ihrem Hoheitsgebiet ein umfassendes Schlichtungsangebot für Verbraucherstreitigkeiten gibt. Nach Art. 5 Abs. 3 S. 1
der ADR-Richtlinie können die Mitgliedstaaten dieser Pflicht dadurch nachkommen,
dass sie für die Einrichtung einer ergänzenden Stelle sorgen, die für jene Verbraucherstreitigkeiten zuständig ist, für deren Beilegung keine andere bereits existierende Stelle
zuständig ist.

Das VSBG hat hierfür den Begriff der Universalschlichtungsstellen eingeführt und **31**
diese Aufgabe den Ländern übertragen. Auch diese sollen gerade nicht immer anrufbar
sein, sondern nur subsidiär, wenn keine andere Verbraucherschlichtungsstelle zuständig
ist. Anders als es der Begriff „Universalschlichtungsstelle" vermuten lassen könnte, haben diese Stellen also **reine Auffangfunktion.** Im Referentenentwurf wurde noch der
Begriff Auffangschlichtungsstelle verwendet, der den Vorteil hatte, dass sich auch Laien
hierunter intuitiv eher etwas vorstellen können, das zu der tatsächlichen Funktion
passt. Der reinen Auffangfunktion entspricht es auch, dass eine Universalschlichtungsstelle auch freiwillig nicht ihren Zuständigkeitsbereich erweitern kann.[17]

---

[15] Ausführlich zu den einzelnen Bereichen Greger/Unberath/Steffek/*Greger* D Rn. 417 ff.
[16] HK-VSBG/*Röthemeyer* § 28 Rn. 5.
[17] HK-VSBG/*Röthemeyer* § 30 Rn. 3 f.

32   Nach § 29 Abs. 2 VSBG – und ganz im Einklang mit Art. 5 der ADR-Richtlinie – kann ein Bundesland aber dann von der Einrichtung einer Universalschlichtungsstelle absehen, wenn es ein ausreichendes Angebot an Verbraucherschlichtung gibt. Das ist dann der Fall, wenn für jede Verbraucherstreitigkeit im Anwendungsbereich des VSBG mit einem Unternehmer aus dem jeweiligen Land eine Verbraucherschlichtungsstelle zur Verfügung steht.

33   **Aufgrund der Projektförderung einer bundesweit tätigen Allgemeinen Verbraucherschlichtungsstelle nach § 43 Abs. 1 VSBG müssen die Länder derzeit also keine Universalschlichtungsstelle einrichten.**[18] Eine Allgemeine Verbraucherschlichtungsstelle hat eine noch weitergehende sachliche Zuständigkeit als eine Universalschlichtungsstelle, wie ein Vergleich zwischen § 30 Abs. 1 und § 4 Abs. 2 VSBG ergibt. Aufgrund ihrer bundesweiten Zuständigkeit der nach § 43 VSBG geförderten Verbraucherschlichtungsstelle ist die Einrichtung einer Universalschlichtungsstelle in allen Ländern derzeit nicht erforderlich.

34   Dass ein Land nach § 29 Abs. 2 VSBG von der Einrichtung einer Universalschlichtungsstelle absehen „kann", bedeutet im Umkehrschluss, dass es im Rahmen seines Ermessens aber eine Universalschlichtungsstelle einrichten dürfte. Dies könnte 2020 relevant werden, da die Projektförderung des Bundes nach § 43 VSBG mit Ende des Jahres 2019 ausläuft. Sollte die bundesweite Allgemeine Verbraucherschlichtungsstelle mangels sicherer Finanzierung ab 2020 nicht als hinreichend zuverlässig erscheinen und bestünden ebenfalls solche Zweifel bezüglich möglicherweise anderer bis dahin entstandener Allgemeinen Verbraucherschlichtungsstellen, so könnten die Länder Universalschlichtungsstellen einrichten.[19]

35   **Sollte es 2020 keine Allgemeine Verbraucherschlichtungsstelle mehr geben und es Lücken im Angebot der Verbraucherschlichtungsstellen geben, so wären die Länder auf jeden Fall in der Pflicht, Universalschlichtungsstellen einzurichten.** Denkbar ist dabei auch, dass sich mehrere oder alle Länder zusammenschließen und eine gemeinsame Universalschlichtungsstelle einrichten oder eine geeignete anerkannte Verbraucherschlichtungsstelle mit dieser Aufgabe beleihen oder beauftragen.[20] Hierfür dürften insbesondere finanzielle Erwägungen und die Bündelung von Kompetenz sprechen. Im Falle des Entstehens von einer oder mehreren Universalschlichtungsstellen wären dann aber auf jeden Fall die Besonderheiten der §§ 29 bis 31 VSBG zu beachten.

36   Alternativ zu einer Beauftragung einer Stelle als Universalschlichtungsstelle könnten die Länder auch erwägen, nach dem Modell des § 43 Abs. 1 VSBG eine Allgemeine Verbraucherschlichtungsstelle fördern, was einen größeren Spielraum bei der Ausgestaltung eröffnet, da dann die §§ 29 bis 30 VSBG nicht gelten.[21]

b) Trägerschaft bei einer Universalschlichtungsstelle

37   Nach § 29 Abs. 3 VSBG haben die Länder folgende Möglichkeiten, um ihrer künftig eventuell bestehenden Pflicht zu Einrichtung von Universalschlichtungsstellen zu genügen.

38   Die Länder können
- selbst eine behördliche Universalschlichtungsstelle einrichten (§ 29 Abs. 3 S. 1 Nr. 1 VSBG),

---

[18] Mit Inkrafttreten des VSBG konnte dank der Förderung des Bundes die Allgemeine Verbraucherschlichtungstelle am Zentrum für Schlichtung e. V. ihre Tätigkeit aufnehmen, https://www.verbraucherschlichter.de.

[19] HK-VSBG/*Röthemeyer* § 30 Rn. 10 f.

[20] BR-Drs. 258/15, 50.

[21] Zu den damit verbundenen Vorteilen siehe auch HK-VSBG/*Röthemeyer* § 29 Rn. 16.

- eine geeignete anerkannte Verbraucherschlichtungsstelle mit der Aufgabe der Universalschlichtungsstelle einschließlich der Befugnis, für die Durchführung des Streitbeilegungsverfahrens Gebühren zu erheben, beleihen (§ 29 Abs. 3 S. 1 Nr. 2 VSBG) oder
- eine geeignete anerkannte Verbraucherschlichtungsstelle mit der Aufgabe der Universalschlichtungsstelle beauftragen (§ 29 Abs. 3 S. 1 Nr. 3 VSBG).

Ferner können sie auch, wie gerade dargelegt, eine Allgemeine Verbraucherschlichtungsstelle fördern.   **39**

Damit ist auch bestimmt, dass nur dann, wenn eine behördliche Universalschlichtungsstelle nach § 29 Abs. 3 S. 1 Nr. 1 VSBG eingerichtet wird, eine **öffentliche Trägerschaft** in Betracht kommt.   **40**

Im Falle der öffentlichen Trägerschaft nach § 29 Abs. 3 S. 1 Nr. 1 VSBG ist auch § 28 VSBG mit den dortigen Verweisen auf die Bestimmungen für private Verbraucherschlichtungsstellen zu beachten.   **41**

Eine Übertragung der Aufgabe der Universalschlichtung auf Gerichte ist möglich, da diese auch eine Behörde sind.[22] Freilich müsste dabei darauf geachtet werden, dass insbesondere ein niedrigschwelliger Zugang zum Recht gegeben sein muss, da gerade dieses Ziel von der ADR-Richtlinie verfolgt wird.   **42**

In den übrigen beiden Varianten des § 29 Abs. 3 VSBG handelt es sich um eine **private Trägerschaft** der Universalschlichtungsstelle.   **43**

§ 29 Abs. 3 S. 2 stellt dies für die beauftragte Stelle ausdrücklich klar. Beliehen werden können aber auch nur natürliche oder juristische Personen des Privatrechts, wobei diese im Falle der Beleihung mit hoheitlichen Rechten ausgestattet werden, was in Hinblick auf die Vollstreckung der Gebühren nach § 31 VSBG auch von Vorteil ist.   **44**

III. Finanzierung

Eine Anerkennungsvoraussetzung für eine private Verbraucherschlichtungsstelle ist, dass deren Finanzierung tragfähig erscheint. Das bedeutet, dass diese auskömmlich scheint, um dauerhaft die Funktion einer Verbraucherschlichtungsstelle in Hinblick auf die zu erwartende Fallzahl wahrzunehmen.[23] Nachfolgend wird den Fragen nachgegangen,   **45**

- welche Finanzierungsarten in Betracht kommen,
- ab wann eine Finanzierung tragfähig erscheint und
- welche Anforderungen an einen getrennten, zweckgebundenen und ausreichenden Haushalt zu stellen sind, falls die Verbraucherschlichtungsstelle von einem Unternehmer- oder Verbraucherverband finanziert oder getragen wird.

1. Finanzierungsarten

Wie sich eine Verbraucherschlichtungsstelle finanziert, lässt das VSBG offen. In Betracht kommt eine Finanzierung mit privaten oder öffentlichen Geldern, wobei diese Finanzierungsarten durchaus auch kombiniert werden können.   **46**

Bei einer Finanzierung aus privaten Geldern ist § 9 VSBG zu beachten, falls ein Unternehmer- oder ein Verbraucherverband – und nach der hier vertretenen Auffassung auch mehrere Unternehmer- oder Verbraucherverbände – Finanzierer der Stelle sind (siehe hierzu ausführlich → Rn. 79).   **47**

---

[22] *Hirsch* NJW 2012, 2088 (2090).
[23] BT-Drs. 18/5089, 65.

48   Über Mitgliederbeiträge oder Entgelte können sich auch einzelne Unternehmer an der Finanzierung beteiligen.

49   Von der in Art. 6 Abs. 3 iVm Art. 2 Abs. 2 lit. a) der ADR-Richtlinie angesprochenen Möglichkeit, dass eine Schlichtungsstelle im Sinne der Richtlinie unter bestimmten Voraussetzungen auch nur von einem Unternehmer getragen oder finanziert werden darf, hat der deutsche Gesetzgeber keinen Gebrauch gemacht, so dass diese Art der Finanzierung Verbraucherschlichtungsstellen nach dem VSBG nicht offensteht.[24]

50   Von Verbrauchern selbst dürfen keine Entgelte verlangt werden, abgesehen von Fällen missbräuchlicher Anrufung. Doch selbst dann sind diese Missbrauchsentgelte auf maximal 30 EUR beschränkt[25] und dürften damit kaum kostendeckend sein, da auch dann der Verbraucherschlichtungsstelle ein Verwaltungsaufwand bei der Bearbeitung entsteht. Unter anderem folgt aus § 9 Abs. 2 VSBG aber, dass Verbraucherverbände aber sehr wohl die Finanzierung einer Schlichtungsstelle übernehmen können.

2. Tragfähigkeit der Finanzierung

51   Nach § 24 VSB kann eine private Verbraucherschlichtungsstelle nur dann als solche anerkannt werden, wenn ihre Finanzierung tragfähig erscheint.

52   Dies soll die organisatorische Stabilität und Verlässlichkeit der Stelle zeigen, wobei von der Anerkennungsbehörde insbesondere geprüft werden prüfen muss, ob die Schlichtungsstelle die erwartende Fallzahl bewältigen kann und die geplante Finanzierung hierfür ausreichend erscheint.[26]

53   Bei einer sich vorwiegend über die von Unternehmern zu zahlenden Entgelte finanzierenden Schlichtungsstelle soll nach der Gesetzbegründung beispielsweise auch geprüft werden, ob eine ausreichende Zahl teilnehmender Unternehmen zu erwarten ist.[27]

54   Allerdings dürfen die Anerkennungsvoraussetzungen an diesem Punkt nicht zu hoch sein, da eine annähernd genaue Fallzahl oft erst nach Jahren prognostizierbar sein dürfte und es auch dann immer noch aus einem bestimmten Anlass, etwa durch eine Änderung in der Rechtsprechung oder neue gesetzliche Bestimmungen, zu einer regelrechten Fallexplosion kommen kann. Da ein umfassendes Schlichtungsangebot für Verbraucher noch etwas Neues ist, dürften Fallzahlenentwicklung und auch -schübe unter anderem von der Berichterstattung in den Medien abhängen; ein Faktor, auf den eine Verbraucherschlichtungsstelle – von eigenen Pressemitteilungen und ähnlichem abgesehen – selbst kaum Einfluss hat.

55   Letzteres betrifft sogar Stellen, bei denen sich Unternehmer dauerhaft als zahlende und schlichtungsbereite Mitglieder angeschlossen haben. Noch viel schwerer bis unmöglich ist eine genaue Prognose für private Schlichtungsstellen, bei denen sich Unternehmer nur freiwillig zu einer Teilnahme bereit erklären, ohne Mitglied der Schlichtungsstelle zu sein.

56   Dabei ist auch zu bedenken, dass gerade kleinere Unternehmen mangels einer eigenen Rechtsabteilung besonders interessiert sein könnten, an einem neutralen Schlichtungsverfahren teilzunehmen, in dessen Rahmen die Rechtslage objektiv mit den Parteien erörtert wird. Just diese kleineren Unternehmen können aber sehr spontan und einzelfallabhängig entscheiden, ob sie an einem Verfahren teilnehmen möchten oder nicht, da sie nach § 36 Abs. 3 VSBG von der Allgemeinen Informationspflicht ausge-

---

[24] Greger/Unberath/Steffek/*Greger* VSBG § 1 Rn. 7.
[25] BR-Drs. 258/15, 78.
[26] BR-Drs. 258/15, 79.
[27] BR-Drs. 258/15, 79.

nommen sind, sofern sie am 31. Dezember des vorangegangenen Jahres zehn oder weniger Personen beschäftigt haben.

Mögliche Anknüpfungspunkte für eine Prognose können die Erfahrungswerte anderer Schlichtungs- und Beschwerdestellen oder repräsentative Verbraucherbefragungen liefern,[28] wobei auch hierdurch die oben geschilderten Schwierigkeiten nicht vollends behoben werden können. Ferner muss bedacht werden, dass auch Schlichtungsanträge, in deren Folge es nicht zur Durchführung eines Verfahrens kommt, nicht unerhebliche Kosten verursachen, etwa durch eine im Einzelfall ggf. anspruchsvolle Prüfung der Zuständigkeit, durch die Bekanntgabe des Schlichtungsantrags etc. **57**

Ein guter Weg zur Ermittlung der finanziellen Tragfähigkeit dürfte es daher sein, zwar eine Prognose zu fordern, hieran aber keine überspannten Anforderungen zu stellen. Die Prognose dürfte der Anerkennungsbehörde insofern keinesfalls unrealistisch erscheinen und müsste freilich so viele nachprüfbare Faktoren wie möglich einbeziehen. Im Übrigen sollte die Anerkennungsbehörde aber vor allem untersuchen, ob die Voraussetzungen für einen Grundbetrieb einer Schlichtungsstelle in Kenntnis dieser Prognose gegeben sind und ansonsten prüfen, ob die Stelle ein Konzept hat, um auf einen Fallansturm oder ähnliches schnell zu reagieren. **58**

Trotz der dargelegten Schwierigkeiten ist freilich immer dann von einer tragfähigen Finanzierung auszugehen, wenn der Träger der Verbraucherschlichtungsstelle derart solvent ist, dass er für eine eventuelle Deckungslücke zwischen Gesamtkosten einerseits und den über Entgelte erzielten Einnahmen andererseits aufkommen kann.[29] Das gilt entsprechend, wenn gar keine Entgelte erhoben werden und der Träger alle Kosten übernimmt.[30] **59**

3. Anforderungen an einen getrennten, zweckgebundenen und ausreichenden Haushalt im Sinne von § 2 VSBG

Sofern der Trägerverein Unternehmer- oder Verbraucherinteressen vertritt oder falls er von einem solchen finanziert wird, muss die Verbraucherschlichtungsstelle über einen eigenen zweckgebundenen und ausreichenden Haushalt verfügen, der vom Haushalt des Trägers getrennt ist. **60**

Dies dient – neben anderen Vorschriften des VSBG – der Absicherung der Neutralität und Unabhängigkeit der Schlichtungsstelle.[31] **61**

In Hinblick auf den getrennten Haushalt ist es also nicht möglich, dass der Trägerverein die Schlichtungsstelle etwa über Einzelzuweisungen zum Zeitpunkt der Entstehung konkreter Kosten finanziert; vielmehr muss er der Schlichtungsstelle Mittel für eine vollständige Haushaltsperiode zur alleinigen Verfügung stellen, welche den Zweck haben, den Betrieb der Schlichtungsstelle zu ermöglichen.[32] Hierzu sollte eine getrennte Beschlussfassung durch den Trägerverein erfolgen. Ferner sollte der Verein im Sinne größtmöglicher Transparenz und Nachvollziehbarkeit der Finanzierung idealerweise ein getrenntes Buchungskonto für die Schlichtungsstelle verwenden. **62**

Der Haushalt hat auch ausreichend zu sein. Hier gelten weitgehend die Ausführungen zur Tragfähigkeit der Finanzierung, wobei sich aus der Mitnutzung einer vorhandenen Infrastruktur eines Trägervereins, der noch andere Aktivitäten als die Schlich- **63**

---

[28] HK-VSBG/*Röthemeyer* § 24 Rn. 17.
[29] HK-VSBG/*Röthemeyer* § 24 Rn. 16.
[30] HK-VSBG/*Steike* § 3 Rn. 5.
[31] Greger/Unberath/Steffek/*Greger* VSBG § 3 Rn. 3; *Steike* VuR-Sonderheft 2016, 43 (44).
[32] HK-VSBG/*Steike* § 4 Rn. 5.

tung hat, finanzielle Vorteile ergeben können gegenüber einem Verein, dessen einziger Zweck das Betreiben einer Verbraucherschlichtungsstelle ist.

IV. Einrichtung auf Dauer

64   Eine Verbraucherschlichtungsstelle muss auf Dauer eingerichtet sein, wie sich aus § 24 VSBG ergibt. Damit kann zum Beispiel eine Schlichtungsstelle, die ad hoc nur für einen bestimmten Anlass gegründet wird, nicht Verbraucherschlichtungsstelle im Sinne des VSBG werden.[33]

65   Einen genauen Zeitraum, ab dem die Verbraucherschlichtungsstelle auf Dauer eingerichtet ist, definiert § 24 VSBG nicht. Allerdings schreibt § 6 Abs. 1 VSBG vor, dass ein Streitmittler – über einen solchen muss jede Verbraucherschlichtungsstelle zwingend verfügen – mindestens für drei Jahre bestellt werden muss. Damit dürfte also auch das Minimum dessen beschrieben sein, was der Gesetzgeber bei einer Einrichtung auf Dauer im Auge hatte.

V. Beteiligung der Verbände

66   Nach § 9 VSBG ist die Beteiligung eines Verbraucherverbandes dann vorgeschrieben, wenn die Verbraucherschlichtungsstelle entweder von einem Unternehmerverband finanziert oder aber von einem solchen getragen wird. Dies gilt auch im umgekehrten Fall: Wenn also die Verbraucherschlichtungsstelle von einem Verbraucherverband finanziert oder getragen wird, ist eine Beteiligung eines Unternehmerverbandes erforderlich. Zu beachten haben § 9 VSBG auch Kammern, wenn bei ihnen eine Verbraucherschlichtungsstelle eingerichtet ist, wie aus dem Verweis in § 28 S. 2 VSBG folgt.

67   Dass in all diesen Fällen die wechselseitige Beteiligung vorgesehen ist, ist konsequent, da eine Verbraucherschlichtungsstelle neutral und unabhängig sein muss und dies auch nach außen zum Ausdruck kommen soll.

68   Im Einzelnen soll – insbesondere mit Blick auf die Erfordernisse der Neutralität und Unabhängigkeit – folgenden Fragen nachgegangen werden:
- Was sind Verbände im Sinne von § 9 VSBG?
- Wie wirkt sich eine Finanzierung durch mehrere Verbände aus?
- Welches Ausmaß der Verbandsfinanzierung ist maßgeblich?
- Welche Art und welcher Umfang der Beteiligung ist vorgeschrieben und wie wird deren Einhaltung überwacht?

69   Selbstverständlich kann sich auch jede Verbraucherschlichtungsstelle, für die die Beteiligungspflichten nach § 9 VSBG nicht zwingend sind, freiwillig an diesem Konzept wechselseitiger Beteiligung der Unternehmer- und Verbraucherseite orientieren, etwa durch das Einrichten eines Beirats,[34] um ihrer Neutralität und Unabhängigkeit größeres Gewicht zu verleihen und sie deutlich sichtbar zu machen.

1. Was sind Verbände im Sinne von § 9 VSBG?

70   Zu unterscheiden ist bei dieser Frage, ob ein Verbraucher- oder Unternehmerverband Träger der Verbraucherschlichtungsstelle ist oder aber die Rolle des Beteiligten innehat.

---

[33] HK-VSBG/*Röthemeyer* § 24 Rn. 15.
[34] Greger/Unberath/Steffek/*Greger* VSBG § 9 Rn. 1.

a) Verbraucherverband

Ist ein **Verbraucherverband** nicht Träger, sondern **Beteiligter** im Sinne des § 9 Abs. 1		**71**
VSBG, muss er zwei Anforderungen genügen.

Er muss erstens eine **qualifizierte Einrichtung nach § 3 Abs. 1 S. 1 Nummer 1 des**		**72**
UKlaG sein und sich zweitens **fachlich zur Mitwirkung im Zuständigkeitsbereich der**
Verbraucherschlichtungsstelle eignen.

Erforderlich ist somit, dass er in der Liste qualifizierter Einrichtungen nach § 4		**73**
UKlaG oder in dem Verzeichnis der Europäischen Kommission nach Artikel 4 Abs. 3
der Richtlinie 2009/22/EG über Unterlassungsklagen zum Schutz der Verbraucherinteressen geführt wird. Damit ist klargestellt, dass **auch Verbände aus anderen EU-**
Mitgliedstaaten Beteiligte im Sinne von § 9 Abs. 1 VSBG sein können.

Bezüglich der Eignung zur Mitwirkung dürfte zu fordern sein, dass der Verbraucher-		**74**
verband im Falle der Beteiligung an einer Branchenschlichtungsstelle über entsprechendes Fachwissen in Bezug auf die typischerweise auftretenden Streitigkeiten in
dieser Branche verfügt; hat die Verbraucherschlichtungsstelle einen weiten Zuständigkeitsbereich, so sind auf jeden Fall umfassende Kenntnisse des Verbraucherrechts über
einzelne Branchen hinaus erforderlich.[35]

Um **Träger** einer **Verbraucherschlichtungsstelle** im Sinne von § 9 Abs. 2 VSBG sein		**75**
zu können, müssen Verbraucherverbände **eingetragene Idealvereine im Sinne von § 21**
BGB sein. Insofern schafft § 9 Abs. 2 VSBG durch die Verwendung des Begriffes Verband keine Sonderregelung gegenüber § 3 VSBG, vielmehr handelt es sich um Redak-
tionsversehen, dass in § 9 noch von einem Verband die Rede ist.[36] Dieses Versehen ist
damit zu erklären, dass erst in der letzten Etappe des Gesetzgebungsverfahrens die
Klarstellung in § 3 VSBG vorgenommen wurde, dass nur ein Verein Träger einer privaten Schlichtungsstelle sein kann. Noch im Regierungsentwurf war auch in § 3 VSBG
der Begriff des Verbandes verwendet worden. Angesichts der Bedeutung[37] dieser ge-
setzgeberischen Klarstellung in § 3 VSBG darf diese durch § 9 VSBG keinesfalls aufge-
weicht werden.

Als Träger ist es für einen Verbraucherverband hingegen **unerheblich, ob er qualifi-**		**76**
zierte Einrichtung nach § 3 Abs. 1 S. 1 Nummer 1 des UKlaG ist oder nicht. Dies in § 9
Abs. 2 VSBG hineindeuten zu wollen, wäre auch nicht interessengerecht. § 9 VSBG
schreibt die wechselseitige Beteiligung beider Interessengruppen gerade vor, um die
Neutralität und Unabhängigkeit der Verbraucherschlichtungsstelle zu sichern und zu
betonen. Würde man fordern, dass der Verbraucherverband nach § 9 Abs. 2 VSBG qualifizierte Einrichtung nach § 3 Abs. 1 S. 1 Nummer 1 des UKlaG sein müsse, könnten
also andere Verbraucherverbände als jene nach § 3 Abs. 1 S. 1 Nummer 1 des UKlaG
immer Verbraucherschlichtungsstellen als Träger betreiben, ohne einen Unternehmerverband daran zu beteilen. Dies macht keinen Sinn und würde dem Ziel der wechselseitigen Beteiligung widersprechen. Es muss auch umso mehr gelten, als ein Verbraucherverband nach § 4 UKlaG nur auf eigenen Antrag in die Liste aufgenommen wird,
es also selbst in der Hand hätte, durch Unterlassen des Antrags eine Beteiligung eines
Unternehmerverbandes nach § 9 VSBG auszuschließen.

---

[35] HK-VSBG/*Steike* § 9 Rn. 5.
[36] HK-VSBG/*Steike* § 9 Rn. 2.
[37] BT-Drs. 18/6904, 71.

b) Unternehmerverband

77 Ist ein Unternehmerverband nach § 9 Abs. 1 VSBG **Träger einer Verbraucherschlichtungsstelle**, so muss er aus den oben dargelegten Gründen wegen § 3 VSBG die Rechtsform eines **eingetragenen Idealvereins gem. § 21 BGB** gewählt haben.

78 Im umgekehrten Fall, wenn nach § 9 Abs. 2 VSBG also ein Verbraucherverband Träger der Verbraucherschlichtungsstelle ist, ist hinsichtlich der **Beteiligung des Unternehmerverbandes** zu beachten, dass dieser für eine entsprechende Mitwirkung **fachlich geeignet** ist. Auch dies muss – wie im umgekehrten Fall – **mit Blick auf den Zuständigkeitsbereich** der Verbraucherschlichtungsstelle beurteilt werden: im Fall einer Branchenschlichtungsstelle muss er über besondere Kenntnisse dieser Branche verfügen, im Falle eines weiten Zuständigkeitsbereichs über ein gutes allgemeines Verständnis von Verbraucherrecht.

2. Wie wirkt sich die Finanzierung durch mehrere Verbände aus?

79 Da der Zweck von § 9 VSBG die Absicherung von Neutralität und Unabhängigkeit ist, muss die Norm auch dahingehend ausgelegt werden, dass die **Pflicht zu einer wechselseitigen Beteiligung auch dann gilt, wenn sich nicht nur ein, sondern mehrere Unternehmerverbände oder mehrere Verbraucherverbände zusammentun**, um eine Verbraucherschlichtungsstelle zu finanzieren.

80 Sinn von § 9 VSBG ist gerade, dass eine Verbraucherschlichtungsstelle nicht Gefahr läuft, einer Partei zu nahe zu stehen und sich von deren typischen Interessen leiten zu lassen.

81 In diesem Sinne dürfte darüber hinaus zu fordern sein, dass im Falle einer Finanzierung durch mehrere Verbände einer Seite auch eine entsprechende Anzahl an Verbänden der jeweils anderen Seite beteiligt werden muss, um zu einem Gleichgewicht zu gelangen.

3. Welches Ausmaß der Verbandsfinanzierung ist maßgeblich?

82 Zwar ist dem Wortlaut des § 9 VSBG nicht zu entnehmen, ob nur eine **vollständige** Finanzierung durch einen Verband gemeint ist oder auch ein **geringeres Maß** an Finanzierung die Pflicht zur Beteiligung der anderen Seite auslöst.

83 Da wie mehrfach betont Sinn des § 9 VSBG die Absicherung der Neutralität und Unabhängigkeit der Verbraucherschlichtungsstelle ist, sprechen gute Gründe dafür, anzunehmen, dass auch ein geringeres Maß eine solche Pflicht auslöst, sofern die Finanzierung immerhin so bedeutend ist, dass die Gefahr bestünde, dass eine Seite darüber zu viel Druck ausüben könnte. Das dürfte etwa dann der Fall sein, wenn ein Verband zB 80% des Haushalts finanziert und 20% über Verfahrensentgelte finanziert werden sollen.

4. Welche Art und welcher Umfang der Beteiligung ist vorgeschrieben und wie wird deren Einhaltung überwacht?

84 Die Beteiligung ist nach § 9 VSBG bezüglich folgender, wesentlicher Entscheidungen **vorgeschrieben:**
- der Festlegung und der Änderung der Zuständigkeit,
- der Verfahrensordnung sowie
- der Bestellung und Abberufung der Streitmittler.

85 Erforderlich ist, dass diese Beteiligung **in der Satzung, der Verfahrensordnung oder in einer vergleichbaren Verfassungsregelung** der Verbraucherschlichtungsstelle nachvollziehbar rechtlich abgesichert ist.[38]

---

[38] BR-Drs. 258/15, 69 f.

Auch für andere Entscheidungen kann durch die Verbraucherschlichtungsstelle in ihren organisatorischen Regelungen, also insbesondere in ihrer Satzung oder Verfahrensordnung, eine Beteiligung der anderen Seite **freiwillig** festgelegt werden.[39] Dies kann sinnvoll sein, um der Transparenz und Neutralität über das gesetzliche Maß hinaus besonderes Gewicht zu verleihen.

Freilich ist darauf zu achten, dass dies Beteiligungsrechte im Einklang mit der Satzung und den dort vorgesehenen Rechten und Pflichten der anderen Organe des Vereins stehen. Dies ist umso wichtiger, als § 9 VSBG offenlässt, wie die Beteiligungsform aussieht und insofern auch weniger formelle Systeme als etwa einen Beirat zulässt, wie dies auch explizit der Gesetzesbegründung zu entnehmen ist.[40]

Es muss immer gesichert sein, dass die Beteiligung tatsächlich stattfindet und dies rechtlich abgesichert ist, wie § 25 Abs. 3 VSBG zu entnehmen ist. Aus § 25 Abs. 3 VSBG folgt auch, welchen Umfang die Beteiligungsrechte haben. § 25 Abs. 3 S. 2 VSBG legt fest, dass **Abweichungen von Empfehlungen des beteiligten Verbands von der anderen Seite zu begründen** sind, sofern der beteiligte Verband nicht als Mitglied eines paritätisch besetzen Gremiums an der Entscheidung mitgewirkt hat. Somit ist klargestellt, dass der **beteiligte Verband nicht über ein Vetorecht verfügt, sondern lediglich seine Auffassung als Empfehlung mitteilen kann.** Mit dieser muss sich die andere Seite dann inhaltlich auseinandersetzen, um anschließend zu begründen, warum sie der Empfehlung nicht folgt. Bei der Anerkennung als Verbraucherschlichtungsstelle wird von der hierfür zuständigen Behörde geprüft, ob im Falle einer Abweichung von der Empfehlung des Beteiligten eine Begründung der anderen Seite erfolgte.

Zu den Konsequenzen, die die Anerkennungsbehörde ziehen kann, wenn sie diese Begründung als ungenügend erachtet, ist dem VSBG nichts zu entnehmen. Die Beteiligung der jeweils anderen Seite ist deshalb zwar geeignet, die Selbstreflexion des Trägers der Verbraucherschlichtungsstelle zu fördern,[41] letztlich muss sich aber erst in der Praxis zeigen, ob § 9 VSBG geeignet ist, um Neutralität und Unabhängigkeit einer Verbraucherschlichtungsstelle sicherzustellen. Dabei ist aber nicht zu vergessen, dass § 9 VSBG Voraussetzungen für eine Anerkennung schafft, die über die Anforderungen der ADR-Richtlinie hinausgehen, weswegen der nötigen Neutralität und Unabhängigkeit auch über zahlreiche andere Vorschriften des VSBG Rechnung getragen wird.[42]

VI. Informations-, Berichts- und Auskunftspflichten

Eine Verbraucherschlichtungsstelle treffen diverse Informations-, Auskunfts- und Berichtpflichten. Diese dienen der Transparenz des Verfahrens im Sinne von Art. 5 und Art. 7 der ADR-Richtlinie.

1. Informationspflichten

Nach § 10 Abs. 1 VSGB hat eine Verbraucherschlichtungsstelle eine **Website** zu unterhalten, auf der neben der Verfahrensordnung **klare und verständliche Informationen** zur Erreichbarkeit und zur Zuständigkeit der Stelle veröffentlicht sind. Ebenso müssen

---

[39] HK-VSBG/*Steike* § 9 Rn. 6.
[40] BR-Drs. 258/15, 69.
[41] HK-VSBG/*Röthemeyer* § 25 Rn. 6.
[42] BR-Drs. 258/15, 69.

Informationen zu den Streitmittlern, zur Anerkennung als Verbraucherschlichtungsstelle sowie zum Ablauf des Verfahrens und dessen Kosten verfügbar sein.

92   Zu beachten ist, dass die **Informationen auf Anfrage auch in Textform nach § 126b BGB** von der Schlichtungsstelle an den Anfragenden übermittelt werden müssen, wie § 10 Abs. 2 VSBG festlegt. Auf Papier gedruckt kann die Stelle diese Informationen vorhalten, muss dies aber nicht, wie sich aus einem Vergleich mit § 34 Abs. 1 VSBG ergibt, der letzteres explizit vorschreibt. Es empfiehlt sich also für Verbraucherschlichtungsstellen, von Anfang an alle Informationen in einem Dokument in einem gängigen Dateiformat – etwa im PDF-Format – abzuspeichern und stets aktuell zu halten, um eine entsprechende Anfrage sofort bedienen zu können. Um individuelle Anfragen zu vermeiden und Nutzern einen direkten Zugriff samt Speichermöglichkeit auf dem eigene Rechner zu erlauben, ist es ferner empfehlenswert, dieses Dokument an leicht auffindbarer Stelle der Website zum Download anzubieten.

93   § 10 Abs. 1 VSBG selbst listet nur die wesentlichen Elemente der Informationspflicht auf; nach § 42 Abs. 1 Nr. 3 VSBG ist das Bundesministerium der Justiz und für Verbraucherschutz dazu ermächtigt, diese durch eine Verordnung zu konkretisieren. Hiervon hat das Ministerium Gebrauch gemacht und die **Verordnung über Informations- und Berichtspflichten nach dem Verbraucherstreitbeilegungsgesetz,** kurz VSBInfoV, erlassen.

94   Zu beachten ist in Hinblick auf die Informationspflichten § 3 VSBInfoV. Danach ist nicht nur auf die von § 10 Abs. 1 VSBG vorgeschriebene Klarheit und die leichte Verständlichkeit der Informationen zu achten, sondern sie müssen auch **leicht zugänglich** auf der Website der Verbraucherschlichtungsstelle angebracht sein. Zu fordern sein dürfte eine Erreichbarkeit mit nicht mehr als zwei Klicks von jeder Seite des Webangebots der Verbraucherschlichtungsstelle aus, also ähnlich wie die bereits durch die Rechtsprechung konkretisierte Erreichbarkeit eines Impressums nach § 5 TMG.

95   Im Übrigen listet § 3 VSBInfoV die (mindestens) zu gebenden Informationen detailliert auf und verweist dabei auch auf § 1 Nr. 4 bis 8 VSBInfoV. Selbstverständlich steht es der Verbraucherschlichtungsstelle frei, über das Mindestmaß hinauszugehen,[43] sofern die gesetzlich vorgeschriebenen Mindestinformationen dadurch nichts an ihrer Klarheit und leichten Verständlichkeit einbüßen.

96   **Der Umfang der vorgeschriebenen Informationen ergibt sich aus den vorgenannten Paragrafen der VSBInfoV recht präzise,** so dass an dieser Stelle auf weitergehende Ausführungen verzichtet wird und stattdessen der bloße Wortlaut der Verordnung wiedergegeben wird:

§ 3 Webseite der Verbraucherschlichtungsstelle

Die Verbraucherschlichtungsstelle veröffentlicht die folgenden Informationen leicht zugänglich auf ihrer Webseite:

1. Anschriften, Telefonnummern, Telefaxnummern und E-Mail-Adressen, über die die Verbraucherschlichtungsstelle erreichbar ist, sowie Angabe des Trägers der Schlichtungsstelle,
2. den Hinweis auf ihre Eigenschaft als Verbraucherschlichtungsstelle und gegebenenfalls auf die Mitgliedschaft in einem Netzwerk von Verbraucherschlichtungsstellen zur erleichterten Beilegung grenzübergreifender Streitigkeiten,
3. die Namen der Streitmittler und die ihrer Vertreter sowie Angaben zu den Qualifikationen der Streitmittler und ihrer Vertreter, zum Verfahren ihrer Bestellung und zu ihrer Amtsdauer,
4. die Angaben nach § 1 Nummer 4 bis 8,
5. Angaben zum Ablauf des Streitbeilegungsverfahrens und zur Möglichkeit der Beendigung des Verfahrens auf Wunsch der Parteien,

---

[43] HK-VSBG/*Borowski* § 10 Rn. 2.

6. Angaben zu den Regelungen und Erwägungen, auf die sich die Verbraucherschlichtungsstelle bei der Beilegung der Streitigkeit stützen kann,
7. Hinweise zur Rechtswirkung des Ergebnisses des Streitbeilegungsverfahrens,
8. die Verknüpfung per Link auf die Webseite der Europäischen Kommission mit der Liste der Verbraucherschlichtungsstellen sowie die Verknüpfung per Link auf die Webseite zu der Europäischen Plattform zur Online-Streitbeilegung.

§ 1 Nr. 4 bis 8

4. die durchschnittliche Verfahrensdauer oder, wenn die Einrichtung noch keine Verfahren durchgeführt hat, die erwartete durchschnittliche Verfahrensdauer,
5. Angaben zur Zuständigkeit der Einrichtung, insbesondere
   a) Nennung der Wirtschaftsbereiche, die von der Tätigkeit der Einrichtung erfasst werden,
   b) die Angabe, ob die Einrichtung ihrer Zuständigkeit nach Allgemeine Verbraucherschlichtungsstelle im Sinne des § 4 Absatz 2 Satz 2 oder 3 des Verbraucherstreitbeilegungsgesetzes ist und ob sich ihre Tätigkeit auf in einem oder mehreren Ländern niedergelassene Unternehmer beschränkt,
   c) ob sie auch auf Antrag eines Unternehmers tätig wird und
   d) ob sie ihre Zuständigkeit für die in § 4 Absatz 4 des Verbraucherstreitbeilegungsgesetzes bezeichneten Fälle ausgeschlossen hat,
6. die Voraussetzungen für die Durchführung eines Streitbeilegungsverfahrens, die Ablehnungsgründe nach § 14 Absatz 1 und 2 des Verbraucherstreitbeilegungsgesetzes und die zulässigen Verfahrenssprachen,
7. Angaben zu den Verfahrensregeln, insbesondere dazu, inwieweit das Streitbeilegungsverfahren schriftlich abläuft oder die Verbraucherschlichtungsstelle auch mündliche Erörterungen der Parteien durchführt,
8. Angaben zur Rechtswirkung des Ergebnisses des Streitbeilegungsverfahrens, insbesondere inwieweit das Ergebnis verbindlich ist, und zu den Kosten des Streitbeilegungsverfahrens.

Zwar ist die Nichteinhaltung der Informationspflichten nicht bußgeldbewehrt, da **97** weder § 41 VSBG noch eine andere Norm eine Bestimmung diesbezüglich enthält. Dennoch ist die Erfüllung dieser Informationspflichten entscheidend, um sich als Verbraucherschlichtungsstelle anerkennen zu lassen und diesen Status auch beizubehalten. **Die Einhaltung der Pflichten wird im Anerkennungsverfahren nach § 24 VSBG geprüft. Im Falle nachträglich auftauchender Mängel kann die Anerkennung nach § 26 VSBG auch widerrufen werden, sofern diese nicht behoben werden.**

Trotz der Verpflichtung für Verbraucherschlichtungsstellen, auch grenzüberschrei- **98** tende Verbraucherstreitigkeiten zu bearbeiten, ist es ausreichend, wenn die Informationspflichten in **deutscher Sprache** erfüllt werden.[44]

Weitere sich aus anderen Gesetzen ergebende Informationspflichten, wie etwa die **99** Impressumspflicht des Betreibers einer Website nach § 5 TMG, sind selbstverständlich auch von der Verbraucherschlichtungsstelle zu beachten.

2. Berichtspflichten

Hinsichtlich der Berichtspflichten ist zwischen dem jährlichen **Tätigkeitsbericht** nach **100** § 34 Abs. 1 VSBG und dem alle zwei Jahre zu erstellenden sog. **Evaluationsbericht** gem. § 34 Abs. 2 VSBG zu unterscheiden.

a) Berichtspflicht nach § 34 Abs. 1 VSBG – jährlicher Tätigkeitsbericht

Nach § 34 Abs. 1 VSBG hat die Verbraucherschlichtungsstelle jährlich einen Tätig- **101** keitsbericht zu erstellen, ihn auf ihrer Website zu veröffentlichen und ihn auf Anfrage in Textform zu übermitteln. Wie sich aus § 34 Abs. 1 S. 3 VSBG ergibt, muss sie den

---

[44] BR-Drs. 258/15, 70.

Bericht auch auf Papier versenden, sofern dies gewünscht wird, kann aber hierfür Auslagen verlangen.

102   Die Tätigkeitsberichte dienen wie bereits oben erwähnt der Transparenz; sie sollen aber darüber hinaus die Bekanntheit der Verbraucherschlichtungsstelle fördern.[45]

103   Nach § 34 Abs. 3 VSBG ist auch insbesondere auf auffällige Geschäftspraktiken einzugehen.

104   Nähere Vorgaben zu Inhalt und Veröffentlichungstermin des Berichts nach § 34 Abs. 1 VSBG enthält § 4 VSBInfoV.

105   **§ 4 Abs. 1 VSBInfoV legt die Informationen fest, die mindestens im Tätigkeitsbericht enthalten sein müssen.** Wie bei den Anforderungen an die Informationspflichten ergibt sich aus dieser Vorschrift recht genau, welche inhaltlichen Anforderungen an den Tätigkeitsbericht zu stellen sind, so dass statt weitergehender Ausführungen auch hier der Wortlaut der Verordnung wiedergegeben wird:

§ 4 Tätigkeitsbericht der Verbraucherschlichtungsstelle

(1) Der Tätigkeitsbericht der Verbraucherschlichtungsstelle (§ 34 Absatz 1 des Verbraucherstreitbeilegungsgesetzes) muss insbesondere folgende Informationen enthalten:

1. statistische Angaben zu den Anträgen auf Durchführung eines Streitbeilegungsverfahrens, insbesondere
   a) Anzahl der eingegangenen Anträge, untergliedert nach dem Gegenstand, auf den sie sich hauptsächlich beziehen,
   b) Anteil der nach § 14 Absatz 1 und 2 des Verbraucherstreitbeilegungsgesetzes abgelehnten Anträge, untergliedert nach den Ablehnungsgründen,
   c) Anteil der ergebnislos gebliebenen Verfahren (§ 21 Absatz 2 des Verbraucherstreitbeilegungsgesetzes),
   d) durchschnittliche Dauer der Verfahren,
   e) wenn bekannt, Anteil der Fälle, in denen sich die Parteien an das Ergebnis des Verfahrens gehalten haben,
   f) wenn bekannt, Anteil der grenzübergreifenden Streitigkeiten,
2. Angaben zu Problemstellungen, die systematisch bedingt sind oder signifikant häufig auftraten und Anlass für Anträge auf Durchführung eines Streitbeilegungsverfahrens waren,
3. Empfehlungen zur Vermeidung oder zur Beilegung von häufig auftretenden Streitigkeiten zwischen Verbrauchern und Unternehmern, sofern die Verbraucherschlichtungsstelle aufgrund ihrer Tätigkeit hierzu Erkenntnisse hat,
4. Hinweise auf etwaige strukturelle Hindernisse für die Beilegung von Streitigkeiten, wobei diesbezügliche Erkenntnisse zu grenzübergreifenden Streitigkeiten gesondert darzustellen sind,
5. Angaben zur Zusammenarbeit mit anderen Verbraucherschlichtungsstellen in Netzwerken zur Beilegung grenzübergreifender Streitigkeiten.

106   In zeitlicher Hinsicht bestimmt § 4 Abs. 2 VSBInfoV, dass der **Bericht bis zum 1. Februar des jeweiligen Folgejahrs** zu veröffentlichen ist. Dies mag überraschend früh erscheinen, als die Tätigkeitsberichte der bisher schon in Deutschland etablierten Schlichtungsstellen für Verbraucher üblicherweise zu einem späteren Zeitpunkt veröffentlicht werden. Allerdings mag es für Verbraucherschlichtungsstellen angesichts dieses frühen Termins beruhigend sein, dass der Bericht im Sinne von § 34 Abs. 1 VSBG ein Bericht ist, der weder in grafischer noch in sprachlicher Hinsicht besonders ansprechend gestaltet sein muss. Auch gedruckt werden muss er nicht in hoher Auflage, sondern nur im Einzelfall, wenn eine Übersendung einer Papierversion nach § 34 Abs. 1 S. 3 VSBG verlangt wird. Dennoch ist zu berücksichtigen, dass gerade die Berichtspflichten nach § 4 Abs. 1 Nummern 2, 3, 4 VSBInfoV weit über rein statische Angaben hinausgehen und daher schon Vorarbeiten im Berichtsjahr selbst voraussetzen dürften.

---

[45] BR-Drs. 258/15, 89.

Zu bedenken ist auch, dass ein solchermaßen auf das Nötigste beschränkter Bericht   **107**
freilich nicht sonderlich geeignet sein dürfte, zu einer Förderung der öffentlichen
Wahrnehmung beizutragen.[46] Dies kann dann aber mit einem weiteren, ausführlicheren, ansprechender gestalteten freiwilligen Bericht nachgeholt werden, der der bisherigen Praxis vieler Schlichtungsstellen entspricht. Immerhin kann der Bericht nach § 34
Abs. 1 VSBG als Vorbereitung für diesen weiteren Bericht gesehen werden, der dann in
der Tat ein maßgeblicher Bestandteil der Öffentlichkeitsarbeit der Verbraucherschlichtungsstelle sein dürfte. Selbstverständlich kann der Bericht **auf freiwilliger Basis mehr
Angaben** enthalten, als jene, die das VSBG in Verbindung mit der VSBInfoV vorschreibt. So kann es sinnvoll sein, aus oben genannten Gründen nicht nur gem. § 34
Abs. 3 VSBG einseitig auf auffällige Geschäftspraktiken von Unternehmern einzugehen, sondern – sofern dies feststellbar ist – auch auf systematisches, für Unternehmer
problematisches Verhalten hinzuweisen (→ § 2 Rn. 140). Beides kann dazu beitragen,
wichtige Impulse für eine weitere Rechtsentwicklung zu setzen und die Transparenz
der Verbraucherschlichtungsstelle zu erhöhen. Diesen Belangen kann es auch dienen,
Schlichtersprüche – selbstverständlich in anonymisierter Form – in den Bericht aufzu-
nehmen,[47] was ebenfalls der Praxis einiger etablierter Schlichtungsstellen für Verbraucherstreitigkeiten entspricht.[48] Allerdings sollte die Verbraucherschlichtungsstelle darauf achten, nur solche Schlichtersprüche zu veröffentlichen, die repräsentativ sind,
typische Fälle betreffen oder besonders gut die Schlichtungspraxis wiedergeben und
dem Leser so ein realistisches Bild der Schlichtungsverfahren vermitteln. Insofern erscheint es sinnvoll, die Sprüche gegebenenfalls auch in dem Bericht näher zu kommen-
tieren. Auf keinen Fall sollten die einzelnen Schlichtersprüche von den beobachteten
Auffälligkeiten ablenken.

b) Berichtspflicht nach § 34 Abs. 2 VSBG – Evaluationsbericht

Der sog. Evaluationsbericht muss nach § 34 Abs. 2 VSBG sämtliche Angaben enthal-   **108**
ten, die auch der Tätigkeitsbericht beinhaltet, sowie darüber hinausgehende Informationen. Auch § 34 Abs. 3 VSBG ist zu beachten und somit ist über auffällige Geschäftspraktiken zu berichten. Anders als der jährlich zu erstellende Tätigkeitsbericht ist der
Evaluationsbericht **nur alle zwei Jahre** zu erstellen, Berichtstermin ist jedoch auch der
1. Februar.

Der Evaluationsbericht ist im Gegensatz zu dem Bericht nach § 34 Abs. 1 VSBG   **109**
nicht für die Öffentlichkeit bestimmt, sondern für Behörden. Er soll den jeweils zuständigen Behörden erlauben, zu erwägen, ob die Anerkennung als Verbraucherschlichtungsstelle hinsichtlich der Einhaltung der für sie geltenden Anforderungen nach dem
VSBG überprüft werden sollte.[49]

Im Falle einer privaten Verbraucherschlichtungsstelle ist dies das Bundesamt für   **110**
Justiz, im Falle einer behördlichen Verbraucherschlichtungsstelle die jeweils zuständige
Aufsichtsbehörde, im Falle einer Universalschlichtungsstelle die nach § 29 Abs. 4 VSBG
zuständige Behörde.

Der Umfang der – im Verhältnis zum Tätigkeitsbericht nach § 34 Abs. 1 VSBG zu-   **111**
sätzlich – zu machenden Angaben wird von § 5 VSBInfoV festgelegt:

---

[46] So wie dies in der Gesetzesbegründung angeregt wird, s. BR-Drs. 258/15, 89.
[47] So auch ausdrücklich BR-Drs. 258/15, 89.
[48] Ausführlich dazu *Berlin* VuR-Sonderheft, 2016, 36 (39 ff.).
[49] BR-Drs. 258/15, 90.

§ 5 Evaluationsbericht der Verbraucherschlichtungsstelle

(1) Der Evaluationsbericht der Verbraucherschlichtungsstelle (§ 34 Absatz 2 Satz 1 des Verbraucherstreitbeilegungsgesetzes) muss ergänzend zum Tätigkeitsbericht insbesondere folgende Informationen enthalten:

1. eine Bewertung der Effektivität des von der Verbraucherschlichtungsstelle angebotenen Verfahrens,
2. eine Bewertung der Organisations- und Finanzstruktur der Verbraucherschlichtungsstelle,
3. Angaben zu Schulungen der Streitmittler, ihrer Vertreter und ihrer Mitarbeiter,
4. eine Bewertung der Zusammenarbeit mit Verbraucherschlichtungsstellen in Netzwerken zur Beilegung grenzübergreifender Streitigkeiten.

112   Dass die Evaluationsberichte **erstmals zum 1. Februar 2018** an die jeweils zuständige Behörde zu übermitteln sind und **danach zum 1. Februar jeden geraden Kalenderjahres ab Anerkennung oder Einrichtung** der Verbraucherschlichtungsstelle jeweils für die zwei vorangegangenen Kalenderjahre, ergibt sich aus § 5 VSBInfoV.

c) Auskunftspflichten nach § 34 Abs. 4 VSBG

113   Nach § 34 Abs. 4 VSBG gibt die Verbraucherschlichtungsstelle über auffällige Geschäftspraktiken nach Abs. 3 auch außerhalb der beiden vorgenannten Berichte eine aktuelle Auskunft, wenn eine nach § 2 des EG-Verbraucherschutzdurchsetzungsgesetzes zuständige Behörde sie im Rahmen ihrer Zuständigkeit darum ersucht.

114   Da die Auskunft aktuell zu sein muss, wird nicht immer auf existierende Tätigkeits- oder Evaluationsberichte verwiesen werden können.

115   In Hinblick auf die Neutralität der Verbraucherschlichtungsstellen sollte § 34 Abs. 4 VSBG nur ausnahmsweise zum Zuge kommen, ferner muss sich die Auskunft auf grundsätzliche und allgemein gehaltene Gesichtspunkte beschränken und die Vertraulichkeit des Verfahrens sowie insbesondere die Verschwiegenheitspflichten beachten.[50]

VII. Anerkennung privater Verbraucherschlichtungsstellen

116   Die Bezeichnung „Verbraucherschlichtungsstelle" darf nur eine Schlichtungsstelle führen, die nach dem VSBG oder aufgrund anderer Rechtsvorschriften als solche anerkannt, beauftragt oder eingerichtet ist, wie sich aus § 2 Abs. 2 VSBG ergibt.

117   Wird die Bezeichnung dennoch fälschlicherweise verwendet, droht gem. § 41 VSBG ein Bußgeld von bis zu 50.000 EUR.

118   Nachfolgend soll nur auf die Anerkennung privater Schlichtungsstellen gem. § 24 VSBG eingegangen werden, da dieses im Gegensatz zu den spezialgesetzlich geregelten Anerkennungsverfahren das einzige ist, das gänzlich einheitlich ausgestaltet ist und für alle sich nun bildenden neuen, privaten Verbraucherschlichtungsstellen von Relevanz ist (sofern nicht neue spezialgesetzliche Vorschriften geschaffen werden, die die Einrichtung weiterer Verbraucherschlichtungsstellen vorschreiben und dafür eigene Regelungen schaffen würden). Wie bereits oben ausgeführt, bedürfen behördliche Verbraucherschlichtungsstellen keiner Anerkennung, da sie ohnedies der staatlichen Aufsicht unterliegen, die die Einhaltung des VSBG sowie gegebenenfalls weiterer geltender Vorschriften überwacht,[51] so dass bezüglich behördlicher Verbraucherschlichtungsstellen ohnehin kein Anerkennungsverfahren dargestellt werden kann.

---

[50] BR-Drs. 258/15, 90.
[51] BR-Drs. 258/15, 83.

Mit der Anerkennung einer privaten Einrichtung gehen neben dem Recht, sich als **119** Verbraucherschlichtungsstelle zu bezeichnen, vor allem auch zahlreiche Pflichten für diese einher, die ab der Anerkennung dauerhaft zu beachten sind, da ansonsten der Widerruf der Anerkennung gem. § 26 VSBG droht.

Umso wichtiger ist es zu betonen, dass durch das Antragserfordernis deutlich **120** zum Ausdruck kommt, **dass keine private Schlichtungsstelle gezwungen ist, Verbraucherschlichtungsstelle im Sinne des VSBG zu sein,**[52] vielmehr ein Wettbewerb der Schlichter,[53] bzw. unterschiedlicher Modelle – VSBG-konform oder nicht – gestattet ist.

Nach § 24 VSBG erkennt die zuständige Behörde auf Antrag eine Einrichtung als **121** Verbraucherschlichtungsstelle an, wenn die Einrichtung die organisatorischen und fachlichen Anforderungen an die Streitbeilegung in Verbrauchersachen nach den Abschnitten 2 und 3 des VSBG erfüllt, die Einrichtung ihren Sitz im Inland hat,[54] auf Dauer angelegt ist und ihre Finanzierung tragfähig erscheint. Weitergehende Anforderungen an die Einrichtung, die sich aus anderen Rechtsvorschriften ergeben, bleiben unberührt.

Zuständige Behörde ist nach § 27 VSBG, soweit sich nicht durch ein entsprechende **122** Zuständigkeitsregelung in anderen Gesetzen etwas anderes ergibt, das **Bundesamt für Justiz.**

Der Antrag nach § 24 VSBG ist nicht an eine besondere Form gebunden. Da er **123** aber gem. § 25 Abs. 1 S. 1 VSBG zu begründen ist, dürfte in der Praxis Schriftlichkeit immer erforderlich sein. Dem trägt auch das Bundesamt für Justiz Rechnung, auf dessen Internetseite ein **detailliertes Antragsformular**[55] bereitsteht. Dieses kann, muss aber nicht verwendet werden. Eine Verwendung erscheint aber empfehlenswert, da das Bundesamt für Justiz damit durch all jene Fragen leitet, die anerkennungsrelevant sind. Für die eine Anerkennung beantragende Einrichtung hat dies den Vorteil, von vornherein Ausführungen zu all diesen Fragen zu machen und gewissermaßen eine Checkliste zur Hand zu haben. Angesichts der Vielzahl der Anerkennungsvoraussetzungen – § 24 VSBG verweist wie bereits erwähnt auch auf alle Anforderungen aus den Abschnitten 2 und 3 des VSBG, weiterhin bestimmt § 1 VSBInfoV, was ein Antrag zu enthalten hat – ist dies durchaus von Vorteil. Die Verwendung des Formulars dürfte die Anerkennung somit rein praktisch beschleunigen. **Zu bedenken ist aber auch, dass sich bestimmte Anforderungen für das Bundesamt für Justiz auch direkt aus einer Inaugenscheinnahme des Webauftritts ergeben und auch geprüft werden, ohne dass dazu Fragen im Antragsformular aufgeworfen werden.** Zu denken ist hier insbesondere an die eine Schlichtungsstelle treffenden Informationspflichten.

Das Formular des Bundesamts für Justiz gliedert sich in vier Abschnitte. In einem **124** ersten sind Angaben zum Trägerverein zu machen, in einem zweiten Angaben zur Schlichtungsstelle, in einem dritten Angaben zur Struktur des Trägervereins, in einem vierten die Angaben zu den von § 24 VSBG normierten Anerkennungsvoraussetzungen. Hieran folgt ein Verzeichnis von Anlagen, die die gemachten Angaben stützen. Nicht alle dort gelisteten Anlagen sind im Einzelfall erforderlich; auf jeden Fall beizufügen sind aber das Formular für die Notifizierung der Verbraucherschlichtungsstelle an die

---

[52] HK-VSBG/*Röthemeyer* § 24 Rn. 4.

[53] Greger/Unbearth/Steffek/*Greger* VSBG § 1 Rn. 2.

[54] Gemeint ist der Sitz der Verbraucherschlichtungsstelle, nicht zwingend des Trägervereins, s. Greger/ Unbearth/Steffek/*Greger* VSBG § 1 Rn. 9.

[55] https://www.bundesjustizamt.de/DE/SharedDocs/Publikationen/Verbraucherschutz/Anerkennungs-antrag_Verbraucherschlichtungsstelle.pdf?__blob=publicationFile&v=4.

Europäische Kommission gem. § 33 Abs. 1 VSBG,[56] ebenso wegen § 25 die Verfahrensordnung und die „Regeln über die Organisation" – die sich in der Regel aus Satzung, Verfahrensordnung ergeben – sowie die Regeln über die Finanzierung, wozu auch – soweit vorhanden – die Kostenordnung gehört.

125   Im ersten Abschnitt, den Angaben zum Trägerverein, sind der Name des Vereins, umfangreiche Kontaktdaten, sowie zur Gründung und Registrierung des Vereins zu mitzuteilen.

126   Sofern sich bezüglich der Schlichtungsstelle Abweichendes ergibt, sich etwa die Kontaktdaten von denen der Trägereinrichtung in einem oder mehreren Punkten unterscheiden, muss dies im zweiten Abschnitt angegeben werden.

127   Im dritten Teil, den Angaben zur Struktur des Vereins, ist mitzuteilen, welche Personen Organe des Vereins (zB Vorstand, Verwaltungsrat, Beirat etc.) sind; sofern es einen Geschäftsführer gibt, ist auch dieser zu benennen.

128   Sind diese ersten drei Abschnitte leicht auszufüllen, sind im vierten Abschnitt jene Angaben zu machen, mittels derer die von § 24 VSBG aufgestellten Anforderungen an eine Verbraucherschlichtungsstelle geprüft werden können. Da sich das Anerkennungsverfahren beim Bundesamt für Justiz auf eine Prüfung des eingereichten Antrags aus der Ferne beschränkt und gleichsam Gewähr für die Mindestqualitätsstandards des VSBG bietet, ist diesem Abschnitt größte Aufmerksamkeit zu schenken. **Zu beachten ist, dass die meisten Angaben mit entsprechenden anliegenden Nachweisen dokumentiert werden müssen; einfache Erklärungen des Antragstellers selbst reichen grundsätzlich nicht aus.**

129   So müssen die Angaben eine Prüfung möglich machen, ob eine Beteiligung eines Verbandes nach § 9 VSBG erfolgen musste. Falls eine solche erfolgt ist, muss das Ergebnis der Beteiligung nach § 25 Abs. 3 VSBG mitgeteilt und in einer Anlage dokumentiert werden. Falls von den Empfehlungen des beteiligten Verbandes abgewichen wird, sind Ausführungen zu machen, warum davon abgewichen wurde. Die Abweichungsbegründung unterliegt jedoch keiner inhaltlichen Kontrolle durch das Bundesamt für Justiz.[57]

130   Bei den Angaben zu Finanzierung differenziert das Formular danach, ob einerseits der Träger schon besteht und ob dieser bereits eine Schlichtungsstelle betreibt oder ob er erstmals eine solche betreiben will oder ob andererseits auch der Trägerverein völlig neu gegründet wird. Müssen im ersten Fall Angaben zu den letzten drei Kalenderjahren gemacht werden, müssen ansonsten vor allem ein Finanzplan und entsprechende Förderzusagen, bzw. all jene Unterlagen vorgelegt werden, die das Verfahren objektiv stützen. In beiden Fällen sind dem Antrag geeignete Nachweise als Anlage beizufügen.

131   Nimmt der Träger ansonsten Unternehmer- oder Verbraucherinteressen wahr, so sind Angaben zu machen, dass die Schlichtungsstelle über einen vom Verein getrennten Haushalt verfügt; auch dies ist nachzuweisen.

132   Hinsichtlich der Streitmittler ist auch ein hoher Begründungsaufwand vorgesehen, der der wichtigen Rolle des Streitmittlers als Garant insbesondere der Unparteilichkeit des Schlichtungsverfahrens gerecht wird. Wichtig ist in diesem Zusammenhang, dass eine unterschriebene Erklärung des Streitmittlers, dass er keine frühere Tätigkeit im Sinne des § 6 Abs. 3 VSBG ausgeübt hat (also eine Tätigkeit, die seien Neutralität beeinträchtigen könnte) im Original beizufügen ist.

---

[56] Dieses ist mit großer Sorgfalt auszufüllen, da insbesondere hier die Weichen dafür gestellt werden, dass die ODR-Plattform automatisch erkennt, ob eine Verbraucherschlichtungsstelle im konkreten Fall zuständig ist. Die für viele Deutsche ungewohnt erscheinende Kategorisierung ist dem Umstand geschuldet, dass dies ein von der EU verwendetes Kategorisierungssystem ist.

[57] HK-VSBG/*Röthemeyer* § 25 Rn. 5.

Weitere den Streitmittler betreffende Zeugnisse, die dessen Qualifikation und Kenntnisse belegen, können in Kopie beigefügt werden. Angesichts der Tatsache, dass auch Angaben zu Amtsdauer und Vergütung zu machen sind und der Streitmittler nach § 7 Abs. 1 VSBG keinen Weisungen unterliegt, empfiehlt sich hier, den Vertrag zwischen Trägerverein und Streitmittler oder dessen Entwurf beizufügen, aus dem sich all dies ergeben sollte.   **133**

Sind alle Voraussetzung gegeben, so folgt auf die Antragstellung die Anerkennung. Die Anerkennung ist, ebenso wie ihre Ablehnung ein Verwaltungsakt nach § 35 VwVfG, gegen den Widerspruch und ggf. Verpflichtungsklage nach der VwGO zulässig ist. Dritte können nicht gegen die Anerkennung vorgehen.[58]   **134**

Doch auch nach erfolgter Anerkennung treffen die Verbraucherschlichtungsstelle Pflichten gegenüber dem Bundesamt für Justiz. So sind Änderungen der für die Anerkennung relevanten Umstände sowie sonstiger im Antrag gemachter Angaben dem Bundesamt für Justiz unverzüglich und unaufgefordert mitzuteilen, wie sich aus § 25 Abs. 2 VSBG ergibt und worauf im Antragsformular auch deutlich hingewiesen wird.   **134**

Hingewiesen wird ferner darauf, dass das Bundesamt für Justiz jederzeit befugt ist, das weitere Vorliegen der Voraussetzungen für die Anerkennung gemäß § 26 VSBG von Amts wegen zu überprüfen.[59]   **135**

Sofern die Verbraucherschlichtungsstelle die für ihre Anerkennung erforderlichen Voraussetzungen nicht mehr erfüllt oder in sonstiger Weise den an sie gestellten Anforderungen in erheblichem Umfang nicht nachkommt, teilt das Bundesamt für Justiz der Verbraucherschlichtungsstelle mit, welche Änderungen zur Aufrechterhaltung der Anerkennung erforderlich sind und fordert sie auf, diese Änderungen innerhalb von drei Monaten durchzuführen. Wenn die Verbraucherschlichtungsstelle die Änderungen nicht innerhalb von drei Monaten nach Zugang der Aufforderung vornimmt, so widerruft das Bundesamt für Justiz die Anerkennung.   **136**

Da auch der Widerruf ein Verwaltungsakt nach § 35 VwVfG ist, kann auch dieser durch Widerspruch und ggf. Anfechtungsklage im Sinne der VwGO angegriffen werden.   **137**

VIII. Verbraucherschlichtungsstellen und sonstige Schlichtungsstellen

Weder die ADR-Richtlinie, noch das VSBG verbieten das Betreiben oder Nutzen einer auf Verbraucherstreitigkeiten spezialisierten Stelle, die außergerichtliche Streitbeilegung anbietet, aber keine Verbraucherschlichtungsstelle im Sinne des VSBG ist. Das ist insofern positiv zu werten, als es in Deutschland bereits zahlreiche solcher Stellen gibt, die sich bewährt haben und denen es nun freisteht, sich den Vorgaben des VSBG zu unterwerfen, dies bewusst nicht zu tun oder dies in aller Ruhe zu prüfen, um sich dann dafür oder dagegen zu entscheiden. Wiederum andere werden aufgrund spezieller Überleitungsvorschriften automatisch Verbraucherschlichtungsstellen und sind damit aber dauerhaft den Vorgaben des VSBG verpflichtet.   **138**

Für die Parteien einer Verbraucherstreitigkeit schafft dies noch mehr Alternativen. Es stellt sich in manchen Fällen also nicht nur die Frage, ob deswegen ein Gericht oder eine Verbraucherschlichtungsstelle angerufen werden soll, vielmehr müssen sie – sofern ein entsprechendes Angebot vorhanden ist – gegebenenfalls zwischen einer zuständigen   **139**

---

[58] Greger/Unberath/Steffek/*Greger* VSBG §§ 24–27 Rn. 5 mwN.
[59] BR-Drs. 258/15, 81.

Verbraucherschlichtungsstelle im Sinne des VSBG und einer sonstigen Schlichtungsstelle wählen.

140   Einerseits bietet eine noch größere Auswahl den Vorteil, dass die Parteien sich auf das Verfahren einigen, das am Besten zur Lösung ihrer Streitigkeit geeignet ist. **Dass dies ein Vorteil ist, setzt jedoch voraus, dass die Parteien diese Auswahl wohlinformiert treffen.** Letzteres darf zumindest aktuell bezweifelt werden, sowohl auf Unternehmer- als auch auf Verbraucherseite. Dies mag sich freilich künftig ändern, denn das VSBG kann durchaus zum Effekt haben, dass ganz allgemein alternative Streitbeilegung von Verbraucherstreitigkeiten in seiner Pluralität stärker in den Fokus der Öffentlichkeit gelangen und sich dauerhaft im Bewusstsein verankern wird.[60]

141   Zumindest während einer Übergangszeit wird es aber eher verwirrend sowohl für Verbraucher als auch für Unternehmer – zumindest für jene, die sich nicht eingehend mit dem VSBG beschäftigt haben.

142   **Für Unternehmer stellen sich Herausforderungen in Hinblick auf ihre Informationspflichten nach §§ 36, 37 VSBG.** So müsste etwa ein Unternehmer, der zwar durchaus zu Schlichtungen von Verbraucherstreitigkeiten bereit ist, sich hierfür aber einer anderen Schlichtungsstelle als einer im Sinne des VSGB angeschlossen hat, in seiner Information nach § 36 VSBG erklären, dass er nicht dazu bereit ist, an einem Streitbeilegungsverfahren vor einer Verbraucherschlichtungsstelle teilzunehmen. Daneben kann und wird er wahrscheinlich erklären, dass er stattdessen bereit ist, an einem Verfahren vor einer Stelle X teilzunehmen. Es wird abzuwarten sein, wie eine solche Information bei seinen Kunden ankommt.

143   Die Informationspflicht trifft im Übrigen lediglich Unternehmer, die am 31. Dezember des vorangegangen Jahres zehn oder weniger Personen beschäftigt haben, wie § 36 Abs. 3 VSBG festlegt. Da damit nicht wenige Unternehmen von der Informationspflicht freigestellt sind, stellt dies Verbraucher vor die Herausforderung, selbst die am besten geeignete Stelle im Beschwerdefall zu finden. **Wenn also die Pluralität der deutschen ADR-Landschaft vorteilhaft für Verbraucher sein soll, setzt dies gute Information und ein entsprechendes Bewusstsein voraus.** Hier können Verbraucherzentralen einen wertvollen Beitrag leisten, darüber hinaus wäre das Entstehen einer zentralen Informationsplattform wünschenswert.

144   **Nicht vergessen werden sollte, dass das VSBG in Umsetzung der ADR-Richtlinie einheitliche Mindestqualitätsstandards für Verbraucherschlichtungsstellen geschaffen hat,** insbesondere zur Absicherung der Unabhängigkeit und Unparteilichkeit, aber auch in Hinblick auf Effizienz und rechtliche Qualität. Das heißt freilich nicht, dass andere Arten der außergerichtlichen Streitbeilegung in Verbrauchersachen diese Anforderungen nicht erfüllen können und auch tun, **jedoch sind andere Anbieter von Schlichtung nicht hieran gebunden und können bewusst davon abweichen.** Diese Gefahr kann insbesondere bei einer Partei besonders nahestehenden Stellen gegeben sein, die dadurch verstärkt werden könnten, dass Verbraucher alle Schlichtungsangebote sprichwörtlich in einen Topf werfen und ihnen durchaus relevante Unterschiede nicht bewusst sind.

145   Abgesehen von den Qualitätsvorgaben des VSBG kann es aber auch hinsichtlich der erfolgreichen Geltendmachung eines Anspruchs in Hinblick auf dessen Verjährung durchaus entscheidend sein, sich an die richtige Stelle zu wenden. Die Antragstellung bei einer staatlichen oder staatlich anerkannten Streitbeilegungsstelle nach § 204 Abs. 1 Nr. 4 lit. a BGB führt zu einer Verjährungshemmung, auch wenn die andere Partei die Teilnahme am Schlichtungsverfahren verweigert. Andere Anbieter von außergerichtlicher Streitbeilegung für Verbraucher als Verbraucherschlichtungsstellen im Sinne des

---

[60] Greger/Unberath/Steffek/*Greger* VSBG § 1 Rn. 2.

VSBG sind nicht immer eine solche Stelle im Sinne des § 204 BGB, vielmehr kann es hier auf darauf ankommen, dass das Verfahren im Einvernehmen mit dem Antragsgegner durchgeführt wird.[61] Dies ist freilich ein erheblicher Unterschied, wenn bei Antragstellung die Verjährung kurz bevorsteht.

Wichtig zu wissen ist ebenfalls, dass nur Verbraucherschlichtungsstellen zur Beilegung auch grenzüberschreitender Verbraucherstreitigkeiten verpflichtet sind, während andere Schlichtungsstellen ihre Zuständigkeit vielfach beschränken können, insbesondere auf innerstaatliche Streitigkeiten. Allerdings kann auch eine Verbraucherschlichtungsstelle ihre Zuständigkeit bei einem grenzüberschreitenden Fall dahingehend einschränken, dass der Unternehmer im eigenen Mitgliedstaat oder im eigenen Bundesland niedergelassen sein muss, wie sich aus § 4 Abs. 2 S. 3, 4, Abs. 4 VSBG ergibt. **146**

Zuzugeben ist einerseits, dass Wettbewerb im Bereich der außergerichtlichen Beilegung von Verbraucherstreitigkeiten nicht per se schlecht ist, sondern im Gegenteil den Ausbau einer Schlichtungslandschaft in Verbraucherangelegenheiten befördern kann. Erkannt werden müssen aber auch die möglichen Gefahren, die einer zumindest derzeit eher unübersichtlichen Struktur geschuldet sind. Es wird sich in den kommenden Jahren zeigen, ob dieses Spannungsverhältnis über eine gute Information aller Seiten gelöst werden kann oder ob es eines Eingriffs des Gesetzgebers bedarf. **147**

Da sich der Bereich der Verbraucherschlichtung – ob im Sinne anerkannter Verbraucherschlichtungs- oder sonstiger Stellen – in Folge des Inkrafttretens des VSBG gerade neu positioniert, wird im Folgenden auch auf eine Auflistung von Verbraucherschlichtungsstellen und anderen der außergerichtlichen Beilegung von Verbraucherstreitigkeiten verschriebener Stellen verzichtet; vielmehr soll auf bestehende Online-Angebote verwiesen werden, die diesbezüglich Informationen bieten: **148**

- Das Bundesamt für Justiz führt als zentrale Anlaufstelle für Verbraucherschlichtung gem. § 33 VSBG eine Liste der Verbraucherschlichtungsstellen im Sinne des VSBG. Die Liste ist auf der Internetseite des Bundesamt für Justiz verfügbar[62] und wird laufend aktualisiert.
- Die Allgemeine Verbraucherschlichtungsstelle des Zentrums für Schlichtung e. V. bietet auf seiner Internetseite einen Wegweiser zu verbraucherspezifischen Schlichtungsangeboten.[63] Sie ist nach Branchen gegliedert, ihr vorangestellt ist aber ein Link auf die vorgenannte Liste des Bundesamts für Justiz, um das Auffinden von Verbraucherschlichtungsstellen im Sinne des VSBG zu erleichtern.
- Eine Liste von Stellen in allen EU- und EWR-Staaten, die außergerichtliche Verbraucherstreitbeilegung im Sinne der ADR-Richtlinie anbieten und im Hoheitsgebiet des jeweiligen Mitgliedstaates anerkannt sind, ist auf der ODR-Plattform zu finden.[64]

Allesamt bieten die vorgenannten Informationsangebote zwar Orientierung, es fehlt aber zum einen an einer Vollständigkeit insbesondere bezüglich jener Stellen, die nicht Verbraucherschlichtungsstelle im Sinne des VSGB sind; zum anderen fehlt eine Bewertung der sich aus der VSGB-Nonkonformität ergebenden Vor- und Nachteile bei der jeweiligen Stelle. Eine solche Information scheint, wie bereits oben betont, unumgänglich, um eine hochwertige Schlichtung bei Verbraucherstreitigkeiten sicherzustellen und einen positiven Wettbewerb der Schlichter zu entfachen. **149**

---

[61] BR-Drs. 258/15, 99.

[62] http://www.bundesjustizamt.de/DE/SharedDocs/Publikationen/Verbraucherschutz/ListeVerbraucherschlichtungsstellen.pdf?__blob=publicationFile&v=20.

[63] http://www.verbraucher-schlichter.de/was-ist-schlichtung/weitere-schlichtungsstellen.

[64] http://webgate.ec.europa.eu/odr/main/index.cfm?event=main.adr.show.

§ 4 Streitmittler

I. Einführung

Der Streitmittler ist die zentrale Figur der Verbraucherschlichtung. Er trägt die **1** Verantwortung für das Verfahren und – soweit diese überhaupt besteht und reicht – für das Ergebnis. Deshalb verlangt das Gesetz von ihm gewisse Qualifikationen (→ Rn. 8 ff.) und sichert seine Neutralität und Unabhängigkeit (→ Rn. 44 ff.). Darüber hinaus sagt das Gesetz nichts über die Stellung des Streitmittlers in der Verbraucherschlichtungsstelle und seine Vertragsbeziehung (→ Rn. 93 ff.) oder über weitere Aufgaben, die der Streitmittler wahrnehmen kann (→ Rn. 89 ff.). Ebenso wenig finden sich Regelungen zu anderen Funktionen oder Personen, die für die Verbraucherschlichtungsstelle tätig sind. Klar ist allerdings, dass es solche weiteren Funktionsträger geben kann, also nicht alle im Rahmen der Verbraucherschlichtung anfallenden Aufgaben dem Streitmittler vorbehalten sind. Das führt zu Abgrenzungs- und Strukturfragen → Rn. 31 f., → Rn. 82 ff.).

II. Stellung, Begriff, Grundsatzfragen

1. Begriff

Der **Begriff des Streitmittlers** ist neu. Der Gesetzgeber hatte eine Reihe von Begriffen **2** vorgefunden, auf die er zur Vermeidung von Verwechslungen und von Einseitigkeit verzichtete. In der Begründung des Regierungsentwurfs sind als bestehende Begriffe „Mediator", „Schlichter", „Ombudsperson" und „Vermittler" genannt. Hiervon hat sich das Gesetz gelöst, wohl auch um einen Begriff zu schaffen, der sich spezifisch mit der Aufgabe der Verbraucherschlichtung verbindet. Hierzu hat der deutsche Gesetzgeber die Begrifflichkeiten auch der ADR-Richtlinie verlassen, die in Art. 6 mehr beschreibend denn bezeichnend von „mit AS betrauten natürlichen Personen" spricht. Mit dem Begriff des Streitmittlers ist freilich kein Bezug zum Tätigkeitsbereich geschaffen; auf sprachlicher Ebene bleibt offen, in welcher Art von Streitigkeit vermittelt wird. Auch ist kein begriffliches Pendant zu der Institution, in der der Streitmittler tätig ist, geschaffen. Beides hätte gelingen können, wenn man etwa den Begriff „Verbraucherschlichter" gewählt hätte. Allerdings hätte der Begriff des „Schlichters" den erheblichen Nachteil, dass damit nur eine von mehreren möglichen Verfahren zum Ausdruck gekommen wäre. So beklagenswert es ist, dass der Gesetzgeber sich über die Verfahrensoffenheit bei der Wahl des Begriffs „Verbraucherschlichtungsstelle" hinweggesetzt hat, so erfreulich ist es, dass in der Person des „Streitmittlers" diese Einengung vermieden ist. Der Begriff „Streitmittler", der zweifellos eleganter und weniger sperrig ist als in Betracht zu ziehen gewesene Wendungen wie „Streitvermittler" oder „Streitbeileger", taucht zudem im Kontext des VSBG erstmals auf, hat also gute Aussicht darauf, ganz mit der Aufgabe nach diesem Gesetz verbunden zu werden.

Das Gesetz verwendet allerdings auch den Begriff des Schlichters unter Übernahme **3** der vorgefundenen Begrifflichkeit in der Bundesrechtsanwaltsordnung (Art. 3 des Umsetzungsgesetzes), im Unterlassungsklagengesetz (Art. 7 des Umsetzungsgesetzes) und in der Luftverkehrsschlichtungsverordnung (Art. 22 des Umsetzungsgesetzes). Dies ist konsequent, weil die betreffenden Vorschriften als Verfahren auch nur die Schlichtung zulassen. Der Begriff „Schlichter" ist also Unterfall des Begriffs „Streitmittler". Verbraucherschlichtungsstellen, die (ebenfalls) nur Schlichtung anbieten, können mithin auch auf diesen Begriff zurückgreifen, freilich nur in diesem Kontext als spezieller Streitmittler und – selbstverständlich – unter Beachtung der für den Streitmittler geltenden Vorschriften. Unter dieser Voraussetzung ist auch die Verwendung anderer Begrifflichkeiten wie „Ombudsmann" oder dergleichen gesetzlich unproblematisch. Ebenso kann der als Streitmittler eingesetzte (zertifizierte) Mediator so bezeichnet werden, wobei sich vielleicht Kombinationen wie VSBG- oder Verbraucher-Mediator anbieten.

2. Natürliche Person

4   Der Streitmittler muss eine natürliche Person sein. Dies ist anders als in der ADR-Richtlinie zwar nicht ausdrücklich ausgesprochen, ergibt sich aber aus dem Umsetzungsauftrag und Regelungen des VSBG insbesondere zu der Anforderung, die Befähigung zum Richteramt besitzen zu müssen oder zertifizierter Mediator zu sein (→ Rn. 8 ff.).

5   Das VSBG verlangt von den Verbraucherschlichtungsstellen nicht, eine größere Zahl von Streitmittlern vorzuhalten; gem. § 6 Abs. 1 S. 1 genügt die Besetzung mit mindestens **einer Person.** Allerdings verlangt Satz 2 bei nur einem Streitmittler eine Vertretung, die den Anforderungen der §§ 6 bis 9 VSBG genügen muss. Wie diese Vertretung organisiert wird, bleibt dem Träger bzw. der Stelle überlassen. Denkbar ist etwa die Kooperation mehrerer Verbraucherschlichtungsstellen oder eine freiberufliche Lösung für den Bedarfsfall (→ Rn. 93).

3. Streitmittlergremien

6   Von der Besetzung der Verbraucherschlichtungsstelle mit Streitmittlern ist die Frage zu trennen, wie viele Streitmittler im konkreten Fall tätig werden, ob – in der Sprache der staatlichen Gerichte – also das Prinzip des *Einzel*streitmittlers oder das der *Kollegial*streitmittlung gilt. Wie sich schon aus der Mindestvorgabe von nur einem Streitmittler je Verbraucherschlichtungsstelle ergibt, liegt dem Gesetz das Leitbild zugrunde, dass die Aufgabe der Streitmittlung im einzelnen Verfahren von nur einer Person wahrgenommen wird. In § 7 Abs. 5 VSBG wird aber indirekt deutlich, dass auch eine Kollegialstruktur statthaft ist. Dort sind für den Fall, dass „die Aufgabe des Streitmittlers einem Gremium übertragen" ist, Vorgaben zur Zusammensetzung getroffen. Vertreter von Verbraucherverbänden einerseits und von Unternehmerverbänden andererseits müssen in gleicher Anzahl vertreten sein. Es handelt sich um eine reine Paritätsvorgabe, Streitmittlergremien ohne Verbandsinteressenvertreter sind ebenfalls erlaubt.

7   Folgefragen etwa zur Abstimmung innerhalb des Gremiums (Mehrheits-, Einstimmigkeitsprinzip) sind nicht geregelt und müssen ggf. in der Verfahrensordnung geklärt werden. Im Falle von vorgegebener Einstimmigkeit stellt sich die Frage, welche Folge ein Dissens unter den Streitmittlern hat. Ein unterschiedliches Stimmgewicht wäre mit der Paritätsvorgabe in § 7 Abs. 5 VSBG nicht vereinbar. Eine Beendigung des Verfahrens kommt wohl ebenfalls nicht in Betracht, weil dies als Beendigungsgrund in § 15 VSBG nicht vorgesehen ist. Möglicherweise ist an einen alternativen Schlichtungsvorschlag zu denken, was mit § 19 VSBG vereinbar sein könnte. Da das (nach außen) wenig überzeugend erscheint, spricht viel für die Installation des **Mehrheitsprinzips,** für das man allerdings eine ungerade Zahl von Streitmittlern im Gremium bräuchte. Dies

wäre mit § 7 Abs. 5 VSBG vereinbar, weil dieser nur Parität zwischen den Verbands-
interessen fordert, die Ergänzung um neutrale Personen also unkritisch ist. Diese
müssten allerdings auch formal Streitmittler sein und in das Gremium aufgenommen
werden, ein „Stichentscheid" für den Fall des Dissenses kommt mithin nicht in Betracht. Ein Gremium von (mindestens) drei Streitmittlern scheint allerdings recht aufwändig und dürfte nur für Schlichtungsstellen/Schlichtungen mit erheblichen Streitwerten in Betracht kommen.

III. Qualifikation

1. Volljurist oder zertifizierter Mediator

Erst im Laufe der Ausschussberatungen sind die Qualifikationsanforderungen kon-   **8**
kretisiert und damit auch erhöht worden. Der Gesetzgeber greift hierbei auf **bestehende
Qualifikationen** zurück. Die Befähigung zum Richteramt ist in der rechtspolitischen
und rechtswissenschaftlichen Debatte, die die Entstehung des Gesetzes begleitete, immer wieder und letztlich ganz überwiegend gefordert worden. In dieser Forderung kam
vor allem die Sorge minderer Qualität vor allem zu Lasten des Verbrauchers zum Ausdruck. Damit verbunden war und ist freilich ein rechtsgeprägtes Verständnis der Verbraucher-ADR, der Lösungssuche nach Maßgabe der Rechtslage, am Maßstab des
Rechts. Dem lässt sich das Verständnis der Mediation und ähnlicher Verfahren gegenüber stellen, die die Lösung nach Maßgabe der Interessen der Parteien von diesen selbst
suchen lässt und den Streitmittler, den Mediator, nicht als Rechts-, sondern als Ver-
fahrensexperten fordert. Entsprechend verlangt das MediationsG keine Ausbildung als
Jurist, sondern lediglich gewisse mediationsbezogene Rechtskenntnisse (§ 5: „Recht der
Mediation"/„Recht in der Mediation") Da weder die ADR-Richtlinie noch das VSBG
das Verfahren festlegen, schien der Bundesregierung die allgemeine Vorgabe einer juristischen Ausbildung überzogen; sie wollte die Rechtskenntnisse über allgemeine Vorgaben sichern.

Die Lösung, die der Gesetzgeber schließlich gefunden hat, scheint auf den ersten   **9**
Blick eine gelungene Konversion der beiden Aspekte darzustellen, sorgt sie doch dafür,
dass entweder volle juristische oder eine hochwertige mediative Befähigung bereit
steht. Aber die Tragfähigkeit der Lösung steht schon auf den zweiten Blick in Frage.
Denn die alternativ vorgegebene Qualifikation ist **nicht verfahrensscharf** ausgebildet.
So ist der zertifizierte Mediator nicht auf die Mediation beschränkt, sondern darf auch
jedes andere Verfahren einschließlich Schlichtung durchführen und ist mithin auch zu
einem Schlichtungsvorschlag befugt, der immerhin die Darstellung der Rechtslage in
der Begründung erfordert (→ § 6 Rn. 20 ff.). Und der Volljurist darf auch andere Verfahren als rechtsbezogene Schlichtung durchführen, Mediation allerdings nur, wenn er
über eine Mediationsausbildung nach § 5 Mediationsgesetz verfügt, ohne freilich eine
Zertifizierung vorweisen zu müssen.

Den Sinn fehlender Verfahrensspezifik mag man in Frage stellen, womöglich auch   **10**
nach einer Gesetzesauslegung suchen, nach der doch die Formel gilt: Schlichtung nur
durch den Volljuristen und Mediation nur durch den zertifizierten Mediator. Indessen
gibt weder der Wortlaut noch die Begründung Anhaltspunkte für eine solche enge ver-
fahrensscharfe Auslegung, die iÜ auch die Berufsfreiheit aus Art. 12 des Grundgesetzes
tangieren könnte. Einer engen Auslegung steht vor allem entgegen, dass das Gesetz
nicht nur rechtsbezogene Schlichtung und Mediation, sondern auch andere Verfahren
zulässt (→ § 2 Rn. 22 ff.). Da diese Verfahren gesetzlich nicht näher bestimmt sind,
konnte das Gesetz noch weniger zielgerichtete Qualifikationsanforderungen schaffen,

schon gar nicht auf der Ebene anderweitig vorgefundener Qualifikationen. Im weiten Feld zwischen Mediation im Sinne des Mediationsgesetzes und Schlichtung mit Schlichtungsvorschlag im Sinne des VSBG kann eine verfahrensspezifische Zuordnung der Qualifikation Volljurist oder qualifizierter Mediator nicht gelingen. Wenn die Verfahrensordnung etwa Konfliktmoderation ohne Schlichtungsvorschlag vorsieht, kann ein gesetzgeberischer Wille zur Auswahl unter den genannten Qualifikationen nicht gefunden werden. Es bleibt nur die wortlautnahe Auslegung einer **verfahrensunabhängigen Qualifikationsalternativität**.

2. Volljurist

11   Die Befähigung zum Richteramt erlangt nach § 5 Deutsches Richtergesetz, wer ein rechtswissenschaftliches Studium an einer Universität mit der ersten Prüfung und den anschließenden Vorbereitungsdienst mit der zweiten Staatsprüfung abgeschlossen hat. Die Befähigung zum Richteramt verschafft auch den Zugang zur Rechtsanwaltschaft und ist ferner Voraussetzung zum Beispiel für den Beruf des Staatsanwalts und andere Berufe des staatlichen Dienstes. Hier nun reiht das VSBG den Streitmittler ein, was man durchaus als Statusmerkmal der Verbraucher-ADR werten kann, auch wenn die alternative Zugangsmöglichkeit über das Mediatorzertifikat besteht.

12   Die vom VSBG verlangte volljuristische Qualifikation lässt nur das klassische juristische Studium nebst Referendariat genügen. Die inzwischen zahlreichen alternativen rechtswissenschaftlichen Studiengänge wie etwa die wirtschaftsjuristischen Bachelor- und Masterangebote genügen nicht. Dies kann nicht unbedingt überzeugen, kann doch zum einen die Erste Prüfung des tradierten Jurastudiums in aller Regel mit bloßen Basiskenntnissen des materiellen Verbraucherrechts ohne weiteres bestanden werden, während alternative Angebote auch dann nicht reichen, wenn der Absolvent einen Schwerpunkt im Verbraucherrecht setzt, was etwa im Rahmen wirtschaftsjuristischer Studiengänge leicht ermöglicht werden kann. In der Referendarausbildung werden Fertigkeiten im Verfahrens- und Beweisrecht vermittelt, die für die Aufgabe des Streitmittlers jedenfalls mit Blick auf die Prozessrisikoanalyse von Bedeutung sein mögen (→ § 6 Rn. 51 f.). Dass allerdings der junge Jurist in einer der berufsfeldbezogenen Stationen mit Verfahren der Verbraucher-ADR zu tun hat, dürfte eher unwahrscheinlich, jedenfalls zufällig sein. Wäre es dem Gesetzgeber um praktische Erfahrungen gegangen, wäre die Vorgabe eines Praktikums oder einer Referendarausbildungsstation in einer Verbraucherschlichtungsstelle naheliegender gewesen.

13   Absolventen einer juristischen Ausbildung in einem anderen EWR-Staat können gem. § 112a Deutsches Richtergesetz über eine Gleichwertigkeitsprüfung Zugang zum deutschen Vorbereitungsdienst finden und so die Befähigung zum Richteramt erwerben.

3. Zertifizierter Mediator

14   Mit diesem Begriff nimmt das Gesetz Bezug auf §§ 5, 6 MediationsG. § 5 Abs. 1 MediationsG regelt die Voraussetzungen für die Ausübung der Mediation und verlangt eine theoretische und praktische Ausbildung zu Grundlagen, Ablauf und Rahmenbedingungen der Mediation (§ 5 Abs. 1 Nr. 1), zu Verhandlungs- und Kommunikationstechniken (Nr. 2), zur Konfliktkompetenz (Nr. 3) und zu spezifischen Rechtsfragen (Nr. 4); ferner werden praktische Übungen, Rollenspiele und Supervision verlangt (Nr. 5). Diese Vorgaben sind gesetzlich weder weiter spezifiziert noch mit Ausbildungsstunden hinterlegt. § 5 Abs. 2, § 6 MediationsG stellen Anforderungen an eine höherwertige Ausbildung als Grundlage einer Zertifizierung. „Zertifizierung" bedeutet aber nicht eine unmittelbare oder mittelbare staatliche Gewähr einer Qualifikation. Das Mediationsgesetz kennt kein Zertifizierungsverfahren, kein Zertifikat und auch keine für die Zertifizierung zuständige Stelle.[1] Es schafft lediglich die Befugnis des Mediators, sich im Sinne von „Selbstmarketing"[2] als zertifiziert zu bezeichnen. Diese Konstruktion wird als Widerspruch in sich[3] als „Selbstzertifikat"[4] oder „Zertifizierungsfiktion"[5] bezeichnet.

Noch allerdings kann legal[6] von der **Selbstzertifizierungsbefugnis** kein Gebrauch gemacht werden. Von der – bloßen(!) – Ermächtigung, die Voraussetzungen zu konkretisieren, hatte das Bundesministerium der Justiz und für Verbraucherschutz bis zum Inkrafttreten des VSBG keinen Gebrauch gemacht. Am 21. August 2016 ist nun die „Verordnung über die Aus- und Fortbildung von zertifizierten Mediatoren (Zertifizierte-Mediatoren-Ausbildungsverordnung – ZMediatAusbV)" unterzeichnet und am 31. August 2016 im Bundesgesetzblatt (BGBl. I 2016, S. 1994) veröffentlich worden. Sie tritt allerdings erst am 1. September 2017 in Kraft. Deshalb entsteht die Befugnis, sich als zertifiziert zu bezeichnen, auch erst zu diesem Zeitpunkt, selbst wenn – was möglich ist[7] – die Voraussetzungen schon vorher erfüllt sind. Andererseits knüpft § 6 Abs. 2 S. 2 VSBG jedenfalls im Lichte einer verfassungskonformen Auslegung (Berufsfreiheit nach Art. 12 Grundgesetz) nicht an die formale Bezeichnungsbefugnis, sondern materiell an das Vorliegen der Voraussetzungen an. Dem VSBG geht es ersichtlich um die Qualifikation des Streitmittlers, nicht um formale Fragen der Außendarstellung. Deshalb dürfen nach hier vertretener Auffassung Mediatoren auch schon vor dem 1. September 2017 als Streitmittler eingesetzt werden, wenn sie die Voraussetzungen des § 2 Abs. 1 ZMediatAusbV erfüllen.[8]

15

4. Weitere Voraussetzungen

Das Gesetz verlangt in § 5 Abs. 2 S. 1 „Rechtskenntnisse insbesondere im Verbraucherrecht" und „das Fachwissen und die Fähigkeiten", die für eine Tätigkeit in einer Verbraucherschlichtungsstelle benötigt werden.

16

a) Grad der Abdeckung durch Qualifikation nach Satz 2

Es stellt sich die Frage, in welchem Verhältnis diese rechts- und verfahrensbezogenen Vorgaben zu der verlangten spezifischen Qualifikation (Volljurist oder zertifizierter Mediator) stehen.

17

Zunächst zeigt der Umstand, dass der im Gesetzgebungsverfahren hinzugekommene S. 2 den vorgefundenen S. 1 nicht ersetzt, sondern ergänzt hat, dass es sich um grundsätzlich zusätzliche Anforderungen handelt. Allerdings erfüllen der Volljurist die Vorgabe ausreichender Rechtskenntnisse und der Mediator die verfahrensbezogenen Anforderungen ohne weiteres. Sie bedürfen allerdings und nur weiterer Voraussetzungen im jeweils anderen Anforderungsbereich.

18

---

[1] IE *Röthemeyer* ZKM 2014, 65.

[2] *Klowait* ZKM 2015, 194.

[3] Greger/Unberath/*Geger* § 5 Rn. 11 MediationsG.

[4] *Greger* ZKM 2012, 36 (37).

[5] *Röthemeyer* ZKM 2014, 65 ff.

[6] Zu Abmahnungen gegen Mediatoren, die sich schon jetzt als zertifiziert bezeichnen, vgl. *Klowait* ZKM 2015, 194 ff.

[7] *Röthemeyer* ZKM 2016, 195 (199).

[8] Zu den Einzelheiten der für Altausbildungen geltenden Voraussetzungen vgl. *Röthemeyer* ebd.

19 Der Gesetzestext selbst lässt das Verhältnis allerdings offen. In der Begründung des Gesetz gewordenen Beschlussvorschlags des Rechtsausschusses ist davon die Rede, dass Satz 2 als „Nachweis" der nach Satz 1 erforderlichen Kompetenz diene und „zusätzliche" Anforderungen stelle,[9] was an eine Teilüberschneidung denken lässt. Die Begründung zum Regierungsentwurf, der die volljuristische Befähigung noch nicht vorsah, hatte festgehalten, Personen mit der Befähigung zum Richteramt erfüllten die Voraussetzungen ua ausreichender Rechtskenntnis „ohne weiteres".[10] Diese Vorstellung, dass die **volljuristische Kompetenz die verbraucherrechtsspezifische immer einschließt,** wird durch die vom Rechtsausschuss vorgenommene Änderung nicht in Frage gestellt, sondern eher noch bestärkt. Zwar kann man mit durchaus gewichtigen Gründen bemängeln, dass zwei bestandene juristische Examina wenig über die juristische Expertise gerade im Verbraucherrecht sagen. Andererseits muss bedacht werden, dass die klassische juristische „Einheitsausbildung" ganz allgemein darauf angelegt ist, für ein breites Spektrum von Rechtsbereichen und eine Vielzahl von Berufsfeldern vorzubereiten. Oder anders gewendet, ist der „gute" Jurist flexibel, kann sich schnell einarbeiten und besitzt eine hohe Transferkompetenz. Dieses Vertrauen in die juristische Voll- oder Einheitskompetenz, die der Gesetzgeber – ob zu Recht oder nicht – in verschiedenen Regelungsmaterien beweist, ist ersichtlich Grundlage auch für die Regelung des VSBG.

20 Ebenso, wenn auch aus den Gesetzesmaterialien nicht vergleichbar abzuleiten, gilt, dass die Ausbildung zum **Mediator für die verfahrensbezogen Anforderungen genügt.** Die gesetzliche Beschreibung des Fachwissens und der Fähigkeiten, „die für die Beilegung von Streitigkeiten in der Zuständigkeit der Verbraucherschlichtungsstelle erforderlich" sind, ist vage und zirkulär, wird doch im Kern das Erforderliche gefordert. Diese blutleere Wendung hat die Bundesregierung fast wortgleich Art. 6 Abs. 1 Buchst. a der ADR-Richtlinie entnommen. Auf diese Feststellung beschränkt sich die Begründung des Regierungsentwurfs[11] und leistet ihrerseits auch keine Konkretisierung. Der Mediator verfügt nach § 5 Abs. 1 MediationsG über Verhandlungs- und Kommunikationstechniken und Konfliktkompetenz und kennt Grundlagen, Ablauf, Rahmenbedingungen und den rechtlichen Kontext eines Konfliktlösungsverfahrens, eben das der Mediation. Bestandteil der Mediationsausbildung ist auch die Einordnung der Mediation in das Gesamtspektrum konsensualer Streitlösung. Der Mediator weiß also seine Tätigkeit von der des Schlichters und anderer Verfahren abzugrenzen. Das damit angeeignete und auch eingeübte (§ 5 Abs. 1 S. 2 Nr. 5 MediationsG) Wissen genügt angesichts der Zurückhaltung des VSBG bei der Beschreibung der verfahrensbezogenen Anforderungen auch für dessen Zwecke. Die Zertifizierung dürfte hierfür nicht erforderlich sein. Sie leistet zur Vertiefung der mediationsunabhängigen Kenntnisse und Fähigkeiten wenig, letztlich nur die ausdrückliche angesprochene Abgrenzung zu anderen alternativen Konfliktbeilegungsverfahren.

b) Verbleibende Qualifikationsanforderungen

21 Ob und in welchem Maße die Volljuristen und zertifizierten Mediatoren, sofern sie nicht über beide Qualifikationen verfügen, weitere Kenntnisse und Fähigkeiten benötigen, hängt zum einen von dem oder den Verfahren ab, in denen sie eingesetzt werden. Das VSBG lässt eine Vielzahl nicht näher definierter Verfahren zu (→ § 2 Rn. 22 ff.) und kann deshalb auch nicht eine gleichsam omnipotente Kompetenz verlangen. In der

---

[9] BR-Drs. 258/15, 81.
[10] BR-Drs. 258/15, 66.
[11] BR-Drs. 258/15, 66.

Begründung des Regierungsentwurfs wird deshalb zutreffend ein Bezug zwischen Qualifikationsanforderung und angewendeten Verfahren hergestellt.[12]

Weiter setzt schon der Gesetzeswortlaut Fachwissen und Fähigkeiten in Bezug zu „der Zuständigkeit" der Verbraucherschlichtungsstelle, lässt also Spielraum für Spezifika der betroffenen Branche(n), ohne dies zu verlangen (→ Rn. 27). Diesen Gedanken überträgt die Bundesregierung auf die juristische Kompetenz, an die je nach Branche unterschiedliche Anforderungen zu stellen sein könnten.[13] Auch wenn dieser Gedanke in dem verwendeten Kontext etwas gezwungen erscheint, diente er doch zur Rechtfertigung des damals noch beabsichtigten differenzierten juristischen Anforderungsprofils, steckt in ihm die Bestätigung des **Ansatzes der Branchenspezifizität**. So dürfte Schlichtung im Handwerksbereich auch in juristischer Hinsicht ganz andere Anforderungen stellen als etwa die in Arzthaftungssachen, im Kapitalanlage- oder im Luftfahrtrecht. **22**

Sind somit die ergänzenden Anforderungen sowohl verfahrens- als auch branchenspezifisch, verbietet sich ein einheitliches Ergänzungsanforderungsprofil. Im Folgenden werden immerhin Anhaltspunkte zu geben versucht. **23**

c) Qualifikation des zertifizierten Mediators im Anforderungsbereich Verbraucherrecht

Der zertifizierte Mediator, der nicht zugleich Volljurist ist, muss über „Rechtskenntnisse, insbesondere im Verbraucherrecht" verfügen. Dazu gehört das materielle Verbraucherrecht insbesondere des Bürgerlichen Gesetzbuchs einschließlich der europarechtlichen Hintergründe, ferner die Rechtsgrundlagen der Verbraucher-ADR, insbesondere des VSBG. Auch Grundsätze des Vergleichsabschlusses sind erforderlich. Schließlich muss die Arbeitsweise der Justiz einschließlich beweisrechtlicher Fragen bekannt sein, denn nur so kann der Streitmittler eine sachgerechte Prozessrisikoanalyse (→ § 6 Rn. 51 f.)) vornehmen. **24**

Ob das für die Anerkennung zuständige Bundesamt für Justiz zuständige Stelle (§§ 24, 27 VSBG) einen Nachweis über die Rechtskenntnisse verlangt, scheint so sicher nicht. Jedenfalls dann, wenn der Streitmittler nur Mediationen durchführt, liegt das eher fern. Anderenfalls wird der Nachweis durch ein entsprechendes Kursangebot zu leisten sein. Es ist zu erwarten, dass solche Fortbildungsangebote für Mediatoren zum ergänzenden Aufbau der VSBG-spezifischen Expertise bald entstehen. **25**

d) Qualifikation des Volljuristen im Anforderungsbereich Verfahrenskenntnisse

Der Volljurist sollte zur rechtsorientierten Schlichtung auch Kenntnisse über die Arbeitsweise einer Verbraucherschlichtungsstelle und die Regelungen des VSBG etwa über die Vorgaben zum Schlichtungsvorschlag aus § 19 besitzen. **26**

Zum **Branchenwissen**: Branchenspezifische Kenntnisse sind nicht gesetzlich vorgegeben. Nach § 4 ist die „Allgemeine Streitschlichtungsstelle" für nahezu alle Branchen zuständig, ohne gezwungen zu sein, mehr als einen Streitmittler zu beschäftigen. Die Anforderungen an das spezifische Fachwissen sind also niedrigschwellig, auch wenn es sich um eine branchenspezifische Verbraucherschlichtungsstelle handelt. **27**

Bezogen auf das **Verfahren** dürften die Anforderungen höher sein. Bei der Mediation ergibt sich dies schon aus dem gem. § 18 anwendbaren MediationsG. Die anderen in Betracht zu ziehenden Verfahren wie Schlichtung oder Moderation sind gesetzlich nicht **28**

---

[12] BR-Drs. 258/15, 67.
[13] BR-Drs. 258/15, 67.

definiert, weshalb die Anforderungen an den Streitmittler schwieriger zu fassen sind. Es bietet sich allerdings auch insoweit an, sich an den Anforderungen an den Mediator zu orientieren. Erforderlich sind zum einen Kenntnisse über den Ablauf und die Rahmenbedingungen des oder der angewendeten Verfahren; vgl. § 5 Abs. 1 S. 2 Nr. 1 MediationsG. Die in § 5 Abs. 1 S. 2 Nr. 2 MediationsG angesprochene Verhandlungs- und Kommunikationstechniken sind für mündliche Erörterungen elementar wichtig, gehören aber auch zum Handwerkszeug des nur schriftlich und/oder telefonisch agierenden Streitmittlers. Ferner sollten Kenntnisse zur Konfliktentstehung und -dynamik bestehen; vgl. § 5 Abs. 1 S. 2 Nr. 3 MediationsG. Kenntnisse über das Recht in der Streitlösung und die Rolle des Rechts in dem Streitlösungsverfahren (vgl. § 5 Abs. 1 S. 2 Nr. 4 MediationsG) sollten bereits über die allgemein verlangten Rechtskenntnisse abgedeckt sein. Soweit § 5 Abs. 1 S. 2 Nr. 5 MediationsG „praktische Übungen, Rollenspiele und Supervision" zum Ausbildungsgegenstand erhebt, ist die Einübung der Praxis gewiss erforderlich, Rollenspiele und Supervision werden eher bei Verfahren mit mündlicher Verhandlung als im rein schriftlichen Verfahren bedeutsam sein.

29   Soweit die Verbraucherschlichtungsstelle verschiedene Verfahren der Streitlösung anbietet und mehrere Streitmittler beschäftigt, müssen die Streitmittler über Kompetenzen nur zu den Verfahren verfügen, die sie auch durchführen.

e) Fazit: vorläufig geltende Anforderung an den Streitmittler

30   Solange die Zertifizierungs-Verordnung nicht in Kraft getreten ist, also bis zum 31. August 2017 (→ Rn. 15), darf die Tätigkeit als Streitmittler nach VSBG nur von Volljuristen wahrgenommen werden. Mediation nach dem VSBG darf nur durchführen, wer Volljurist ist und zusätzlich (nur) die Anforderungen des § 5 Abs. 1 MediationsG erfüllt.

IV. Streitmittlervorbehalt und Strukturmodelle

31   Das VSBG stellt den Streitmittler einerseits in den Mittelpunkt der Streitlösungstätigkeit und damit der Aufgabe der Schlichtungsstelle. Indem es dem Streitmittler gewisse, aber nicht sämtliche Aufgaben zuweist, schafft das VSBG einen Spielraum für die Aufbau- und Ablauforganisation der Verbraucherschlichtungsstelle.

1. Streitmittlervorbehalt

32   Als wichtigstes Element des Schlichtungsverfahrens behält § 19 den Schlichtungsvorschlag dem Streitmittler vor. Wenn Mediation angeboten wird, so handelt es sich hierbei nach § 18 VSBG, der die Vorschriften des Mediationsgesetzes für entsprechend anwendbar erklärt, um eine höchstpersönlich zu erbringende Leistung. Bei allen (denkbaren) weiteren Verfahrensarten und möglichen Hybriden ist die Verbraucherschlichtungsstelle verpflichtet, das jeweilige Kernelement von im Verhältnis zu §§ 18, 19 VSBG entsprechender Relevanz dem Streitmittler vorzubehalten.

33   Verfahrensunabhängig weist das VSBG dem Streitmittler folgende Aufgaben zu:
- die Ablehnung der (weiteren) Durchführung des Verfahrens in den verschiedenen Konstellationen (§ 14 Abs. 1, Abs. 2, Abs. 4, Abs. 5 S. 2),
- die Aussetzung des Verfahrens (§ 14 Abs. 5 S. 1) und ggf. seine Fortsetzung (§ 14 Abs. 5 S. 3),
- die letztendliche Entscheidung, ob mündlich erörtert wird (§ 17 Abs. 2),
- die Beendigung nach § 15 Abs. 2,

die Vereinbarung einer in der Verfahrensordnung nicht vorgesehenen Fremdsprache (§ 12 Abs. 2 S. 2).

Neben diesen konkret benannten Aufgaben bzw. zu ihrer Konkretisierung überträgt **34** § 6 Abs. 1 VSBG dem Streitmittler die Verantwortung „für die unparteiische und faire Verfahrensführung".

Alle anderen Aufgaben überlässt das VSBG den Verbraucherschlichtungsstellen und **35** verzichtet somit darauf, sie dem Streitmittler vorzubehalten, ohne damit freilich auszuschließen, dass die Verfahrensordnung oder die Verbraucherschlichtungsstelle ihm diese Aufgaben überträgt.

Darunter sind auch folgende Aufgaben mit Bezug zum einzelnen Verfahren: **36**
- die Unterrichtung der Parteien nach Eingang des Antrags (§ 16),
- das Setzen und Verlängern von Stellungnahmefristen (§ 17 Abs. 1 S. 2, 3),
- die Benachrichtigung über den „Eingang der vollständigen Beschwerdeakte" (§ 20 Abs. 1),
- die Verlängerung der Bearbeitungsfrist von grundsätzlich 90 Tagen und die Unterrichtung der Parteien hierüber (§ 20 Abs. 3),
- die Übermittlung des Schlichtungsvorschlags (§ 19 Abs. 2),
- die Information zur rechtlichen Bedeutung des Schlichtungsvorschlags (§ 19 Abs. 3 S. 1, 2),
- die Bestimmung der Frist zur Annahme des Schlichtungsvorschlags (§ 19 Abs. 3 S. 3),
- die Übermittlung des Ergebnisses des Streitbeilegungsverfahrens (§ 21 Abs. 2),
- die Erhebung von Entgelten (§ 23).

Zumindest die Bemessung der Frist für Stellungnahmen und ihre Verlängerung (§ 17 **37** Abs. 1 S. 2, 3) steht in einem engen Zusammenhang mit der dem Streitmittler durch § 6 Abs. 1 S. 1 zugewiesenen Verantwortung für ein faires Verfahren. Wenn diese Aufgaben von einem anderen Mitarbeiter übernommen werden, ist der Streitmittler gleichwohl dafür verantwortlich, dass die Fristen sachgerecht und damit ausreichend sind. Dieser Verantwortung muss er notfalls dadurch gerecht werden, dass er von dem Schlichtungsvorschlag zunächst absieht und weitere Stellungnahmen anfordert, zulässt oder dieses veranlasst. Die Schlichtungsstelle kann dem Streitmittler die Erfüllung dieser Pflichten dadurch erleichtern, dass es den weiteren Mitarbeitern eine großzügige Handhabung (etwa über eine Regelung in der Verfahrensordnung) ermöglicht oder – jedenfalls – für Zweifelsfälle eine Abstimmung mit dem Streitmittler vorgibt. Aus praktischen Gründen und mit Blick auf die gesetzlich begrenzte Verfahrensdauer (§ 20 VSBG) liegt es allerdings näher, dass dem Streitmittler diese Aufgabe von vornherein übertragen wird. Dies gilt auch für die Bemessung der Frist zur Erklärung über die Annahme des Schlichtungsvorschlags (§ 19 Abs. 3 S. 3). Eine starre Frist müsste eher lang bemessen sein, der Streitmittler wird in aller Regel eine gute Einschätzung zu dem erforderlichen Überprüfungsaufwand und zur sachgerechten Überlegungsfrist haben.

2. Strukturmodelle

Das Gesetz enthält keine expliziten Vorgaben zu anderen Funktionsträgern in der **38** Verbraucherschlichtungsstelle, wie es überhaupt an Regelungen zur **Organisation der Verbraucherschlichtungsstelle** fehlt. Das VSBG verlangt weder weitere Mitarbeiter noch schließt es sie aus. Es enthält keine Vorgaben an die Qualifikation evtl. weiterer Funktionsträger. Das VSBG hat insoweit nur implizite Regeln aufgestellt wie die der Achtung der Unabhängigkeit der Streitmittler. Diese Vorgaben und nur diese sind bei der Entwicklung der Organisationsstruktur der Schlichtungsstelle zu beachten.

39   Der Träger hat also im Ausgangspunkt einen großen Spielraum zur Aufbau- und Ablauforganisation. Das entspricht der Grundtendenz des VSBG, die vorgefundene Schlichtungslandschaft unangetastet zu lassen,[14] womit gleichzeitig große Entwicklungsspielräume verbunden sind. So ist mit den Regelungen zum Streitmittler sowohl das Ombudssystem zu vereinbaren, in dem die Streitmittlertätigkeit auf eine oder wenige Person konzentriert ist (→ Rn. 40) wie auch eine gerichtsanaloge Struktur, in der die Streitmittler letztlich das gesamte Verfahren steuern (→ Rn. 41 f.), wie alle denkbaren Abstufungen und Mischmodelle.

a) Ombudssystem

40   In einem extrem ausgelegten Ombudssystem trifft nur eine Person („Ombudsfrau"/„Ombudsmann") nur die dem Streitmittler vorbehaltenen Maßnahmen (→ Rn. 32) und lässt sich diese (alle) durch Mitarbeiter (Sachbearbeiter) vorbereiten. In einem solchen **hierarchischen Modell** bedient die Ombudsperson die Streitmittleraufgabe letztlich durch Verantwortungsübernahme. Dieser wird sie durch klassische Managementelemente gerecht wie Auswahl der Mitarbeiter, Aus- und Fortbildung, Gestaltung der Organisationsabläufe, Controlling und Überprüfung. Direkt wirkende gesetzliche Vorgaben hat die Ombudsperson hierbei zwar nicht zu beachten, es gelten die Anforderungen des Gesetzes etwa zur Unabhängigkeit des Streitmittlers (§ 7) und zum Schlichtungsspruch (§ 19) aber implizit. So muss die Ombudsperson zwar keine Volljuristen oder zertifizierten Mediatoren zur Unterstützung heranziehen, muss aber zum einen selbst in der Funktion des Streitmittlers diese Qualifikation besitzen und ist im Rahmen seiner Gesamtverantwortung umso intensiver zur Überprüfung der Vorbereitungsarbeiten angehalten, je weniger das eingesetzte Personal den für Streitmittler geltenden Qualifikationsanforderungen entspricht. Andererseits darf nicht übersehen werden, dass die Qualifikationsanforderungen des Gesetzes (→ Rn. 8 ff.) notwendig abstrakt sind und den Einzelfall, die Einzelperson nicht in den Blick nehmen kann. Genau diese Möglichkeit bietet aber das Ombudssystem, das nur in der Person der Ombudsperson die formalen Anforderungen des Gesetzes erfüllt, im Übrigen aber frei nach den selbst analysierten Bedürfnissen agieren kann. So kann etwa für den Antrag ein Online- oder Offlineformular entwickelt werden, das den Antragsteller dazu bringt, sämtliche relevanten Informationen einzugeben und ggf. Belege beizufügen. Für den Fall von (freiwillig angebotenen) Telefonaten („Hotline") oder gesetzlich verpflichtend vorgesehenen (§ 11 VSBG) Freitextkontakten kann einem Mitarbeiter anhand einer Checkliste die Aufgabe der Informationsabfrage übertragen werden. Wenn Programm und Unterlagen entsprechende Qualität besitzen, benötigt dieser Mitarbeiter weniger qualifizierte Fachkenntnisse als vielmehr kommunikative Fähigkeiten etwa im Telefonkontakt. Einer solchen fachlich nicht oder weniger qualifizierten Person kann auch ohne weiteres der Verfahrensablauf wie Setzen der Stellungnahme- und ggf. Replikfrist übertragen werden. Für den Entwurf des Schlichtungsvorschlags ist demgegenüber fachliche Expertise erforderlich, allerdings auch hier ohne starre Bindung an die formalen Vorgaben des § 6 VSBG. Wenn sich zB die Schlichtungsstelle nur mit Reisevertragsecht befasst (was sie gem. § 4 Abs. 2 S. 1 VSBG darf), kommt etwa der Einsatz von juristisch spezifisch fortgebildeten Reiseverkehrskaufleuten in Betracht, die dank ihrer Feldkompetenz womöglich wesentlich sachgerechter und realitätsnäher agieren als idealtypische Volljuristen („Einheitsjuristen"). Selbst das Ausloten von Einigungsmöglichkeiten kann solchen Mitarbeitern übertragen werden, solange sie nicht selbst Vorschläge erarbeiten, da für diese der Streitmittlervorbehalt nach § 19 gilt.

---

[14] BR-Drs. 258/15, 44 ff.

b) Gerichtsanaloges System

Das Gegenmodell besteht in der Übertragung (nahezu) sämtlicher Aufgaben auf den **41** Streitmittler in Anlehnung an das staatliche Gerichtssystem. Das deutsche Prozessrecht kennt keine Richterassistenz, auch wenn diese mitunter diskutiert wird. Verfügungen, Beschlüsse und Urteile erarbeitet der deutsche Richter also grundsätzlich selbst, auch zur Recherche stehen ihm Mitarbeiter nicht zur Verfügung, wenn man einmal von Bundesgerichten absieht. Der Richter kann sich allein technischer Hilfe etwa bei der Aktenverwaltung oder beim Schreibvorgang bedienen, zutreffend ist hier in einigen Bundesländern von Unterstützung einer „Serviceeinheit" die Rede. Daneben stehen dem Richter gewisse IT-Programme zur Erleichterung seiner Arbeit zur Verfügung, zu deren Inanspruchnahme er freilich nicht verpflichtet ist. Auf die Verbraucherschlichtungsstelle übertragen kann das bedeuten, dass der Streitmittler sämtliche Aufgaben übernimmt einschließlich Aktenverwaltung, Schreibarbeit und technischer Abläufe wie Versand und Fristenkontrolle. Das VSBG jedenfalls enthält keine Vorgaben zur notwendigen Arbeitsteilung oder Delegation, die Implikationen aus § 7 müssen freilich beachtet werden (→ Rn. 82 ff.).

Im Rahmen eines solchen Strukturmodells kann sowohl eine kleine Einheit mit im **42** Extrem nur einem Streitmittler (§ 6 Abs. 1 „mindestens eine Person") oder mit einer Vielzahl von Streitmittlern geschaffen werden. Dabei kann die Verbraucherschlichtungsstelle unter Gebrauchmachen von der Befugnis aus § 4 Abs. 1 S. 2 hoch spezialisiert sein (zB nur mit dem Autohändlern einer Marke geschlossene Kfz-Kaufverträge) oder grundsätzlich alle Verbraucherstreitigkeiten bearbeiten („Allgemeine Verbraucherschlichtungsstelle" – § 4 Abs. 2 S. 2 VSBG). Schließlich kann der Einsatz der Streitmittler über das ganze Angebot der Schlichtungsstelle erfolgen oder der Streitmittler kann (hoch) spezialisiert eingesetzt werden. Auch hier zeigt sich eine (potentielle) Parallele zum Gerichtssystem, das kleine Amtsgerichte mit wenigen Richtern und Präsidial-Amtsgerichte mit Hunderten von Richtern kennt und das den Präsidien die Entscheidung über Spezial- oder Globalzuständigkeiten (beinahe) vollständig überlässt.

c) Mischmodelle

Es versteht sich von selbst, dass zwischen Ombuds- und gerichtsanalogem Modell **43** Schattierungen gemischter Strukturmodelle möglich sind. So können an der Spitze der Ombudsstruktur auch mehrere Personen stehen, sei es als Kollegialorgan oder mit verschiedenen Geschäftsbereichen. Im justizanalogen Aufbau kommt eine umfangreiche Assistenz ebenso in Betracht wie die Bildung von Streitmittlergremien (→ Rn. 6 f.).

V. Unabhängigkeit und Unparteilichkeit

1. Einführung und Übersicht

Neben der Qualifikation und dem Maß der Rechtsbindung des Schlichtungsvor- **44** schlags stellt die Immunisierung gegen sachfremde Einflüsse die dritte Stellschraube bei der Qualitätssicherung dar.

Das Gesetz trifft eine Reihe von Vorkehrungen, die sicherstellen sollen, dass der **45** Streitmittler seiner Arbeit nachgeht bzw. nachgehen kann, ohne **sachfremden Einflüssen** ausgesetzt zu sein. Dabei geht es vor allem darum, Einflüsse seitens der Wirtschaft und der (einzelner) Unternehmen abzuwehren. Denn die von der ADR-Richtlinie nahegelegte und vom deutschen Gesetz gewählte Verbraucherstreitlösung ist nicht staatliche

Aufgabe, mit der die Neutralität gleichsam institutionell verbunden wäre. Sie ist vielmehr privaten Einrichtungen überlassen, die jedenfalls idealiter im Wettbewerb zueinander stehen, also dann, wenn die VSBG-Schlichtung funktioniert und sich ein Markt ergibt, um dessen Anteile sich zu bemühen sich lohnt. Kunden dieses gesellschaftlich erwünschten Marktes sind zwar grundsätzlich zwei gesellschaftliche Gruppen, die Verbraucher einerseits und die Unternehmer andererseits. Allerdings sind nach der Konstruktion von Richtlinie und deutschem Gesetz die Verbraucher nur Nutznießer der am Markt angebotenen Leistung, zahlender Kunde ist allein die Unternehmerseite. Die Finanzierung der Dienstleistung Verbraucherschlichtung erfolgt entweder durch den Unternehmer im Einzelfall, die Unternehmergemeinschaft in Gestalt einer von Verbänden und/oder Mitgliedsunternehmen finanzierten Trägerverein oder in der Kombination dieser Elemente. Das führt bei kritischer Betrachtung fast unweigerlich zur Bemühung von Sprichworten wie „Wes Brot ich ess, des Lied ich sing" oder „Man beißt nicht die Hand, die einen füttert", um die mit dieser Konstruktion hervorgerufenen Gefahren zu beschreiben. Zugespitzt könnte man kritisieren, die Bewältigung des Versagens des Marktes, der gezielten Rechtsbruch von Unternehmen nicht zu verhindern wisse, werde ausgerechnet dem Markt (der privaten Streitschlichtung) anvertraut.[15]

46 Zur Lösung dieses Problems, das die Bundesregierung zutreffend auch als Vertrauensproblem einordnet,[16] bedient sich das VSBG verschiedener Instrumente. Sie haben ihren Schwerpunkt in der Vermeidung unerwünschter Einflussnahme seitens der Wirtschaft bzw. einzelner Unternehmen, wenn sie aus Gründen gleichsam der Parität teilweise auch die Verbraucher(verbands)seite mit einbeziehen. Die Instrumente lassen sich wie folgt zusammenstellen:
- Finanzielle Unabhängigkeit der Verbraucherschlichtungsstellen durch einen eigenen (getrennten), zweckgebundenen und ausreichenden Haushalt (§ 3 VSBG → § 3 Rn. 60 ff.),
- Einbeziehung auch der nichtfinanzierenden Verbandsseite ua bei der Bestellung und Abberufung der Streitmittler (§ 9 VSBG → § 3 Rn. 84 ff.),
- Bestellungsverbot wegen Vortätigkeit (Karenzzeit – § 6 Abs. 3 VSBG hierzu unter → Rn. 50 ff.),
- Mindestamtsdauer (§ 8 Abs. 1 VSBG hierzu unter → Rn. 63,
- Abberufungsbeschränkungen (§ 8 Abs. 2 VSBG hierzu unter → Rn. 64 ff.),
- Verbot unternehmenslastiger Vergütung (§ 7 Abs. 2 S. 1 VSBG vgl. unter → Rn. 68),
- Unabhängigkeit der Vergütung vom Ergebnis (§ 7 Abs. 2 S. 2 VSBG vgl. unter → Rn. 69 f.),
- Offenbarungspflichten gegenüber dem Träger (§ 7 Abs. 3 VSBG) und den Parteien samt auflösend bedingtem Tätigkeitsverbot (§ 7 Abs. 4 vgl. unter → Rn. 71 ff.), Weisungsfreiheit (§ 7 Abs. 1 VSVG vgl. unter → Rn. 82 ff.)

47 Das erste Schutzinstrument sichert die Unabhängigkeit der Streitschlichtungsstelle, die weiteren betreffen den Streitmittler unmittelbar. Die meisten Instrumente setzen bei Status und Amt des Streitmittlers an, einige bei der Art seiner Bezahlung und nur die beiden letzten beziehen sich auf das einzelne Verfahren.

48 In der Gesamtschau muss von einem doch **hohen Schutzniveau** oder besser von einem sehr **weitgehenden Schutzaufwand** gesprochen werden. Er geht teilweise sogar über die Sicherung der Unabhängigkeit staatlicher Richter hinaus: So kann etwa ohne weiteres Arbeitsrichter werden, wer gerade noch für einen Arbeitgeberverband oder eine Gewerkschaft tätig war, der Verwaltungsrichter wird vom Staat bezahlt, obwohl er

---

[15] So klingt es an bei *Eidenmüller/Engel* ZIP 2013, 1704 ff.
[16] Begründung des Regierungsentwurfs BR-Drs. 258/15, 67.

über Streitigkeiten entscheidet, an denen der Staat und sogar sein konkreter Dienstherr beteiligt ist und der staatliche Richter ist zu Fragen seiner (Un-)Befangenheit den Parteien, nicht aber seinem Dienstherrn Rechenschaft schuldig. Dieser Vergleich zeigt, dass der VSBG-Gesetzgeber es sehr ernst meint mit der Unabhängigkeit der Streitmittler, auch wenn es im Einzelnen handwerklich nicht gelungen sein mag, jede Schutzlücke zu schließen, wie nachfolgend darzustellen ist.

Dreh- und Angelpunkt der streitmittlerbezogenen Schutzinstrumente ist die Sicherung von Unabhängigkeit und Unparteilichkeit des Streitmittlers. So lautet wörtlich die Überschrift von § 7 VSBG, auch wenn nicht nur diese Vorschrift betreffende Regelungen enthält. „Unabhängigkeit" versteht sich hierbei generell, also vom Einzelfall unabhängig, und richtet den Blick auf das Grundverhältnis zum Träger, zur Schlichtungsstelle aber auch zu deren Finanzierern und zu Interessenträgern. „Unparteilichkeit" zielt demgegenüber auf den konkreten Fall.[17] Den Begriff der „Neutralität" kennt der Normentext nicht, in der Gesetzesbegründung wird er teils als Oberbegriff, teils deckungsgleich mit Unparteilichkeit verwendet. **49**

2. Bestellungsverbot wegen Vortätigkeit (§ 6 Abs. 3 VSBG) – Karenzzeit

a) Regelungsbereich

Das VSBG geht mit der Schaffung einer Karenzzeit über die ADR-Richtlinie hinaus, setzt sie also überschießend um. Das ist umso bemerkenswerter, als Art. 6 Abs. 1 ADR-Richtlinie ohnehin zahlreiche und überdies verhältnismäßig konkrete und damit enge Vorgaben zur Umsetzung des Gebots der Unabhängigkeit und Unparteilichkeit enthält. **50**

Das Gebot, eine Karenzzeit von drei Jahren nach einer Tätigkeit für bestimmte Unternehmen oder Verbände zu beachten, richtet sich entgegen dem Wortlaut des § 6 Abs. 3 S. 1 VSBG, der sich eher an den Streitmittler zu wenden scheint, an den Träger bzw. die Streitschlichtungsstelle. Diesem ist es als Normadressaten verboten, Streitmittler zu berufen bzw. – wie es in § 8 Abs. 1 heißt – zu bestellen, die in der fraglichen Zeit für eine betroffene Institution tätig waren. Auf die Art der Tätigkeit kommt es nicht an, es kann sich also um ein Angestelltenverhältnis oder eine freie Mitarbeit handeln, hingegen dürfte die Mitwirkung in einem Beirat oder ähnlichem nicht ausreichen. **51**

Betroffen sind vor allem zur Teilnahme verpflichtete Unternehmen (Nr. 1), einbezogen sind ferner verbundene Unternehmen, womit das Gesetz wie in § 1 VSBG Bezug auf § 15 des Aktiengesetzes[18] nimmt (Nr. 2), weiter Unternehmens- und Verbraucherverbände im Sinne von § 9 VSBG (Nrn. 3 und 4). **52**

Die Verpflichtung muss sich zum einen auf die betroffene Streitschlichtungsstelle beziehen. Zum anderen muss sie eine generelle sein, sei es aufgrund Gesetzes (§ 111b des Energiewirtschaftsgesetzes), sei es privatautonom etwa kraft Regelung in der Satzung eines Vereins, dem der Unternehmer (freiwillig) angehört oder aufgrund einer Vereinbarung mit dem Träger der Schlichtungsstelle. Die freiwillige Teilnahme aufgrund von Einzelfallenscheidungen ist ersichtlich nicht betroffen, fehlt es doch insoweit an der im Gesetz vorausgesetzten Verpflichtung. Eine Regelung in den AGB, womit das Unternehmen sich zur VSBG-ADR gerade bei der betroffenen Schlichtungsstelle verpflichtet, erfüllt die Voraussetzungen des § 6 Abs. 3, nicht aber eine Klausel, die die Schlichtungsstelle offenlässt. Individuelle vertragliche Regelungen scheiden (hingegen) regelmäßig aus, weil sie ad hoc geschlossen werden. **53**

---

[17] so unterscheidet für Richter *Stadler*, ZZP 2015, 128, 165 (169) mwN.
[18] BR-Drs. 258/15, 60, 67.

b) Ausnahmen

54   Mit dem erst im Laufe des Gesetzgebungsverfahrens geschaffenen Abs. 3 S. 2 ist klargestellt, dass die Wiederbestellung des Streitmittlers möglich ist. Denn bei dem Trägerverein, dem ein einschlägiges Unternehmen angehört, ist der Streitmittler regelmäßig im Sinne des Abs. 1 tätig. Er hätte deshalb jedenfalls bei enger Auslegung ohne die Klarstellung in S. 2 nicht wieder bestellt werden dürfen.

55   Fraglich ist, was für Personen gilt, die zum Zeitpunkt des Inkrafttretens des VSBG der **Funktion nach als Streitmittler** tätig waren. Zunächst gilt nach Art. 23 Abs. 2 S. 3 des Artikelgesetzes § 6 Abs. 3 VSBG insgesamt für Personen, die bei einer bisher schon gesetzlich anerkannten oder beauftragten Schlichtungsstelle (der Funktion nach) als Streitmittler tätig waren, ohnehin erst ab dem 30. April 2019. Dieser Personenkreis darf also auch im Falle karenzzeitrelevanter Vortätigkeit unbeschränkt bei der fraglichen Stelle oder bei einer anderen Verbraucherschlichtungsstelle (weiter-) beschäftigt werden. Diese Überleitungsvorschrift gilt freilich nicht für Tätigkeiten für andere Schlichtungsstellen. Wenn also jemand vor Inkrafttreten des VSBG als Streitmittler (der Funktion nach) bei einer bislang nicht gesetzlich anerkannten oder beauftragten Schlichtungsstelle tätig war, bewahrt ihn dies allein nicht vor der Anwendung des § 6 Abs. 3 VSBG. Die Ausnahme des Abs. 3 S. 2 sorgt aber dafür, dass die Tätigkeit als Streitmittler nicht zur Karenzzeitrelevanz führt. Personen, die gleich unter welcher Bezeichnung für einen einschlägigen Verband vor oder außerhalb der VSBG-Struktur geschlichtet haben, dürfen also ohne Einhaltung der Karenzzeit beschäftigt werden. Ob diese Ausnahme auch für Schlichtungseinrichtungen gilt, die sich nicht nach dem VSBG anerkennen lassen oder überhaupt erst nach Inkrafttreten des VSBG gegründet werden, erscheint fraglich. Denn solche Tätigkeiten für Unternehmerverbände außerhalb der Neutralitätsgarantien des VSBG können durchaus zu Abhängigkeiten führen, die dem Ziel von § 6 Abs. 3 VSBG zuwider laufen. Insgesamt scheint es deshalb naheliegend, die Ausnahme des Abs. 3 S. 2 nicht für Tätigkeiten bei neuen (erst nach Inkrafttreten des VSBG gegründete) Stellen gelten zu lassen und für Tätigkeiten bei Alt-Stellen nur dann, wenn sie bis zum 1. August 2016 nicht nach dem VSBG anerkannt worden sind. Die Überleitungsvorschrift für gesetzlich anerkannte oder beauftragte Stellen nach Art. 23 Abs. 2 S. 1 des Artikelgesetzes, kann entsprechend angewandt werden.

56   Die Ausnahme des Abs. 3 S. 2 ist insofern weit auszulegen, als nicht nur reine Streitmittlertätigkeiten erfasst sind. Hat die betroffene Person neben der Tätigkeit als Streitmittler auch solche etwa im **Management** der Verbraucherschlichtungsstelle wahrgenommen, darf sie als Streitmittler wiederbestellt werden,[19] sei es wie davor neben den Managementaufgaben oder dann in Vollzeit. Das Bestellungsverbot gilt aber dann, wenn die weitere Tätigkeit für den Verband außerhalb der VSBG-ADR erfolgte und auch, wenn die Person nur im Management der Verbraucherschlichtungsstelle tätig war. Letzteres mag zwar nicht vom Sinn und Zweck gefordert sein, scheint aber nach dem Wortlaut („als Streitmittler") eindeutig.[20]

57   Die zweite Ausnahme ergibt sich aus § 7 Abs. 5 S. 2 VSBG: Wenn der Streitmittler nicht allein eingesetzt wird, sondern im Rahmen eines Streitmittlergremiums (→ Rn. 6 f.), gilt die Vortätigkeitseinschränkung nicht. Streitmittlergremien müssen nach § 7 Abs. 5 S. 1 VSBG paritätisch[21] besetzt sein. Diese Bindung des einzelnen Streitmittlers

---

[19] Vgl. iE HK-VSBG/*Röthemeyer* § 6 Rn. 52.

[20] Vgl. HK-VSBG/*Röthemeyer* § 6 Rn. 53.

[21] Nach dem Zweck wird dieser Anforderung auch genügt, wenn neben den paritätisch vergebenen Gremiumsplätzen weitere neutralen, nicht verbandsgebundenen Personen vorbehalten werden. → Rn. 6.

an „seinen" Verband gilt dem Gesetzgeber durch die Bindung des oder der anderen Streitmittler(s) an Verbände aus dem anderen Lager offenbar als ausreichend ausgeglichen. Auf mögliche Gewichtungsunterschiede kommt es für diese Ausnahme nicht an. So mag die vormalige Zugehörigkeit zu dem einzigen Unternehmen, für das die Verbraucherschlichtungsstelle tätig ist, von erheblich größerer Bedeutung für die Unabhängigkeit sein als der Umstand, dass der weitere Streitmittler einem Verbraucherverband angehört hat. Andererseits erfasst § 6 Abs. 3 nur die abstrakte Gefahr, sodass der Streitmittler mangels Sperrwirkung (→ Rn. 61) zur Offenbarung seiner früheren Tätigkeit nach Maßgabe des § 7 Abs. 4 VSBG verpflichtet ist mit der Folge, dass die Parteien in jedem Einzelfall entscheiden können, ob der Streitmittler trotz einschlägiger Vortätigkeit eingesetzt werden kann.

c) Sinn und Regelungslücken

Mit der Karenzzeit soll verhindert werden, dass vormalige Bindungen an bestimmte **58** Unternehmen oder Verbände die Unbefangenheit des Streitmittlers gefährden. In der Tat mögen etwa persönliche Kontakte zu ehemaligen Kollegen Gefahren für die Neutralität begründen. Dennoch erscheint die Regelung insgesamt wenig überzeugend, regelt sie doch nur einen Ausschnitt des gesamten Gefahrenbereichs und schafft damit notwendig das Risiko (zu sehr) einengender Rückschlüsse für das nicht ausdrücklich geregelte Gefahrenspektrum. Dies ist umso misslicher, als das vom Gesetzgeber hier verfolgte Schutzziel mit den Regelungen in § 7 Abs. 3 und 4 wohl ohne weiteres ohnehin hätte erreicht werden können.

So sind zumindest vom Wortlaut des § 6 Abs. 3 S. 1 VSBG etwa folgende Konstella- **59** tionen nicht erfasst:

- nicht tätigkeitsbezogene Verbindungen wie Freundschaft oder Verwandtschaft zu Entscheidungsträgern im betroffenen Unternehmen,
- nicht an eine Vortätigkeit gebundene Interessen des Streitmittlers etwa aus Teilhaberschaft am Unternehmen,
- Einschlägige Tätigkeiten ohne Vergangenheitsbezug wie etwa laufende Nebentätigkeiten für das Unternehmen oder Verträge, die sich auf die Zeit nach Beendigung der Streitmittlertätigkeit beziehen,
- nicht unmittelbar auf den Streitmittler bezogene einschlägige Tätigkeiten wie die seines Lebenspartners oder eines Verwandten.

Auch wenn einige dieser Konstellationen nach Sinn und Zweck von § 6 Abs. 3 S. 1 **60** VSBG ersichtlich erfasst sind oder sogar eine im Vergleich hierzu noch klarere Befangenheitslatenz aufweisen wie etwa eine bestehende Tätigkeit für ein einschlägiges Unternehmen, fällt es schwer, § 6 Abs. 3 VSBG auf diese Konstellationen (analog) anzuwenden. Bei einer zur Zeit der (beabsichtigten) Berufung des Streitmittlers noch bestehenden Tätigkeit mag das gelingen, weil die Tätigkeit den erforderlichen Vergangenheitsbezug hat und der Wortlaut („tätig gewesen ist") nicht als die Gegenwart auszuschließen gedeutet werden muss. Aber schon die Erfassung einer nach Bestellung zum Streitmittler (neu) begründeten Tätigkeit fällt schwer. Denn dem Gesetzgeber stand diese Konstellation in Gestalt von Regelungswerken, auf die die Bundesregierung sich ausdrücklich bezog, vor Augen, sodass von einer planwidrigen Lücke, die mittels Analogie geschlossen werden dürfte, nicht die Rede sein kann.[22]

Allerdings muss andererseits § 6 Abs. 3 VSBG keine Sperrwirkung mit Blick auf **61** § 7 VSBG entnommen werden. Zwar ist § 6 Abs. 3 S. 1 VSBG lex specialis insoweit,

---

[22] Vgl. iE HK-VSBG/*Röthemeyer* § 6 Rn. 59.

als es einen Anwendungsbereich möglicher Einschränkungen der Unabhängigkeit und Unparteilichkeit des Streitmittlers regelt. Weder dem Wortlaut noch den Gesetzesmaterialien ist aber der Wille des Gesetzgebers zu entnehmen, kritische Beziehungen zu betroffenen Unternehmen etc. in § 6 Abs. 3 VSBG abschließend zu regeln. Es kann also auf die Pflichten des Streitmittlers in § 7 Abs. 3 und Abs. 4 zurückgegriffen werden. Mithin hat der Streitmittler in den (allen) oben geschilderten und weiterer Konstellationen die Verbraucherschlichtungsstelle und die Parteien zu unterrichten. Diese haben dann die Pflicht bzw. die Möglichkeit, den (weiteren) Einsatz des Streitmittlers fallbezogen zu verhindern. Die Verbraucherschlichtungsstelle bzw. der Träger hat in krassen Fällen zudem die Möglichkeit, den Streitmittler abzuberufen (§ 8 Abs. 2 Nr. 3 VSBG).

3. Mindestamtsdauer und Abberufungseinschränkungen (§ 8 VSBG)

62   Das Gesetz setzt hier eine sehr konkrete Vorgabe der ADR-Richtlinie um, die in Art. 6 Abs. 1 Buchst. b zum einen einen Berufungszeitraum verlangt, „der ausreichend lang ist, um die Unabhängigkeit" der Streitmittler „zu gewährleisten" und zum anderen sicherzustellen, dass Streitmittler „nicht ohne triftigen Grund ihres Amtes enthoben werden können". Die ADR-Richtlinie teilt also schon in der Norm als Regelungsziel die **Sicherung der Unabhängigkeit** mit, ein Ziel, das für beide Regelungen gleichermaßen gilt. Der Streitmittler soll nicht durch kurze Amtszeiten oder niedrigschwellige Kündigungsmöglichkeiten der tatsächlichen oder nur angenommenen Gefahr ausgesetzt sein, durch missliebiges Agieren seinen Job zu verlieren. Er soll so vor der Neigung bewahrt werden, die Schlichtung an den tatsächlichen oder vermeintlichen Interessen der Verbraucherschlichtungsstelle auszurichten, die ihrerseits darin bestehen können, Interessen ihrer (Haupt-)Finanzierer, also die Interessen der Unternehmen wahrzunehmen.

a) Mindestamtsdauer

63   Das deutsche Gesetz verlangt in Satz 1 eine „angemessene" Dauer, die nach Satz 2 drei Jahre nicht unterschreiten soll. Auch Satz 1 dient nach dem aus der ADR-Richtlinie abgeleiteten und in der Gesetzesbegründung mitgeteilten Auftrag nicht etwa der Vermeidung überlanger Berufungszeiten, sodass auch eine unbefristete Beschäftigung statthaft ist. Das Maß der Regelmindestdauer hat das VSBG einer Wertung der ADR-Richtlinie in einem anderen, noch kritischeren Zusammenhang entnommen,[23] sodass die Regelmindestvorgabe von drei Jahren als sicher europarechtskonform angesehen werden kann. Die **gewisse Flexibilität,** die sich aus der „Soll"-Vorgabe ergibt, erlaubt die Berücksichtigung von Besonderheiten der Branche, des Streitschlichtungsmarktes, der Verbraucherschlichtungsstelle und auch solche in der Person des Streitmittlers. So mag es sein, dass die Entwicklung von Branche oder Schlichtungsmarkt ungewiss sind oder sie kurzfristig eintretenden Umbrüchen ausgesetzt ist. Oder die Streitschlichtungsstelle selbst mag sich in einer Konsolidierungsphase befinden, die eine auch nur ansatzweise valide Aussage über die Entwicklung der nächsten drei Jahre nicht zulässt. Oder der Kandidat selbst mag ein Interesse an einer kürzeren Bindung haben. In all diesen Fallgruppen kann die Bestellung für einen kürzeren Zeitraum vorgenommen werden, solange auf andere Weise die Unabhängigkeit des Streitmittlers sichergestellt ist. Das kann etwa durch Vertragsklauseln geschehen, die den genannten

---

[23] Vgl. iE HK-VSBG/*Röthemeyer* § 8 Rn. 4.

Unsicherheiten Rechnung tragen oder durch die Einräumung von Abstandszahlungen für den Fall, dass es nicht zu einer in Aussicht gestellten Verlängerung auf mindestens drei Jahre kommt. Soweit eine kürzere Amtszeit dem Interesse des Streitmittlers dient, kommt freilich in Betracht, diesem bei gegebener dreijähriger Amtszeit ein Sonderkündigungsrecht einzuräumen.

b) Abberufungsbeschränkungen

§ 8 Abs. 2 VSBG nennt als triftige Gründe im Sinne von Art. 6 Abs. 1 Buchst. b der **64** ADR-Richtlinie den Verlust der Unabhängigkeit (Nr. 1), die dauerhaften Verhinderung der Amtsausübung (Nr. 2) und andere wichtige Gründe (Nr. 3).

Die Feststellung des Unabhängigkeitsverlusts (Nr. 1) erfordert eine Prognose („nicht **65** mehr erwarten lässt"), die auf sich auf Tatsachen gründen muss. Eine einmalige Befangenheit dürfte hierfür kaum ausreichen, eher schon die wie auch immer festzustellende Tendenz zur einseitigen Benachteiligung der Verbraucher- oder Unternehmerseite bei der Entwicklung von Schlichtungsvorschlägen. Auch ohne solche Anhaltspunkte kann ein Näheverhältnis zu Unternehmen (auch) außerhalb des Anwendungsbereichs von § 6 Abs. 3 VSBG die Abberufung rechtfertigen; man denke an den Extremfall, dass dem Streitmittler für den Fall unternehmerfreundlicher Schlichtungsvorschläge eine lukrative Stelle in Aussicht gestellt wird. Die **Negativprognose** verlangt stets die Abwägung mit anderen Interventionsmöglichkeiten etwa in Gestalt von Abmahnungen, Belehrungen, Fortbildungen oder ähnliches, sodass die Abberufung die ultima ratio darstellt. Das schließt freilich nicht die Abberufung nach erstmaligem Verstoß oder erstmaligem Auftreten von unabhängigkeitsrelevanten Umständen aus, diese müssen hierfür freilich ein entsprechendes Gewicht haben wie in dem oben gebildeten Korruptionsfall.

Der dauerhafte Verlust der Amtsfähigkeit (Nr. 2) kann sich etwa aus schwerer **66** Krankheit, dem Verlust der Zertifizierung oder der Befähigung zum Richteramt ergeben. Hierbei kommt es auf die generelle Amtsfähigkeit an, nicht auf Umstände, die (nur) dem konkreten Träger wichtig sind.

Andere wichtige Gründe (Nr. 3) bedürfen eines Gewichts, das dem der beiden ausdrücklich geregelten vergleichbar ist. In Betracht kommen etwa schwerwiegende Vertragsverletzungen, auch wenn sie weder die Neutralität noch die Amtsfähigkeit in Frage stellen.

4. Vergütungsbezogene Sicherungen der Neutralität (§ 7 Abs. 2 VSBG)

a) Beschäftigungs- und Vergütungsverbot (Satz 1)

Das Verbot, dass der Streitmittler von nur einem Unternehmer vergütet wird, bezieht **68** sich ausweislich der Begründung des Regierungsentwurfs[24] auf Art. 2 Abs. 2 Buchst. a ADR-Richtlinie, die von ihrem Anwendungsbereich unternehmenseigene Streitmittlung grundsätzlich ausschließt. Allerdings ist schon in § 1 Abs. 2 VSBG klargestellt, dass solche unternehmenseigenen oder unternehmensaffinen Kundenbeschwerdestellen vom Anwendungsbereich des VSBG ausgeschlossen sind. § 1 Abs. 2 VSBG schließt Schlichtungsstellen aus, die von nur einem Unternehmen getragen oder finanziert werden, in Verbindung mit der Vorgabe zur Vereinsträgerschaft nach § 3 VSBG ist der Anwendungsbereich schon dieser Beschränkung auf Fälle reduziert, in denen ein Unternehmen

---

[24] BR-Drs. 258/15, 68

zusammen mit mindestens sechs anderen Rechtsträgern einen Trägerverein unterhält, aber ihn oder die Schlichtungsstelle allein finanziert. Ist also nach §§ 1, 3 VSBG gesichert, dass die Finanzierung durch mehrere Unternehmen (oder sonstige Rechtsträger) erfolgt, erschöpft sich der Anwendungsbereich § 7 Abs. 1 S. 1 in der Klarstellung, dass im Rahmen der Trägerstruktur nicht eine Konstruktion gewählt werden darf, in der nicht der Träger, sondern (nur) ein (einzelnes) Unternehmen die Streitmittler beschäftigt oder vergütet. Ob freilich eine solche Konstruktion der Trägerregelung in § 3 VSBG überhaupt entspräche, ist zweifelhaft. Dieser Frage nachzugehen, ist aber müßig, da die Regelung in § 7 Abs. 1 S. 1 jedenfalls „unschädlich" ist.

b) Verbot ergebnisbezogener Vergütung (Satz 2)

69   Das Verbot eines Zusammenhangs zwischen Vergütung und Ergebnis des Verfahrens ist unmittelbar der Vorgabe in Art. 6 Abs. 1 Buchst. d ADR-Richtlinie entnommen. Zweck auch dieser Regelung ist ausweislich der Überschrift die Sicherung der Neutralität des Streitmittlers. Es versteht sich von selbst, dass eine Prämie für unternehmens- oder verbraucherfreundliche Ergebnisse, gleich an welchem Maßstab sie festzumachen wären, den Streitmittler manipuliert. Eine solche Lenkung wäre freilich **Korruption,** verstieße gewiss gegen andere Vorschriften wie schon § 7 Abs. 1 VSBG und wäre zudem recht plump – alles Umstände, die die Bundesregierung bewogen haben mögen, in der Begründung hervorzuheben, zu dieser „Klarstellung" von der Richtlinie gezwungen zu sein.[25]

70   Allerdings kommt der Vorschrift über das Verbot von Korruption (Prämie für sachfremde, aber interessengeleitete Schlichtungsvorschläge)[26] hinaus noch eine weitere Bedeutung zu. In der Begründung des Regierungsentwurfs ausdrücklich angesprochen ist das **Verbot einer Erfolgsprämie.** Damit könnte insbesondere eine Leistungsprämie oder eine leistungsabhängige Vergütung in dem Sinne ausgeschlossen sein, dass der Streitmittler nicht für die Zahl oder die Quote zustande gebrachter Einigungen belohnt werden darf. Die Einigungsquote ist gleichsam das aggregierte Ergebnis aller Verfahren oder einer Vielzahl von Verfahren, deren Miterfassen der Wortlaut des Gesetzes nahelegt, der ja nicht von dem Ergebnis „des" Verfahrens spricht, sondern den Plural verwendet („Ergebnis von Streitbeilegungsverfahren"). Man kann dieses Verbot einer Prämierung guter Arbeit auch für sachgerecht halten, beugt dies doch jeder Tendenz des Streitmittlers, auf das Ergebnis, genauer auf die Akzeptabilität des Schlichtungsvorschlags zu orientieren, vor. Man kann dies aber auch für über das Ziel hinausgeschossen halten, hindert dieses Verbot doch jede Prämierung etwa mediativen Geschicks und Aufwands, sorgfältiger Analyse von Interessenlagen und Streitdynamiken, kurzum des Kerngeschäfts des Streitmittlers. Eine Verbraucherschlichtungsstelle, die in der Außendarstellung auch im Wettbewerb mit hohen Erfolgsquoten im Sinne eines hohen Anteils von Einigungen hervortreten möchte, hätte keine Möglichkeit, die Streitmittler an Erfolgen dieser Art finanziell teilhaben zu lassen. Das könnte zu einer am Ziel der Regelung, (nur) Korruption auszuschließen, Unabhängigkeit und Qualität der Streitmittlerleistung zu sichern, ausgerichteten Auslegung führen, die bei ausgeschlossener Einseitigkeit **gewisse Leistungsanreize für nachhaltige Konfliktlösung** (doch) zulässt.[27]

---

[25] BR-Drs. 258/15, 68

[26] An sich ist der Schlichtungsvorschlag noch nicht das Ergebnis, ist gleichwohl auch gemeint: vgl. iE HK-VSBG/*Röthemeyer* § 7 Rn. 14.

[27] Vgl. iE HK-VSBG/*Röthemeyer* § 7 Rn. 15.

5. Offenbarungspflichten zu neutralitätskritischen Umständen

a) Übersicht

§ 7 Abs. 3 und 4 VSGB enthält die Pflicht des Streitmittlers, den Träger der Verbraucherschlichtungsstelle und den Parteien Umstände zu offenbaren, die seine Unabhängigkeit oder Unparteilichkeit beeinträchtigen können. Abs. 4 S. 2 stellt zudem mit einem **auflösend bedingten Tätigkeitsverbot** sicher, dass der Streitmittler in solchen Fällen nur, aber immerhin doch mit Zustimmung der Parteien (weiterhin) tätig werden darf. Mit diesem Konzept aus Transparenz und Parteiensteuerung setzt sich das VSGB konstruktiv von den staatlichen Prozessordnungen ab und schließt sich fast wörtlich an § 3 Abs. 1 MediationsG an. Dies wird dem Unterschied zwischen staatlichen Prozess und privater Schlichtungsarbeit durchaus gerecht. Im staatlichen Prozess steht die Unbefangenheit des Richters in einem Spannungsverhältnis zu dem grundgesetzlich verbürgten Anspruch der Parteien auf den „gesetzlichen" Richter, weshalb bei der Prüfung von Befangenheitsgründen eine gewisse Objektivierung erforderlich ist, während im privaten Schlichtungsverfahren in kritischen Fällen den (informierten!) Parteien ohne weiteres die (gemeinsame) Entscheidung über die (weitere) Mitwirkung eines Streitmittlers überlassen werden kann. **71**

b) Offenbarungspflichtige Umstände

aa) Perspektive

Es geht um Umstände, die die Unabhängigkeit oder Unparteilichkeit beeinträchtigen *können*, es kommt auf das Beeinträchtigungspotential an, nicht darauf, dass eine Beeinträchtigung vorliegt. Ob der Streitmittler sich selbst für befangen bzw. die neutralitätsrelevanten Zweifel für durchschlagend hält, ist nicht wesentlich. Es kommt auch nicht auf eine objektivierte Sicht einer „vernünftigen" Partei an. Vielmehr kann und sollte der Streitmittler sich auf den Standpunkt der (konkreten) Parteien stellen. Wenn er **Anhaltspunkte** dafür findet, dass die Parteien oder eine der Parteien seine Mitwirkung kritisch betrachten könnte, sollte er die betreffenden Umstände offenbaren. **72**

bb) Beispiele

Sucht man nach einer Einteilung in Betracht kommender Umstände und nach Beispielen, liegt eine Orientierung an den Maßstäben von § 41 der Zivilprozessordnung nahe, die reduziert auf den zur Übertragung auf die VSBG-ADR geeigneten Teil lautet: **73**

„§ 41 ZPO

Ein Richter ist von der Ausübung des Richteramtes kraft Gesetzes ausgeschlossen:

1. in Sachen, in denen er selbst Partei ist oder bei denen er zu einer Partei in dem Verhältnis eines Mitberechtigten, Mitverpflichteten oder Regresspflichtigen steht;
2. in Sachen seines Ehegatten, auch wenn die Ehe nicht mehr besteht;
2a. in Sachen seines Lebenspartners, auch wenn die Lebenspartnerschaft nicht mehr besteht;
3. in Sachen einer Person, mit der er in gerader Linie verwandt oder verschwägert, in der Seitenlinie bis zum dritten Grad verwandt oder bis zum zweiten Grad verschwägert ist oder war;
4. in Sachen, in denen er als Prozessbevollmächtigter oder Beistand einer Partei bestellt oder als gesetzlicher Vertreter einer Partei aufzutreten berechtigt ist oder gewesen ist;
5. in Sachen, in denen er als Zeuge oder Sachverständiger vernommen ist;
6. in Sachen, in denen er in einem früheren Rechtszug oder im schiedsrichterlichen Verfahren bei dem Erlass der angefochtenen Entscheidung mitgewirkt hat, sofern es sich nicht um die Tätigkeit eines beauftragten oder ersuchten Richters handelt;
...

3. in Sachen, in denen er an einem Mediationsverfahren oder einem anderen Verfahren der außergerichtlichen Konfliktbeilegung mitgewirkt hat."

74   Die Befangenheitsgründe lassen sich unterteilen in die Fallgruppe persönlicher Nähe (Nr. 2, 2a, 3), die Fallgruppe Interessenkonflikte (Nr. 1, 4) und in die Fallgruppe Vorbefassung (Nr. 5, 6, 8). Die beiden ersten Fallgruppen mögen ohne weiteres auf die VSBG-ADR übertragbar sein, während die Fälle der Vorbefassung sich in der Verbraucherschlichtung grundsätzlich anders darstellen. Der Streitmittler wird kaum selbst in einem Gerichtsverfahren Zeuge oder Sachverständiger gewesen sein, schon weil § 14 Abs. 2 Nr. 2 VSBG der Verfahrensordnung erlaubt, die Bearbeitung von anhängigen oder anhängig gewesenen Streitigkeiten auszuschließen. Auch die Nr. 6 wird kaum direkt einschlägig sein und die Übertragung des darin steckenden Gedanken dürfte auf die Konstellation der Nr. 8 beschränkt sein. Ob allerdings die frühere konsensuale Befassung außerhalb der VSBG-Schlichtung die Neutralität beeinträchtigen kann, wird eine Frage des Einzelfalls sein.

75   Anders als § 41 ZPO, der den Richter unmittelbar vom Verfahren ausschließt, löst § 7 Abs. 4 VSBG nur eine Informationspflicht aus. Die Verfahrensordnung kann allerdings die unmittelbare Wirkung entsprechend § 41 ZPO herbeiführten, indem sie etwa dem Träger die Ablösung des Streitmittlers in diesen Fällen aufgibt. Die gesetzliche Konstruktion in § 7 Abs. 4 VSBG setzt freilich auf die Entscheidung der Parteien, was sachgerecht ist.

76   Über den Katalog des § 41 ZPO hinaus gestattet § 42 Abs. 1 ZPO den Parteien, den Richter auch aus sonstigen Gründen „wegen **Besorgnis der Befangenheit** abzulehnen". Ein solches Ablehnungsrecht kennt das VSBG nicht, freilich steht es der Verfahrensordnung frei, ein solches zu schaffen. Sieht sie davon ab, ist die Pflicht des Streitmittlers zur Information über solche Umstände von noch größerer Bedeutung. Allerdings werden solche neutralitätsrelevanten Umstände sehr viel seltener vorliegen als im gerichtlichen Verfahren, in dem eine mögliche Voreingenommenheit des Richters wegen dessen Befugnis zu entscheiden und nicht nur (allenfalls) einen Vorschlag zu unterbreiten, von wesentlich größerer Bedeutung ist. Die Begründung zum Mediationsgesetz enthält zu einer entsprechenden Regelung immerhin folgendes Beispiel: Der Mediator hat selbst Interesse an dem Gegenstand, um den die Parteien streiten.[28]

c) Adressaten, Abstufungen und Zusammenspiel der Offenbarungspflichten

77   Die Offenbarungspflichten aus § 7 VSBG gegenüber dem Träger Verbraucherschlichtungsstelle einerseits und den Parteien andererseits stehen in einem gestuften Verhältnis zueinander. Abs. 3 erfasst „Umstände", Abs. 4 „alle Umstände". Das bedeutet, dass nach der Vorstellung des Gesetzgebers nicht alles, was den Parteien zu offenbaren ist, auch für die Schlichtungsstelle relevant ist. Weiter verlangt Abs. 3 die „unverzüglich(e)" Mitteilung an den Träger, während dieses Beschleunigungsgebot den Parteien gegenüber nicht gilt. Letzteres ist deshalb gerechtfertigt, weil der Streitmittler nach Abs. 4 S. 2 bis zur Information der Parteien und deren Reaktion ohnehin an der weiteren Tätigkeit in dem betroffenen Verfahren gehindert ist. Dies gilt ggf. auch während des Zeitraums zwischen der Information des Trägers und dessen Reaktion, denn das Tätigkeitsverbot knüpft nicht an die Offenlegung gegenüber den Parteien an, sondern an das bloße „Vorliegen solcher Umstände", was alle in Abs. 3 genannten Umstände einschließt.

---

[28] BT-Drs. 17/5335, 14.

Diese Abstufungen legen das folgende, allerdings weder geregelte noch in der Geset- **78** zesbegründung zum Ausdruck kommende **Konzept** nahe.

Schwerwiegende Umstände teilt der Streitmittler dem Träger sofort mit, damit dieser **79** übergreifende, nicht nur, aber auch das konkrete Verfahren betreffende Maßnahmen ergreifen kann. Ist etwa die Ehefrau des Streitmittlers zum Vorstand eines Unternehmens berufen worden, das sich regelmäßig an Verfahren vor der betreffenden Schlichtungsstelle beteiligt, wird der vom Streitmittler (oder anderweitig) informierte Träger etwa durch Änderung der Geschäftsverteilung dafür sorgen, dass der Streitmittler in den Verfahren mit dem betreffenden Unternehmen nicht mehr eingesetzt wird. Die Benachrichtigung der Parteien nach Abs. 4 kann dann – zeitlich nachrangig – auch vom Träger bzw. von der Verbraucherschlichtungsstelle übernommen werden. Bis zur Entscheidung des Trägers ist der Streitmittler an der (weiteren) Tätigkeit in diesen Verfahren gehindert, die Parteien haben in diesem Fall nicht über Abs. 4 S. 2 die Möglichkeit der Zustimmung zur weiteren Tätigkeit. Allerdings zwingt das Gesetz in diesen Fällen nicht notwendig zur Offenbarung nach Abs. 4. Der Zweck des Gesetzes ist erreicht, wenn durch eine Ablösung des Streitmittlers, deren Gründe intern bleiben, dessen (weitere) Mitwirkung an den betroffenen Verfahren verhindert wird. Das Prinzip des gesetzlichen Richters, also die in Art. 101 Abs. 2 Grundgesetz für den staatlichen Prozess verbürgte Garantie, dass „niemand seinem gesetzlichen Richter entzogen" werden darf, gilt nach dem VSBG nicht. Anders als die Justiz benötigt also weder der Streitmittler noch der Träger oder die Verbraucherschlichtungsstelle einen „guten" Grund für den Wechsel des Streitmittlers und schuldet mithin auch keine Erklärung. Allerdings kann die Verfahrensordnung eine gerichtsanalog im Voraus bestimmte Zuständigkeit vorsehen und auch Bindungen an das Prinzip des gesetzlichen Richters schaffen.

Bei **weniger gravierenden Umständen** ohne Auswirkungen auf andere Verfahren ge- **80** nügt die Mitteilung an die Parteien. Ist dem Streitmittler etwa der Verbraucher aus der gemeinsamen Mitgliedschaft in einem Sportverein bekannt, so kommen ersichtlich keine weitergehenden Maßnahmen oder überhaupt ein Eingreifen des Trägers in Betracht. Freilich kann die Verfahrensordnung dies anders regeln und den Streitmittler zur Information des Trägers auch in diesen Fällen verpflichten und den Träger auch im Verhältnis zu den Parteien agieren lassen.

Ist der Streitmittler unsicher, ob vorliegende Umstände eine Unterrichtung der Par- **81** teien gebieten oder rechtfertigen, kann er sich (zunächst) auch auf die Offenbarung gegenüber dem Träger nach Abs. 3 beschränken und abwarten, wie dieser reagiert. Damit kann eine gewisse Neutralisierung der Abwägung auch zur Entlastung des Streitmittlers erreicht werden. Allerdings sollte der Streitmittler sich bis zur Entscheidung des Trägers vorsorglich nicht mit dem betreffenden Fall befassen, weil er sonst womöglich gegen das Tätigkeitsverbot gem. Abs. 4 S. 2 verstoßen könnte. Eine solche Nutzung der im Gesetz angelegten **Stufigkeit der Offenbarungspflichten** kann auch in der Verfahrensordnung oder im Streitmittlervertrag festgelegt werden.

6. Weisungsfreiheit (§ 7 Abs. 1 VSBG)

a) Einführung

§ 7 Abs. 1 formuliert den Grundsatz der Unabhängigkeit und Unparteilichkeit. **82** Allerdings ist die Regelung in Satz 1 („ist unabhängig") dem Wortlaut nach eher die Feststellung von etwas bereits vorhandenem als ein befolgbarer Normbefehl. Auch die Aufforderung, Gewähr für Unparteilichkeit zu bieten, ist eher Appell als konkrete auf Rechtsfolgen zielende Regelung. Neben diesen Programmsätzen enthält Abs. 1 mit der

Weisungsfreiheit aber auch eine substantielle Vorschrift. Sie richtet sich nach ihrem Wortlaut an den Streitmittler, der Weisungen (wessen auch immer) nicht zu beachten habe. Mittelbar schafft er aber auch die Pflicht des Trägers und der Verbraucherschlichtungsstelle, Weisungen zu unterlassen.

b) Gegenstand der Weisungsfreiheit als Streitmittler

83   Vor Weisungsabhängigkeit geschützt ist (nur) der Kern der Streitmittlertätigkeit. Es geht hier vor allem um Aufgaben, die das VSBG dem Streitmittler unmittelbar zuordnet. Im Mittelpunkt steht dabei der Schlichtungsvorschlag nach § 19. Aber auch die Ablehnung der Durchführung des Verfahrens (§ 14 Abs. 1 und 2), die letztendliche Entscheidung, ob mündlich erörtert wird (§ 17 Abs. 2), und die Beendigung nach § 15 Abs. 2 weist das VSBG dem Streitmittler zu, schließlich noch die Vereinbarung einer in der Verfahrensordnung nicht vorgesehenen Fremdsprache (§ 12 Abs. 2 S. 2). Die Zuweisung aller anderen Aufgaben überlässt das VSBG der Verbraucherschlichtungsstelle (→ § 3 Rn. 1 ff.). Im Gegenschluss bedeutet dies aber jedenfalls nicht, dass die Verbraucherschlichtungsstelle oder gar ihr Träger, wenn er solche Entscheidungen dem Streitmittler überlässt, insoweit ein Weisungsrecht beanspruchen dürfte. Im Gegenteil ist hier im Kontext mit der Verfahrensordnung die **Gesamtverantwortlichkeit** gefordert.

84   Abzugrenzen ist hierbei von Aufgaben, die zwar iwS der Streitmittlertätigkeit zuzuordnen sind (zu weiteren Aufgaben vgl. unter → Rn. 89 ff.), die aber **außerhalb der Kernverantwortlichkeit** des Streitmittlers liegen. So kann die Verbraucherschlichtungsstelle dem Streitmittler, jedenfalls wenn er Angestellter ist (zur möglichen Freiberuflichkeit vgl. unter → Rn. 93), zB das Büro und die Arbeitsmittel zuweisen, Arbeitszeiten vorgeben und ihn auch in einen arbeitsteiligen Verfahrensablauf einbinden. Solche zur Direktionsbefugnis des Arbeitgebers gehörenden Maßnahmen finden ihre rechtliche Grenze erst dort, wo der Kernbereich der Streitmittlertätigkeit betroffen ist.

85   Dieser Kernbereich wird vom Gesetz und von der Verfahrensordnung bestimmt. Immer dann, wenn diese Regelungsmaterien dem Streitmittler eine **Aufgabe in dieser Funktion** zuordnen, ist der Streitmittler vor Weisungen geschützt. Andererseits muss er die Vorgaben von Gesetz und Verfahrensordnung beachten. Dies ist das Äquivalent zur Rechtsbindung des staatlichen Richters. Die Verfahrensordnung freilich muss den Vorgaben des VSBG entsprechen, insbesondere die Unabhängigkeit des Streitmittlers hinreichend beachten.

c) Spannungsverhältnis Weisungsfreiheit und Verfahrensordnung

86   Um die Weisungsfreiheit des Streitmittlers einordnen zu können, liegt ein Vergleich mit der Weisungsfreiheit des staatlichen Richters nahe. Diese ist nicht ausdrücklich geregelt, sondern sie leitet sich aus Art. 97 des Grundgesetzes ab, wonach Richter „unabhängig und nur dem Gesetze unterworfen" sind. Die entsprechende Wendung findet sich in § 25 Deutsches Richtergesetz und in § 1 des Gerichtsverfassungsgesetzes sowie für Rechtspfleger in § 9 Rechtspflegergesetz. Wenn demgegenüber das VSBG die Gesetzesunterwerfung nicht erwähnt, bedeutet das natürlich nicht, dass Streitmittler Gesetze nicht zu beachten hätten. In § 7 Abs. 1 S. 1 VSBG wählt der Gesetzgeber lediglich eine **andere Konstruktion zur Herstellung der Weisungsfreiheit.** Im Grundgesetz und Rechtspflegergesetz wird sie indirekt konstruiert: „nur" an Gesetz gebunden zu sein, bedeutet fehlende anderweitige Bindung. Wenn das VSBG demgegenüber die Regelung direkt trifft, hat dies vor allem den Hintergrund, dass die Bindung des Streitmittlers allein an das Gesetz leer liefe. Denn das VSBG gibt dem Streitmittler anders als die Zivilprozessordnung dem Richter kein geschlossenes Verfahrensrecht, erst recht kein anderes Gesetz. Ein Streitmittler, der wie ein staatlicher Richter „nur" an „das" Gesetz gebunden wäre, unterläge für seine Tätigkeit letztlich also, abgesehen von basalen Vorgaben wie der Gewährung rechtlichen Gehörs (§ 17 VSBG), keinen Regelungen.

Diese Lücke füllt § 5 VSBG, indem es von der Verfahrensordnung die Bestimmung **87** „des Konfliktbeilegungsverfahren(s)" verlangt sowie die Regelung der „Einzelheiten seiner Durchführung". Das VSBG verschiebt also im Vergleich mit dem Gerichtsverfahren die Regelungsebene vom Gesetz zu einer nichtstaatlichen Norm. Damit gibt sie dem Träger ein Maß an Steuerung, dessen Verhältnis zum Unabhängigkeitsgebot nicht unproblematisch erscheint. Die Verfahrensordnung könnte etwa Weichenstellungen im Interesse der Geschäftspolitik enthalten, zB im Kosten- oder Geschwindigkeitsinteresse zur Oberflächlichkeit anhalten oder gar – mehr oder weniger subtil – zu unternehmer- oder verbraucherfreundlichen Schlichtungsvorschlägen anhalten.

Solchen Gefahren wirkt allerdings § 9 Abs. 1 S. 1 VSBG strukturell dadurch entgegen, **88** dass jedenfalls bei einseitiger Trägerstruktur die jeweils andere Verbandsseite ua zur Verfahrensordnung zu beteiligen ist. Ferner hat die Schlichtungsstelle bzw. der Träger der Anerkennungsbehörde (dem Bundesamt für Justiz) gem. § 25 Abs. 1 Nr. 1 VSBG die Verfahrensordnung vorzulegen. Das Bundesamt für Justiz prüft anhand der Verfahrensordnung die Einhaltung gesetzlicher Vorgaben, zu denen die Unabhängigkeit der Streitmittler als zentrale Anforderung des VSBG gewiss gehört. Bei dieser Überprüfung allerdings wird das Bundesamt für Justiz kaum die Regelungsdichte als solche beanstanden, also nicht etwa Handlungsfreiheiten für den Streitmittler bei der Verfahrensgestaltung einfordern. Zum einen verlangt § 5 Abs. 1 S. 2 VSBG – im Gegenteil – sogar die Regelung von Einzelheiten, zum anderen enthält auch und gerade staatliches Prozessrecht recht kleinteilige Regelungen etwa zum Klageinhalt (§ 253 ZPO),[29] zum Gang der Verhandlung (§ 137 ZPO) oder zur Beweiserhebung (§§ 355 ff. ZPO). Da also die Unabhängigkeit des staatlichen Richters schon wegen seiner Kompetenz, den Streit durch Urteil oder Beschluss zu entscheiden, noch (erheblich) bedeutsamer ist als die des in aller Regel (Ausnahme → § 6 Rn. 75 ff.), ja nur (allenfalls) zum Vorschlag befugten Streitmittlers, lässt sich kaum vorstellen, dass die Verfahrensordnung wegen ihrer Regelungsdichte an sich problematisch sein könnte. Wesentlich ist vielmehr die qualitative Perspektive. Wenn die Verfahrensordnung etwa ungleiche oder unzureichende Stellungnahmefristen (vgl. § 17 Abs. 1 S. 2) vorgibt, kann den Streitmittler dies zu Verstößen gegen die Neutralitätspflicht (§ 7 Abs. 1) oder das rechtliche Gehör (§ 17) anhalten. Kritisch können auch Vorgaben zur Entwicklung des Schlichtungsvorschlags (§ 19) sein. Die Vorgabe eines so genannten „Schlichtungsrabatts" (→ Rn. 91) – um einen Extremfall zu konstruieren – wäre sicher zu beanstanden. Unkritisch hingegen mag eine Verpflichtung des Streitmittlers auf strikte Orientierung auf rechtliche Maßstäbe sein; öffnende Regelungen, die die Handlungsmöglichkeiten des Streitmittlers erweitern, ebenso. Konkrete Festlegungen dazu, ob und in welchem Umfang vom geltenden Recht abzuweichen ist, sind dagegen kritisch, weniger mit Blick auf § 19 (→ § 6 Rn. 42), wohl aber wegen der Unabhängigkeit, die zumindest eine hinreichende Berücksichtigung der Umstände des Einzelfalls verlangt.

d) Anderweitige Tätigkeiten

Die Weisungsfreiheit ist auf die Tätigkeit als Streitmittler beschränkt. Der Streitmitt- **89** ler kann neben dieser Tätigkeit allerdings auch andere Aufgaben in der Verbraucher-

---

[29] Die Betrachtung wird auf den Zivilprozess beschränkt, weil die weiteren Prozessgesetze nicht einschlägig sind.

schlichtungsstelle wahrnehmen. Dagegen gibt es grundsätzlich keine rechtlichen Vorbehalte und für diese Tätigkeitsanteile gilt die Weisungsfreiheit nicht.

90   Zu denken ist etwa an die Wahrnehmung von **allgemeinen Verwaltungsaufgaben,** besonderen Aufgaben wie die des Pressesprechers, von Management- und Leitungsfunktionen bis hin zur Gesamtleitung der Schlichtungsstelle (Ombudssystem → Rn. 40).

91   Das VSBG enthält hierzu explizit keine Einschränkungen, anders als bei staatlichen Richtern sind Unvereinbarkeiten mit gewissen Ämtern nicht geregelt. Allerdings könnte man an Einschränkungen unter dem Gesichtspunkt der Unabhängigkeit dann denken, wenn ein Zusammenhang zwischen den Ergebnissen der Streitmittlertätigkeit und den Zielen der weiteren Aufgaben besteht. So wird für den Trägerverein und den Träger im Allgemeinen ein Interesse an gewissen Fallzahlen bestehen, sei es unter dem Aspekt der Existenzsicherung der Stelle, sei es unter Expansionsgesichtspunkten. Als Marketingaspekt gegenüber Unternehmen können deren mögliche Erwartungen an ihnen genehmen Ergebnissen („Schlichtungsrabatt") schon im Ansatz keine Rolle spielen, weil die Verbraucherschlichtungsstelle schon mit dem bloßen Versprechen einer Steuerung in dieser Richtung ihre Pflicht zur Achtung der Unabhängigkeit der Streitmittler verletzte (oder ein „leeres Versprechen" ausspräche). Die Leitungsebene bzw. der mit der Akquisition beauftragte Mitarbeiter könnte aber verführt sein, subtile Botschaften in dieser Rechnung zu senden, die einzulösen er sich bei der Tätigkeit als Streitmittler aufgerufen fühlen könnte. Deshalb könnte man daran denken, solche Funktionen, mit denen **Marketing** verbunden ist, **Streitmittlern von vornherein nicht anzuvertrauen,** um jeden Anschein einer Interessenverquickung zu vermeiden. Rechtlich erforderlich ist dies aber nicht, weil das Problem auf einer anderen Ebene liegt: Der Verbraucherschlichtungsstelle ist es ohne Verstoß gegen das Gebot der Unabhängigkeit nicht erlaubt, auf unternehmensfreundliche Entscheidungen hinzuwirken. Ein Streitmittler, der mit Akquisition betraut ist, dürfte solches nicht versprechen oder in Aussicht stellen, weil es nicht umgesetzt werden dürfte. Die pflichtgemäße Ausübung des weiteren Amtes gefährdet also nicht die Unabhängigkeit im Rahmen der Streitmittlertätigkeit. Die Verbraucherschlichtungsstelle muss nicht hypothetische Pflichtverstöße unterstellend auf den Einsatz des Streitmittlers in anderen Tätigkeitsbereichen verzichten. Dabei darf sie aber natürlich ihrerseits nicht solche Pflichtverstöße dulden oder gar nahelegen.

92   Nimmt der Streitmittler weitere Aufgaben wahr, gilt hierfür die Weisungsfreiheit nicht. Vielmehr bestehen hier die allgemeinen Direktionsbefugnisse des Arbeits- bzw. Dienstrechts. Die Leitung der Verbraucherschlichtungsstelle kann in diesem Tätigkeitsbereich dem angestellten Streitmittler nach allgemeinen Regeln Vorgaben machen, Weisungen erteilen oder Genehmigungsvorbehalte treffen. Sie muss hierbei freilich ihre Pflichten einhalten, insbesondere die Unabhängigkeit ihrer Streitmittler beachten.

VI. Streitmittlervertrag

1. Einführung

93   Das Rechtsverhältnis zwischen Trägerverein bzw. Verbraucherschlichtungsstelle und Streitmittler ist gesetzlich nicht vorgegeben. In Betracht kommt neben einem Arbeitsvertrag eine freiberufliche Beschäftigung. Zur Abgrenzung zwischen einem arbeitsrechtlichen Verhältnis und freier Mitarbeit im Rahmen eines allgemeinen Dienstvertrages nach § 611 BGB kommt es insbesondere auf das Weisungsrecht der Streitschlichtungsstelle an. Je stärker der Streitmittler in die Betriebsstruktur eingegliedert ist, desto mehr spricht für ein Arbeitsverhältnis. Je freier der Streitmittler bei der Erfüllung seiner Aufgabe ist, desto mehr spricht für einen allgemeinen Dienstvertrag. Die zwar gewichtigen Vorgaben für die Unabhängigkeit des Streitmittlers (→ Rn. 44 ff.) allein nötigen zwar nicht dazu, einen Arbeitsvertrag auszuschließen, erfordern aber besondere Regelungen. Ob es sich im Ergebnis um freie Mitarbeit oder um einen Arbeitsvertrag handelt, kann nicht etwa über die Bezeichnung allein gesteuert werden, sondern ist anhand der Gesamtwürdigung der Umstände des Einzelfalls nach allgemeinen Regeln zu beurteilen.[30]

2. Einzelheiten

Das Direktionsrecht des Arbeitgebers darf nicht dazu führen, dass Weisungen zum Schlichtungsvorschlag gegeben werden dürfen; dies sollte im Arbeitsvertrag ausdrücklich geklärt werden. Entsprechendes gilt für alle Aufgaben, die dem Streitmittler durch Gesetz oder Verfahrensordnung ausdrücklich zugewiesen sind (→ Rn. 32 ff.). Der Vertrag über die freie Mitarbeit lässt dem Streitmittler für seine Aufgabenerledigung von vornherein einen größeren Spielraum, eine Klarstellung im vorgenannten Sinne erscheint aber gleichwohl sinnvoll. **94**

Der Streitmittlervertrag muss die Karenzzeit aus § 6 Abs. 3 VSBG (→ Rn. 50 ff.) beachten, ein unter Verstoß hiergegen geschlossener Vertrag ist unwirksam.[31] Zur Vergütung muss die Vorgabe zur Ergebnisunabhängigkeit aus § 7 Abs. 2 VSBG berücksichtigt werden (→ Rn. 69 ff.). **95**

Ferner sollten die Mindestamtsdauer und die Einschränkungen zur Abberufung gem. § 8 VSBG durch entsprechende konkrete Vertragsregelungen umgesetzt werden. Problematisch kann sein, ob eine Probezeit vereinbart werden kann. Hier besteht ein Spannungsverhältnis zwischen der Unabhängigkeitsgarantie und dem beiderseitigen Interesse auf Erprobung, an dem über Qualitätsfragen mittelbar auch die Interessen teilnehmender Verbraucher und Unternehmer hängen. Einerseits könnte man sagen, dass die in der **Probezeit** bestehende Ungewissheit einen unabhängigkeitsgefährdenden Druck auf den Streitmittler ausübt, der vermieden werden müsse. Soweit der Streitmittler selbst Erprobung möchte, so könnte man weiter argumentieren, könnte diesem ein einseitiges Kündigungsrecht eingeräumt werden. Andererseits kann man nicht von der Hand weisen, dass gerade wegen der zu beachtenden Unabhängigkeit und der Weisungsfreiheit der Verbraucherschlichtungsstelle hinreichende Möglichkeiten zur Verfügung stehen müssen, sich im Sinne der Qualitätssicherung von sich schnell als ungeeignet herausstellenden Streitmittlern auch wieder lösen zu können. Insoweit ist zu berücksichtigen, dass selbst für den staatlichen Richter ohne Verstoß gegen seine verfassungsrechtlich garantierte Unabhängigkeit gemäß § 12 DRiG eine Probezeit gilt, innerhalb derer er unter erleichterten Voraussetzungen aus dem Richterdienst entlassen werden kann. In diesem Lichte wird § 8 Abs. 1 VSBG nicht als spezifisch arbeitsrechtliche Norm zu interpretieren sein, die eine Sondervorschrift zu § 622 Abs. 3 BGB enthielte. Die Vereinbarung einer **Probezeit** auch zugunsten der Streitschlichtungsstelle bzw. des Trägervereins ist also **statthaft**. **96**

---

[30] Vgl. iE *Waltermann* Arbeitsrecht Rn. 44 ff.
[31] Vgl. iE HK-VSBG/*Röthemeyer* § 6 Rn. 64 ff.

§ 5 Verfahren

I. Überblick

Die Schlichtung soll zu einer raschen, am geltenden Recht orientierten[1] Lösung der **1** vertragsrechtlichen Streitigkeit zwischen den Parteien führen. Die Gestaltung des Verfahrens und die hierfür geltenden gesetzlichen Bestimmungen sind dabei ein wichtiger Baustein. Das Schlichtungsverfahren dient wie auch das gerichtliche Verfahren der Erkenntnis- und Rechtsfindung. Es ist aber zugleich von dem Ziel einer möglichst effektiven, mit geringen Kosten verbundenen und im Ergebnis einvernehmlichen Konfliktlösung geprägt. Dies spiegelt sich beispielsweise darin wider, dass das Verfahren grundsätzlich schriftlich ohne mündliche Anhörung durchgeführt wird, eine Beweiserhebung nicht vorgesehen ist oder die Parteien im Regelfall jederzeit das Verfahren beenden können.

Wer im Streitfall die Einschaltung einer Verbraucherschlichtungsstelle in Erwägung **2** zieht, sollte vor allem wissen, wie das Schlichtungsverfahren in Gang gesetzt wird, wann die Schlichtungsstelle die Durchführung der Schlichtung ablehnen darf, was die Parteien im Verfahren zu beachten haben und welche Kosten entstehen können. Das VSBG und die Verfahrensordnungen der Schlichtungsstellen setzen hierfür den rechtlichen Rahmen, der im Folgenden näher dargestellt wird und dessen Kenntnis auch für die anwaltliche Beratungspraxis zunehmend an Bedeutung gewinnen wird.

1. Rechtsquellen

Das Schlichtungsverfahren bestimmt sich zunächst nach der Verfahrensordnung, die **3** sich eine Verbraucherschlichtungsstelle gemäß § 5 VSBG zu geben hat. Das Verfahren bei behördlichen Schlichtungsstellen ist häufig in Rechtsverordnungen geregelt (zB die Luftverkehrsschlichtungsverordnung für die Schlichtung im Luftverkehr durch das Bundesamt für Justiz), jedoch finden sich auch autonom erlassene Verfahrensordnungen wie beispielsweise die der Bundesnetzagentur.

Wesentliche Grundsätze des Schlichtungsverfahrens sind durch das VSBG, namentlich **4** die Vorschriften der §§ 11 bis 23, selbst vorgegeben. Die Verfahrensordnungen der Schlichtungsstellen müssen diese beachten (zur Frage, was bei Abweichungen der Verfahrensordnung von Vorgaben des VSBG gilt, → Rn. 46). Nicht zu übersehen ist, dass sich der Gesetzgeber bei der Gestaltung einzelner Verfahrensregelungen, insbesondere bei der Regelung der Ablehnungsgründe, von bereits bestehenden Verfahrensordnungen und spezialgesetzlichen Regelungen hat inspirieren lassen. Soweit die Verfahrensordnung einer Verbraucherschlichtungsstelle das Verfahren bzw. einzelne Verfahrensaspekte nicht vollständig regelt, sind die Bestimmungen des VSBG ergänzend heranzuziehen.

Wendet die Verbraucherschlichtungsstelle die Methode der Mediation an, sind nach **5** § 18 VSBG zusätzlich die Vorgaben des MediationsG zu beachten, bei denen die Einvernehmlichkeit noch stärker zum Tragen kommt (zB Möglichkeit der Verfahrensbeendigung durch den Mediator nach § 2 Abs. 5 S. 2 MediationsG, wenn keine Einigung absehbar ist). Neben den verfahrensbezogenen Regelungen des VSBG bestehen spezial-

---

[1] Die Bedeutung des Rechtsakts als Maßstab für den Schlichtungsvorschlag ist umstritten, siehe unten → § 6 Rn. 29 ff.

gesetzliche Verfahrensvorschriften, die gemäß § 1 Abs. 1 S. 2 VSBG Vorrang gegenüber dem VSBG genießen.

6   Das Nebeneinander von spezialgesetzlichen Bestimmungen und den allgemeinen Vorschriften des VSBG ist wenig übersichtlich und kann die Erstellung von rechtskonformen Verfahrensordnungen erschweren. Für den Rechtsanwender und die Parteien wirkt sich die Zersplitterung vor allem dann aus, wenn die spezialgesetzlichen Bestimmungen und die zu ihnen erlassenen Verordnungen nur einzelne Aspekte des Verfahrens abweichend vom VSBG regeln.

7   Für die Schlichtung im Luftverkehr sind beispielsweise weiterhin §§ 57 ff. Luftverkehrsgesetz (LuftVG) und die Luftverkehrsschlichtungsverordnung (§§ 10 ff. LuftSchlichtV) zu beachten, die sich in Einzelheiten von den Regelungen des VSBG unterscheiden. Bei der Schlichtung von Verbraucherstreitigkeiten im Bereich der Finanzdienstleistungen ergeben sich Besonderheiten aus § 14 UKlaG (zB Entgeltfreiheit für den Verbraucher nach § 14 Abs. 2 S. 3 UKlaG) und der Schlichtungsstellenverfahrensverordnung (SchlichtVerfV), die bis zum 31.1.2017 weiterhin für die ersatzweise Schlichtung durch die Bundesbank und die Bundesanstalt für Finanzdienstleistungsaufsicht (BaFin) gilt und danach von der Finanzschlichtungsstellenverordnung (FinSV) abgelöst wird. Für die privaten Schlichtungsstellen der Banken gelten die §§ 11 bis 20 FinSV bereits seit 17.9.2016. Die verfahrensbezogenen Anforderungen der §§ 3 bis 10 FinSV treten nach § 27 Abs. 1 S. 2 FinSV jedoch erst am 1. Februar 2017 in Kraft, was die Frage aufwirft, welche Anforderungen während der Übergangzeit an die Verfahrensordnungen zu stellen sind. Die bestehenden privaten Schlichtungsstellen der Banken gelten zwar zunächst nach § 16 Abs. 2 UKlaG als anerkannte Verbraucherschlichtungsstellen bis zum 31.1.2017 fort, benötigen jedoch als Verbraucherschlichtungsstelle nach § 11 FinSV die Anerkennung durch das Bundesamt für Justiz (BfJ). Das BfJ und die Schlichtungsstellen der Banken werden sinnvoller Weise bereits die neuen rechtlichen Anforderungen zugrunde legen, auch wenn die Anerkennung bereits vor dem 1. Februar 2017 beantragt wird.

Davon unabhängig sieht § 26 Abs. 2 FinSV vor, dass anhängige Schlichtungsverfahren nach der alten Verfahrensordnung fortgeführt werden, auch wenn zwischenzeitlich im Zuge der Anerkennung die Verfahrensordnung geändert wurde. Entsprechendes gilt nach § 26 Abs. 1 FinSV für anhängige Schlichtungsverfahren bei der Bundesbank oder BaFin, die nach der SchlichtVerfV weiter geführt werden.

8   Bei der Schlichtung von Streitigkeiten in Zusammenhang mit Investmentfonds nach dem Kapitalanlagegesetz (KAGB) gilt für die Schlichtungsstelle beim Bundesverband Investment und Asset Management e.V., die Ombudsstelle Geschlossene Fonds e.V. und für die BaFin (siehe insofern auch § 16 Abs. 1 Satz 1 Nr. 2 UKlaG) bis 1.2.2017 die Kapitalanlageschlichtungsstellenverordnung (KASchlichtV). Diese wird wie die SchlichtVerfV durch die FinSV ersetzt.

9   Auch in den Bereichen Versicherungswesen, Energieversorgung, Telekommunikation, Personenbeförderung und Postdienstleistungen bestehen für einzelne Aspekte Besonderheiten.

10   **Tabellarischer Überblick**
über gesetzliche Regelungen mit Bedeutung für das Verfahren

Geltungsbereich	Regelung	Inhalt, besonders geregelte Aspekte
Verbraucherverträge	§§ 11–23 VSBG (zusätzlich §§ 30, 31 VSBG für Universalschlichtungsstelle)	umfassende Regelung

Geltungsbereich	Regelung	Inhalt, besonders geregelte Aspekte
Versicherungsverträge	§ 214 VVG;	Pflicht zur Bearbeitung zulässiger Schlichtungsanträge; Entgelte
Finanzdienstleistungen	§ 14 UKlaG; SchlichtverfV; FinSV	Verfahren einschließlich Ablehnungsgründe umfassend geregelt; Entgeltfreiheit des Verbrauchers
Investmentfonds	§ 14 UKlaG; KASchlichtV; FinSV	Umfassende Regelung; Verfahrensverbindung
Flugreisen	§ 57b LuftVG	Ablehnungsgründe (ggf. zweimonatige Stillhaltefrist)
Energieversorgung	§ 111b EnWG	Teilnahmepflicht des Unternehmers; Entgelte
Rechtsanwaltsdienstleistungen	§ 191 f BRAO	Unentgeltlichkeit für beide Parteien; Mindeststreitwertrahmen bis 15.000 EUR
Telekommunikation	§ 47a TKG	Beendigungsgründe
Postdienstleistungen	§ 18 PostG	Unentgeltlichkeit für beide Parteien; Parteien tragen ihre Kosten
Personenbeförderung Schiff	§ 6 EU-FahrgRSchG	Allgemeine Grundsätze, Unentgeltlichkeit für den Fahrgast

2. Inhalt der gesetzlichen Verfahrensregelungen und Grundsätze

a) Das VSBG als Mindestrahmen

Die **Vorgaben des VSBG** für das Schlichtungsverfahren sind als **Mindestrahmen** zu **11** verstehen. Inwieweit von ihnen zugunsten der Verbraucher abgewichen werden kann, ist unter Auslegung der jeweiligen Vorschrift im Einzelfall zu prüfen. Zwar spräche die Zielsetzung der ADR-Richtlinie, ein hohes Verbraucherschutzniveau und eine effektive Rechtsdurchsetzung sicherzustellen, dafür, jede **Abweichung** zugunsten der Verbraucher als zulässig anzusehen. Jedoch war der deutsche Gesetzgeber auch darauf bedacht, die Belange der Unternehmer zu wahren. Deutlich wird dies ua daran, dass es dem Bundestag wichtig war, die Ablehnung offensichtlich unbegründeter oder mutwilliger Anträge anders als im Regierungsentwurf nicht einer entsprechenden Regelung in der Verfahrensordnung zu überlassen, sondern insoweit eine Ablehnung von Gesetzes wegen vorzusehen.[2]

Das Gesetz regelt unter anderem die Form von Schlichtungsanträgen und sonstigen **12** Verfahrenshandlungen, die Verfahrenssprache, Ablehnungsgründe, den Streitwertrahmen, die Beendigung des Schlichtungsverfahrens, die Gewährung rechtlichen Gehörs, Fristen und die Erhebung von Entgelten. Besonderheiten gelten dabei für die behördliche Universalschlichtung. Bemerkenswert erscheint, dass das VSBG anders als das Prozessrecht keine Ablehnung des Streitmittlers wegen Befangenheit vorsieht. Die Vermeidung von Interessenkollisionen wird primär in die Verantwortung des Streitmittlers gestellt, der die Parteien nach § 7 Abs. 4 VSBG über Umstände informieren muss, die seine Unabhängigkeit beeinträchtigen können (siehe auch unten → § 6 Rn. 76).

Die **Regelungsdichte** des VSBG in Bezug auf das Verfahren ist zwar größer als die des **13** Mediationsgesetzes, bleibt aber deutlich hinter der der Zivilprozessordnung für das

---

[2] BT-Drs. 18/6904, 81, Begr. zu § 14.

gerichtliche Verfahren zurück. Der Gesetzgeber hat sich einerseits entschieden, den Schlichtungsstellen bei der Gestaltung ihrer Verfahrensordnungen weite Spielräume zu belassen, andererseits jedoch bei bestimmten, vor allem unionsrechtlich relevanten Aspekten wie beispielsweise den zwingenden Ablehnungsgründen klare, nicht weiter konkretisierungsbedürftige Regelungen getroffen.

b) Die Schlichtung als Leitbild des VSBG

14   Das Streitbeilegungsverfahren nach dem VSBG ist grundsätzlich als **kontradiktorisches Verfahren** konzipiert.[3] Leitbild des Streitbeilegungsverfahrens nach dem VSBG ist dabei die Schlichtung, wobei die Verfahrensgrundsätze auch für Stellen gelten, die sich der Mediation bedienen (§ 18 MediationsG).

c) Freiwilligkeit

15   Anders als im Klageverfahren hängt die Durchführung des Schlichtungsverfahrens grundsätzlich von der **Bereitschaft des Antragsgegners zur Teilnahme** ab, der jederzeit die Beendigung des Verfahrens beantragen kann, sofern die Verfahrensordnung der Schlichtungsstelle oder andere Regelungen nichts anderes bestimmen. Der Grundsatz der Freiwilligkeit ist bei der behördlichen Universalschlichtung allerdings durchbrochen, die unter bestimmten Voraussetzungen nach § 30 Abs. 4 S. 2 VSBG einen **Schlichtungsvorschlag nach Aktenlage** unterbreiten kann, wenn das Unternehmen sich zur Beschwerde des Verbrauchers nicht äußert. Dies gilt beispielsweise auch bei der Schlichtung durch das Bundesamt für Justiz bei Streitigkeiten über Fluggastrechte nach der Regelung in § 13 Abs. 2 LuftSchlichtV, die Vorbild für § 30 Abs. 4 S. 2 VSBG war (zu weiteren Bereichen, in denen die Schlichtungsstelle auch ohne inhaltliche Einlassung des Unternehmers das Verfahren durchführt und einen Lösungsvorschlag unterbreitet siehe → Rn. 178).

d) Beibringungsgrundsatz

16   Die Schlichtung ist wie das zivilgerichtliche Verfahren grundsätzlich vom **Beibringungsgrundsatz** bestimmt. Ein Anhaltspunkt hierfür findet sich in § 7 Abs. 1 S. 2 VSBG, wonach der Streitmittler Gewähr für eine unparteiische Streitbeilegung bieten muss, sowie in der Gesetzesbegründung zu § 19 VSBG[4]. Bemerkenswert ist insoweit allerdings, dass sowohl das VSBG als auch die ADR-Richtlinie die Unparteilichkeit nur institutionell absichern, dh lediglich Anforderungen an die Unparteilichkeit des Streitmittlers regeln, jedoch keine diesbezüglichen Verfahrensgrundsätze enthalten.

17   Zwar schließt eine **Amtsermittlung** die Unparteilichkeit nicht aus, jedoch besteht bei den vom VSBG erfassten Verbraucherstreitigkeiten anders als im öffentlichen Recht und Verwaltungsprozessrecht im Regelfall kein über das Parteiinteresse hinausgehendes öffentliches Interesse an einer umfassenden Sachverhaltsaufklärung, das eine Amtsermittlung der Schlichtungsstelle erfordern würde. Auch das verbraucherpolitische Ziel, die individuelle Rechtsdurchsetzung durch ein einfaches und kostengünstiges Verfahren zu erleichtern, verlangt keine Amtsermittlung. Dies gilt jedenfalls dann, wenn die Streitigkeit keine Tätigkeit betrifft, die mit besonderen Pflichten und einer besonderen Verantwortung gegenüber dem Allgemeinwohl verknüpft ist. Allerdings können Schlichtungsstellen in ihren Verfahrensordnungen eigene Ermittlungs- und Beweiser-

---

[3] *Stadler* ZZP 2015, 165 (178).
[4] BR-Drs. 258/15, 76.

hebungsbefugnisse vorsehen, wenn hierfür ein besonderes Bedürfnis besteht oder der Verbraucher mit der Beweisführung aufgrund mangelnder Sachkunde besonders benachteiligt ist und die betroffenen Unternehmer über die sie repräsentierende Organisation dem zustimmen. Denkbar erscheint dies beispielsweise bei einer Schlichtung komplexer Sachverhalte durch Kammern bei Bauleistungen.[5] Außerdem ist nicht zu übersehen, dass zur Erreichung des verbraucherpolitischen Ziels der ADR-Richtlinie und des VSBG eine gewisse **Hilfestellung** für den regelmäßig nicht rechtskundigen Verbraucher notwendig ist. Es ist daher nicht zu beanstanden, wenn beispielsweise in einem formalisierten Antragsverfahren bestimmte Informationen zu anspruchsrelevanten Tatsachen abgefragt werden oder der Streitmittler auf Grund der Einlassung einer Partei von der anderen Partei gezielt Informationen einholt.[6] In jedem Fall kann der Streitmittler in dem Umfang, in dem dies dem Zivilrichter nach § 139 ZPO obliegt und gestattet ist, auf eine Klärung des Sachverhalts hinwirken.

Davon unberührt bleibt die Frage, in welchem Umfang der Streitmittler von sich aus **18** aufgrund von Vorgaben des materiellen Rechts gehalten ist, bestimmte Aspekte zu prüfen und zu untersuchen. Aufgrund der Rechtsprechung des EuGH haben Gerichte **von Amts wegen** beispielsweise die Wirksamkeit von entscheidungserheblichen AGB oder die Erfüllung bestimmter Informationspflichten beim Abschluss von Verbraucherdarlehensverträgen zu prüfen.[7] Der Streitmittler ist bei einem Schlichtungsvorschlag nach § 19 Abs. 1 S. 2 VSBG gehalten, diesen am geltenden Recht auszurichten und zwingende Verbraucherschutzgesetze zu beachten. Da der EuGH seine Auffassung aus dem Gebot der Effektivität der verbraucherschützenden Vorschriften und dem notwendigen Ausgleich der strukturellen Unterlegenheit des Verbrauchers und damit letztlich aus dem materiellen Recht ableitet, sind die von ihm entwickelten Grundsätze zur Prüfung von Amts wegen auf die Schlichtung übertragbar.

e) Rechtliches Gehör

Die Parteien erhalten nach § 17 VSBG rechtliches Gehör. In Umsetzung von Art. 9 **19** Abs. 1 Buchst. a) der ADR-Richtlinie muss gewährleistet sein, dass die Parteien Tatsachen und Bewertungen vorbringen können. Die Gesetzesbegründung führt weiter aus, dass die Parteien die Möglichkeit haben müssen, zu dem Vorbringen der Gegenpartei Stellung zu nehmen.[8] Welche Anforderungen sich daraus an die Gestaltung des Verfahrens im Einzelnen ergeben, wird näher unter → Rn. 192 dargestellt.

f) Einseitige Kostentragung der Unternehmer

Während die Schlichtungsstelle bei Streitigkeiten zwischen Verbrauchern und Unter- **20** nehmern von den teilnehmenden Unternehmen grundsätzlich ein Entgelt bzw. im Falle der behördlichen Schlichtung eine Gebühr verlangen kann, ist die Schlichtung für den Verbraucher mit einer Ausnahme einer Missbrauchsgebühr von höchstens 30 EUR kostenfrei.

---

[5] Zur Verfahrensordnung der norddeutschen Ärztekammer siehe Greger/Unberath/Steffek/*Greger* Teil D, Rn. 201.

[6] Siehe *Stadler* ZZP 2015, 183 f., vgl. auch die von der Europäischen Kommission auf der OS-Plattform bereitgestellten Antragsformulare für Verbraucherbeschwerden.

[7] EuGH 21.4.2016 – Rs. C-377/14, ECLI:EU:C:2016:283 Rn. 52 und 74 – Redlinger.

[8] BR-Drs. 258/15, 75.

Vereinfachtes Ablaufschema einer Schlichtung nach VSBG

Vorverfahren

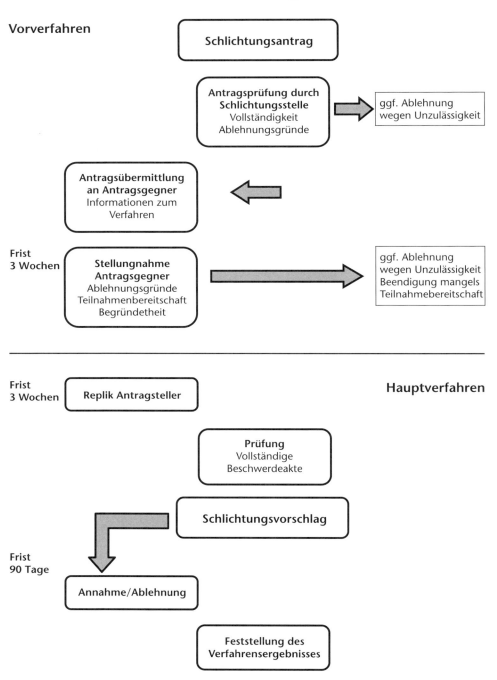

Schlichtungsantrag

Antragsprüfung durch Schlichtungsstelle
Vollständigkeit
Ablehnungsgründe

ggf. Ablehnung wegen Unzulässigkeit

Antragsübermittlung an Antragsgegner
Informationen zum Verfahren

Frist 3 Wochen

Stellungnahme Antragsgegner
Ablehnungsgründe
Teilnahmenbereitschaft
Begründetheit

ggf. Ablehnung wegen Unzulässigkeit
Beendigung mangels Teilnahmebereitschaft

Frist 3 Wochen   Replik Antragsteller

Hauptverfahren

Prüfung
Vollständige Beschwerdeakte

Schlichtungsvorschlag

Frist 90 Tage

Annahme/Ablehnung

Feststellung des Verfahrensergebnisses

g) Verfahren und Verfahrensdauer

Nach der Vorstellung des Gesetzgebers wird das Schlichtungsverfahren grundsätzlich **21** schriftlich bzw. in Textform durchgeführt. Die Parteien sollen sich innerhalb von drei Wochen zum Schlichtungsantrag bzw. ggf. zum Vortrag des Antragsgegners äußern können. Die Parteien können, aber müssen sich nicht vertreten lassen. Nach Abschluss der Anhörung der Parteien muss die Schlichtungsstelle im Regelfall innerhalb von 90 Tagen eine Entscheidung herbeiführen, dh einen Schlichtungsvorschlag unterbreiten, die Einigung der Parteien dokumentieren oder die Nichteinigung feststellen. In der Praxis werden die Schlichtungsverfahren im Durchschnitt innerhalb von 3 Monaten beendet.

h) Vertraulichkeit

Das VSBG verpflichtet den Streitmittler und die weiteren in die Durchführung des **22** Streitbeilegungsverfahrens eingebundenen Personen zur Verschwiegenheit. Die Parteien sollen alle relevanten Informationen in das Verfahren einbringen können, ohne befürchten zu müssen, dass diese an Dritte weitergegeben werden. Die Verschwiegenheitspflicht wird durch die in § 4 S. 3 MediationsG genannten Gründe, ua bei einer Offenlegungspflicht zum Schutz der öffentlichen Ordnung eingeschränkt, die bei Verbraucherstreitigkeiten jedoch kaum eine praktische Rolle spielen dürften.

II. Verfahrensordnung

1. Bedeutung der Verfahrensordnung und Rechtsnatur

Die Verfahrensordnung ist Voraussetzung für die Anerkennung als Verbraucher- **23** schlichtungsstelle nach § 24 VSBG und ermöglicht der Anerkennungsbehörde eine Prüfung, ob die Schlichtungsstelle die Vorgaben des VSBG erfüllt. Hinsichtlich der tatsächlichen Einhaltung der verfahrensbezogenen Anforderungen der §§ 11 bis 23 VSBG kann es sich selbstverständlich nur um eine prognostische Einschätzung handeln, für die die Verfahrensordnung der Schlichtungsstelle die Grundlage bildet.

Gemäß § 5 VSBG bestimmt die Verfahrensordnung das Konfliktbeilegungsverfahren **24** und regelt die Einzelheiten seiner Durchführung. Auch wenn das VSBG den Rahmen für die Verfahrensordnung vorgibt, ist diese maßgeblich für die Gestaltung des Verfahrens. Für die Parteien ist es daher sehr wichtig, sich vor der Entscheidung über die Anrufung einer Schlichtungsstelle oder der Teilnahme an einem Schlichtungsverfahren mit der Verfahrensordnung und ihren Besonderheiten gegenüber dem VSBG vertraut zu machen. Dies gilt insbesondere unter dem Aspekt der Entgeltpflicht, die die Unternehmen treffen kann.

Die Parteien stimmen mit ihrer Teilnahme der Verfahrensordnung zu (§ 16 Abs. 1 **25** Nr. 2 VSBG). Qualifiziert man das zwischen den Parteien und der Schlichtungsstelle entstehende **Rechtsverhältnis** als einen dreiseitigen **Dienstvertrag** gemäß § 611 BGB, was jedenfalls für die Schlichtung bei privaten Streitbeilegungsstellen naheliegt,[9] wird die Verfahrensordnung Bestandteil des Schlichtungsvertrages. Hat sich der Unternehmer vorvertraglich in seinen AGB oder auf seiner Webseite zur Teilnahme an der Schlichtung bereit erklärt (zu den Informationspflichten nach § 36 VSBG siehe → Rn. 188), kann hierin ein bindendes Angebot (und nicht lediglich eine *invitatio ad*

---

[9] Vgl. Greger/Unberath/Steffek/*Greger* Teil D Rn. 136 und § 14 VSBG Rn. 6.

offerendum) zum Abschluss des Schlichtungsvertrages gesehen werden, das mit dem Schlichtungsantrag des Verbrauchers und der Entscheidung der Schlichtungsstelle, das Verfahren durchzuführen, angenommen wird.[10] Die Verfahrensordnungen und die in ihnen enthaltenen Bestimmungen wird man damit zugleich als Allgemeine Geschäftsbedingungen (AGB) im Sinne von § 305 BGB ansehen können.[11] Die Einordnung als AGB führt dazu, dass unzulässige Abweichungen von den Vorgaben des VSBG nach § 307 Abs. 1 S. 1 und Abs. 2 Nr. 1 BGB als unwirksam anzusehen sind und an ihrer Statt die gesetzlichen Regelungen gelten. Dies eröffnet zugleich den nach § 3 UKlaG anspruchsberechtigten Stellen (zB Verbraucherverbände) die Möglichkeit, im Wege der Abmahnung und Unterlassungsklage gegen unzulässige Verfahrensregelungen vorzugehen (siehe hierzu auch → § 9 Rn. 29).

26   Sofern der Träger der Schlichtungsstelle mitgliedschaftlich organisiert ist und Unternehmen Mitglieder des Trägervereins sind, konkretisiert die Verfahrensordnung die satzungsgemäßen Rechte und Pflichten der Unternehmen.

27   Die Verfahrensordnungen behördlicher Schlichtungsstellen sind oftmals in Form von Rechtsverordnungen erlassen, wenngleich auch autonom erlassene Regelungen zu finden sind (zB Schlichtungsordnung der Bundesnetzagentur für den Bereich Telekommunikation). Das zwischen einer behördlichen Schlichtungsstelle und den Parteien entstehende Rechtsverhältnis wird als öffentlich-rechtliches Rechtsverhältnis *sui generis* anzusehen sein.[12]

2. Veröffentlichung der Verfahrensordnung

28   Die Verfahrensordnung ist auf der Webseite der Schlichtungsstelle zugänglich zu machen (§ 10 Abs. 1 VSBG). Auf Anfrage muss die Schlichtungsstelle die Verfahrensordnung auch in Textform übermitteln (§ 10 Abs. 2 VSBG).

3. Formelle Anforderungen an den Erlass der Verfahrensordnung

29   Wird die Schlichtungsstelle von einem Verband,[13] der Unternehmerinteressen wahrnimmt, getragen oder finanziert, verlangt § 9 Abs. 1 VSBG die **Beteiligung** eines für die anfallenden Streitigkeiten fachlich geeigneten, in der Liste der qualifizierten Einrichtungen nach § 3 Abs. 1 Nr. 1 UKlaG aufgeführten Verbraucherverbandes. Spiegelbildlich verlangt § 9 Abs. 2 VSBG die Beteiligung eines Unternehmerverbandes, wenn die Schlichtungsstelle von einem Verbraucherverband getragen oder finanziert wird.

30   Nicht eindeutig ist dabei, ob lediglich eine alleinige Trägerschaft des jeweiligen Interessensverbandes bzw. lediglich eine vollständige Finanzierung durch ihn die Anwendbarkeit von § 9 VSBG auslöst. Der Wortlaut könnte für eine derartige Auslegung sprechen. Allerdings wird der mit § 9 VSBG verfolgte Zweck, das Vertrauen in die Neutralität der Schlichtungsstelle zu stärken und für eine Selbstkontrolle zu sorgen, nur vollständig erreicht, wenn die Vorschrift stets in Konstellationen Anwendung findet, in denen am Trägerverein oder an der Finanzierung lediglich eine der beiden Seiten beteiligt ist. Dies bedeutet, dass beispielsweise auch eine gemeinsame Trägerschaft eines

---

[10] Vgl. *Greger* MDR 2016, 365 (368) sowie in Greger/Unberath/Steffek/*Greger* § 36 VSBG Rn. 13.

[11] Borowski/Röthemeyer/Steike/*Steike* § 5 Rn. 2.

[12] *Greger* spricht insoweit von einem öffentlich-rechtlichen Nutzungsverhältnis, Greger/Unberath/Steffek/*Greger* Teil D Rn. 129.

[13] Dass in § 9 VSBG die Begrifflichkeit nicht an § 3 VSBG angepasst wurde, erscheint schlüssig, da § 9 Abs. 1 VSBG auch für Schlichtungsstellen bei Kammern gilt, deren Träger nicht die Rechtsform eines eingetragenen Vereins besitzt.

Unternehmensverbandes mit Einzelunternehmen oder eine gemeinsame Finanzierung der Schlichtungsstelle durch Unternehmensverbände und Einzelunternehmen die Beteiligungspflicht nach § 9 Abs. 1 VSBG begründet (siehe auch → § 3 Rn. 66).

Die Form der Beteiligung wird durch das VSBG weitgehend offen gelassen. Wie sich **31** aus § 25 Abs. 3 S. 2 VSBG ergibt, ist eine Zustimmung zur Verfahrensordnung nicht erforderlich. Es genügt, dem zu beteiligenden Interessenverband die Möglichkeit zur Stellungnahme zu geben und etwaige Abweichungen hiervon im Antragsverfahren zu begründen.

Unterbleibt eine nach § 9 VSBG erforderliche Beteiligung, fehlt damit zunächst eine An- **32** erkennungsvoraussetzung. Sollte die Schlichtungsstelle dennoch anerkannt werden, weil die Beteiligungspflicht falsch beurteilt wurde oder unzutreffend von einer Beteiligung ausgegangen wurde, wird man annehmen müssen, dass die Verfahrensordnung gleichwohl wirksam ist. Die Anerkennungsbehörde (in der Regel das Bundesamt für Justiz) sollte in diesem Fall eine Rücknahme der Anerkennung nach § 48 VwVfG prüfen.[14]

Auch die Änderung der Verfahrensordnung ist, obwohl dies sich nicht zwingend aus **33** dem Wortlaut von § 9 ergibt, nach Sinn und Zweck der Regelung als beteiligungspflichtig anzusehen.[15] Sofern eine Änderung der Verfahrensordnung ohne die gesetzlich vorgeschriebene Beteiligung erfolgte, wird die zuständige Behörde aufsichtliche Maßnahmen nach § 26 VSBG prüfen (zu den aufsichtlichen Maßnahmen siehe näher → § 9 Rn. 8).

Außerhalb des Anwendungsbereichs von § 9 VSBG enthält das Gesetz keine formel- **34** len Anforderungen an das Zustandekommen der Verfahrensordnung. Zu beachten sind ggf. die sich aus dem Vereinsrecht und der Vereinssatzung ergebenden Anforderungen. Es kann zweckmäßig sein, die Verfahrensordnung von der Mitgliederversammlung beschließen zu lassen, jedoch kann die Satzung dies auch dem Vorstand oder anderen Vereinsorganen überlassen.

4. Zustimmung zur Verfahrensordnung und Bindung der Parteien

Der Gesetzgeber geht, wie § 16 Abs. 1 Nr. 2 VSBG erkennen lässt, davon aus, dass **35** Antragsteller und Antragsgegner mit der Teilnahme am Streitbeilegungsverfahren der Verfahrensordnung zustimmen. Begreift man das zwischen den Parteien und einer privatrechtlichen Schlichtungsstelle begründete **Rechtsverhältnis** als einen dreiseitigen **Dienstvertrag**, ist die Verfahrensordnung als Bestandteil dieses Vertrages anzusehen. Der Vertrag kommt mit der Antragstellung, der Entscheidung der Schlichtungsstelle zur Durchführung der Schlichtung und der Teilnahme des Antragsgegners zustande. Die Zustimmung zur Verfahrensordnung durch den Unternehmer kann auch bereits in einer vor Entstehen der Streitigkeit begründeten Teilnahmeverpflichtung gegenüber der Schlichtungsstelle oder gegenüber dem Verbraucher enthalten sein. Die vor Entstehen der Streitigkeit eingegangene Teilnahmeverpflichtung hat zumindest zur Folge, dass das dreiseitige Vertragsverhältnis über die Durchführung des Schlichtungsverfahrens zunächst begründet wird. Gleichwohl wird damit die Möglichkeit der Beendigung des Schlichtungsverfahrens durch den Unternehmer gemäß § 15 Abs. 2 und 3 VSBG nicht ausgeschlossen,[16] da nach der hier vertretenen Auslegung § 15 Abs. 2 VSBG dem Unternehmer das Beendigungsrecht nur bei einer gegenüber der Schlichtungsstelle beste-

---

[14] Borowski/Röthemeyer/Steike/*Steike* § 9 Rn. 1 erwähnt hier den Widerruf nach § 26 VSBG; allerdings dürfte es sich hier eher um einen bereits anfänglich rechtswidrigen Verwaltungsakt handeln.

[15] BR-Drs. 258/15, 69.

[16] So zu verstehen wohl auch *Greger* MDR 2016, 365 (368).

henden Verpflichtung versagt (näher hierzu siehe → Rn. 178). Eine vertragswidrige Verweigerung der Teilnahme an einer Schlichtung kann jedoch gegebenenfalls Schadensersatzansprüche auslösen.

36   Für die **wirksame Einbeziehung der Verfahrensordnung** ist jedenfalls im Verhältnis zum Verbraucher § 305 Abs. 2 BGB zu beachten, dessen Voraussetzungen mit der Veröffentlichung der Verfahrensordnung nach § 10 VSBG und der ordnungsgemäßen Unterrichtung nach § 16 Abs. 1 Nr. 2 VSBG als erfüllt anzusehen sind.

37   § 305 Abs. 2 BGB findet dagegen nach § 310 Abs. 1 S. 1 BGB gegenüber dem Unternehmer keine Anwendung. Auch ist die ordnungsgemäße Unterrichtung des Unternehmers nach § 16 Abs. 1 Nr. 2 VSBG keine Voraussetzung für eine wirksame Einbeziehung der Verfahrensordnung im Verhältnis zum Unternehmer, da nach § 36 VSBG[17] vom Unternehmer grundsätzlich bereits vor Abschluss von Verbraucherverträgen eine ihn bindende Entscheidung verlangt wird, ob er sich an einer Schlichtung beteiligen will. Auch für die von der Informationspflicht nach § 36 VSBG ausgenommenen Kleinunternehmen finden sich in der Gesetzesbegründung keine Anhaltspunkte dafür, dass die Unterrichtung Wirksamkeitsvoraussetzung für die Einbeziehung der Verfahrensordnung sein soll. Zudem würde die Annahme einer Wirksamkeitsvoraussetzung zu wenig praxisgerechten Ergebnissen führen.

38   In den Grenzen des VSBG wird man davon ausgehen können, dass die Parteien und die Schlichtungsstelle einvernehmlich auch **Abweichungen von der Verfahrensordnung** vereinbaren können (beispielsweise die Durchführung der Schlichtung trotz Überschreitung des vorgesehenen Maximalstreitwerts).

39   Im Falle der **behördlichen Schlichtung** wird man ein **öffentlich-rechtliches Rechtsverhältnis sui generis** zwischen der Schlichtungsstelle und der jeweiligen Partei annehmen können, das entsprechend § 16 Abs. 1 Nr. 2 VSBG mit der Antragstellung und der Bereitschaft oder Verpflichtung des Antragsgegners zur Schlichtung entsteht. Aufgrund der Gesetzesbindung der Verwaltung nach Art. 20 Abs. 3 GG wird man eine Abweichung kraft Individualvereinbarung von Verfahrensordnungen, die als Rechtsverordnung erlassen wurden, als unzulässig ansehen müssen. Bei autonom erlassenen Verfahrensordnungen hingegen scheint unter Beachtung des Gleichbehandlungsgebots nach Art. 3 GG eine Abweichung im Einzelfall nicht generell ausgeschlossen.

5. Inhaltliche Vorgaben und Möglichkeit abweichender Regelungen

40   Der notwendige Inhalt der Verfahrensordnung wird in § 5 Abs. 1 VSBG beschrieben. Die Verfahrensordnung muss bestimmen, welches Konfliktbeilegungsverfahren angewandt wird. Aus der Gesetzesbegründung zu § 1 VSBG ergibt sich, dass auch eine Kombination von verschiedenen **Methoden der Konfliktbeilegung** möglich sein soll. Dies bedeutet, dass gegebenenfalls auch ein Übergang von einem zunächst konsensorientierten Verfahren zu einem stärker schlichtungsorientierten Verfahren möglich ist, beispielsweise wenn in einem gewissen Stadium für den Streitmittler erkennbar ist, dass die Parteien aus sich heraus zu keiner Einigung finden. Allerdings ist dabei darauf zu achten, dass für die Parteien ausreichend klar ist, auf welches Verfahren sie sich einlassen (siehe auch → § 2 Rn. 25).

41   Ausgeschlossen sind allerdings Verfahren, die dem Verbraucher eine verbindliche Lösung auferlegen oder die das Recht des Verbrauchers ausschließen, das Gericht anzurufen. Eine einseitige Bindung des Unternehmers an den Lösungsvorschlag des Schlich-

---

[17] Tritt allerdings erst am 1. Februar 2017 in Kraft.

ters, wie sie beispielsweise in den Verfahrensordnungen des Ombudsmanns der privaten Banken und des Versicherungsombudsmanns geregelt ist, ist dagegen möglich.

Da den Parteien ein Rückgriff auf die Bestimmungen des VSBG möglichst erspart **42**
bleiben soll, wird man als **notwendigen Regelungsinhalt** der Verfahrensordnung folgende Aspekte ansehen müssen: Zuständigkeit, Form von Anträgen und Erklärungen
einschließlich der Empfangsadressen, Fristen, Verfahrenssprache, Vertretung, Ablehnungsgründe, Zustellung der Anträge und Stellungnahmen durch die Schlichtungsstelle,
Ablauf, Methode der Konfliktbewältigung, Abschluss des Verfahrens, Grundsätze der
Entgeltpflicht, (fehlende) Bindungswirkung. Soweit in den Grenzen des § 23 VSBG eine
Gebühr bei missbräuchlicher Anrufung der Schlichtungsstelle vorgesehen werden soll,
sollte dies wegen der Warnfunktion und mit Blick auf die zivilrechtliche Wirksamkeit
in der Verfahrensordnung geregelt werden. Die von den Unternehmern erhobenen Entgelte können zumindest bei mitgliedschaftlich organisierten Schlichtungsstellen auch in
einer gesonderten Kostenordnung festgelegt werden.

Fehlt in der Verfahrensordnung eine Bestimmung zu einzelnen der zuvor als notwen- **43**
dig erkannten Regelungsaspekte, ist die Anerkennung zu versagen. Sollte die Schlichtungsstelle dennoch die Anerkennung erhalten, treten an die Stelle der fehlenden Regelung der Verfahrensordnung die entsprechenden Vorschriften des VSBG.

Die Verfahrensordnung sollte im Falle der Schlichtung auch klarstellen, ob der Streit- **44**
mittler lediglich zur **Hauptforderung** oder aber auch zu **Nebenforderungen** (zB Verzugs-
schaden) und den Kosten der Parteien eine Lösung vorschlägt (zum Gegenstand des Verfahrens s. unten → Rn. 83. Da das VSBG im Gegensatz zu einzelnen spezialgesetzlichen
Regelungen keine Regelung trifft, ob die Parteien ihre Kosten selbst tragen (so beispielsweise für die Schlichtung in den Bereichen Telekommunikation und Post festgelegt), dürfte eine Nichtregelung jedoch einer Anerkennung nicht entgegenstehen.

Ob und wann von einzelnen Vorgaben des VSBG abgewichen werden kann, wird bei **45**
den jeweiligen Verfahrensaspekten näher erörtert. Schwierig zu beurteilen sind dabei
auch Aspekte, die vom VSBG selbst nicht ausdrücklich geregelt werden, da insoweit zu
fragen ist, ob sich aus der Nichtregelung eine Sperrwirkung oder ein Gestaltungsspiel-
raum für die Schlichtungsstelle ergeben soll. Bei der Frage der **Zulässigkeit von Abweichungen** wird einerseits die am Verbraucherschutz und einer effektiven Rechtsdurchsetzung für Verbraucher orientierte Zielsetzung der ADR-Richtlinie zu berücksichtigen
sein. Andererseits zieht das VSBG auch zum Schutz der Unternehmer bewusst gewisse
Grenzen, die ebenfalls bei der Auslegung zu beachten sind.

Im Falle der privaten Schlichtungsstellen für Finanzdienstleistungen und Kapitalanlagen ordnet § 5 Abs. 2 S. 2 FinSV an, dass das Schlichtungsverfahren entsprechend den
Vorgaben für die behördliche Schlichtung gemäß den §§ 2 bis 10 FinSV zu gestalten ist.
Zwar war die Intention des Verordnungsgebers, die behördliche und private Schlichtung
annähernd gleich zu regeln, jedoch beinhaltet die gewählte Konstruktion, die §§ 2 bis 10
FinSV nicht unmittelbar auf die privaten Schlichtungsstellen anzuwenden, gewisse Ge-
staltungsspielräume. Den privaten Schlichtungsstellen im Bereich der Finanzdienstleis-
tungen und Kapitalanlagen wird man daher die Möglichkeit zubilligen müssen, in Einzelheiten von den Verfahrensvorgaben der §§ 4 bis 10 FinSV abzuweichen, zumindest in dem
Maße, wie die Abweichungen die Rechte der Verbraucher nicht beeinträchtigen und die
Grundzüge der Regelungen des FinSV sowie des VSBG beachten.

6. Folgen fehlerhafter Verfahrensordnungen

Sollte eine von den Vorgaben des VSBG abweichende Bestimmung unzulässig sein, **46**
ist sie gemäß **§ 307 Abs. 1 BGB** als unwirksam anzusehen. Der Verwaltungsakt der

behördlichen Anerkennung der Schlichtungsstelle nach § 24 VSBG verleiht der Verfahrensordnung keine Bestandskraft, die eine zivilrechtliche Klauselkontrolle ausschlösse.[18] Soweit möglich, tritt an die Stelle der unwirksamen Bestimmung der Verfahrensordnung die gesetzliche Regelung. Hat der Gesetzgeber allerdings den betreffenden Aspekt offen gelassen, bleibt dieser ungeregelt; beispielsweise entfiele eine Verpflichtung zur Zahlung einer Missbrauchsgebühr, wenn die entsprechende Regelung in der Verfahrensordnung gegen § 23 Abs. 1 VSBG verstößt.

47   **Schadensersatzansprüche** der Parteien wegen einer fehlerhaften Verfahrensordnung dürften in der Praxis kaum eine Rolle spielen. Denkbar erschienen beispielsweise Ansprüche auf Ersatz von Aufwendungen aus § 280 BGB bei der unrechtmäßigen Ablehnung oder Einstellung des Schlichtungsverfahrens, wenn die Verfahrensordnung in nicht offenkundiger Weise die Ablehnungsgründe unzulässig erweitert oder entgegen § 15 Abs. 2 VSBG dem Antragsgegner ohne Rücksicht auf dessen Teilnahmeverpflichtung die Möglichkeit der Verfahrensbeendigung einräumt. Allerdings dürften Schadensersatzansprüche vorrangig an einen pflichtwidrigen Verfahrensfehler der Schlichtungsstelle anknüpfen, wobei auch insoweit echte Schadensszenarien eher selten sein dürften (siehe hierzu auch unten → Rn. 166 und → Rn. 235.

48   Neben den Auswirkungen im Verhältnis der Parteien und der Schlichtungsstelle können Fehler der Verfahrensordnung auch **aufsichtliche Maßnahmen** nach § 26 VSBG sowie §§ 48, 49 VwVfG zur Folge haben.

7. Anzeigepflicht bei Änderungen

49   Die Schlichtungsstelle muss die Anerkennungsbehörde unverzüglich über Änderungen der Verfahrensordnung informieren (§ 25 Abs. 2 VSBG). Da die Informationspflicht nach § 25 Abs. 2 VSBG zumindest nach ihrem Wortlaut keine Einschränkung auf wesentliche Änderungen kennt, erscheint es empfehlenswert, grundsätzlich jede Änderung anzuzeigen. Eine Anzeige erscheint lediglich bei rein redaktionellen Änderungen oder Berichtigungen entbehrlich.

Änderungen sollten im Übrigen nur für Schlichtungsanträge gelten, die nach ihrem Inkrafttreten gestellt wurden, es sei denn, die Parteien stimmen der Fortführung des bereits anhängigen Verfahrens nach den neuen Regelungen ausdrücklich zu (**Übergangsregelung**). Auch sollte bei erheblichen Änderungen eine Übergangsfrist bis ihrem Inkrafttreten eingeräumt werden, wenn sich die Änderungen – wie beispielsweise bei der Einführung von (neuen) Verfahrensentgelten – auf die Teilnahmebereitschaft der Unternehmer auswirken können, um die Unternehmer in die Lage zu versetzen, ihre Informationen nach § 36 VSBG zur Teilnahmebereitschaft ggf. rechtzeitig anzupassen.

50   Ein Verstoß gegen die Informationspflicht nach § 25 Abs. 2 VSBG lässt die Wirksamkeit der Verfahrensordnung unberührt, kann jedoch aufsichtliche Maßnahmen nach § 26 VSBG zur Folge haben.

III. Parteien und Vertretung der Parteien

1. Verbraucher und Unternehmer

51   Das VSBG regelt in Umsetzung der ADR-Richtlinie vorrangig die Streitbeilegung zwischen Verbrauchern und Unternehmern. Antragsteller ist nach dem **Grundmodell des VSBG** gemäß § 4 Abs. 1 VSBG ein Verbraucher, Antragsgegner ein Unternehmer.

---

[18] Borowski/Röthemeyer/Steike/*Steike* § 5 Rn. 2.

Wer Verbraucher und Unternehmer ist, bestimmt sich nach den §§ 13 und 14 BGB. Die Verbrauchereigenschaft bleibt auch unberührt, wenn der Verbraucher sich vor der Schlichtungsstelle durch ein Inkassounternehmen vertreten lässt. Ein Markt für Inkassodienstleistungen zur Durchsetzung von Verbraucheransprüchen ist beispielsweise im Zusammenhang mit Entschädigungsansprüchen wegen Flugverspätungen nach der VO (EG) Nr. 261/2004 entstanden. Die Verbrauchereigenschaft geht jedoch verloren, sobald das Inkassounternehmen die Forderungen in eigenem Namen durchzusetzen versucht.

Eine Verbraucherschlichtungsstelle kann ihre Zuständigkeit auch auf andere **52** Konstellationen erweitern, beispielsweise eine Antragstellung durch den Unternehmer zulassen oder eine Streitbeilegung bei Streitigkeiten zwischen zwei Unternehmern oder zwei Verbrauchern anbieten.

2. Einzelverfahren und Bündelung von Verfahren

Anders als die Zivilprozessordnung sieht das VSBG (ebensowenig die ADR- **53** Richtlinie) nicht ausdrücklich vor, dass mehrere Antragsteller oder Antragsgegner gemeinsam an einem Schlichtungsverfahren beteiligt sind. Das Leitbild des VSBG geht von einem Verfahren aus, an dem als Antragsteller ein Verbraucher und als Antragsgegner ein Unternehmer beteiligt sind (§ 4 Abs. 1 VSBG). Bei gleichgelagerten Streitfällen, die eine Vielzahl von Verbrauchern betreffen (zB Streit über die Wirksamkeit von Nebenentgeltvereinbarungen in AGB), kann aber durchaus ein Bedürfnis für eine **Bündelung der Verfahren** bestehen. Auch regelt beispielsweise das Kapitalanleger-Musterverfahrensgesetz (KapMuG) in seinen §§ 17 ff. die Möglichkeit einer vergleichsweisen Einigung der am Musterverfahren beteiligten Kläger mit dem Beklagten.

Es stellt sich die Frage, ob man aus der Nichtregelung folgern kann, dass der Gesetz- **54** geber eine Verfahrensbündelung ausschließen wollte. Für einen Ausschluss sprächen möglicherweise die Vorgaben zur zügigen Beendigung des Schlichtungsverfahrens und zur Streitwertbegrenzung bei der Universalschlichtung sowie das Bestreben, unangemessenen Aufwand zu vermeiden. Andererseits sind darin keine Gründe zu sehen, die einer Öffnung für gebündelte Verfahren und entsprechenden Regelungen in einer Verfahrensordnung zwingend entgegenstünden. Die ADR-Richtlinie erwähnt in ihrem Erwägungsgrund 27 ausdrücklich Verfahren zur Beilegung mehrerer gleicher oder ähnlicher Streitigkeiten zwischen einem Unternehmer und mehreren Verbrauchern. Zumindest dürften für eine Verfahrensbündelung auf Antragstellerseite bei einer Gesamtbetrachtung auch verfahrensökonomische Gründe sowie die Möglichkeit einer Gebührenermäßigung, die vor allem für die beteiligten Unternehmen vorteilhaft sein kann, sprechen. Aus Verbrauchersicht wäre eine derartige Öffnung zu begrüßen. Immerhin sieht zumindest § 6 KASchlichtV (gilt jedoch nur bis 31.1.2017) für die Schlichtung von Streitigkeiten im Zusammenhang mit Investmentfonds die Möglichkeit einer Verfahrensverbindung vor, da hier typischer Weise – wie auch im Anwendungsbereich des KapMuG – mehrere Anleger in gleicher Weise betroffen sind.

Bei gleichgelagerten Streitfällen zwischen mehreren Verbrauchern und einem Unter- **55** nehmer kann man außerdem an die Durchführung von **Musterverfahren** denken, insbesondere dann, wenn umfangreichere Ermittlungen zu einzelnen Sachverhalten notwendig sind, die allen Streitfällen in gleicher Weise zugrunde liegen. Die Durchführung von Musterverfahren ist ebenfalls eine Form der Verfahrensverbindung, bei der Erwägungsgrund 27 der ADR-Richtlinie den Mitgliedstaaten freie Hand gibt und die vom VSBG nicht ausgeschlossen wird. Solange die Auswahl einzelner Musterverfahren nicht dazu führt, dass die übrigen anhängigen Schlichtungsverfahren unter Abwägung mit verfahrensökonomischen Gesichtspunkten nicht unzumutbar verzögert werden, bestehen keine Bedenken, die Möglichkeit von Musterverfahren in der Verfahrensordnung vorzusehen. Eine entsprechende Regelung enthält beispielsweise die Verfahrensordnung der Schlichtungsstelle Energie in ihrem § 7 Abs. 6. Zu beachten ist allerdings, dass eine echte rechtliche Bindung der Parteien an die Feststellungen aus den ausgewählten Musterverfahren, wie sie das KapMuG kennt, nicht zu erreichen sein wird. Gleichwohl kann die Durchführung von Muster- oder Testverfahren faktisch dazu führen, dass der Schlichtungsvorschlag auch für die übrigen anhängigen Fälle anerkannt wird und damit im Ergebnis eine rasche Beilegung aller Streitigkeiten erreicht wird.

56   Von der Verfahrensverbindung getrennt zu sehen ist die weitere Frage, ob ein Verbraucher mehrere an ihn abgetretene Ansprüche geltend machen darf (siehe hierzu unten → Rn. 87).

3. Vertretung der Parteien und Anwaltsgebühren

57   § 13 Abs. 1 VSBG regelt, dass sich die Parteien durch einen Rechtsanwalt oder eine andere Person, die zur Erbringung außergerichtlicher Rechtsdienstleistungen befugt ist, vertreten lassen können.

58   Wer zu außergerichtlichen Rechtsdienstleistungen befugt ist, ergibt sich aus dem Rechtsdienstleistungsgesetz (RDG). Für die Schlichtung in Verbraucherangelegenheiten relevant erscheinen dabei neben der anwaltlichen Vertretung vor allem die Vertretung von Verbrauchern durch Verbraucherverbände gemäß § 8 Abs. 1 Nr. 4 RDG sowie die Vertretung von Unternehmen durch ihre Interessenvereinigungen gemäß § 7 Abs. 1 RDG. Eine anwaltliche Vertretung des regelmäßig nicht rechtskundigen Verbrauchers kann vor allem bei komplexeren Vertragsgegenständen und Rechtsmaterien wie beispielsweise dem Kapitalmarktrecht sinnvoll sein. Ein unzureichend vorbereiteter Schlichtungsantrag kann die Erfolgschancen erheblich mindern und auch dazu führen, dass die Partei aufgrund eines ablehnenden Schlichtervorschlags eine weitere Rechtsverfolgung unterlässt, obwohl der geltend gemachte Anspruch materiell-rechtlich besteht.

59   Allerdings kann die Vertretung durch eine **Interessenvereinigung** die **Unparteilichkeit** des Streitmittlers gefährden, wenn die Interessenvereinigung zugleich alleiniger Träger der Schlichtungsstelle ist. Ist beispielsweise Träger der Schlichtungsstelle ein Unternehmensverband oder eine berufsständische Kammer, ist nicht auszuschließen, dass der Streitmittler das Vorbringen dieser Interessenvereinigung anders gewichtet als das eines vom Träger unabhängigen Parteivertreters. Der Gesetzgeber hat dieses Problem offenbar nicht gesehen. Will man eine derartige Vertretung nicht generell ausschließen, so sollte der Streitmittler zumindest die Gegenpartei gemäß § 7 Abs. 4 VSBG auf diesen Umstand aufmerksam machen.

60   Verfügt der Vertreter nicht über die nach dem RDG notwendige Befugnis zur Durchführung einer Verbraucherschlichtung, ist die **Bevollmächtigung** nach § 134 BGB unwirksam. § 13 Abs. 1 VSBG ist vorrangig als Ordnungsvorschrift zu verstehen, die dem Schutz der rechtsunkundigen und beratungsbedürftigen Partei dient. Mit diesem Charakter und Zweck der Vorschrift erscheint es kaum vereinbar, zulasten der betroffenen Partei mangels **Postulationsfähigkeit** des Vertreters eine absolute Unwirksamkeit der von ihr vorgenommenen Verfahrenshandlungen anzunehmen. Vorzugswürdig erscheint es, die Regelungen zur Vollmacht neben § 13 VSBG als weiterhin anwendbar zu sehen[19] und über § 177 BGB eine nachträgliche Genehmigung insbesondere der An-

---

[19] So iE auch Greger/Unberath/Steffek/*Greger* § 13 Rn. 1; aA *Gössl* NJW 2016, 838 (840).

tragstellung zuzulassen (zur Auswirkung auf die Verjährungshemmung siehe unten → Rn. 100).[20]

Die Verfahrensordnung darf weder einen Vertretungszwang vorsehen, noch die Vertretung ausschließen (§ 13 Abs. 2 VSBG). **61**

Für die Vertretung einer Partei im Schlichtungsverfahren durch einen Rechtsanwalt **62** entsteht nach Nr. 2303 VV RVG eine 1,5-fache **Geschäftsgebühr**[21] (unwiderlegliche Vermutung der Einvernehmlichkeit gem. § 15a Abs. 3 S. 2 EGZPO), zu der im Falle einer Einigung nach Nr. 1000 VV RVG eine 1,5-fache Einigungsgebühr hinzukommt. Eine gegebenenfalls bereits zuvor angefallene Geschäftsgebühr nach Nr. 2300 VV RVG wird zur Hälfte, höchstens mit einem Satz von 0,75 angerechnet (Vorbem. Nr. 2.3 Abs. 6). Die Geschäftsgebühr nach Nr. 2303 VV RVG wird im Falle eines Scheiterns der Schlichtung bei einer nachfolgenden Klage auf die Verfahrensgebühr mit einem Satz von höchstens 0,75 angerechnet (Vorbem. Nr. 3 Abs. 4). Die Schlichtungsgebühr nach Nr. 2303 VV RVG fällt bereits dann an, wenn der Rechtsanwalt im Schlichtungsverfahren tätig wird.[22] Eine vollständige Durchführung des Schlichtungsverfahrens ist nicht erforderlich.

4. Kostentragung bei Vertretung

Während beispielsweise § 18 PostG oder die Schlichtungsordnung der Bundesnetz- **63** agentur bestimmen, dass jede Partei ihre Kosten trägt, regelt das VSBG hierzu nichts. Inwieweit Kosten einer anwaltlichen Beratung im Schlichtungsverfahren berücksichtigt und der unterliegenden Partei im Schlichtungsvorschlag auferlegt werden können, hängt davon ab, ob entweder das Schlichtungsverhältnis, dh die Verfahrensordnung vergleichbar dem **prozessualen Kostenerstattungsanspruch** einen Kostenerstattungsanspruch zu schaffen vermag oder ob sich ein Anspruch aus dem **materiellen Recht** ergibt und dieser zulässiger Weise Verfahrensgegenstand wird.

Gegen einen Kostenerstattungsanspruch aus der Verfahrensordnung bestehen aller- **64** dings Bedenken. Würde der antragstellende Verbraucher im Falle des Unterliegens mit den Anwaltskosten des Unternehmers belastet, wäre das Verfahren für den Verbraucher entgegen Art. 8 Buchst. c) der ADR-Richtlinie nicht mehr „kostenlos". Der Zweck der Vorschrift legt es nahe, die grundsätzliche Kostenfreiheit auf alle verfahrensbezogenen Aufwendungen Dritter zu erstrecken und nicht auf die von der Schlichtungsstelle erhobenen Entgelte zu beschränken.[23] Der unionsrechtlich verankerte **Grundsatz der Kostenfreiheit** ist auch in einem etwaigen nachfolgenden Gerichtsverfahren zu beachten und steht einer Einbeziehung in die Kosten des Rechtsstreits nach § 91 ZPO entgegen.[24] Eine einseitig den Unternehmer belastende Kostenerstattungsregelung stünde zwar mit dem Grundsatz der Kostenfreiheit für den Verbraucher in Einklang, wäre aber möglicherweise eine nach § 307 Abs. 1 S. 1 BGB unwirksame unangemessene Benachteiligung des Unternehmers.

---

[20] So Borowski/Röthemeyer/Steike/*Borowski* § 13, Rn. 7.

[21] Borowski/Röthemeyer/Steike/*Borowski* Art. 4 VSBGEG Rn. 6.

[22] Schneider/Wolf/*Wahlen/Onderka/N. Schneider/Schafhausen* RVG VV 2303 Rn. 11.

[23] *Greger* hält für die Mediation und die Schlichtung eine abweichende Vereinbarung für möglich siehe Greger/Unberath/Steffek/*Greger* § 2 Rn. 229 und § 23 VSBG Rn. 6, ohne jedoch auf das europarechtliche Gebot der Kostenfreiheit näher einzugehen.

[24] Die hM bejaht einen prozessualen Kostenerstattungsanspruch ohnehin nur bei Verfahren vor einer durch die Landesjustizverwaltung eingerichteten oder von ihr anerkannten Gütestelle; aA allerdings Schneider/Wolf/*Wahlen/Onderka/N. Schneider/Schafhausen* RVG VV 2303 Rn. 49.

65   Damit bleibt lediglich die Möglichkeit eines **materiellen Kostenerstattungsanspruchs**. Ein Kostenerstattungsanspruch des Antragsgegners aus § 280 BGB oder gar § 826 BGB dürfte in der Praxis regelmäßig bereits deshalb ausscheiden, weil die Schlichtungsstelle die Durchführung des Verfahrens nach § 14 VSBG beispielsweise wegen offensichtlicher Erfolglosigkeit oder Mutwilligkeit ablehnt. Zudem wäre auch bei einem materiellen Kostenanspruch zu beachten, dass Art. 8 Buchst. c) der ADR-Richtlinie umfassend eine Belastung des Verbrauchers mit den Kosten Dritter aus dem Schlichtungsverfahren ausschließt.

66   Dagegen kann sich für den Antragsteller bei Verzug des Antragsgegners ein Anspruch aus § 286 BGB ergeben, der auch die Kosten einer notwendigen Rechtsverfolgung einschließt. Zumindest in Streitfällen, deren Klärung Rechtskenntnisse erfordert und die einen Mindeststreitwert erreichen, kann die Beiziehung eines Rechtsanwalts angemessen und sinnvoll sein. Zu berücksichtigen ist dabei ggf. auch, ob und wie die andere Partei juristisch beraten ist.

67   Da das Ziel einer Streitbeilegung eine möglichst umfassende Lösung für alle sich aus dem Vertrag ergebenden Ansprüche ist, sind Nebenforderungen aus §§ 280, 286 BGB grundsätzlich als statthafter Antrags- und Verfahrensgegenstand im Sinne von § 4 Abs. 1 VSBG anzusehen (zum Antragsgegenstand siehe unten → Rn. 83). Andererseits dürfte aber mit Blick darauf, dass die Schlichtung ein kostengünstiges Verfahren sein soll, eine Regelung in einer Verfahrensordnung zulässig sein, nach der jede Partei ihre Kosten selbst trägt oder der Lösungsvorschlag etwaige Anwaltskosten nicht berücksichtigt. Schweigt die Verfahrensordnung hierzu, entscheidet der Streitmittler hierüber entsprechend § 315 BGB nach billigem Ermessen. Sofern keine einseitige Bindung des Unternehmers an den Schlichtungsvorschlag besteht, erwachsen den Parteien hieraus auch keine Nachteile, da es ihnen frei steht, den Schlichtungsvorschlag hinsichtlich der Nebenforderungen anzunehmen oder abzulehnen.

68   Kommt es zu keiner Einigung, können die im Schlichtungsverfahren angefallenen **Rechtsanwaltskosten** grundsätzlich im nachfolgenden gerichtlichen Prozess unter den Voraussetzungen des § 286 BGB geltend gemacht werden. Wenn allerdings die Verfahrensordnung bestimmt, dass jede Partei ihre Kosten trägt, liegt darin ein gegenseitiger Anspruchsverzicht der Parteien.

IV. Einleitung und Gegenstand des Verfahrens

1. Antragstellung

69   Das Verbraucherstreitbeilegungsverfahren wird mit dem Schlichtungsantrag eingeleitet, der die Parteien und den Gegenstand des Verfahrens bestimmt. Dass § 11 VSBG von einem Antrag spricht, unterstreicht das von der Schlichtung geprägte Leitbild, das dem VSBG zugrunde liegt. Sofern die Verbraucherschlichtungsstelle Mediation als Methode der Konfliktlösung anbietet, ist die Auswahl des Mediators nach § 2 Abs. 1 MediationsG als gleichbedeutend mit dem Antrag nach § 11 VSBG anzusehen.

a) Allgemeine Vorgaben

70   Im Gegensatz zu § 253 ZPO enthält das VSBG keine Vorgaben zum Inhalt des Antrags auf Durchführung des Schlichtungsverfahrens. Gleichwohl wird man die für eine gerichtliche Klage **notwendigen Angaben** im Grundsatz auch für den Schlichtungsantrag als notwendig ansehen, ohne dabei jedoch besondere Anforderungen an die juristische Qualität der Anspruchsdarlegung zu stellen.[25] Der Antragsteller muss daher die notwendigen Angaben zu seiner Person sowie zum Antragsgegner machen, den Streitgegenstand und den ihm zugrundeliegenden Vertrag beschreiben sowie das Ziel seines Antrags angeben.[26] Die Angabe einer ladungsfähigen Anschrift des Antragsgegners ist nicht zwingend erforderlich, wenn die Übermittlung des Schlichtungsantrags auch in anderer Form zB mittels einer vom Antragsgegner eingerichteten E-Mail-Adresse möglich ist. Schlichtungsstellen sollten die Antragstellung durch ein **Antragsformular** bzw. eine entsprechende Menüführung im Online-Verfahren erleichtern.[27] Sinnvoller Weise werden im Antragsformular auch diejenigen Informationen abgefragt, die zur Prüfung der Ablehnungsgründe nach § 14 VSBG und der spezialgesetzlichen Regelungen notwendig sind. Die Anforderungen an die Antragstellung sind in der Verfahrensordnung zu regeln.

Die Unparteilichkeit des Streitmittlers steht einer Unterstützung des im Regelfall **71** nicht rechtskundigen und nicht anwaltlich vertretenen Antragstellers bei der Darlegung seines Anliegens und des Sachverhalts nicht entgegen, jedenfalls soweit sie sich in den Grenzen dessen hält, was § 139 ZPO einem Richter an Hinweisen zugesteht. Dies betrifft vor allem eine im Antragsformular enthaltene Abfrage zu entscheidungserheblichen Aspekten des Sachverhalts. Eine erste Orientierung kann hier beispielsweise die Online-Schlichtungsplattform der Europäischen Kommission geben (http://ec.europa.eu/consumers/odr/).

Auch soll der Streitmittler darauf hinwirken, dass das Antragsziel hinreichend deut- **72** lich formuliert wird.[28] Eine **Ablehnung des Schlichtungsantrags** wegen Unbestimmtheit ist zwar als ungeschriebener Ablehnungsgrund neben § 14 VSBG möglich, jedoch verlangt das Ziel der ADR-Richtlinie und des VSBG, Verbrauchern einen einfachen Zugang zur außergerichtlichen Streitbeilegung zu eröffnen, dass der Streitmittler zumindest einen Versuch der Klarstellung des Antragsziels unternimmt. Insofern ist es zu begrüßen, wenn in Verfahrensordnungen ausdrücklich verankert ist, dass die Schlichtungsstelle den Antragsteller zur Beseitigung von Mängeln des Antrags auffordern soll (vgl. beispielsweise § 11 Abs. 3 LuftSchlichtV).

Allerdings darf die Unterstützung nicht so weit gehen, dass der Antragsteller hin- **73** sichtlich des Inhalts des geltend gemachten Anspruchs beraten wird. Insoweit gilt auch für die Schlichtung die Dispositionsmaxime.

Zur **Form des Schlichtungsantrags** regelt § 11 VSBG, dass eine Übermittlung in Text- **74** form möglich sein muss. Zulässig und wirksam sind damit alle Anträge, die bei der Schlichtungsstelle gemäß § 126b BGB auf einem dauerhaften Datenträger eingereicht werden (Post, E-Mail, Fax). Dies schließt auch die Möglichkeit der online-Antragstellung ein.

Bei der Antragstellung durch einen **Vertreter** sind § 13 VSBG und die notwendigen **75** Befugnisse nach dem RDG zu beachten. Nach der hier vertretenen Ansicht können allerdings etwaige Mängel nach § 177 BGB durch nachträgliche Genehmigung geheilt werden (siehe oben → Rn. 60 und unten → Rn. 100)

b) Besondere Regelungen

Antragserfordernisse sind üblicherweise in den Verfahrensordnungen der Schlich- **76** tungsstellen geregelt. Der Gestaltungsfreiheit der Schlichtungsstellen – oder des Ver-

---

[25] Vgl. Borowski/Röthemeyer/Steike/*Borowski* § 17 Rn. 20.
[26] Vgl. hierzu auch BGH Urt. v. 18.6.2015 – III ZR 198/14.
[27] Zur Praxis siehe *Berlin* ZKM 2015, 26 (28); vgl. auch *Stadler* ZZP 2015, 165 (182), der allerdings zu großen Erwartungen an Formblätter entgegentritt.
[28] Eine derartige Pflicht verneinend Borowski/Röthemeyer/Steike/*Borowski* § 17 Rn. 22.

ordnungsgebers im Falle spezialgesetzlicher Regelungen – sind allerdings dadurch Grenzen gesetzt, dass der Zugang der Verbraucher zur Schlichtung nicht unzulässig erschwert werden darf. Auch ist darauf zu achten, dass das Risiko einer zwischenzeitlichen Anspruchsverjährung nicht unangemessen erhöht wird.

77   Für den Bereich des **Luftverkehrs** gelten die vom Verordnungsgeber konkretisierten Antragserfordernisse nach der LuftSchlichtV grundsätzlich fort. Allerdings sind die Regelungen gegenüber dem VSBG nicht abschließend (was ua auch für die Ablehnungsgründe gilt), dh die entsprechenden Schlichtungsstellen dürfen in ihren Verfahrensordnungen auch zusätzliche Angaben verlangen, die beispielsweise für die Beurteilung der Ablehnungsgründe nach § 14 VSBG notwendig sind.

78   So verlangt § 11 **LuftSchlichtV** bei Ansprüchen aus einem Flugreisevertrag vom Antragsteller Angaben, auf Grund deren sich nicht nur etwaige Ablehnungsgründe feststellen lassen, sondern die auch die Ernsthaftigkeit der Anspruchsverfolgung sicherstellen sollen. Der Antragsteller ist danach gehalten, dem Antrag neben der Darlegung der Forderung und des Sachverhalts auch die erforderlichen Belege (zB Flugschein, Gepäckschein, ggf. Kaufbelege für verlorengegangenes Gepäck) beizufügen. Auch hat er darzulegen, dass er die Forderung zuvor erfolglos gegenüber dem Luftverkehrsunternehmen geltend gemacht hat und seitdem zwei Monate erfolglos verstrichen sind (Stillhaltefrist).

79   Die Prüfung der Vollständigkeit des Antrags soll nach § 11 Abs. 3 LuftSchlichtV innerhalb von drei Wochen erfolgen. Kommt der Antragsteller einer Aufforderung der Schlichtungsstelle zur Vervollständigung seines Antrags nicht fristgerecht nach, gilt sein Antrag als zurückgenommen. In diesem Fall tritt auch keine Verjährungsunterbrechung nach § 204 Abs. 1 Nr. 4 BGB ein.

80   Ähnlich gestaltet sind die Regelungen in § 4 **SchlichtVerfV** bzw. § 7 **FinSV** für Schlichtungsanträge im Bereich von **Finanzdienstleistungen**. Sie verlangen vom Antragsteller, dass er die zum Verständnis der Beschwerde erforderlichen Unterlagen beifügt. Außerdem hat er anzugeben, dass die Streitigkeit noch nicht bei einem Gericht oder einer anderen Schlichtungsstelle anhängig ist und auch kein Vergleich mit dem Antragsgegner abgeschlossen wurde. Betrifft die Streitigkeit den Zugang zu einem Basiskonto nach § 31 Zahlungskontengesetz (ZKG), führt nach § 6 Abs. 1 Nr. 4 auch ein anhängiges oder unanfechtbar abgeschlossenes Verwaltungsverfahren zur Ablehnung der Schlichtung. Allerdings besteht hier anders als bei der Schlichtung von Fluggastrechten keine Stillhaltefrist.

c) Antragstellung bei online geschlossenen Verträgen über die OS-Plattform

81   Die ODR-Verordnung (VO (EU) Nr. 524/2013 über die Online-Beilegung verbraucherrechtlicher Streitigkeiten) sieht in ihrem Artikel 8 vor, dass Beschwerden im Zusammenhang mit vertraglichen Verpflichtungen aus Online-Kaufverträgen und Online-Dienstverträgen über die **Online-Schlichtungsplattform der Europäischen Kommission** (OS-Plattform) eingereicht werden können (http://ec.europa.eu/consumers/odr/). Der Begriff der Beschwerde ist mit dem im VSBG verwendeten Begriff des Antrags auf Durchführung eines Streitbeilegungsverfahrens gleichbedeutend. Die OS-Plattform leitet die Beschwerde an die zuständige Verbraucherschlichtungsstelle weiter, wenn sich die Parteien auf diese geeinigt haben (Art. 8 Abs. 6 ODR-VO). Die Einreichung der Beschwerde über die OS-Plattform ist damit in ihrer Funktion ein Schlichtungsantrag, der durch die Einigung der Parteien auf eine Schlichtungsstelle aufschiebend bedingt ist. Ein zusätzlicher Schlichtungsantrag bei der Schlichtungsstelle ist nicht erforderlich. Auch wird der Antrag, wenn alle Felder des Online-Beschwerdeformulars vollständig ausgefüllt sind, grundsätzlich als vollständig anzusehen sein, was jedoch eine Nachforderung weiterer Informationen im Verfahren selbstverständlich nicht ausschließt (näher zur ODR-Plattform siehe → § 8 Rn. 33).

2. Antragsberechtigung

Antragsberechtigt sind nach § 4 Abs. 1 VSBG in jedem Fall Verbraucher im Sinne   **82** von § 13 BGB. Ob auch Unternehmer antragsberechtigt sind, richtet sich nach der Verfahrensordnung. Auch Verbraucher, die ihren Wohnsitz oder gewöhnlichen Aufenthalt in einem anderen Mitgliedstaat der Europäischen Union oder des Europäischen Wirtschaftsraums haben, sind antragsberechtigt. Ein Ausschluss ist nur in Bezug auf Verbraucher aus Drittstaaten möglich (§ 4 Abs. 4 VSBG).

3. Statthafter Antragsgegenstand

§ 4 Abs. 1 VSBG enthält eine allgemeine **Mindestvorgabe** zum Schlichtungsangebot,   **83** die in § 4 Abs. 2 VSBG weiter differenziert wird. Statthafter Antragsgegenstand einer Verbraucherschlichtung ist danach eine Streitigkeit aus einem Verbrauchervertrag nach § 310 Abs. 3 BGB oder über das Bestehen eines solchen Vertragsverhältnisses. Arbeitsvertragliche Streitigkeiten sind allerdings ausgenommen. Verbraucherverträge sind Verträge zwischen einem Unternehmer und einem Verbraucher. Dabei muss es sich nicht um einen entgeltlichen Vertrag handeln, da § 310 Abs. 3 BGB anders als § 312 BGB die Entgeltlichkeit nicht voraussetzt. Der deutsche Gesetzgeber ist damit bewusst über die Vorgaben der ADR-Richtlinie hinausgegangen, die lediglich für entgeltliche Kauf- und Dienstleistungsverträge Geltung beansprucht (Art. 2 Abs. 1 iVm Art. 4 Abs. 1 Buchst. c) und d) RL 2013/11/EU). Damit können beispielsweise auch Streitigkeiten aus einem Vertrag über die Mitgliedschaft in einem sozialen Netzwerk Gegenstand einer Verbraucherschlichtung sein, unabhängig davon, ob man die vom Verbraucher verlangte Einwilligung in die Preisgabe bestimmter Daten zu kommerziellen Zwecken als Entgelt ansieht.

Die Begründung zu § 4 Abs. 1 VSBG beschränkt sich darauf darzulegen, dass sowohl   **84** Rechte als auch Pflichten aus einem Verbrauchervertrag Gegenstand der Schlichtung sein können. Antragsziel wird zwar in den meisten Fällen eine bestimmte **Leistung** sein, jedoch ist auch ein **auf Feststellung gerichteter Antrag** als statthaft anzusehen.

Zu den Streitigkeiten aus Verbraucherverträgen im Sinne von § 4 Abs. 1 VSBG sind   **85** auch Schadensersatzansprüche nach § 280 BGB wegen der Verletzung von Haupt- und Nebenpflichten aus dem Verbrauchervertrag sowie die Geltendmachung von Verzugsschäden nach § 286 BGB zu rechnen. Allerdings ist es der Schlichtungsstelle möglich, **Anwaltskosten**, die durch die Vertretung im Schlichtungsverfahren entstehen, von der Schlichtung auszunehmen (siehe oben → Rn. 67).

Antragsgegenstand können grundsätzlich auch Ansprüche aus der **Verletzung vor-**   **86** **vertraglicher Pflichten** sein, die beispielsweise bei Ansprüchen wegen Aufklärungsmängel bei der Vermittlung von Finanzanlagen eine wichtige Rolle spielen (siehe auch → § 2 Rn. 50). Dagegen fallen Ansprüche aus einer bloßen Vertragsanbahnung gemäß §§ 241, 311 Abs. 2 BGB ohne nachfolgenden Vertragsschluss oder ohne Zusammenhang mit dem Vertragsgegenstand – beispielsweise Unfallschäden in den Geschäftsräumen des Unternehmers infolge mangelhafter Verkehrssicherung – nicht unter die in § 4 Abs. 1 VSBG genannten Streitigkeiten aus einem Verbrauchervertrag. Zu beachten ist, dass sich auch aus spezialgesetzlichen Regelungen und der Verfahrensordnung Beschränkungen des Streitgegenstands ergeben können. Beispielsweise ist die Schlichtung durch die Schlichtungsstelle öffentlicher Personenverkehr (söp) oder das Bundesamt für Justiz bei Streitigkeiten aus einer Flugbeförderung nur bei den in § 57b Abs. 1 LuftVG genannten Ansprüchen eröffnet, von denen **Ansprüche wegen Körperverletzung** bewusst ausgenommen wurden.[29]

87   Nicht eindeutig geregelt ist, ob der Antragsteller mit seinem Schlichtungsantrag entsprechend § 260 ZPO mehrere Ansprüche aus mehreren Verträgen, ggf. nach Abtretung an ihn (zB bei einer gemeinsamen Reise) geltend machen kann. Es sind allerdings keine Gründe ersichtlich, die einer **Anspruchshäufung** zwingend entgegenstehen. Vielmehr kann eine Bündelung mehrerer streitiger Ansprüche in einem Verfahren den Aufwand und die Kosten für alle Beteiligten verringern.

88   Kein vom Pflichtprogramm des VSBG erfasster Antragsgegenstand ist dagegen die Abgabe von Erklärungen, die lediglich der Befriedung der Parteien dienen und für die kein in rechtlichen Kategorien fassbarer Anspruch erkennbar ist (zB der Wunsch eines Verbrauchers nach Entschuldigung des Unternehmers). Die Schlichtungsstellen können aber derartige, **nicht in rechtliche Kategorien fassbare Antragsziele** in ihr Schlichtungsangebot aufnehmen.

89   Keine Aussage trifft das VSBG zur Frage, ob und unter welchen Voraussetzungen der Antragsgegner im Verfahren mit einer Gegenforderung aufrechnen kann. Durch die **Aufrechnung** wird der von der Schlichtungsstelle zu beurteilende Streitgegenstand erweitert.

90   Nach der hier vertretenen Auffassung ist eine Aufrechnung innerhalb der Grenzen der sachlichen Zuständigkeit der Schlichtungsstelle zuzulassen (näher siehe → Rn. 203).

91   Aus der jeweiligen Verfahrensordnung ergibt sich, für welche Vertragsgegenstände bzw. Branchen die Schlichtungsstelle zuständig ist. Für die **Allgemeine Verbraucherschlichtungsstelle** bestimmt § 4 Abs. 2 S. 2 VSBG, dass sie grundsätzlich nicht für nichtwirtschaftliche Dienstleistungen von allgemeinem Interesse, Gesundheitsdienstleistungen und Weiter- und Hochschuldbildung durch staatliche Einrichtungen zuständig ist. Außerdem ist ihre Zuständigkeit auf Vertragsgegenstände beschränkt, für die keine Schlichtungsstellen bestehen, die auf Grund spezieller Vorschriften als Verbraucherschlichtungsstellen anerkannt oder eingerichtet sind. Die Allgemeine Verbraucherschlichtungsstelle kann damit beispielsweise nicht bei Entschädigungsansprüchen wegen Flugverspätung oder im Zusammenhang mit Finanzdienstleistungen, Versicherungsverträgen oder Energieversorgungsverträgen angerufen werden.

4. Folgen bei Nichteinhaltung der Anforderungen

92   Der Schlichtungsantrag ist abzulehnen, wenn er inhaltlich nicht ausreichend bestimmt ist oder, was jedoch in der Praxis kaum vorkommen dürfte, nicht die notwendige Form aufweist. Es handelt sich insoweit um einen ungeschriebenen Ablehnungsgrund, der allerdings für Finanzdienstleistungen nunmehr in § 6 Abs. 1 Nr. 1 FinSV ausdrücklich geregelt ist. Vor der Ablehnung sollte die Schlichtungsstelle jedoch auf etwaige Mängel der Antragstellung hinweisen (vgl. beispielsweise § 11 Abs. 3 LuftSchlichtV und § 8 Abs. 2 S. 2 FinSV).

93   Ist der Schlichtungsantrag nicht statthaft, da es sich beispielsweise nicht um eine Streitigkeit aus einem Verbrauchervertrag handelt, ist er nach § 14 Abs. 1 Nr. 1 VSBG wegen fehlender Zuständigkeit abzulehnen.

---

[29] BR-Drs. 464/12, 21 f.

5. Unterrichtung des Antragsgegners und Information der Parteien

Die Schlichtungsstelle kann, wie sich aus § 14 Abs. 3 VSBG ergibt, den Antrag **vor** **94** **der Übermittlung** an den Antragsgegner auf seine Zulässigkeit prüfen und ihn gegebenenfalls auch ohne Anhörung des Antragsgegners ablehnen, wenn diese zur Beurteilung der Zulässigkeit nicht notwendig ist. Allerdings ist eine Vorabprüfung von Ablehnungsgründen nur in dem Umfang zulässig, wie sie einer unverzüglichen Übermittlung des Antrags an den Antragsgegner nicht entgegensteht und den Antragsteller nicht in unangemessener Weise der Gefahr der Anspruchsverjährung aussetzt. Gerade mit Blick darauf, dass bei einer gerichtlichen Klage die Verjährungshemmung nach § 204 Abs. 1 Nr. 1 BGB unabhängig von ihrer Zulässigkeit eintritt und eine Schlechterstellung des Verbrauchers in der außergerichtlichen Schlichtung vermieden werden sollte, erscheint eine **sofortige Zuleitung** des Antrags an den Antragsgegner mit der Wirkung der Verjährungshemmung nach § 204 Abs. 1 Nr. 4 BGB vorzugswürdig.

Nach einer etwaigen Vorprüfung ist der Antrag dem Antragsgegner zu übersenden. **95** Auch wenn das VSBG hierzu keine ausdrückliche Regelung trifft, ist der Schlichtungsantrag in Textform zu übermitteln. Der Schlichtungsstelle ist es freigestellt, ob sie den Antragsgegner über den Schlichtungsantrag auch im Falle einer *a limine* – Ablehnung unterrichtet.

§ 16 Abs. 1 VSBG verlangt von der Schlichtungsstelle, dass sie beiden Parteien unverzüglich nach Eingang des Schlichtungsantrags die **wesentlichen Informationen** über **96** das Schlichtungsverfahren zur Verfügung stellt. Der Katalog der nach § 16 Abs. 1 VSBG notwendigen Informationen sieht unter anderem einen Hinweis auf die Verfahrensordnung, die mögliche Abweichung des Ergebnisses der Schlichtung vom Ergebnis eines gerichtlichen Verfahrens, die Möglichkeit der Vertretung und die Kosten des Verfahrens vor. Die Parteien sind auch darüber zu unterrichten, dass sie mit der Teilnahme am Schlichtungsverfahren der Verfahrensordnung zustimmen, die damit in den Schlichtungsvertrag einbezogen wird (näher hierzu → Rn. 35). Die nach § 16 Abs. 1 VSBG gebotene Unverzüglichkeit steht einer vorherigen Zulässigkeitsprüfung nicht entgegen, da sich im Falle einer Ablehnung des Schlichtungsantrags beispielsweise wegen fehlender Zuständigkeit die Erteilung der genannten Informationen erübrigt.

6. Verjährungshemmung

Da die Schlichtung eine gegebenenfalls notwendig werdende gerichtliche Klärung **97** nicht behindern soll, ist es wichtig, dass die geltend gemachten Ansprüche während des Schlichtungsverfahrens nicht verjähren. Vor allem bei Ansprüchen wegen Falschberatung über Kapitalanlagen, für die die kenntnisunabhängige dreijährige Verjährung nach § 37a WpHG aF galt (beachte auch die Übergangsvorschrift des § 43 WpHG für Altfälle), wurde die Schlichtung in breitem Umfang genutzt, um die Verjährung zu hemmen und Zeit für die notwendige Klagevorbereitung zu gewinnen.

Nach § 204 Abs. 1 Nr. 4 BGB, der durch Art. 6 des ADR-Umsetzungsgesetzes geändert wurde, tritt mit Einreichung des Schlichtungsantrags bei einer Verbraucherschlichtungsstelle für den geltend gemachten Anspruch Verjährungshemmung ein, **98** wenn der Antrag demnächst bekannt gegeben wird. Andernfalls wird die Verjährung erst mit der Veranlassung der Bekanntgabe des Antrags gehemmt. Die Rückwirkung auf den Zeitpunkt der Antragseinreichung ist § 167 ZPO nachgebildet. Sie ist bei zulässigen Schlichtungsanträgen von Verbrauchern der Regelfall, da dem antragstellenden Verbraucher – anders als einem vorschusspflichtigen Kläger – keine Obliegenheiten treffen, deren Nichtbeachtung zu einer Verzögerung der Antragsübermittlung führen könnten. Auch eine im Einzelfall längere Zeit in Anspruch nehmende Eingangsbearbeitung und Zulässigkeitsprüfung darf nicht zu Lasten der antragstellenden Partei gehen. § 204 Abs. 1 Nr. 4 BGB gilt auch für eine Streitbeilegung bei einer Verbraucherschlichtungsstelle, die Mediation betreibt. Wegen der sechsmonatigen Nachwirkung der Verjährungshemmung nach § 204 Abs. 2 BGB ist dies vorteilhaft gegenüber der Verjährungshemmung nach § 203 BGB, die im Allgemeinen bei der Mediation eingreift.

99   Ist der Schlichtungsantrag dagegen nicht ausreichend bestimmt und verzögert sich aus diesem Grund die Übermittlung an den Antragsgegner nicht nur unwesentlich, tritt Verjährungshemmung erst mit der Bekanntgabe ein.

100   Lässt sich der Anspruchsinhaber bei der Antragstellung durch eine Person vertreten, die kein Rechtsanwalt ist und auch sonst nicht zur Erbringung außergerichtlicher Rechtsdienstleistungen nach dem RDG befugt ist, könnte § 13 Abs. 1 VSBG einer wirksamen Antragstellung und damit der Verjährungshemmung entgegenstehen. Der BGH hat in seiner Entscheidung vom 8. Januar 2014 (BGH XII ZR 12/13) zwar ausgeführt, dass nur eine wirksame Leistungsklage nach § 253 ZPO die Verjährung gemäß § 204 Nr. 1 BGB unterbreche, jedoch hat er in der Entscheidung auch deutlich gemacht, dass es maßgeblich auf den für den Gegner erkennbaren Willen zur Rechtsverfolgung ankomme.[30] Da die mit § 13 Abs. 1 VSBG bezweckte Qualitätssicherung[31] aufgrund der Freiwilligkeit der Vertretung ausschließlich dem Schutz der jeweiligen Partei dient, erschiene es widersprüchlich, der nicht ordnungsgemäß vertretenen Partei die verjährungshemmende Wirkung zu versagen.[32] Zudem ist selbst im Falle einer gerichtlichen Klage nicht unumstritten, ob die **Postulationsfähigkeit** Voraussetzung für die Verjährungshemmung nach § 204 Abs. 1 Nr. 1 BGB ist.[33] Sachgerecht erscheint es daher, gemäß § 177 BGB eine Genehmigung der möglicherweise ohne Vertretungsmacht vorgenommenen Antragstellung zuzulassen (siehe hierzu auch → Rn. 60).

101   Ist die angerufene Schlichtungsstelle **unzuständig** und lehnt sie daher vor Übermittlung des Antrags an den Antragsgegner die Durchführung des Schlichtungsverfahrens ab, tritt keine Verjährungshemmung nach § 204 Abs. 1 Nr. 4 BGB ein. Selbst wenn sich ein Verbraucher aufgrund mangelhafter Informationen des Unternehmers oder in anderer nicht vorwerfbarer Weise an eine Allgemeine Verbraucherschlichtungsstelle wendet, die sich jedoch wegen des Vorrangs einer spezialgesetzlich geregelten branchenbezogenen Schlichtungsstelle[34] für unzuständig erklärt (§ 4 Abs. 2 S. 2 Nr. 2 VSBG), tritt keine Verjährungshemmung nach § 204 Abs. 1 Nr. 4 BGB ein. Allerdings kann dem Unternehmer die Einrede der Verjährung im Falle einer Informationspflichtverletzung aus Treu und Glauben gemäß § 242 BGB, möglicherweise auch als Folge eines Schadensersatzanspruchs nach § 280 BGB oder § 823 Abs. 2 BGB verwehrt sein.

102   Die vor allem aus Verbrauchersicht nachteilige Folge und Schlechterstellung gegenüber der Klageerhebung und dem Mahnverfahren hätte vermieden werden können, wenn der Bundestag die Forderung des Bundesrats aufgegriffen hätte, die Schlichtungsstelle zur unverzüglichen Übermittlung des Schlichtungsantrags zu verpflichten.[35] Verbraucherpolitisch wünschenswert wäre es, wenn die Verfahrensordnungen der Schlichtungsstellen

---

[30] BGH Urt. v. 8.1.2014 – XII ZR 12/13, Rn. 21, NJW 2014, 920.

[31] Vgl. BR-Drs. 258/15, 71.

[32] aA *Gössl* NJW, 838 (840).

[33] Bejahend MüKoBGB/*Grothe* § 204 Rn. 22, verneinend Beck-OK.

[34] Siehe § 1 Nr. 1.2 Buchst. e) der Verfahrensordnung der Allgemeinen Verbraucherschlichtungsstelle des Zentrums für Schlichtung e. V.

[35] BR-Drs. 258/15 [B], Ziff. 18; siehe auch die kritische Betrachtung von Borowski/Röthemeyer/Steike/*Borowski* § 14 Rn. 23 f.

auch ohne gesetzliche Verpflichtung eine unverzügliche Zuleitung des Schlichtungsantrags an den Antragsgegner vorsähen. Dies sollte auch für die privaten Schlichtungsstellen der Banken möglich sein. Zwar geht § 8 FinSV von einer Zuständigkeitsprüfung vor Zuleitung des Antrags an den Antragsgegner aus, jedoch dürften trotz der grundsätzlichen Bindung an die Regelungen für die behördliche Schlichtung nach § 15 Abs. 2 FinSV gewisse Spielräume für verbraucherfreundlichere Gestaltungen bestehen.

Nicht eindeutig ist der Beginn der Verjährungshemmung bei einer Antragstellung **103** über die **OS-Plattform**. § 204 Abs. 1 Nr. 4 BGB knüpft an die Bekanntgabe des Schlichtungsantrags an, die durch die OS-Plattform gemäß Art. 8 Abs. 3 der ODR-VO unverzüglich erfolgt. Strenggenommen ist jedoch der Anspruch erst dann bei einer Verbraucherschlichtungsstelle geltend gemacht, wenn die Beschwerde bzw. der Antrag an sie weitergeleitet wurde. Auch kann § 204 Abs. 2 BGB das Verständnis entnommen werden, dass die Schlichtungsstelle mit dem Anspruch und der Entscheidung über die Durchführung des Verfahrens befasst sein muss.

Es würde indes dem Zweck der ODR-VO und der Einrichtung der OS-Plattform **104** zuwiderlaufen, wenn ihre Nutzung sich aus Sicht des Antragstellers nachteilig auf die Verjährung auswirkte. Daher wird man jedenfalls dann, wenn es zu einer Befassung der Verbraucherschlichtungsstelle nach Weiterleitung der Beschwerde gemäß Art. 8 Abs. 6 der ODR-VO kommt, davon ausgehen müssen, dass rückwirkend mit der Übermittlung der Beschwerde an den Anspruchsgegner Verjährungshemmung nach § 204 Abs. 1 Nr. 4 BGB eintritt. Unterbleibt dagegen die Weiterleitung der Beschwerde an die Schlichtungsstelle, weil sich die Parteien nicht einigen bzw. der Anspruchsgegner nicht zur Schlichtung bereit ist, besteht in der Tat die Gefahr, dass die Verjährung zwischenzeitlich weiter läuft.

Die Berufung auf die Verjährungshemmung kann nach einer Entscheidung des BGH **105** vom 18. Oktober 2015 (BGH IV ZR 526/14) **gemäß § 242 BGB rechtsmissbräuchlich** sein, wenn der Antragsgegner zuvor in eindeutiger Weise mitgeteilt hat, an einer außergerichtlichen Streitbeilegung nicht teilnehmen zu wollen. Dem vom BGH entschiedenen Fall lag ein Güteantrag bei einer Gütestelle zugrunde, deren Verfahrensordnung vorsah, dass das Verfahren nicht ohne Mitwirkung der gegnerischen Partei durchgeführt werde. Daraus kann zunächst der Schluss gezogen werden, dass der Einwand des Rechtsmissbrauchs nicht eingreift, wenn gemäß § 15 Abs. 2 VSBG oder § 30 Abs. 4 und 5 VSBG eine Verweigerung der Teilnahme unbeachtlich ist. Weiter ist der Einwand des Rechtsmissbrauchs nur dann zuzulassen, wenn der Antragsgegner gemäß § 37 VSBG nach Entstehen der Streitigkeit seine fehlende Bereitschaft zur Teilnahme zum Ausdruck gebracht hat. Eine lediglich vor oder mit dem Vertragsschluss erklärte Ablehnung der Schlichtungsbereitschaft genügt nicht, um eine Antragstellung als rechtsmissbräuchlich erscheinen zu lassen.[36]

Zur Vermeidung von **Haftungsrisiken** wegen vermeidbarer Anspruchsverjährung **106** sollte in der anwaltlichen Beratung neben der hinreichend konkreten Angabe des Streitgegenstandes und des rechtlichen Anliegens sorgfältig geprüft werden, welche Schlichtungsstelle zuständig ist und welche Informationen der Unternehmer hierzu gibt. Dies gilt insbesondere für die Einschränkungen der Zuständigkeit der Allgemeinen Verbraucherschlichtungsstelle gegenüber spezialgesetzlich geregelten Schlichtungsstellen wie beispielsweise im Banken- und Versicherungswesen. Aber auch die Nutzung der OS-Plattform kann Risiken in Bezug auf die Verjährung bergen, wenn der dort eingereichte Schlichtungsantrag (Beschwerde) mangels Einigung der Parteien nicht an eine Schlichtungsstelle weitergeleitet wird.

---

[36] aA Borowski/Röthemeyer/Steike/*Steike* § 36 Rn. 11.

107   Die Verjährungshemmung endet sechs Monate nach Beendigung des Verfahrens (§ 204 Abs. 2 BGB), dh der Antragsteller hat nach einem aus seiner Sicht erfolglosen Schlichtungsverfahren mindestens sechs Monate Zeit, eine gerichtliche Klage zu prüfen. Die sechsmonatige Anschlusshemmung kann nicht durch die Verfahrensordnung ausgeschlossen oder verkürzt werden, da darin eine unangemessene Benachteiligung des Verbrauchers nach § 307 Abs. 2 Nr. 1 BGB zu sehen wäre.[37]

V. Ablehnungsgründe und Ablehnungsentscheidung

108   § 14 VSBG regelt, wann ein Schlichtungsantrag abzulehnen ist oder abgelehnt werden kann. Die Ablehnung ist von der Beendigung nach § 15 VSBG zu unterscheiden. Während die Verfahrensbeendigung nach § 15 Abs. 2 VSBG ihren Grund in der fehlenden Teilnahmebereitschaft des Antragsgegners hat, fehlt es bei den in § 14 VSBG aufgeführten Ablehnungsgründen an einem berechtigten Schlichtungsinteresse oder an der Eignung des Antragsgegenstandes für die gewünschte Schlichtung. § 14 VSBG enthält in Abs. 1 einen Katalog an zwingenden Ablehnungsgründen und in Abs. 2 Ablehnungsgründe, die die jeweilige Verfahrensordnung vorsehen kann. Die Ablehnungsgründe des § 14 VSBG sind aufgrund der europarechtlichen Vorgabe, den Zugang von Verbrauchern zu Schlichtungsverfahren nicht erheblich zu beeinträchtigen (Art. 5 Abs. 4, 3. UA der ADR-Richtlinie), eng und als grundsätzlich abschließend auszulegen, soweit keine spezialgesetzlichen Regelungen anwendbar sind.

109   Als **ungeschriebener Ablehnungsgrund** sind jedoch neben § 14 VSBG auch die fehlende Bestimmtheit des Schlichtungsantrags, das Fehlen wesentlicher Angaben oder erhebliche Formmängel (zB fehlende Textform) anzuerkennen (siehe oben → Rn. 70, 72).

110   Für Schlichtungen bei Verträgen über Flugreisen sind die Besonderheiten des § 57b LuftVG zu beachten. Die dort genannten Ablehnungsgründe weichen in Details von § 14 VSBG ab und ergänzen diese. Beispielsweise gilt insoweit eine Stillhaltefrist von zwei Monaten, wenn der Antragsgegner die Forderung nicht abgelehnt hat. Dem Rechtsuchenden bleibt zumindest bei der privaten Schlichtungsstelle (söp) glücklicherweise ein Abgleich der sich gegenseitig ergänzenden Ablehnungsgründe erspart, da für ihn die Verfahrensordnung der Schlichtungsstelle die maßgebliche Rechtsquelle darstellt.

111   Für Universalschlichtungsstellen der Länder gelten die Ablehnungsgründe nach § 30 VSBG.

1. Zeitpunkt und Gestaltung der Prüfung

112   Das VSBG lässt offen, ob die Schlichtungsstelle die Zulässigkeit sofort mit Eingang des Schlichtungsantrags oder erst nach seiner Übermittlung an den Antragsgegner prüft. Nach § 14 Abs. 3 S. 2 VSBG muss die Schlichtungsstelle grundsätzlich innerhalb von **drei Wochen** nach Antragstellung das Vorliegen von Ablehnungsgründen feststellen und eine etwaige Ablehnung bis dahin dem Antragsteller mitteilen. Die Entscheidung über eine etwaige Ablehnung obliegt innerhalb der Schlichtungsstelle dem Streitmittler und muss von diesem verantwortet werden (siehe → § 4 Rn. 33). Abweichend von Art. 5 Abs. 4, 2. UA der ADR-Richtlinie lässt § 14 Abs. 4 S. 1 VSBG eine Ablehnung auch zu einem späteren Zeitpunkt zu, wenn die Ablehnungsgründe erst später eintreten oder bekannt werden. Eine Ablehnung nach der Drei-Wochen-Frist dürfte vor

---

[37] So auch Borowski/Röthemeyer/Steike/*Borowski*/*Steike* Art. 6 VSBG Rn. 21.

allem für Ablehnungsgründe relevant werden, die eine qualifizierte Einlassung des Antragsgegners erfordern, beispielsweise die Ablehnung wegen Verjährung nach § 14 Abs. 1 Nr. 3 Buchst. a) VSBG oder wegen einer ernsthaften Beeinträchtigung des effektiven Betriebs der Schlichtungsstelle gemäß § 14 Abs. 2 Nr. 4 VSBG.

Zweckmäßiger Weise prüft die Schlichtungsstelle unverzüglich mit Eingang des Antrags, ob das Anliegen hinreichend konkret vorgetragen ist und in ihre Zuständigkeit fällt. Eine Prüfung vor Übermittlung des Antrags an den Antragsgegner sollte höchstens zwei bis drei Arbeitstage in Anspruch nehmen, um einerseits das Verjährungsrisiko für den Antragsteller gering zu halten und andererseits die Einhaltung der Drei-Wochen-Frist nicht zu gefährden. **113**

In jedem Fall sollten Schlichtungsstellen das Antragsverfahren so gestalten, dass mit geeigneten Antragsformularen oder einer entsprechenden Menüführung für Online-Verfahren die zur Beurteilung der Ablehnungsgründe notwendigen Informationen sofort abgefragt und erfasst werden. **114**

Mit der Übermittlung des Schlichtungsantrags an den Antragsgegner kann auch eine Abfrage nach etwaigen Ablehnungsgründen verbunden werden, bei der jedoch streng auf die Unparteilichkeit zu achten ist. Nicht zulässig wäre beispielsweise die Frage, ob sich der Unternehmer gemäß § 14 Abs. 1 Nr. 3 Buchst. a) VSBG auf die Verjährung beruft, da die Schlichtungsstelle mit einer derartigen Frage den Antragsgegner auf ein Verteidigungsmittel aufmerksam machen würde. **115**

2. Zwingende Ablehnungsgründe nach § 14 Abs. 1 VSBG

Abweichend von Art. 5 Abs. 4 der ADR-Richtlinie hat der deutsche Gesetzgeber bestimmte Ablehnungsgründe bereits gesetzlich geregelt und nicht den Verfahrensordnungen überlassen. Die Unterscheidung zwischen zwingenden und optionalen Ablehnungsgründen war dem Gesetzgeber wichtig. Dies belegt die Entscheidung des Bundestags, die offensichtliche Erfolglosigkeit oder Mutwilligkeit eines Schlichtungsantrags, die im Regierungsentwurf lediglich als optionaler Ablehnungsgrund vorgesehen war, in den Katalog der zwingenden Ablehnungsgründe zu verschieben. Daraus lässt sich der Schluss ziehen, dass der Gesetzgeber die in § 14 Abs. 1 VSBG aufgeführten Ablehnungsgründe zum Schutz der Unternehmer nicht zur Disposition stellen wollte und damit **Abweichungen** weder in einer Verfahrensordnung noch durch Einzelfallentscheidung des Streitmittlers zulässig sind.[38] Etwas anderes gilt freilich, wenn die Schlichtungsstelle und die Parteien einvernehmlich der Durchführung des Schlichtungsverfahrens zustimmen, was aber in der Praxis weitgehend auf die Fälle der fehlenden Zuständigkeit der Schlichtungsstelle nach § 14 Abs. 1 Nr. 1 VSBG beschränkt sein dürfte.[39] **116**

Die Ablehnung eines Schlichtungsantrags wegen Unzulässigkeit kann für den Unternehmer vor allem mit Blick auf die anfallenden Schlichtungsentgelte vorteilhaft sein, wenn insoweit die Satzung des Trägervereins oder die Kostenordnung der Schlichtungsstelle eine Ermäßigung vorsieht. Problematisch ist die Regelung zwingender Ablehnungsgründe vor allem auf Grund der Regelung in § 14 Abs. 1 Nr. 3 VSBG, durch die die Zulässigkeitsprüfung mit materiell-rechtlichen Fragen der Begründetheit verknüpft wird, deren Klärung eigentlich dem Schlichtungsverfahren selbst vorbehalten sein sollte. Hinzu kommt, dass die für eine offensichtliche Erfolglosigkeit oder Mutwil- **117**

---

[38] So auch Greger/Unberath/Steffek/*Greger* § 14 VSBG Rn. 4; aA Borowski/Röthemeyer/Steike/*Borowski* § 14 Rn. 6 ff.

[39] Denkbar sind auch Fälle mutwilliger Schlichtungsanträge, in denen der Unternehmer ein Interesse an einer Klärung durch den Streitmittler mit dem Ziel einer endgültigen Streitbeilegung hat.

ligkeit angeführten Regelbeispiele nicht abschließend sind und auch wegen der nur ein-geschränkten Rechtsbindung des Streitmittlers eine zwingende Ablehnung aus mate-riell-rechtlichen Gründen systemwidrig ist.

118   § 14 Abs. 1 VSBG gilt mit Ausnahme der Universalschlichtung (insoweit sind die Ab-lehnungsgründe in § 30 Abs. 1 VSBGB geregelt) für alle Schlichtungsstellen, wobei sich aus spezialgesetzlichen Regelungen wie beispielsweise § 57b Abs. 2 LuftVG noch wei-tere Ablehnungsgründe ergeben können.

a) Fehlende Zuständigkeit

119   Der Schlichtungsantrag ist nach § 14 Abs. 1 Nr. 1 VSBG abzulehnen, wenn die Strei-tigkeit nicht in die Zuständigkeit der Schlichtungsstelle fällt. Die Unzuständigkeit kann sachlicher oder örtlicher Natur sein. Die sachliche Zuständigkeit ergibt sich aus der Verfahrensordnung und ist im Regelfall durch das Geschäftsfeld der Unternehmen be-stimmt, die dem Trägerverein der Schlichtungsstelle angehören. Sie kann auf bestimmte Wirtschaftsbereiche, Vertragstypen und Unternehmer beschränkt sein. Beispielsweise ist der Ombudsmann der privaten Banken für die Schlichtung von Verträgen über Bank-dienstleistungen mit privaten Banken und damit nicht für Streitigkeiten mit Sparkassen oder Volksbanken zuständig. Der Begriff „Vertragstypen" ist insofern weit auszulegen, als darunter auch Vertragsschlusstypen wie Verträge im elektronischen Geschäftsver-kehr gemäß § 312i BGB verstanden werden können (so beispielsweise der „Online-Schlichter", der für im elektronischen Geschäftsverkehr geschlossene Verträge zustän-dig ist).[40]

120   Die örtliche Zuständigkeit ist regelmäßig daran geknüpft, dass wenigstens eine der Parteien ihren Sitz im Inland hat. Die Zuständigkeit kann auch auf Verfahren gegen Unternehmer beschränkt sein, die in einem bestimmten Bundesland niedergelassen sind (siehe hierzu → § 2 Rn. 57).

121   Die Klärung der sachlichen und örtlichen Zuständigkeit dürfte der Schlichtungsstelle – im Gegensatz zum Verbraucher – regelmäßig keine größeren Schwierigkeiten bereiten.

b) Fehlende vorherige Geltendmachung

122   Der streitige Anspruch muss vorher gegenüber dem Vertragspartner geltend gemacht werden, bevor ein Schlichtungsantrag gestellt werden kann (§ 14 Abs. 1 Nr. 2 VSBG). Fehlt diese Antragsvoraussetzung, wird die Schlichtung nur durchgeführt, wenn der Antragsgegner in die Durchführung der Schlichtung einwilligt oder Erklärungen zur Sache abgibt (§ 14 Abs. 4 S. 2 VSBG). Bestreitet der Antragsgegner, dass der Antragstel-ler sich an ihn gewandt hat, wird man die Darlegungs- und Beweislast grundsätzlich beim Antragsteller sehen. Allerdings dürfen an die Darlegung keine hohen Anforderun-gen gestellt werden, um den Zugang zur Schlichtung nicht unangemessen zu erschwe-ren. Die Frage nach der Darlegungs- und Beweislast wird in der Praxis aber nur dann eine Rolle spielen, wenn der Antragsgegner grundsätzlich zur Teilnahme an der Schlich-tung verpflichtet ist, jedoch die Durchführung des Schlichtungsverfahrens wegen der damit verbundenen Kosten vermeiden will.

c) Offensichtliche Erfolglosigkeit oder Mutwilligkeit

123   Nach § 14 Abs. 1 Nr. 3 VSBG lehnt die Schlichtungsstelle den Antrag ab, wenn er of-fensichtlich ohne Aussicht auf Erfolg ist oder mutwillig erscheint. Die Regelbeispiele

---

[40] www.online-schlichter.de beim Zentrum für Europäischen Verbraucherschutz e. V.

der Buchstaben a) bis c) bestimmen in nicht abschließender Weise, wann ein Schlichtungsantrag als offensichtlich erfolglos oder mutwillig anzusehen ist. Die ADR-Richtlinie lässt nach Art. 5 Abs. 4 Buchst. b) allerdings nur die Ablehnung mutwilliger und schikanöser Anträge zu. Die deutsche Regelung ist abgesehen von **unionsrechtlichen Bedenken** jedenfalls hinsichtlich der Ablehnung wegen Verjährung des Anspruchs nach § 14 Abs. 1 Nr. 3 Buchst. a) verfehlt und systemwidrig.

§ 14 Abs. 1 Nr. 3 Buchst. a) VSBG sieht eine zwingende Ablehnung vor, wenn der   **124** geltend gemachte Anspruch im Zeitpunkt der Antragstellung verjährt war und der Unternehmer sich auf die **Verjährung** beruft. Die Klärung der Verjährung kann allerdings mit schwierigen rechtlichen Fragen und Sachverhaltsermittlungen verbunden sein, die nicht Gegenstand der Zulässigkeitsprüfung sein sollten. So können beispielsweise die Gewährleistungsfristen nach § 438 BGB davon beeinflusst werden, ob Nacherfüllungsmaßnahmen als Anerkenntnis im Sinne von § 212 BGB im konkreten Fall anzusehen sind oder ein arglistiges Verhalten des Verkäufers behauptet wird. Auch die unterschiedlichen Übergangsfristen für Ansprüche im Zusammenhang mit Kapitalanlagen und Finanzdienstleistungen bedürfen oftmals sorgfältiger Betrachtung, die der Begründetheitsprüfung vorbehalten sein sollte. Außerdem widerspricht eine strenge Bindung der Schlichtungsstelle an die Verjährungseinrede der Regelung in § 19 Abs. 1 S. 2 VSBG, wonach sich der Schlichtungsvorschlag lediglich am geltenden Recht ausrichten soll und damit gerade keiner strikten Rechtsbindung unterliegt. Sie passt im Übrigen auch nicht zum Wesen der Mediation. Vor diesem Hintergrund ist § 14 Abs. 1 Nr. 3 Buchst. a) eng auszulegen. Ein auf einen verjährten Anspruch gestützter Antrag ist nur dann zwingend abzulehnen, wenn die Verjährung offensichtlich ist, die ihr zugrundeliegenden Tatsachen nicht bestritten werden und der Antrag mit Rücksicht auf Art. 5 Abs. 4 Buchst. b) der ADR-Richtlinie insgesamt als mutwillig erscheint.

Weiter ist der Antrag abzulehnen, wenn die **Streitigkeit bereits beigelegt** ist (§ 14   **125** Abs. 1 Nr. 3 Buchst. b) VSBG). Beigelegt ist die Streitigkeit, wenn der Anspruch bereits erfüllt ist oder die Parteien einen wirksamen Vergleich geschlossen haben. Die Darlegungs- und Beweislast liegt insoweit beim Antragsgegner.

Auch ein wegen mangelnder Erfolgsaussichten oder Mutwilligkeit zurückgewiesener   **126** Prozesskostenhilfeantrag macht einen Schlichtungsantrag wegen desselben Streitgegenstandes nach Buchst. c) unzulässig.

Trotz grundsätzlicher Bedenken gegen die Regelung in § 14 Abs. 1 Nr. 3 VSBG sind   **127** neben den Regelbeispielen noch weitere Fälle denkbar, bei denen ein Schlichtungsverfahren **offensichtlich erfolglos oder mutwillig** erscheint. Beispielsweise ist eine Ablehnung gerechtfertigt, wenn der geltend gemachte Anspruch unter keinen rechtlichen Gesichtspunkten bestehen kann. Einzelne Verfahrensordnungen wie beispielsweise die des Versicherungsombudsmanns sehen außerdem eine Ablehnung der Schlichtung vor, wenn der Antragsteller Strafanzeige gegen den Antragsgegner gestellt hat. Dahinter dürfte die Erwägung stehen, dass in diesem Fall eine einvernehmliche Einigung unwahrscheinlich ist. Auch besteht die Gefahr, dass sich der im Schlichtungsverfahren vorgetragene Sachverhalt erheblich von dem im strafrechtlichen Verfahren ermittelte Sachverhalt unterscheidet, weshalb auch § 149 ZPO für das gerichtliche Verfahren die Möglichkeit der Verfahrensaussetzung bei Verdacht einer Straftat eröffnet.

d) Spezialgesetzliche Ablehnungsgründe (Flugbeförderung, Finanzdienstleistungen)

Für Ansprüche im Zusammenhang mit **Flugreisen** regelt § 57b Abs. 2 LuftVG weite-   **128** re als zwingend formulierte Ablehnungsgründe, die zu denen nach § 14 Abs. 1 VSBG hinzutreten. Die teilweise inhaltliche Überschneidung ist gesetzgebungstechnisch wenig glücklich, zumal auch die Verfahrensordnung der Schlichtungsstelle öffentlicher Personenverkehr (söp) durch den Verweis auf § 57b LuftVG das Nebeneinander der Regelungen nicht anwenderfreundlich auflöst.

129   Die Schlichtung ist danach unzulässig, wenn für die Streitigkeit keine Zuständigkeit deutscher Gerichte besteht (§ 57b Abs. 2 Nr. 1 LuftVG). Dieser Ablehnungsgrund kann relevant werden, wenn die Fluggesellschaft ihren Sitz nicht in Deutschland hat und sich auch aus dem Erfüllungsort keine Zuständigkeit deutscher Gerichte nach § 29 ZPO oder Art. 7 der Brüssel-I-Verordnung (VO (EU) Nr. 1215/2012) ergibt.[41] Soweit es um Ansprüche aus der EU-Fluggastrechteverordnung geht, hat der BGH entschieden, dass als Erfüllungsort auch der Abflugort anzusehen ist.[42]

130   Auch eine frühere oder bestehende Rechtshängigkeit sowie eine vorherige Anrufung einer Schlichtungsstelle für den Flugverkehr macht den Schlichtungsantrag unzulässig (§ 57b Abs. 2 Nr. 2 und 3 LuftVG).

131   Anders als in § 14 Abs. 1 VSBG verlangt das LuftVG außerdem, dass der antragstellende Verbraucher eine Stillhaltefrist von zwei Monaten nach der Geltendmachung des Anspruchs beim Luftverkehrsunternehmen einhält, solange das Unternehmen den geltend gemachten Anspruch nicht abgelehnt hat. Diese Stillhaltefrist birgt die Gefahr der zwischenzeitlichen Verjährung. Sie ist daher in § 14 Abs. 1 VSBG zu Recht vom Bundestag entgegen dem Regierungsentwurf vom Ablehnungsgrund in einen Aussetzungsgrund umgewandelt worden. Man könnte durchaus ein gesetzgeberisches Versehen darin erkennen, dass § 57b Abs. 2 Nr. 4 LuftVG nicht an die vom Bundestag in § 14 Abs. 1 VSBG vorgenommenen Änderungen angepasst wurde, und damit im Wege der teleologischen Reduktion für eine Nichtanwendbarkeit argumentieren. Andererseits hat der Gesetzgeber bewusst ein Nebeneinander nicht identischer, sich gegenseitig ergänzender Ablehnungsgründe in Kauf genommen. Auch ist vor allem für die anwaltliche Praxis zu beachten, dass die Verfahrensordnung der söp unverändert die Stillhaltefrist als Antragsvoraussetzung enthält.

132   Außerdem besteht nach § 57b Abs. 2 Nr. 6 LuftVG eine Bagatellgrenze von 10 Euro, unterhalb derer ein Schlichtungsantrag ebenfalls unzulässig ist. Die in § 57b Abs. 2 S. 1 LuftVG genannte Obergrenze von 5.000 EUR ist nach S. 2 der Vorschrift dispositiv. Die Schlichtungsstelle öffentlicher Personenverkehr lässt in ihrer Verfahrensordnung Streitwerte bis 30.000 EUR zu, während für eine Schlichtung beim Bundesamt für Justiz die Obergrenze von 5.000 EUR gilt. Zumindest die Schlichtungsordnung der söp führt zur Streitwertberechnung aus, dass diese sich nach den Vorschriften der ZPO richtet. Mehrere Ansprüche zB auf Entschädigung wegen Annullierung des Flugs und wegen verspäteter Beförderung des Reisegepäcks sind damit entsprechend § 5 ZPO zusammenzurechnen.

Bei Streitigkeiten über den Zugang zu einem Basiskonto nach § 1 ZKG sieht § 6 Abs. 1 Nr. 4 FinSV vor, dass ein hierüber bei der BaFin anhängiges oder unanfechtbar abgeschlossenes Verwaltungsverfahren zur Ablehnung des Schlichtungsverfahrens führt. Man wird davon ausgehen können, dass der Verordnungsgeber diesen Ablehnungsgrund auch für die privaten Schlichtungsstellen gelten lassen und nicht auf die Vermeidung einer wiederholten behördlichen Befassung beschränken wollte.

---

[41] Der Verbrauchergerichtsstand nach Art. 18 gilt bei Beförderungsverträgen außerhalb von Pauschalreisen nicht.
[42] BGH Urt. v. 18.1.2011 – X ZR 71/10, NJW 2011, 2056.

e) Universalschlichtungsstelle

Für das Verfahren bei einer Universalschlichtungsstelle gelten die zwingenden Ableh- **133**
nungsgründe des § 30 Abs. 1 VSBG. Da unklar ist, ob die Länder jemals eine Universalschlichtungsstelle einrichten werden und dies wegen der zwischenzeitlichen Förderung einer Allgemeinen Verbraucherschlichtungsstelle durch den Bund jedenfalls bis
Ende 2019 ausgeschlossen sein dürfte, sollen hier nur die wichtigsten Besonderheiten
und Unterschiede zu § 14 Abs. 1 VSBG dargestellt werden.

Nach § 30 Abs. 1 Nr. 2 VSBG ist Voraussetzung für die Durchführung der Schlich- **134**
tung, dass zumindest eine Partei ihren Sitz in dem Land hat, das die Universalschlichtungsstelle eingerichtet hat. Schließen sich mehrere oder alle Länder bei der Einrichtung der Universalschlichtungsstelle zusammen, erweitert sich das für die örtliche
Anknüpfung maßgebliche Gebiet entsprechend.

Ausgeschlossen sind Streitigkeiten aus den in § 4 Abs. 2 S. 2 Nr. 1 VSBG aufgeführ- **135**
ten Verträgen, dh bei nichtwirtschaftlichen Dienstleistungen von allgemeinem Interesse,
Gesundheitsdienstleistungen und der Weiter- und Hochschulausbildung durch staatliche Einrichtungen.

Weiter hat bereits der Gesetzgeber in Anlehnung an § 57b LuftVG für den Wert des **136**
Streitgegenstandes eine Untergrenze von 10 EUR und eine Höchstgrenze von 5.000 EUR
festgelegt (§ 30 Abs. 1 Nr. 4 VSBG). Die Obergrenze von 5.000 EUR mag zwar für
Alltagsgeschäfte angemessen sein, jedoch erscheint sie bei höherwertigen Streitgegenständen wie beispielsweise Kraftfahrzeugen als zu niedrig und damit nicht frei von
unionsrechtlichen Bedenken. In anderen Mitgliedstaaten wie beispielsweise Österreich,
Ungarn und Tschechien bestehen keine Obergrenzen.

Sollte ein Verbraucher mehrere, ggf. an ihn abgetretene Ansprüche (zB bei einer **137**
gemeinsamen Reise) geltend machen (zur grundsätzlichen Zulässigkeit siehe oben
→ Rn. 87), stellt sich die Frage, ob insoweit entsprechend § 5 ZPO der Wert der Ansprüche zusammengerechnet wird. Dafür könnte zunächst die Begründung des Gesetzgebers sprechen, dass eine Zuständigkeit der Universalschlichtungsstelle nicht erforderlich sei, wenn nach § 23 Nr. 1 GVG die Zuständigkeit des Landgerichts gegeben sei.
Allerdings soll nach der Gesetzesbegründung mit der Obergrenze eine Überforderung
der Schlichtungsstelle durch zu komplexe Streitigkeiten vermieden werden. Da bei einer Anspruchshäufung nicht die Komplexität, sondern lediglich der Umfang der zu entscheidenden Sachverhalte erhöht wird, erscheint eine Anrechnung nicht zwingend geboten. Eine Grenze ist allerdings dort zu ziehen, wo die gebündelte Geltendmachung
von abgetretenen Ansprüchen die Verbrauchereigenschaft nach § 13 BGB entfallen
lässt (gewerbliches echtes Factoring).

Soweit es im Einzelfall von Bedeutung ist, sollte bei der Bestimmung des Streitwerts **138**
wegen der größeren Sachnähe auf die Vorschriften der ZPO und nicht die des Ge-
richtskostengesetzes abgestellt werden, auch wenn diese beispielsweise bei Mietver-
hältnissen und wiederkehrenden Leistungen zu einem höheren Streitwert und damit
einer stärkeren Beschränkung des Zugangs zur Schlichtung führen können.[43]

Daneben ist auch bei der Universalschlichtungsstelle eine vorherige erfolglose Gel- **139**
tendmachung des Anspruchs gegenüber dem Antragsgegner erforderlich (§ 30 Abs. 1
Nr. 5 VSBG). Die Schlichtung wird außerdem abgelehnt, wenn sie offensichtlich ohne
Aussicht auf Erfolg ist oder mutwillig erscheint (§ 30 Abs. 1 Nr. 6 VCBG).

---

[43] Vgl. auch BR-Drs. 258/15 [B], Ziff. 17.

3. Optionale Ablehnungsgründe kraft Verfahrensordnung

140   § 14 Abs. 2 VSBG enthält einen Katalog an optionalen Ablehnungsgründen, die die Schlichtungsstellen in ihren Verfahrensordnungen zusätzlich zu den verbindlichen Ablehnungsgründen des Absatzes 1 vorsehen könnten. Enthält ein Ablehnungsgrund Gestaltungsmöglichkeiten, ist nach § 14 Abs. 2 S. 2 VSBG darauf zu achten, dass der Zugang zur Schlichtung nicht erheblich beeinträchtigt wird. Die Gewährleistung eines effektiven Zugangs zur Schlichtung ist über den Wortlaut von § 14 Abs. 2 S. 2 VSBG hinaus nicht nur bei der Gestaltung der Verfahrensordnung, sondern auch bei der konkreten Entscheidung über eine Ablehnung des Schlichtungsantrags im Einzelfall zu berücksichtigen. Die Ablehnungsgründe sind eng auszulegen. Soweit es um Schlichtungsverfahren auf Antrag eines Verbrauchers geht, ist der Katalog der Ablehnungsgründe abschließend. Außerhalb des Pflichtprogramms der ADR-Richtlinie jedoch, zB bei Schlichtungsanträgen von Unternehmern gegen Verbraucher, können die Schlichtungsstellen in ihren Verfahrensordnungen weitere Ablehnungsgründe regeln.

a) Vorangegangene und anhängige Verfahren in derselben Angelegenheit

141   § 14 Abs. 2 S. 1 Nr. 1 VSBG ermöglicht die Ablehnung des Schlichtungsantrags, wenn wegen der Streitigkeit bereits ein Schlichtungsverfahren bei einer Verbraucherschlichtungsstelle durchgeführt wurde oder die Streitigkeit bei einer anderen Verbraucherschlichtungsstelle anhängig ist. Aufgrund der ausdrücklichen Bezugnahme auf Verbraucherschlichtungsstellen steht eine frühere oder noch anhängige Schlichtung bei einer Schlichtungsstelle, die nicht nach dem VSBG oder anderen Vorschriften anerkannt ist, einer Antragstellung bei einer Verbraucherschlichtungsstelle im Sinne von § 2 Abs. 1 VSBG nicht entgegen. Für eine andere Auslegung könnten zwar verfahrensökonomische Gründe sprechen, jedoch liefe dies der Vorgabe der ADR-Richtlinie zuwider, den Zugang zu einer den Anforderungen der Richtlinie entsprechenden Verbraucherschlichtungsstelle zu gewährleisten.

142   Nach § 14 Abs. 2 S. 1 Nr. 2 VSBG berechtigt auch eine vorangegangene Sachentscheidung eines Gerichts zur Ablehnung des Schlichtungsantrags, nicht jedoch eine Klageabweisung wegen Unzulässigkeit. Die Verfahrensordnung kann auch bei Anhängigkeit der Streitigkeit bei einem Gericht eine Ablehnung vorsehen, sofern sich nicht die Parteien im Verfahren auf den Versuch einer außergerichtlichen Einigung verständigt und das Gericht in Folge das Ruhen des Verfahrens nach § 278a Abs. 2 ZPO angeordnet hat. Als Gericht im Sinne von § 14 Abs. 2 S. 1 Nr. 2 VSBG sind neben den ordentlichen Gerichten auch Schiedsgerichte im Sinne von § 1034 ZPO anzusehen, wobei Schiedsvereinbarungen mit Verbrauchern eher selten sein dürften und zudem nach § 1031 Abs. 5 ZPO besonderen Formerfordernissen unterliegen (eigenhändige unterzeichnete Urkunde). Die meisten Verfahrensordnungen sehen die Ablehnung der Schlichtung bei Rechtshängigkeit vor.

b) Streitwertgrenzen

143   § 14 Abs. 2 S. 1 Nr. 3 VSBG räumt den Schlichtungsstellen die Möglichkeit ein, Unter- und Obergrenzen für den Streitwert festzulegen. Da die meisten Schlichtungsstellen zumindest Obergrenzen in ihren Verfahrensordnungen geregelt haben, ist es für den Antragsteller wichtig, sich über diese rechtzeitig zu informieren. Dies gilt vor allem dann, wenn die Verjährung seiner Ansprüche bevorsteht und mit der Schlichtung eine Hemmung der Verjährung erreicht werden soll. Die Schlichtungsstellen müssen bei der Festlegung von Unter- und Obergrenzen darauf achten, dass der **Zugang zur Schlich-**

tung nicht erheblich beeinträchtigt wird. Aus Erwägungsgrund 25 der ADR-Richtlinie ergibt sich, dass die Schlichtungsstellen bei der Festlegung von Untergrenzen auch die unterschiedlichen wirtschaftlichen Verhältnisse in den Mitgliedstaaten berücksichtigen müssen. Während eine Untergrenze von 10 EUR, wie sie beispielsweise für die Schlichtung im Luftverkehr gilt, als unproblematisch anzusehen ist, sollte hinsichtlich der Obergrenze nicht ohne Weiteres die für die Universalschlichtung in § 30 Abs. 1 VSBG festgelegte Grenze von 5.000 EUR übernommen werden. Aus der ADR-Richtlinie ergibt sich kein genereller Ausschluss der Schlichtung für höherwertige Kaufsachen und Dienstleistungen. Eine **Obergrenze** von 5.000 EUR kann sich bei bestimmten Streitgegenständen als zu niedrig erweisen. Nicht nur bei Streitigkeiten im Bereich von Finanzdienstleistungen und Versicherungen, sondern auch bei Kaufverträgen beispielsweise über Kraftfahrzeuge oder bei Handwerksleistungen erscheint es geboten, eine etwaige Obergrenze höher anzusetzen. Andernfalls würde bei einer Vielzahl von Streitigkeiten den Verbrauchern der Zugang zur Schlichtung verwehrt.

Es kann auch nicht ohne Weiteres angenommen werden, dass ab einem Streitwert **144** von 5.000 EUR stets umfangreiche Sachverhaltsermittlungen erforderlich sind, die die Schlichtungsstelle überfordern würden. Gleiches gilt für die Komplexität der zu klärenden Rechtsfragen, die nicht zwingend mit dem Streitwert korreliert. Schließlich ist auch unter dem Aspekt der Schutzbedürftigkeit des Verbrauchers, der sich bei Gericht ab einem Streitwert von 5.000 EUR vor dem Landgericht anwaltlich vertreten lassen muss, eine Obergrenze von 5.000 EUR nicht zwingend geboten.

Sofern eine Obergrenze – entgegen der Praxis in einigen anderen Mitgliedstaaten **145** der EU – für erforderlich gehalten wird, sollte sie mit Blick auf Widerrufs- und Rücktrittsrechte grundsätzlich den vollen Vertragswert bzw. das vom Verbraucher im Durchschnitt zu entrichtende Entgelt umfassen. Sie sollte daher beispielsweise bei einer Schlichtungsstelle, in deren Zuständigkeit auch Pkw-Käufe fallen, einen Betrag von 50.000 EUR nicht unterschreiten.

Für die Schlichtung in Anwaltsstreitigkeiten legt die BRAO eine Mindestobergrenze **146** von 15.000 EUR fest (§ 191 f Abs. 5 Nr. 2 BRAO).

Übersicht über Streitwertgrenzen in den Verfahrensordnungen ausgewählter Schlichtungsstellen:

Schlichtungsstelle	Zuständigkeit	Obergrenze in EUR
söp	Beförderung mit Flugzeug, Eisenbahn, Schiff, Bus	30.000
Versicherungsombudsmann	Versicherungen (ohne PKV)	100.000
Schlichtungsstelle BRAK	Anwaltssachen	15.000
Banken		–
Energie		–
Telekommunikation		–
Allgemeine Verbraucher-schlichtungsstelle		50.000
Online-Schlichter[44]	Online-Verträge (nur, wenn eine der Parteien in einem der Bundesländer ihren Wohnsitz oder Sitz hat, die die Stelle fördern)	–

[44] Im Zeitpunkt der Bearbeitung noch nicht als Verbraucherschlichtungsstelle anerkannt.

c) Ernsthafte Beeinträchtigung des effektiven Betriebs der Schlichtungsstelle

147   § 14 Abs. 2 S. 1 Nr. 4 VSBG lässt außerdem eine Ablehnung des Schlichtungsantrags zu, wenn die Behandlung der Streitigkeit den effektiven Betrieb der Schlichtungsstelle ernsthaft beeinträchtigt. Als nicht abschließende Regelbeispiele werden genannt, dass der Sachverhalt oder rechtliche Fragen nur mit unverhältnismäßigem Aufwand geklärt werden können (§ 14 Abs. 2 S. 1 Nr. 4 Buchst. a) oder eine grundsätzliche, für die Bewertung der Streitigkeit erhebliche **Rechtsfrage** vorliegt, die **noch nicht geklärt** ist (§ 14 Abs. 2 S. 1 Nr. 4 Buchst. b). Die Möglichkeit der Ablehnung wegen einer klärungsbedürftigen Rechtsfrage von grundsätzlicher Bedeutung findet sich auch in den Vorschriften zur Schlichtung im Flugverkehr (§ 57b Abs. 3 LuftVG) sowie bei Finanzdienstleistungen (§ 6 Abs. 2 Nr. 1 FinSV). § 6 Abs. 2 Nr. 2 FinSV sieht außerdem die Möglichkeit der Ablehnung vor, wenn entscheidungserheblicher, streitiger Sachverhalt nicht geklärt werden kann.

148   Bei der Umsetzung der Vorschrift durch eine entsprechende Regelung in der Verfahrensordnung und ihrer Anwendung ist einerseits dem Gedanken Rechnung zu tragen, dass die Schlichtung eine unaufwendige und rasche Klärung der Streitigkeit herbeiführen soll, und andererseits darauf zu achten, dass der Zugang zur Schlichtung nicht erheblich beeinträchtigt wird.

aa) Unverhältnismäßiger Aufwand zur Klärung von Sach- oder Rechtsfragen

149   Da die Schlichtung im Regelfall auf eine Beweiserhebung verzichtet und keine absolute Bindung an das geltende Recht besteht, muss eine Schlichtung auch möglich sein, wenn der Sachverhalt nicht restlos aufgeklärt werden kann oder einzelne Sachverhaltsfragen zwischen den Parteien streitig sind. Allerdings müssen der Sachverhalt und mögliche Sachverhaltsalternativen nach dem Vortrag der Parteien so weit klar sein, dass der Streitmittler die entscheidungserheblichen rechtlichen Fragen erkennen und einen Lösungsvorschlag unterbreiten kann. Denkbar erscheint eine Ablehnung bei Tatfragen, die eine große technische Expertise erfordern wie beispielsweise bei der Beurteilung der Auswirkungen der Manipulation der Abgasreinigung bei Dieselfahrzeugen und der daraus resultierenden Vermögensschäden.

150   Weder der Gesetzesbegründung noch dem Erwägungsgrund 25 der ADR-Richtlinie lassen sich klare Hinweise entnehmen, wann die der Streitigkeit zugrunde liegenden rechtlichen Fragen für eine Schlichtung zu komplex sind. Zumindest ergibt sich aus Erwägungsgrund 25 der ADR-Richtlinie sowie der Existenz der ODR-Verordnung, dass ein grenzüberschreitendes Vertragsverhältnis und die damit aus Art. 6 der Rom-I-Verordnung möglicherweise folgende Überlagerung mit dem Recht eines anderen Mitgliedstaates nicht von vornherein als Ablehnungsgrund angesehen werden kann (zur Möglichkeit der Berücksichtigung des Mehraufwandes bei den Gebühren siehe → Rn. 245).

151   Auch wenn der deutsche Gesetzgeber aus nachvollziehbaren Gründen die Gerichte als zentrale Instanz zur Klärung komplexer rechtlicher Fragen erhalten will, darf nicht das Interesse der Parteien an einer raschen und ggf. auch pragmatischen Lösung ihrer Streitigkeit übersehen werden. Zudem ist gerade bei niedrigen Streitwerten auch vor den Amtsgerichten keineswegs gewährleistet, dass komplexere Sachverhalts- und Rechtsfragen stets mit der gebotenen Tiefe und ggf. notwendigen Spezialkenntnissen entschieden werden. Daher liegt es vorrangig in der Verantwortung der Schlichtungsstellen, die nötige Sach- und Rechtskunde bereitzustellen. Eine Ablehnung wegen der

Komplexität der entscheidungserheblichen Rechtsfragen wird daher auf besondere Ausnahmen zu beschränken sein.

bb) Klärungsbedürftige Rechtsfragen von grundsätzlicher Bedeutung

Kaum mit dem **Unionsrecht** vereinbar erscheint zudem eine Ablehnung wegen unge- **152** klärter Rechtsfragen. Weder Art. 5 Abs. 4 noch Erwägungsgrund 25 der ADR-Richt-linie geben einen Hinweis darauf, dass das Einigungsinteresse der Parteien hinter dem Interesse an einer notwendigen höchstrichterlichen Klärung und Rechtsfortbildung zu-rücktreten muss.[45] Auch würde es die rationale Apathie der Verbraucher und die damit verbundenen Defizite in der Rechtsdurchsetzung nicht beseitigen, wenn erst nach einer mehrere Jahre dauernden gerichtlichen Klärung eine Schlichtung für Sachverhalte zugelassen würde, die dann oftmals nicht mehr aktuell (zB wegen zwischenzeitlich ge-änderter Vertragsbedingungen) oder verjährt sind. Zu Recht wird außerdem darauf hingewiesen, dass vor allem im Bereich von Finanzdienstleistungen die betroffenen Un-ternehmen nicht selten eine höchstrichterliche Entscheidung zu verhindern versuchen.[46] Auch wenn zuzugeben ist, dass beispielsweise eine erstmalige Prüfung der Wirksamkeit von branchenüblichen AGB ohne Orientierung an vorangegangenen gerichtlichen Ent-scheidungen zumal durch eine unternehmensgetragene Schlichtungsstelle nicht unprob-lematisch ist, sollten Streitmittler bei ungeklärten Rechtsfragen vorrangig die Parteien im Rahmen der Unterrichtung nach § 19 Abs. 3 VSBG auf diesen Umstand ausdrück-lich hinweisen und dennoch einen Lösungsvorschlag unterbreiten. Darüber hinaus soll-ten sie im Rahmen der gesetzlichen und satzungsmäßigen Berichtspflichten aktiv die betroffenen Unternehmens- und Verbraucherverbände über Fälle mit klärungsbedürfti-gen Rechtsfragen informieren, um damit den Anstoß zur notwendigen **Rechtsfortbil-dung** zu geben.

Die **Schlichtungsstellen** haben bislang sehr unterschiedlich von der in § 14 Abs. 2 **153** Nr. 4b) VSBG vorgesehenen Möglichkeit der Verfahrensablehnung bei klärungsbedürf-tigen Rechtsfragen Gebrauch gemacht.

Die Schlichtungsstelle öffentlicher Personenverkehr (söp) beispielsweise bearbeitet **154** nach Art. 7 ihrer Verfahrensordnung (2014) das Verfahren nicht weiter, wenn der An-tragsgegner plausibel vorträgt, dass der Streitigkeit eine Frage von rechtsgrundsätz-licher Bedeutung zugrunde liegt, die gerichtlich geklärt werden soll. Im Gegenzug muss sich der Antragsgegner, dh das Verkehrsunternehmen, bei derartigen als Musterfällen bezeichneten Streitigkeiten jedoch verpflichten, die Gerichts- und Anwaltskosten im erstinstanzlichen Verfahren zu tragen.

Eine vergleichbare Regelung gilt auch beim Versicherungsombudsmann (§ 8 Abs. 4 **155** der Verfahrensordnung), der darüber hinaus auch von sich aus bei nicht höchstrichter-lich entschiedenen Fragen von einer Durchführung der Schlichtung absehen soll.

Weiter sehen die Verfahrensordnungen der Schlichtungsstellen der Sparkassen sowie **156** der Volks- und Raiffeisenbanken vor, dass der Schlichter das Verfahren bei noch nicht höchstrichterlich entschiedenen Grundsatzfragen ablehnen soll.

Anders haben sich beispielsweise der Ombudsmann der privaten Banken, die **157** Schlichtungsstelle Energie, die Bundesrechtsanwaltskammer und die Bundesnetzagen-tur (Schlichtung im Bereich Telekommunikation nach § 47a TKG) entschieden, die von der Ablehnungsmöglichkeit bei komplexen oder klärungsbedürftigen Rechtsfragen von grundsätzlicher Bedeutung keinen Gebrauch gemacht haben.

---

[45] Vgl. auch *Hirsch* NJW 2013, 2088 (2092); *Tonner*, Gutachten für den vzbv, März 2014, S. 12,
[46] Borowski/Röthemeyer/Steike/*Borowski* § 14, Rn. 56; kritisch zu sehen daher auch § 6 Abs. 2 Nr. 1 FinSV.

cc) Sonstige Gründe für eine Beeinträchtigung des Betriebs der Schlichtungsstelle

158   Die Gesetzesbegründung erwähnt weiter die Insolvenz des Antragsgegners als einen denkbaren Fall, in dem § 14 Abs. 2 Nr. 4 VSBG eine Ablehnung zulässt. Dem dürfte die Überlegung zugrunde liegen, dass die Schlichtungsstelle Gefahr läuft, ihren Aufwand nicht erstattet zu bekommen.

4. Verfahrensaussetzung bis zum Ablauf der Stillhaltefrist

159   Ursprünglich sah der Gesetzentwurf der Bundesregierung eine Ablehnung des Schlichtungsantrags vor, wenn der Antragsgegner den Anspruch weder anerkannt noch abgelehnt hat und seit der Geltendmachung nicht mehr als zwei Monate verstrichen waren. Der Bundestag hat zurecht die Kritik des Bundesrats an dieser Regelung, die eine Flucht in die Verjährung begünstigt hätte, aufgegriffen und den Gesetzentwurf dahingehend geändert, dass wegen der Nichteinhaltung der zweimonatigen Stillhaltefrist lediglich das Verfahren ausgesetzt werden kann (§ 14 Abs. 5 VSBG; zur weiterhin abweichenden Regelung für den Luftverkehr in § 57b LuftVG → Rn. 131). Der Antragteller kann daher, wenn sich der Antragsgegner nicht binnen einer angemessenen Frist erklärt hat, ob er den geltend gemachten Anspruch anerkennen will, einen Schlichtungsantrag stellen und damit die Verjährung nach § 204 BGB hemmen.

5. Die Ablehnungsentscheidung und Folgen fehlerhafter Ablehnungsentscheidungen

160   § 14 Abs. 3 VSBG schreibt vor, dass die Ablehnungsentscheidung grundsätzlich innerhalb von drei Wochen nach Antragseingang in Textform und unter Angabe der Gründe mitgeteilt wird. Die Mitteilung erfolgt gegenüber dem Antragsteller und, sofern der Antrag ihm bereits übermittelt wurde, auch gegenüber dem Antragsgegner. Da nach dem Wortlaut von § 14 Abs. 1 und 2 VSBG der Streitmittler in Person die Ablehnungsentscheidung trifft, sollte dies bei der Übermittlung der Ablehnungsentscheidung entsprechend dokumentiert werden. Die Mitteilung der Ablehnung ist damit zweckmäßiger Weise mit der Unterschrift des Streitmittlers zu versehen.

a) Rechtsbehelfe gegen die Ablehnungsentscheidung

161   Weder das VSBG noch die spezialgesetzlichen Vorschriften sehen vor, dass die Parteien die Ablehnungsentscheidung oder ggf. auch die Zulassungsentscheidung überprüfen lassen können. Gegen Entscheidungen einer privatrechtlichen Schlichtungsstelle und des Streitmittlers sind innerhalb des Schlichtungssystems keine Rechtsbehelfe gegeben, zumal es auch keine mehrstufigen Entscheidungsinstanzen gibt.[47]

162   Dies schließt jedoch nicht *per se* eine gerichtliche oder verwaltungsrechtliche Verpflichtung der Schlichtungsstelle zur Durchführung der Schlichtung aus, sofern man annimmt, dass ein Rechtsanspruch auf Durchführung der Schlichtung bestehen kann. Es erscheint einerseits denkbar, dass die Zustimmung der Parteien zur Verfahrensordnung und das Zustandekommen eines dienstvertragsähnlichen Rechtsverhältnisses einen Anspruch auf Durchführung einer Schlichtung begründen. Weiter kann sich für die an einer Schlichtungsstelle beteiligten Unternehmen ein Schlichtungsanspruch aus der

---

[47] So auch Borowski/Röthemeyer/Steike/*Borowski* § 14 Rn. 8.

Satzung des Trägervereins ergeben Auch lassen einzelne gesetzliche Bestimmungen wie beispielsweise § 57 Abs. 3 LuftVG ebenfalls das Verständnis zu, dass ein subjektives Recht auf Zugang zur Schlichtung besteht. Andererseits ist zu berücksichtigen, dass den Parteien eine gerichtliche Klärung ihrer Streitigkeit unbenommen bleibt und die Schlichtung durch Rechtsbehelfe überfrachtet und in ihrer Effektivität beeinträchtigt werden könnte. Daher wird man die genannten Rechtsverhältnisse und Vorschriften sinnvoller Weise dahingehend auslegen, dass sie den Parteien keinen durchsetzbaren Rechtsanspruch gewähren bzw. ihnen ein **Verzicht auf eine gerichtliche Durchsetzung** immanent ist.

Dessen ungeachtet wird man aus dem Anspruch auf rechtliches Gehör nach § 17   **163** Abs. 1 VSBG ableiten können, dass insbesondere dem Antragsteller Gelegenheit gegeben werden muss, sich vor der Ablehnungsentscheidung zu den möglichen Ablehnungsgründen äußern zu können. Dies betrifft vor allem den Fall, dass die Ablehnung auf die Verjährung des Anspruchs gestützt werden soll.

Ein **aufsichtliches Tätigwerden** im Einzelfall gegenüber privatrechtlichen Schlich-   **164** tungsstellen, die zu Unrecht einen Schlichtungsantrag ablehnen, ist im VSBG ebenfalls nicht angelegt. Insbesondere fehlen entsprechende Anordnungsbefugnisse. Gleichwohl kann es sinnvoll sein, die Aufsichtsbehörde über zu Unrecht abgewiesene Schlichtungsanträge zu informieren und damit eine allgemeine Überprüfung der Anerkennungsvoraussetzungen nach § 26 VSBG sowie ggf. eine informelle Beanstandung zu erreichen.

In Bezug auf den Rechtsschutz unterschiedlich zu beurteilen ist dagegen eine Ableh-   **165** nungsentscheidung einer **behördlichen Schlichtungsstelle**, deren Handeln grundsätzlich der Rechtsschutzgarantie nach Art. 19 Abs. 4 GG unterliegt. Hier wird man den Parteien zumindest einen ggf. gerichtlich überprüfbaren Anspruch auf (ermessens-) fehlerfreie Prüfung der Zulässigkeitsvoraussetzungen zubilligen können.

b) Folgen einer fehlerhaften Ablehnungsentscheidung

Sowohl für den Antragsteller als auch den Antragsgegner können fehlerhafte Ableh-   **166** nungs- oder Zulassungsentscheidungen mit Nachteilen und Vermögensschäden verbunden sein. Eine zu Unrecht abgelehnte Schlichtung kann zur Verjährung des geltend gemachten Anspruchs führen. Von größerer Bedeutung dürfte der Fall sein, dass sich der Antragsgegner gegen das Entgelt oder die Gebühren zur Wehr setzen möchte, da nach seiner Auffassung die Schlichtungsstelle den Antrag hätte ablehnen müssen.

Als **Anspruchsgrundlage** bei privaten Schlichtungsstellen kommt das dem eigentli-   **167** chen Schlichtungsvertrag vorgelagerte Anbahnungsverhältnis im Sinne von § 311 Abs. 2 BGB iVm §§ 241, 280 BGB in Betracht. Zusätzlich können sich, wenn der Antragsgegner Mitglied des Trägervereins ist, aus der Vereinssatzung Pflichten ergeben, die zu einem Schadensersatzanspruch nach § 280 BGB führen können, der der Entgeltforderung der Schlichtungsstelle entgegengehalten werden kann. Allerdings ist einer Schlichtung wie auch dem gerichtlichen Klageverfahren immanent, dass die Beurteilung von Sachverhalts- und Rechtsfragen bis zu einem gewissen Maß von subjektiven Wahrnehmungen und Auffassungen abhängt. Es kann daher keinen unbedingten Rechtsanspruch auf fehlerfreie Entscheidungen einer Schlichtungsstelle geben. Zwar kann eine Schlichtungsstelle nicht automatisch das **Richterprivileg** des § 839 Abs. 2 BGB für sich in Anspruch nehmen, jedoch ist auch einer Schlichtungsstelle ein Recht auf Irrtum zuzugestehen, so dass die Verpflichtung der Schlichtungsstelle von vornherein auf eine willkürfreie Anwendung des Rechts und der Verfahrensordnung beschränkt ist. Auch bei der Mediation wird zutreffend der Vergleich mit der Verantwortung eines Arztes oder Prozessvertreters gezogen, deren Leistung *lege artis* erbracht werden muss.[48] Zugleich könnte man auch einen stillschweigenden Haftungsausschluss der Parteien jedenfalls für fahrlässige Fehlentscheidungen annehmen.[49]

168   Die Überlegungen zur Begrenzung der zivilrechtlichen Haftungsverantwortung gelten auch für behördliche Schlichtungsstellen und den Umfang etwaiger, eine Haftung nach § 839 BGB begründender Amtspflichten.

VI. Teilnahmebereitschaft und Teilnahmepflicht des Antragsgegners

169   Auch wenn keine Ablehnungsgründe nach § 14 VSBG vorliegen, hängt die Durchführung der Schlichtung grundsätzlich davon ab, dass der Antragsgegner zur Teilnahme an der Schlichtung bereit ist. Lehnt der Antragsgegner eine Teilnahme an der Schlichtung ab, sieht § 15 Abs. 2 VSBG vorbehaltlich anderer Regelungen und etwaiger Teilnahmepflichten die Beendigung des Verfahrens vor (zu den Besonderheiten bei der Universalschlichtung siehe unten → Rn. 187).

1. Ablehnungserklärung und zeitliche Grenze

170   § 15 Abs. 2 VSBG verlangt für die Verfahrensbeendigung eine Erklärung des Antragsgegners, an der Schlichtung nicht teilnehmen zu wollen. Der Gesetzgeber war der Ansicht, dass es nicht sinnvoll sei, eine gütliche Einigung gegen den erklärten Willen der Parteien durchzusetzen.[50]

171   Die in der Gesetzesbegründung gewählte Formulierung könnte nahelegen, dass die Ablehnung ausdrücklich erklärt werden müsse, jedoch kommt die hier vertretene Auslegung zu dem Ergebnis, dass die Ablehnung auch **konkludent** erklärt werden kann und die Schlichtungsstellen ein Schweigen des Antragsgegners als Ablehnung behandeln können.

172   Für die Notwendigkeit einer ausdrücklichen Ablehnungserklärung spräche freilich das mit der ADR-Richtlinie verfolgte verbraucherpolitische Ziel, die außergerichtliche Streitbeilegung zu stärken, da eine ausdrückliche Ablehnungserklärung vom Antragsgegner ein aktives Handeln verlangt und damit gegenüber einer bloßen Untätigkeit eine höhere psychologische Hürde schafft. Auch kann eine **Entscheidung nach Aktenlage**, die ohne Äußerung des Antragsgegners ergeht, zur Beilegung der Streitigkeit beitragen, da diese im Falle eines dem Antragsteller Recht gebenden Lösungsvorschlags die Bereitschaft, sich doch noch außergerichtlich zu einigen, fördern oder im gegenteiligen Fall den Antragsteller von weiteren Schritten der Rechtsverfolgung abhalten kann (zur ausführlicheren Auseinandersetzung mit der Entscheidung nach Aktenlage siehe unten → Rn. 179).

173   Bei der Auslegung von § 15 Abs. 2 VSBG dürfte im Ergebnis aber entscheidend sein, dass der Gesetzgeber bei der Regelung die Belange der Schlichtungsstellen im Blick hatte, wie sich vor allem der Gegenäußerung der Bundesregierung zu einzelnen Forderungen des Bundesrats entnehmen lässt.[51]

---

[48] AA *Gössl* NJW 2016, 838 (842); nicht eindeutig insoweit Greger/Unberath/Steffek/*Greger* § 2 MediationsG Rn. 93 einerseits und Greger/Unberath/Steffek/*Greger* D Rn. 217 andererseits.

[49] Zurückhaltend zum stillschweigenden Haftungsausschluss Greger/Unberath/Steffek/*Greger* D Rn. 237.

[50] BR-Drs. 258/15, 74.

[51] Siehe exemplarisch BT-Drs. 128/5760, 28.

Die Schlichtungsstelle ist darauf angewiesen, ihren Aufwand vom Antragsgegner **174** vergütet zu bekommen. Die Aufwandsvergütung kann dann gefährdet sein, wenn der Antragsgegner nicht am Trägerverein der Schlichtungsstelle beteiligt ist und sich zum Schlichtungsantrag überhaupt nicht äußert. Denn die **Untätigkeit des Antragsgegners** lässt die Vermutung zu, dass dieser weder zur Verfahrensteilnahme noch zu Leistung des anfallenden Schlichtungsentgelts bereit ist.[52] Aus Sicht der Schlichtungsstelle ist es kaum vertretbar, Schlichtungsverfahren ohne ausreichende Sicherheit für die Aufwandsvergütung durchzuführen und möglicherweise nach ihrem Abschluss das Entgelt einklagen zu müssen.

Unter Abwägung der Interessen des Antragstellers und der Schlichtungsstelle wird **175** man letzterer zubilligen müssen, dass sie in ihrer Verfahrensordnung Untätigkeit und Schweigen des Antragsgegners als Ablehnung im Sinne von § 15 Abs. 2 VSBG auslegt. Dies ist zumindest dann statthaft, wenn der Antragsgegner nicht am Trägerverein der Schlichtungsstelle beteiligt ist oder sich in anderer Weise gegenüber der Schlichtungsstelle verpflichtet hat. Da auch Prozesshandlungen im gerichtlichen Verfahren konkludent vorgenommen werden können, bestehen insoweit keine dogmatischen Bedenken. Dass damit die Schlichtung zu einem Opt-in-Verfahren wird, ohne dass dies der Gesetzgeber ausdrücklich geregelt hat, wird man hinnehmen müssen. Derartige Regelungen, die eine Nichterwiderung des Schlichtungsantrags binnen der hierfür vorgesehenen Frist als Ablehnung im Sinne von § 15 Abs. 2 VSBG auslegen, finden sich beispielsweise in den Verfahrensordnungen der Allgemeinen Verbraucherschlichtungsstelle und der Bundesnetzagentur (Telekommunikation).

Die Allgemeine Verbraucherschlichtungsstelle geht in ihrer Verfahrensordnung noch **176** einen Schritt weiter. Auch wenn sich der Antragsgegner zur Teilnahme bereit erklärt hat, wird die Nichtleistung des als Vorschuss erhobenen Schlichtungsentgelts nach erfolglosem Verstreichen einer Nachfrist ebenfalls als Erklärung ausgelegt, das Verfahren nicht fortsetzen zu wollen. Das VSBG hat weder eine **Vorschusspflicht** noch eine Verfahrensbeendigung bei fehlendem Vorschuss vorgesehen. Sie über eine Ablehnungsfiktion herbeizuführen, erscheint zwar im Falle der Allgemeinen Verbraucherschlichtungsstelle noch vertretbar und wurde offenbar auch so vom Bundesamt für Justiz gebilligt, jedoch wäre sie als problematisch anzusehen, wenn sich der Antragsgegner gegenüber der Schlichtungsstelle in der Satzung des Trägervereins zur Teilnahme verpflichtet hat.

Mit Blick auf die schutzwürdigen Interessen des Antragstellers erschiene es wün- **177** schenswert, die Möglichkeit der einseitigen Verfahrensbeendigung durch den Antragsgegner zeitlich bis zu einem bestimmten **Verfahrensstadium** einzugrenzen. Es ließe sich vertreten, dass ab dem Zeitpunkt, in dem keine Mitwirkung der Parteien mehr erforderlich ist und gemäß § 20 Abs. 1 VSBG der Eingang der vollständigen Beschwerdeakte festgestellt ist, die Schlichtungsstelle eine Beendigungserklärung des Antragsgegners nicht mehr zu beachten braucht und einen Schlichtungsvorschlag vorlegen kann. Jedenfalls dürfte es zulässig sein, eine derartige zeitliche Begrenzung in der Verfahrensordnung zu regeln.

2. Unbeachtlichkeit der Ablehnung und Entscheidung nach Aktenlage

Auf die Teilnahmebereitschaft des Antragsgegners im konkreten Streitfall kommt es je- **178** doch nicht an bzw. seine Ablehnung der Schlichtung führt nicht nach § 15 Abs. 2 VSBG zur Verfahrensbeendigung, wenn Rechtsvorschriften, Satzungen oder vertragliche Abreden (mit der Schlichtungsstelle) etwas anderes bestimmen. Diese Einschränkung des

---

[52] So auch Borowski/Röthemeyer/Steike/*Borowski* § 15 Rn. 9.

Grundsatzes der Freiwilligkeit gilt jedoch nicht bei der Mediation, da sie ohne Mitwirkung beider Parteien nicht möglich ist. § 2 Abs. 5 MediationsG bleibt insoweit unberührt.

179   Der Gesetzgeber hat trotz eindringlicher Hinweise des Bundesrats (BR-Drs. 258/15 [B], Ziff. 22) nicht geregelt, wie im Weiteren zu verfahren ist, wenn sich der Antragsgegner entgegen seiner Verpflichtung nicht am Verfahren beteiligt. Da der Schlichtungsvorschlag für den Antragsteller auch bei fehlender Teilnahme des Antragsgegners von Nutzen sein kann, kann die Schlichtungsstelle entsprechend § 30 Abs. 4 S. 2 VSBG einen **Lösungsvorschlag nach Aktenlage** unterbreiten. Entgegen der Gesetzesbegründung[53] bedarf es hierzu keiner ausdrücklichen Regelung in der Verfahrensordnung. Die Schlichtungsstelle sollte sogar im Regelfall von dieser Möglichkeit Gebrauch machen, da der Antragsgegner eine berechtigte Erwartung der anderen Vertragspartei auf die Möglichkeit einer außergerichtlichen Streitbeilegung begründet hat und die andere Vertragspartei auch möglicherweise bereits entsprechende Dispositionen getroffen hat. Auch kann der Lösungsvorschlag, der dem Antragsteller ganz oder teilweise Recht gibt, die Bereitschaft des Antragsgegners, sich doch noch außergerichtlich zu einigen, positiv beeinflussen, was der verbraucher- und rechtspolitischen Zielsetzung der ADR-Richtlinie entspricht. Dies scheint zumindest dann denkbar, wenn die Schlichtungsstelle und der Streitmittler hohe Anerkennung genießen und ihre Empfehlungen Autorität entfalten. Kommt der Streitmittler zu dem Ergebnis, dass der Antrag nicht begründet ist, kann auch dies zur Beilegung der Streitigkeit beitragen, wenn der Antragsteller die Einschätzung des Streitmittlers akzeptiert und von einer weiteren Rechtsverfolgung absieht. Zuzugeben ist dabei, dass dies vorrangig für den Verbraucher als Antragsteller vorteilhaft ist, da er eine risiko- und kostenfreie Klärung der Rechtslage erhält. Für den als Antragsgegner betroffenen Unternehmer dagegen stellt sich die Situation so dar, dass er in seiner Rechtsauffassung bestätigt wird und trotzdem, anders als im gerichtlichen Verfahren, die Kosten des Verfahrens zu tragen hat. Auch werden die vom Unternehmer zu tragenden Verfahrenskosten nicht ohne Weiteres dadurch aufgewogen, dass der Verbraucher von einer weiteren, gerichtlichen Rechtsverfolgung mit ungewissem Ausgang absieht. Denn aufgrund der rationalen Passivität des Verbrauchers kann nicht unbedingt davon ausgegangen werden, dass dieser zu einer gerichtlichen Klage entschlossen wäre. Allerdings müssen diese Belange jedenfalls dann hinter den Erwartungen des Verbrauchers an die Durchführung eines Schlichtungsverfahrens zurücktreten, wenn sich der Unternehmer zuvor auch gegenüber der Schlichtungsstelle zur Beteiligung bereit erklärt hat.

180   Bei der Schlichtung im **Flugverkehr** ist die Entscheidung nach Aktenlage bei fehlender Teilnahme der Fluggesellschaft im Übrigen gesetzlich angeordnet (§ 13 Abs. 2 LuftSchlichtV; weitere Beispiele siehe unten → Rn. 185).

a) Vertragliche Abrede und Satzung

181   Nach § 15 Abs. 2 VSBG kann der Antragsgegner das Verfahren nicht einseitig beenden, wenn vertragliche Abreden etwas anderes bestimmen. Der Bundesrat hatte um Klarstellung gebeten, dass es sich hierbei auch um eine vertragliche Verpflichtung des Antragsgegners gegenüber dem Antragsteller handeln kann und keine Abrede zwischen dem Antragsgegner und der Schlichtungsstelle erforderlich ist.[54] Die Bundesregierung erklärte in ihrer Gegenäußerung einerseits, dass das Anliegen in der Formulierung des § 15 Abs. 2 VSBG ausreichend geregelt sei, machte aber andererseits deutlich, dass eine

---

[53] Siehe BR-Drs. 258/15, 74.
[54] BR-Drs. 258/15 [B], Ziff. 19.

Durchführung der Schlichtung und Entgeltpflicht des Unternehmers nur auf Grund einer allgemeinen Bereitschaft zur Teilnahme an Schlichtungsverfahren ohne konkrete Abrede mit der Schlichtungsstelle zu weit gehe.[55]

Trotz dieser nicht ganz eindeutigen Gegenäußerung der Bundesregierung wird man **182** im Ergebnis nur eine **vertragliche Abrede des Unternehmers mit der Schlichtungsstelle** als eine Abrede im Sinne des § 15 Abs. 2 VSBG ansehen können, die eine einseitige Verfahrensbeendigung ausschließt. Der Gesetzgeber hat bei der privat-rechtlichen Schlichtung bewusst einen anderen Mechanismus als bei der Universalschlichtung gewählt (siehe dort § 30 Abs. 4 und 5 VSBG). Eine bloße Verpflichtung des Unternehmers gegenüber dem Verbraucher aufgrund einer Erklärung in den AGB oder auf einer Website, zur außergerichtlichen Streitbeilegung bereit zu sein, genügt nicht.[56] Dieses Ergebnis ist freilich verbraucherpolitisch unbefriedigend, da das Vertrauen des Verbrauchers in die ihm gegenüber erklärte Teilnahmebereitschaft des Unternehmers nicht hinreichend geschützt wird und der Gesetzgeber den Belangen der Schlichtungsstelle den Vorrang eingeräumt hat.

Da § 15 Abs. 2 VSBG dem Unternehmer auch die Möglichkeit einräumt, ein bereits **183** begonnenes Verfahren nicht weiter fortzusetzen, stellt die von einem Unternehmer zu Beginn des Verfahrens erklärte Teilnahmebereitschaft keine vertragliche Abrede dar, die das Recht auf Verfahrensbeendigung ausschließt. Die **nachträgliche Verfahrensbeendigung** kann auch nicht dadurch ausgeschlossen werden, dass die Verfahrensordnung den Unternehmer an eine einmal erklärte Teilnahmebereitschaft generell bindet. Eine entsprechende Regelung in der Verfahrensordnung wäre gemäß § 307 Abs. 1 S. 1, Abs. 2 Nr. 1 BGB als unwirksam anzusehen. Unberührt bleibt nach der hier vertretenen Auffassung hingegen die Möglichkeit, eine einseitige Beendigungserklärung nur bis zu einem gewissen Verfahrensstadium wie beispielsweise der Feststellung der vollständigen Beschwerdeakte zuzulassen (siehe → Rn. 177). Da die Schlichtungsstellen ein berechtigtes Interesse an der Erstattung ihres Aufwands haben und keine Fehlanreize für einseitige Verfahrensbeendigungen in einem späten Stadium setzen sollten, sollten die Kostenregelungen nachträgliche Verfahrensbeendigungen nicht mit einer Gebührenminderung begünstigen.

Ist der Antragsgegner Mitglied des Trägervereins der Schlichtungsstelle und aufgrund **184** der Satzung zur Teilnahme an der Schlichtung verpflichtet, bleibt eine Ablehnung der Schlichtung im Einzelfall unbeachtlich. Zur Teilnahme an Schlichtungsverfahren verpflichtet haben sich beispielsweise Versicherungsunternehmen, Banken, Verkehrsunternehmen und Energieversorgungsunternehmen in den jeweiligen Satzungen der Trägervereine sowie in ihren AGB. Nach der Schlichtungssatzung der Bundesrechtsanwaltskammer kann der Schlichter einen Schlichtungsvorschlag auch dann unterbreiten, wenn der Antragsgegner keine Stellungnahme abgibt. Neben der Teilnahmeverpflichtung sehen einzelne Satzungen und Verfahrensordnungen auch eine einseitige, betragsmäßig begrenzte Bindung der Unternehmen an den Schlichtungsvorschlag vor (näheres hierzu unter → § 6 Rn. 75).

b) Gesetzliche Ausnahmen von der Freiwilligkeit

Einzelne spezialgesetzliche Regelungen sehen vor, dass es auf die Teilnahmebereit- **185** schaft des Antragsgegners für die Durchführung des Schlichtungsverfahrens nicht ankommt. § 13 Abs. 2 LuftSchlichtV regelt für Streitigkeiten über **Fluggastrechte**, dass die

---

[55] BT-Drs. 18/5760, 27 f.
[56] AA wohl *Fuchs* ZUM 2016, 398 (407).

Schlichtungsstelle einen Vorschlag nach Lage der Akten unterbreitet, wenn das Luftverkehrsunternehmen keine Stellungnahme abgibt. § 111b Abs. 1 S. 2 EnWG bestimmt
bei Streitigkeiten über **Energielieferungsverträge** eine Teilnahmepflicht des Unternehmens. § 214 Abs. 3 VVG verpflichtet den **Versicherungsombudsmann** zur Beantwortung des Schlichtungsantrags.

186   Dagegen sieht beispielsweise die Schlichtungsordnung der Bundesnetzagentur für
den Bereich der Telekommunikation eine Beendigung des Schlichtungsverfahrens vor,
wenn der Antragsgegner nicht innerhalb von vier Wochen Stellung nimmt (§ 6 Abs. 2
SchlichtungsO BNetzA).

c) Sonderregelung für die Universalschlichtung

187   Für die Universalschlichtung gilt nach § 30 Abs. 4 und 5 VSBG, dass die Schlichtungsstelle einen **Vorschlag nach Aktenlage** unterbreiten kann, wenn sich das Unternehmen nicht aktiv beteiligt und keine Stellungnahme abgibt, obwohl es sich zur Teilnahme bereit erklärt hat oder verpflichtet ist. Die Besonderheit der Regelung liegt zum
einen darin, dass die Bereitschaft zur Teilnahme gesetzlich vermutet wird, wenn der
Unternehmer die Teilnahme nicht innerhalb von drei Wochen nach Übermittlung des
Schlichtungsantrags ablehnt. Zum anderen genügt anders als bei der privat-rechtlichen
Schlichtung auch eine nur gegenüber den Verbrauchern beispielsweise auf einer Website oder in den AGB abgegebene Erklärung, an einer Schlichtung teilnehmen zu
wollen.

VII. Durchführung des Streitbeilegungsverfahrens

1. Rechtsverhältnis zwischen den Parteien sowie mit der Schlichtungsstelle

188   Spätestens mit der Entscheidung der Schlichtungsstelle, den Schlichtungsantrag nicht
aus den in § 14 VSBG bzw. in der Verfahrensordnung genannten Gründen abzulehnen,
und der Erklärung des Antragsgegners, an der Schlichtung teilzunehmen, entsteht ein
dreiseitiges Rechtsverhältnis zwischen der Schlichtungsstelle und den Parteien, das am
ehesten Züge eines Dienstvertrages im Sinne von § 611 BGB aufweist (siehe oben
→ Rn. 25). Wenn sich der Unternehmer bereits in der Satzung des Trägervereins oder in
anderer Weise gegenüber der Schlichtungsstelle zur Teilnahme bereit erklärt hat, kann
darin eine vorweggenommene Annahme des Schlichtungsvertrages gesehen werden. Im
Falle der behördlichen Schlichtung wird man ein öffentlich-rechtliches Verhältnis *sui
generis* annehmen.

189   Aus dem Rechtsverhältnis ergibt sich für die Schlichtungsstelle die Pflicht, das
Schlichtungsverfahren gemäß den Vorgaben des VSBG und der Verfahrensordnung unparteiisch und unter Anwendung der gebotenen Sorgfalt durchzuführen. Allerdings
wird man daraus keinen durchsetzbaren Primäranspruch der Parteien auf Durchführung der Schlichtung ableiten können (siehe Ausführungen zu den Ablehnungsgründen,
→ Rn. 162). Das VSBG regelt ebensowenig wie das MediationsG, ob und ggf. in welchem Maße die Tätigkeit von Schlichtungsstellen **Haftungsbeschränkungen** unterliegt.
Bemerkenswerter Weise enthalten auch die Verfahrensordnungen der Schlichtungsstellen hierzu keine Regelungen. Nach der hier vertretenen Auffassung ist bei materiell-
rechtlichen Fehlern der Entscheidungen über Ablehnungsgründe oder des Lösungsvorschlags eine Haftungsbeschränkung auf grob fahrlässige und vorsätzliche Rechtsfehler

anzunehmen, die sich aus dem Rechtsgedanken des § 839 Abs. 2 BGB oder einem stillschweigenden Haftungsausschluss ableitet. Bei Verstößen gegen verfahrensbezogene Pflichten ist eine differenzierte Betrachtung geboten (zu den weiteren Einzelheiten siehe → Rn. 235 und → Rn. 166).

Auch für die Parteien ergeben sich aus dem Schlichtungsverhältnis Pflichten. Wenn- **190** gleich bei den vermögensrechtlichen Streitigkeiten im Anwendungsbereich des VSBG anders als bei klassischen Feldern der Mediation Informationen aus dem persönlichen Lebensbereich der Parteien nur in besonderen Bereichen (zB Krankenversicherung oder Verträge über Wohnraum mit Pflege- oder Betreuungsleistungen) von Belang sein dürften und daher im Regelfall nicht von einer stillschweigenden Vertraulichkeitsabrede auszugehen ist,[57] bestehen **Wohlverhaltenspflichten** dahingehend, die Durchführung des Schlichtungsverfahrens nicht zu behindern und nicht mutwillig zu verzögern sowie die gegnerische Partei nicht durch rechtswidriges Verhalten zu schädigen. Auch können sich aus dem Datenschutzrecht, dem allgemeinen Persönlichkeitsrecht und ggf. auch dem Recht am eingerichteten und ausgeübten Gewerbebetrieb Pflichten zur Geheimhaltung ergeben.

2. Ablauf des Verfahrens

Das VSBG gibt für das Schlichtungsverfahren lediglich einen groben Rahmen vor. **191** Das eigentliche Verfahren beginnt in dem Moment, in dem die Schlichtungsstelle nach einer etwaigen Vorprüfung von Ablehnungsgründen den Schlichtungsantrag gemäß § 16 VSBG dem Antragsgegner übermittelt und ihm gemäß § 17 VSBG Gelegenheit gibt, sich zum Anliegen des Antragstellers zu äußern. Im Rahmen des nach § 17 VSBG garantierten rechtlichen Gehörs können die Parteien Tatsachen und Bewertungen vorbringen. Die Frist zur Stellungnahme soll angemessen sein. Sie beträgt nach § 17 Abs. 1 S. 3 VSBG in der Regel drei Wochen und kann auf Antrag verlängert werden. Die Verfahrungsordnungen der Schlichtungsstellen regeln zum Teil sehr unterschiedlich den Verfahrensablauf. Trotz der Spielräume, die der Gesetzgeber den Schlichtungsstellen insoweit belassen hat, bestehen gegenüber einzelnen Ausprägungen rechtliche Bedenken.

a) Anspruch auf rechtliches Gehör

§ 17 Abs. 1 VSBG bestimmt, dass die Parteien rechtliches Gehör erhalten und Tatsachen **192** und Bewertungen vorbringen können. Auch wenn der Anspruch auf rechtliches Gehör bei der Schlichtung mangels beidseitiger Verbindlichkeit nicht so weit reicht wie nach Art. 103 Abs. 1 GG vor Gericht, ergeben sich dennoch daraus Mindestanforderungen an die Gestaltung des Verfahrens, die von den Schlichtungsstellen zu beachten sind.

Die Gesetzesbegründung macht deutlich,[58] dass die Parteien zu dem Vorbringen der **193** anderen Partei Stellung nehmen können müssen. Beschränkt ist der Anspruch auf rechtliches Gehör durch die Natur des Schlichtungsverfahrens insoweit, als weder ein mündliches Verfahren noch die Möglichkeit einer Beweiserhebung gewährleistet sein müssen. Andererseits sollte das konsensuale Moment der Schlichtung das rechtliche Gehör in gewisser Weise auch erweitern und keine zu strengen Folgen und Präklusionswirkungen an ein verspätetes Vorbringen einer Partei knüpfen, um eine effektive außergerichtliche Streitbeilegung zu fördern und eine Eskalation zum gerichtlichen Verfahren zu verhindern. Der Wunsch nach einer möglichst umfassenden Darstellung,

---

[57] Vgl. Greger/Unberath/Steffek/*Greger* § 22 VSBG Rn. 2, sowie zur Mediation aaO § 4 MediationsG Rn. 61.
[58] BR-Drs. 258/15, 75.

Aufbereitung und Bewertung des Streitgegenstandes durch die Parteien steht zugleich in einem Spannungsverhältnis zur Zielsetzung, eine rasche und kostengünstige Lösung zwischen den Parteien herbeizuführen.

194 Der Anspruch auf rechtliches Gehör spielt auch eine Rolle bei der Frage, welche rechtlichen Verteidigungsmittel, die wie im Fall der Aufrechnung den Verfahrensgegenstand und Prüfungsumfang des Streitmittlers erweitern, statthaft sein sollen.

b) Vorverfahren

195 Einzelne Schlichtungsstellen unterscheiden zwischen Vor- und Hauptverfahren (zB §§ 6 und 7 der Verfahrensordnung der Allgemeinen Verbraucherschlichtungsstelle). Im Vorverfahren wird zweckmäßiger Weise die Vollständigkeit und Zulässigkeit des Antrags sowie die Teilnahmebereitschaft des Antragsgegners geprüft.

196 Wenig transparent und mit dem VSBG kaum vereinbar erscheint dagegen das beim Ombudsmann der privaten Banken bestehende Vorprüfverfahren (gemäß der Verfahrensordnung vom 1.1.2015), bei dem nicht der Ombudsmann, sondern die beim Bankenverband eingerichtete Kundenbeschwerdestelle gleichsam als Vorfilter die nach § 16 VSBG erforderlichen Mitteilungen veranlasst und die Zulässigkeit des Schlichtungsantrags vorab prüft.

c) Gelegenheit und Frist zur Antragserwiderung

197 Dem Antragsgegner ist Gelegenheit zu geben, zum Antrag Stellung zu nehmen. Einzelne Schlichtungsstellen regeln in ihren Verfahrensordnungen, dass bei offensichtlich unbegründeten Anträgen von der Aufforderung zur Antragserwiderung abgesehen werden kann (vgl. § 5 Abs. 3 Verfahrensordnung söp, § 6 Abs. 4 Verfahrensordnung Versicherungsombudsmann). Da in diesen Fällen dem Interesse des Antragsgegners entsprochen wird, ist eine zusätzliche Bestätigung der Auffassung des Streitmittlers durch eine Antragserwiderung in der Tat verzichtbar. Der Anspruch auf rechtliches Gehör wird dadurch nicht unzulässig beschränkt.

198 Die für die Antragserwiderung in § 17 Abs. 1 S. 2 VSBG genannte Regelfrist von drei Wochen ist als Mindestfrist zu verstehen, wenngleich die Bundesregierung in der Gesetzesbegründung darauf hinweist, dass die Verfahren nicht unnötig in die Länge gezogen werden sollten.[59] Einzelne Schlichtungsstellen wie beispielsweise der Ombudsmann der privaten Banken oder die Bundesnetzagentur räumen dem Antragsgegner eine Frist von einem Monat ein, wogegen keine Bedenken bestehen. Im Bereich der Finanzdienstleistungen gilt nach § 8 Abs. 3 FinSV ab 1.2.2017 sogar ausdrücklich eine Monats-Frist als Regelfrist. Da der Antragsteller ein berechtigtes Interesse daran hat, die Dauer des Verfahrens einschätzen zu können, sollte die Verfahrensordnung eine klare Frist setzen. Eine Regelung, wonach der Antragsgegner innerhalb einer gesetzten oder vereinbarten Frist Gelegenheit zur Stellungnahme erhält (vgl. § 5 Abs. 1 der Verfahrensordnung der söp), genügt weder § 17 Abs. 1 S. 2 noch dem Gebot aus § 5 Abs. 1 S. 2 VSBG, die Einzelheiten der Durchführung des Konfliktbeilegungsverfahrens zu regeln. Auch die bloße Angabe einer Regelfrist wie in § 7 der Verfahrensordnung der Allgemeinen Verbraucherschlichtungsstelle erscheint nicht zweckmäßig.

199 Aus § 17 Abs. 1 S. 2 VSBG ergibt sich weiter, dass dem Antragsgegner auf Antrag die Möglichkeit einer **Fristverlängerung** gewährt werden kann. Eine Begründung für die Nachfrist verlangt § 17 Abs. 1 S. 2 VSBG nicht ausdrücklich. Da die Fristverlängerung im Ermessen der Schlichtungsstelle steht, begegnet es keinen Bedenken, wenn die Verfah-

---

[59] BR-Drs. 258/15, 75.

rensordnung der Schlichtungsstelle vom Antragsgegner eine Begründung für das Fristverlängerungsbegehren verlangt. Die Begründung schafft die Voraussetzung, dass der Streitmittler entsprechend § 315 BGB nach billigem Ermessen über die Fristverlängerung entscheiden kann. Auch wenn einzelne Verfahrensordnungen die Nachfristgewährung unter den Vorbehalt der Sachdienlichkeit stellen (§ 6 Abs. 1 der Verfahrensordnung des Versicherungsombudsmanns) oder eine Begründung für die Fristversäumnis (§ 5 der Verfahrensordnung der söp) verlangen, kann es unter verfahrensökonomischen Gesichtspunkten zweckmäßig sein, die Fristverlängerung ohne nähere Prüfung zu gewähren. Bestehen dagegen Anhaltspunkte für einen missbräuchlichen Antrag auf Fristverlängerung, beispielsweise wenn aufgrund früherer Verfahren mit einer bewussten Verfahrensverzögerung und Ablehnung der Teilnahme an der Schlichtung in einem späten Verfahrensstadium zu rechnen ist, ist die Fristverlängerung abzulehnen.

Nicht vom Gesetzgeber geregelt wurde, ob der Nachfristantrag innerhalb der Ausgangsfrist gestellt werden muss. Auch die Verfahrensordnungen der Schlichtungsstellen lassen diese Frage überwiegend offen. Grundsätzlich steht es im Ermessen der Schlichtungsstelle, auch nach Ablauf der Ausgangsfrist eingegangenen Fristverlängerungsanträgen stattzugeben. Sofern die Schlichtungsstelle auf Grund gesetzlicher Regelungen oder der in § 15 Abs. 2 VSBG genannten satzungsmäßigen oder vertraglichen Bestimmungen bei Untätigkeit des Antragsgegners nach Aktenlage entscheidet, erscheint es dagegen dogmatisch vorzugswürdig, einen Nachfristantrag nur innerhalb der Ausgangsfrist zuzulassen und eine danach eingehende Stellungnahme des Antragsgegners als **verspätetes Vorbringen** zu behandeln, welches unter bestimmten Voraussetzungen bei der Entscheidungsfindung berücksichtigt werden kann (siehe unten → Rn. 219). **200**

Die Notwendigkeit, in der Verfahrensordnung Fristen für die Stellungnahmen der Parteien zu bestimmen und damit die Verfahrensdauer kalkulierbar zu machen, gilt im Grundsatz auch für die Mediation. Die Empfehlung der Europäischen Kommission 2001/310/EG über die Grundsätze für an der einvernehmlichen Beilegung von Verbraucherstreitigkeiten beteiligte außergerichtliche Einrichtungen sieht unter dem Aspekt der Transparenz vor, dass die Parteien Informationen über den Zeitplan für den Verfahrensablauf erhalten (B. Nr. 3d) der Kommissionsempfehlung. Wegen des konsensualen Charakters der Mediation hat eine Nichteinhaltung der Frist keine Präklusion des verspäteten Vorbringens zur Folge, jedoch kann die Mediationsordnung ab einer bestimmten Fristüberschreitung von dem Scheitern des Einigungsversuchs ausgehen und die Verfahrensbeendigung vorsehen. **201**

d) Verteidigungsmittel des Antragsgegners

Gemäß § 17 Abs. 1 S. 1 VSBG kann der Antragsgegner „Tatsachen und Bewertungen" vorbringen. Eine **Beweisaufnahme** entsprechend den §§ 355 ff. ZPO sieht das VSBG nicht vor, ohne sie jedoch auszuschließen. Mit Ausnahme von Urkundsbeweisen sind Beweisaufnahmen in den Verfahrensordnungen der Schlichtungsstellen regelmäßig ausgeschlossen. Der Grund dafür ist, dass das Schlichtungsverfahren auf eine rasche, kostengünstige und einvernehmliche Einigung abzielt. Zudem passen auch einzelne Beweismittel wie der Zeugenbeweis im Sinne von §§ 373 ff. ZPO nicht zu einem Verfahren, das grundsätzlich auf eine mündliche Verhandlung unter Anwesenheit der Parteien verzichtet. Der Antragsgegner wird daher entsprechend dem Verfahren im einstweiligen Rechtsschutz die für ihn günstigen Tatsachen durch geeignete Nachweise glaubhaft machen, die selbstverständlich auch in Form von Parteigutachten erbracht werden können.[60] Anders als im Schiedsgerichtsverfahren (§ 1050 ZPO) besteht jedoch **202**

---

[60] *Stadler* ZZP 2015, 165 (184).

mit Ausnahme der gesetzlich geregelten Fälle nicht die Möglichkeit, bei Gericht die Abnahme einer Versicherung an Eides statt zu beantragen.

203   Nicht eindeutig geregelt ist, ob der Antragsgegner neben Einlassungen zu Sachverhalts- und Rechtsfragen auch die **Aufrechnung** mit einer Gegenforderung erklären oder den Einwand einer bereits vor dem Schlichtungsantrag erklärten Aufrechnung geltend machen kann. Dies hängt davon ab, ob und inwieweit man eine Erweiterung des Verfahrensgegenstandes mit Rücksicht auf die Zuständigkeit der Schlichtungsstelle, den Anspruch auf rechtliches Gehör und die Reichweite der Rechtsbeachtungspflicht nach § 19 Abs. 1 S. 2 VSBG für statthaft hält. Da der Schlichtungsauftrag einer Schlichtungsstelle nicht mit der umfassenden Justizgewährungspflicht staatlicher Gerichte vergleichbar ist, kann die für die ordentliche Gerichtsbarkeit angenommene weitgehende Zulässigkeit der Aufrechnung unabhängig von der Zuständigkeit des angerufenen Gerichts nicht ohne Weiteres auf die Schlichtung übertragen werden. Vielmehr erscheint es geboten, die Möglichkeit der Aufrechnung grundsätzlich nur für solche Forderungen zuzulassen, die in die Zuständigkeit der Schlichtungsstelle fallen.[61] Diese Beschränkung der Aufrechnung ist nicht nur zum Schutz der Verbraucher erforderlich, sondern liegt vor allem im Interesse der Schlichtungsstellen, die nicht mit Streitgegenständen befasst werden sollen, zu deren Beurteilung ihnen möglicherweise die nötige fachliche Kompetenz fehlt. Nicht notwendig ist jedoch, dass nach der Verfahrensordnung der Antragsgegner die Gegenforderung bei der Schlichtungsstelle selbständig, dh als Antragsteller, geltend machen könnte.

204   Dies sollte auch für eine vor dem Schlichtungsantrag erklärte Aufrechnung gelten. Die eingeschränkte Rechtsbindung des Streitmittlers nach § 19 Abs. 1 S. 2 VSBG lässt es zu, die Einwendung aus § 389 BGB materiell-rechtlich unberücksichtigt zu lassen.

205   Nach der hier vertretenen Ansicht kann eine Aufrechnung damit berücksichtigt werden, wenn die Art der Gegenforderung bzw. das ihr zugrunde liegende Vertragsverhältnis in die sachliche Zuständigkeit der Schlichtungsstelle fällt.

e) Form der Antragserwiderung

206   Die Antragserwiderung bedarf der Textform. § 11 VSBG und die Gesetzesbegründung hierzu lassen zwar grundsätzlich auch andere Formen zu, jedoch wäre beispielsweise bei einer nur mündlichen Antragserwiderung ohne gleichzeitige Anwesenheit des Antragstellers nicht gewährleistet, dass dieser im Rahmen seines Anspruchs auf rechtliches Gehör den vollständigen Inhalt der Antragserwiderung erfährt und sich zu ihr äußern kann. Auch können weder die Parteien noch die für die Qualität und Unabhängigkeit der Schlichtungsstelle verantwortlichen Stellen (zB Vorstand des Trägervereins) die Empfehlungen des Streitmittlers und ihre Gründe in der gebotenen Weise prüfen und nachvollziehen, wenn das Vorbringen der Parteien nicht auf einem dauerhaften Datenträger festgehalten ist und eingesehen werden kann.

f) Replik des Antragstellers

207   Entsprechend dem Modell des schriftlichen Vorverfahrens im gerichtlichen Prozess (vgl. § 276 ZPO) ist die Stellungnahme des Antragsgegners dem Antragsteller zur Kenntnis zu geben. Aus dem Anspruch auf rechtliches Gehör ergibt sich, dass im Regelfall, dh wenn die vom Antragsteller vorgetragenen Tatsachen und geltend gemachten Ansprüche bestritten werden, dem Antragsteller die Möglichkeit einer Replik einge-

---

[61] Für die Mediation nimmt Greger/Unberath/Steffek/*Greger* allerdings kein generelles Aufrechnungsverbot an, § 1 Rn. 211.

räumt werden muss. Auch insoweit gilt grundsätzlich eine Frist von drei Wochen. Die Gesetzesbegründung führt hierzu ausdrücklich aus, dass die Parteien zu dem Vorbringen der anderen Partei Stellung nehmen können müssen.[62] Bemerkenswert und mit dem Anspruch auf rechtliches Gehör nach § 17 Abs. 1 VSBG kaum vereinbar ist allerdings, dass dies in den Verfahrensordnungen der meisten Schlichtungsstellen nicht ausdrücklich vorgesehen ist. Allein die Schlichtungsordnung der Bundesnetzagentur regelt bislang ausdrücklich die Möglichkeit der Stellungnahme zur Antragserwiderung (§ 10 Abs. 1). Zu begrüßen ist daher, dass ab 1.2.2017 bei Schlichtungen zu Finanzdienstleistungen nach § 8 Abs. 3 S. 3 FinSV dem Antragsteller ausdrücklich die Möglichkeit der Replik eingeräumt wird.

Kritisch zu sehen ist weiter, wenn die Verfahrensordnung wie im Fall des Versicherungsombudsmanns (§ 16 Abs. 3 S. 1) oder der Schlichtungsstelle öffentlicher Personenverkehr (§ 13 Abs. 2 S. 1) den Verfahrensbeteiligten **Geschäftsgeheimnisse** des Antragsgegners, auf die dieser seine Verteidigung stützt, vorenthält. Die Verteidigungsmöglichkeit des Antragstellers wird hierdurch in bedenklicher Weise beeinträchtigt, zumal unklar bleibt, ob und wie der Streitmittler die ihm offenbarten Geschäftsgeheimnisse berücksichtigt. Auch die in den genannten Verfahrensordnungen getroffene Regelung, wonach der Ombudsmann „die insoweit fehlende Verteidigungsmöglichkeit des Beschwerdegegners im Rahmen seiner Beweiswürdigung berücksichtigt", schafft nicht die notwendige Klarheit. Richtiger Weise müsste wohl die fehlende Verteidigungsmöglichkeit des Beschwerdeführers in den Blick genommen werden, denn diesem werden Verteidigungsmittel der gegnerischen Partei nicht zugänglich gemacht. Abgesehen von der dadurch entstehenden Unklarheit (§ 307 Abs. 1 S. 2 BGB) dürfte die nur einseitige Geheimhaltung, die ausschließlich die Unternehmen begünstigt, eine mit § 17 VSBG unvereinbare unangemessene Benachteiligung des Verbrauchers darstellen und damit nach § 307 Abs. 1 S. 1 BGB unwirksam sein.[63]

208

g) Weitere Sachverhaltsaufklärung und Beweiserhebung

Auch wenn § 20 Abs. 1 S. 2 VSBG davon ausgeht, dass im Regelfall mit der Antragserwiderung und der Replik des Antragstellers die Beschwerdeakte vollständig ist und der Streitmittler zur Vorbereitung des Lösungsvorschlags keine weiteren Unterlagen und Informationen mehr benötigt, kann es sinnvoll sein, noch weitere Auskünfte zum Streitgegenstand einzuholen. Aufgrund des **Beibringungsgrundsatzes**, der grundsätzlich auch für die Schlichtung gilt[64] (hierzu näher unter → Rn. 16), ist der Streitmittler vorbehaltlich anderer Regelungen in der Verfahrensordnung nicht befugt, selbst aktiv Erkundigungen anzustellen. Gleichwohl kann er die Parteien auffordern, zu den von ihnen vorgetragenen Tatsachen weitere Informationen und Nachweise beizubringen.[65]

209

Nimmt eine behördliche Schlichtungsstelle zugleich öffentliche Aufgaben in dem Wirtschaftsbereich wahr, dem die streitgegenständliche Vertragsbeziehung zuzuordnen ist, ist es ihr nicht verwehrt, die ihr im Rahmen dieser Tätigkeit bekanntgewordenen Tatsachen zu berücksichtigen.

210

---

[62] BR-Drs. 258/15, 75.

[63] Die Voraussetzungen, nach denen Greger bei der Mediation vertrauliche Einzelgespräche für zulässig hält, sind bei der Streitbeilegung nach dem VSBG gerade nicht gegeben, vgl. Greger/Unberath/Steffek § 2 MediationsG Rn. 156 ff. und Teil D Rn. 73.

[64] Ablehnend wohl Greger/Unberath/Steffek/*Greger* Teil D Rn. 199, der offenbar wegen der mangelnden Rechtsbindung des Schlichters grundsätzlich keine Beibringungslast der Parteien annimmt (anders jedoch für das Schiedsgerichtsverfahren, aaO, Rn. 205).

[65] Siehe *Stadler* ZZP 2015, 165 (184), der auch eine gewisse Hilfestellung zugunsten des Verbrauchers für zulässig hält.

211   Eine Beweiserhebung im Sinne eines von der Schlichtungsstelle angeordneten, formalisierten Verfahrens zur Feststellung entscheidungserheblicher Tatsachen ist nach der
Konzeption der Schlichtung als eher summarisches Verfahren ohne mündliche Verhandlung grundsätzlich nicht vorgesehen. Das VSBG schließt sie aber auch nicht aus,[66]
ebensowenig wie die Beibringung von Sachverständigengutachten durch die Parteien
selbst. Aufgrund der mit einer Beweiserhebung regelmäßig verbundenen Verzögerung
des Verfahrens und der anfallenden Kosten setzt sie eine entsprechende Regelung in der
Verfahrens- und Gebührenordnung der Schlichtungsstelle oder eine Zustimmung beider Parteien im Einzelfall voraus. Denkbar wäre es, sie in gewissem Umfang bei hohen
Streitwerten und komplexen Streitgegenständen zuzulassen. Da Schlichtungsstellen und
ihren Empfehlungen selbst bei einer einseitigen Vorabbindung des beteiligten Unternehmens nicht dieselbe Autorität und Wirkung wie den Entscheidungen staatlicher Gerichte zukommt und ihnen auch die Durchsetzbarkeit von Beweisanordnungen fehlt,
können die zivilprozessualen Beweisvorschriften der §§ 355 ff. ZPO nur als Orientierung dienen. Insofern ist auch fraglich, ob Begriffe wie Beweiserhebung oder Beweisaufnahme außerhalb der staatlichen Rechtspflege überhaupt in sinnvoller Weise verwendet werden können.

212   Als Beweismittel dürften neben Urkunden vor allem Sachverständigengutachten zur
weiteren Sachverhaltsaufklärung und Bewertung bestimmter Tatsachen eine Rolle spielen. Auch wenn eine mündliche Verhandlung zur Beweisaufnahme nicht zwingend erforderlich ist, muss der Streitmittler auf Grund des Gebots des rechtlichen Gehörs sicherstellen, dass die Parteien zu dem erhobenen Beweis Stellung nehmen können.
Aufgrund des Beibringungsgrundsatzes ist, sofern nichts anderes in der Verfahrensordnung geregelt ist, eine Beweiserhebung nur auf Antrag der jeweiligen Partei zulässig.
Ein beidseitiges Einverständnis erscheint jedenfalls dann nicht notwendig, wenn die
Möglichkeit der Beweiserhebung in der Verfahrensordnung angelegt ist.[67] Die Schlichtungsstelle sollte entsprechend § 359 ZPO die zu klärende Tatsache, das Beweismittel
und die beweisführende Partei dokumentieren und den Parteien mitteilen.

h) Vollständige Beschwerdeakte

213   Wenn die Schlichtungsstelle keine weiteren Unterlagen und Informationen mehr benötigt, informiert sie die Parteien hierüber (§ 20 Abs. 1 VSBG).[68] Das Gesetz und die
ADR-Richtlinie sprechen insoweit vom „Eingang der vollständigen Beschwerdeakte",
an den sich die **90-Tage-Frist** knüpft, innerhalb derer nach § 20 Abs. 2 VSBG die
Schlichtungsstelle den Schlichtungsvorschlag vorlegen soll. Die Frist kann in der Verfahrensordnung verkürzt werden.[69] Nach § 20 Abs. 3 VSBG kann die Schlichtungsstelle
die Frist mit Zustimmung der Parteien oder bei besonders schwierigen Streitigkeiten
verlängern.

214   Die Unterrichtung der Parteien über den Eingang der vollständigen Beschwerdeakte
schließt nicht aus, dass der Streitmittler nachfolgend doch noch Klärungsbedarf zu einzelnen Sachverhaltsfragen erkennt und von den Parteien entsprechende Informationen
anfordert. Das Ziel der Verfahrensbeschleunigung sollte hier hinter dem Interesse an
einer möglichst vollständigen Sachverhalts- und Entscheidungsgrundlage zurücktreten.

---

[66] BR-Drs. 258/15, 76.

[67] Vgl. auch Borowski/Röthemeyer/Steike/*Röthemeyer* § 19 Rn. 21; der Gesetzgeber ging allerdings
von einem beidseitigen Einverständnis aus, BR-Drs. 258/15, 76).

[68] Kritisch zu der als praxisfern und bürokratisch empfundenen Mitteilungspflicht *Berlin* ZKM,
2015, 26 (30).

[69] BR-Drs. 258/15, 76.

Gleichwohl ist ein derartiger Wiedereintritt in die Sachverhaltsklärung auf Ausnahmefälle zu beschränken[70] (zur möglichen Haftung siehe unten → Rn. 235).

Nach der hier vertretenen Ansicht kann eine Schlichtungsstelle in ihrer Verfahrensordnung vorsehen, dass nach der Mitteilung über den Eingang der vollständigen Beschwerdeakte eine einseitige Verfahrensbeendigung durch den Antragsgegner nach § 15 Abs. 2 VSBG nicht mehr möglich ist (siehe → Rn. 177). **215**

Für die **Mediation** regelt § 20 Abs. 2 VSBG, dass den Parteien innerhalb von 90 Tagen der Inhalt der Einigung oder der Hinweis auf die Nichteinigung zu übermitteln ist. Die in § 20 VSBG vorgesehene Zäsur zwischen der Sachverhaltsaufklärung und der Streitbeilegung passt nicht so recht zur Mediation, da dort bis zur Einigung oder ihrem Scheitern alle Beteiligten weiterhin miteinander kommunizieren und dabei auch Sachverhaltsfragen erörtert werden können. Eine Beschwerdeakte, wenn man von einer solchen bei der Mediation überhaupt sprechen mag, wird damit nur als „vorläufig vollständig" betrachtet werden können. Auch ist eine gewisse Ungleichbehandlung der Schlichtung und der Mediation bei den Vorgaben zur Verfahrensbeschleunigung insofern zu erkennen, als bei der Schlichtung die Prüfung des Lösungsvorschlags durch die Parteien und der Einigung erst nach Ablauf der 90-Tages-Frist beginnt, während bei der Mediation die Einigung der Parteien in die 90-Tages-Frist fällt. Es würde zwar die Ziel- und Lösungsorientierung der Mediation fördern, wenn man bereits mit Klärung der Sach- und Interessenlage der Parteien[71] die Vollständigkeit der Beschwerdeakte im Sinne des § 20 VSBG annähme, jedoch würde damit die Mediation gegenüber der Schlichtung einem ungleich höheren Druck zur Verfahrensbeschleunigung ausgesetzt, der vom Gesetzgeber sicher nicht bezweckt war. Daher ist § 20 Abs. 1 VSBG dahingehend auszulegen, dass die Beschwerdeakte bei der Mediation erst dann als vollständig anzusehen ist, wenn der Mediator mit der Suche nach Lösungsoptionen begonnen hat und auf Grund der Einlassungen der Parteien zumindest eine Vorauswahl treffen konnte. Erst ab diesem Zeitpunkt beginnt die 90-Tages-Frist, innerhalb derer sich die Parteien einigen sollten oder der Mediator das Scheitern der Einigung feststellt. **216**

3. Akteneinsicht

Weder das VSBG noch das MediationsG regeln, ob den Parteien Akteneinsicht zu gewähren ist. Auch in den Verfahrensordnungen der Schlichtungsstellen findet sich hierzu nichts. Bemerkenswerter Weise fehlen selbst in der ADR-Richtlinie sowie in den Kommissionsempfehlungen 98/257/EG und 2001/310/EG, die sich mit dem Aspekt der Transparenz näher befassen, Hinweise zur Akteneinsicht. **217**

Ein faires Verfahren setzt voraus, dass die Parteien Zugang zu allen Informationen erhalten, die dem Streitmittler vorliegen und die er seinem Lösungsvorschlag möglicherweise zugrunde legt. Nur so sind die Parteien in der Lage, während des Verfahrens ihre Rechtsposition wirkungsvoll zu verteidigen sowie den Lösungsvorschlag des Streitmittlers und dessen Gründe vollumfänglich nachvollziehen zu können. Daher ist aus dem Anspruch auf rechtliches Gehör nach § 17 VSBG ein Anspruch auf Akteneinsicht abzuleiten, dem entsprechend § 299 Abs. 3 ZPO durch Ablichtungen oder Übermittlung elektronischer Dokumente entsprochen werden kann (zur Behandlung von Geschäftsgeheimnissen siehe oben → Rn. 208). **218**

---

[70] Vgl. auch Borowski/Röthemeyer/Steike/*Borowski* § 20, Rn. 5, der zumindest bei Zustimmung der Parteien einen Wiedereintritt für möglich hält.

[71] Vgl. den modellhaften Ablauf der Mediation bei Schmidt/Lapp/Monßen/*Schmidt* Rn. 240.

4. Verspätetes Vorbringen

219   Das VSBG trifft keine Aussage dazu, ob und ggf. welche Folgen ein verspätetes Vorbringen der Parteien hat. Als verspätet wird man mangels einer § 282 ZPO vergleichbaren Regelung nur ein nicht fristgemäßes Vorbringen von Tatsachen oder eine nicht fristgemäß erfolgte Beibringung von Unterlagen oder Erklärungen ansehen können, zu denen eine entsprechende Aufforderung des Streitmittlers erging. Eine Prozess- bzw. Verfahrensförderungspflicht der regelmäßig nicht rechtskundigen Parteien wird man allenfalls im Rahmen allgemeiner Wohlverhaltens- und Rücksichtnahmepflichten nach § 242 BGB annehmen können.

220   Der Gesetzgeber hat es grundsätzlich den Schlichtungsstellen und ihren Verfahrensordnungen überlassen, wie sie verspätetes Vorbringen der Parteien behandeln. Gleichwohl sind die Schlichtungsstellen darin nicht völlig frei, sondern müssen die der ADR-Richtlinie und dem VSBG zugrunde liegenden Ziele und Wertungen berücksichtigen. Einerseits muss die Schlichtung effizient sein und zu einem raschen Ergebnis führen, was für eine Sanktionierung von Fristverletzungen spräche. Auch lässt sich aus dem Gebot der Fairness folgern, dass die Parteien die in der Verfahrensordnung vorgegebenen und von ihnen akzeptierten Regeln einhalten und sich keine unangemessenen Vorteile gegenüber der anderen Partei verschaffen sollen. Andererseits ist das Verfahren auf eine einvernehmliche Lösung ausgerichtet, die nur dann zu erreichen sein wird, wenn die Parteien die aus ihrer Sicht maßgeblichen Umstände berücksichtigt wissen. Andernfalls werden sie, so sie nicht durch eine vorherige Erklärung an den Lösungsvorschlag gebunden sind, eine gerichtliche Klärung suchen. Auch ist eine Beweiserhebung grundsätzlich nicht vorgesehen, so dass die Gefahr erheblicher Verzögerungen geringer ist als im gerichtlichen Verfahren.

221   Vor diesem Hintergrund erscheint es geboten, verspätetes Vorbringen grundsätzlich zuzulassen und zu berücksichtigen.[72] Zwar kann die Zulassung verspäteten Vorbringens an bestimmte Voraussetzungen geknüpft werden, die sich durchaus an den in § 296 Abs. 1 und Abs. 2 ZPO genannten Kriterien orientieren können, jedoch sollten hieran keine strengen Anforderungen gestellt werden. Dies bedeutet, dass nur im Ausnahmefall von einer erheblichen Verfahrensverzögerung auszugehen sein wird, die einer Zulassung verspäteten Vorbringens entgegengehalten werden kann. Auch sollten an die Begründung der Entschuldigung, sofern eine solche verlangt wird (zB § 7 Abs. 5 der Schlichtungsordnung des Versicherungsombudsmanns), keine strengen Maßstäbe angelegt werden. Jedenfalls sollte eine lediglich fahrlässige Fristversäumnis ohne grobes Verschulden nicht zur Präklusion führen. Dies gilt vor allem für nicht anwaltlich vertretene Parteien, von denen weder Rechtskenntnisse noch die übliche Sorgfalt in der Prozessvorbereitung und -führung erwartet werden können.

5. Vertraulichkeit

222   § 22 VSBG verpflichtet den Streitmittler und die weiteren in die Durchführung des Streitbeilegungsverfahrens eingebundenen Personen grundsätzlich zur Verschwiegenheit. Die Parteien sollen alle relevanten Informationen in das Verfahren einbringen können, ohne befürchten zu müssen, dass diese an Dritte weitergegeben werden. Da die Parteien vor einer Bekanntgabe der Informationen an Dritte geschützt werden sollen,[73] lässt sich eine Regelung wie die in der Verfahrensordnung des Versicherungsombuds-

---

[72] AA wohl Borowski/Röthemeyer/Steike/*Borowski* § 17 Rn. 17, der eine Präklusion als notwendig anzusehen scheint.

[73] Gesetzesbegründung BR-Drs. 258/15, 78.

manns (§ 16 Abs. 2) und der söp (§ 13 Abs. 2), nach der **Geschäftsgeheimnisse** des Beschwerdegegners nicht den Verfahrensbeteiligten offenbart werden, nicht auf § 22 VSBG stützen. Sie ist stattdessen daran zu messen, ob sie mit dem Gebot des rechtlichen Gehörs nach § 17 VSBG und dem Verbot unangemessener Benachteiligung nach § 307 Abs. 1 BGB vereinbar ist (siehe hierzu → Rn. 208).

Die Verschwiegenheitspflicht steht nach § 22 S. 1 VSBG unter dem Vorbehalt, dass **223** nicht Rechtsvorschriften etwas anderes regeln. Zu denken ist hierbei an die Berichts- und Auskunftspflichten der Schlichtungsstelle nach § 34 VSBG, wobei insoweit lediglich anonymisierte Angaben verlangt werden. Die **strafrechtlich relevante Anzeigepflicht** bei bestimmten Straftaten von erheblichem Gewicht nach § 138 StGB dürfte ohne praktische Bedeutung bleiben.

Die Verschwiegenheitspflicht wird außerdem auf Grund der Verweisung in § 22 S. 3 **224** VSBG durch die in § 4 S. 3 MediationsG genannten Gründe eingeschränkt. Nach § 4 Abs. 3 MediationsG ist eine Offenlegung zulässig, wenn die Offenlegung zur Umsetzung der Vereinbarung zwischen den Parteien erforderlich ist (Nr. 1), aus vorrangigen Gründen der öffentlichen Ordnung (ordre public, Nr. 2) und bei offenkundigen oder nicht geheimhaltungsbedürftigen Tatsachen (Nr. 3). Der **ordre public – Vorbehalt** dürfte bei Verbraucherstreitigkeiten keine größere praktische Rolle spielen. Gemeint sind schwerwiegende Beeinträchtigungen besonderer Schutzgüter wie Leben oder Gesundheit, wobei der Gesetzgeber vor allem Mediationen in Familiensachen und Gefahren für das Kindeswohl im Blick hatte. Nach zutreffender Ansicht reicht die Kenntnis von einer bloßen Vermögensstraftat nicht aus, um die Verschwiegenheitspflicht aufzuheben.[74]

Der Streitmittler hat im Zivilprozess, wenn die Schlichtung zu keiner Einigung führt, **225** nach § 383 Abs. 1 Nr. 6 ZPO ein **Zeugnisverweigerungsrecht**. Im Strafprozess dagegen besteht kein Zeugnisverweigerungsrecht.

Eine Verletzung der Verschwiegenheitspflicht kann nach § 280 BGB und wohl auch **226** § 823 Abs. 2 BGB iVm § 22 VSBG zur Haftung der Schlichtungsstelle für etwaige Schäden der betroffenen Partei führen.[75] Auch wird man Dritte in die Schutzwirkung der Verpflichtung zur Verschwiegenheit einbeziehen.[76] Strafrechtlich bleibt ein Verstoß gegen die Verschwiegenheitspflicht jedoch folgenlos, der Streitmittler fällt nicht unter die in § 203 Abs. 1 StGB genannten Berufsgruppen bzw. ist, selbst wenn er Rechtsanwalt ist, nicht in dieser besonderen Funktion tätig.

§ 22 VSBG schließt auf das Informationsfreiheitsgesetz (IFG) gestützte Auskunftsan- **227** sprüche gegenüber den Schlichtungsstellen bei Bundesbehörden (Bundesamt für Justiz, BaFin, BNetzA) nach § 3 Nr. 4 IFG aus.

Im Gegensatz zum Streitmittler verpflichtet das VSBG die **Parteien** nicht zur Ver- **228** schwiegenheit. Auch wird man anders als bei der Mediation grundsätzlich keine stillschweigende Vertraulichkeitsabrede zwischen den Parteien annehmen können, da die inmitten stehenden Verbraucherstreitigkeiten eine Offenbarung persönlicher oder sonstiger geheimhaltungsbedürftiger Umstände in der Regel nicht erfordern. Allerdings wird dies anders zu beurteilen sein, wenn wie beispielsweise bei der Krankenversicherung oder Berufsunfähigkeitsversicherung typischer Weise personenbezogene Daten offenbart werden müssen. Zudem können sich aus dem Datenschutzrecht (für den Unternehmer), dem allgemeinen Persönlichkeitsrecht und ggf. auch dem Recht am eingerichteten und ausgeübten Gewerbebetrieb Geheimhaltungspflichten ergeben.

---

[74] Greger/Unberath/Steffek/*Greger* § 4 MediationsG Rn. 16.

[75] Der Streitmittler selbst haftet persönlich nach § 823 Abs. 2 BGB, mangels einer Vertragsbeziehung mit ihm nicht jedoch nach § 280 BGB, vgl. Greger/Unberath/Steffek/*Greger* § 22 VSBG Rn. 1.

[76] Greger/Unberath/Steffek/*Greger* § 4 MediationsG Rn. 44.

VIII. Vorzeitige Beendigung des Verfahrens

229   § 15 VSBG ist Ausdruck der grundsätzlichen **Freiwilligkeit** der Streitbeilegung und geht über die Dispositionsmaxime im Zivilprozessrecht hinaus, da vorbehaltlich der Einschränkungen in § 15 Abs. 2 VSBG beide Parteien jederzeit durch einseitige Erklärung eine Beendigung des Schlichtungsverfahrens herbeiführen können. Anders als zu Beginn des Verfahrens, bei dem aus verfahrensökonomischen Gründen auch eine konkludente Erklärung, insbesondere eine Nichteinlassung des Antragsgegners zum Schlichtungsantrag trotz Fristablauf und nochmaliger Aufforderung, zur Verfahrenseinstellung führen kann (siehe oben → Rn. 172), ist nach einer Einlassung zum Streitgegenstand vom Antragsgegner eine ausdrückliche Erklärung zur Verfahrensbeendigung zu verlangen.

230   Während der Antragsteller jederzeit zur Rücknahme seines Antrags berechtigt ist (§ 15 Abs. 1 VSBG), kann das **Recht auf Verfahrensbeendigung** des Antragsgegners nach § 15 Abs. 2 VSBG durch Rechtsvorschriften, Satzungen oder vertragliche Abreden **ausgeschlossen** sein Eine Erklärung des Unternehmers, am Verfahren nicht weiter teilnehmen zu wollen, ist beispielsweise bei Schlichtungsverfahren in den Bereichen **Energieversorgung** (§ 111b EnWG), **Flugreisen** (§ 13 Abs. 2 LuftSchlichtV) oder **Versicherungen** (§ 214 Abs. 3 VAG) unbeachtlich. Unbeachtlich ist die Weigerung des Unternehmers, die Schlichtung fortsetzen zu wollen, auch dann, wenn er sich als **Mitglied des Trägervereins** in dessen Satzung oder in sonstiger vertraglicher Abrede mit der Schlichtungsstelle zur Teilnahme verpflichtet hat (zB bei den am Ombudsmann der privaten Banken beteiligten Kreditinstituten und im Ergebnis auch bei der Schlichtungsstelle der Bundesrechtsanwaltskammer, vgl. dort § 6 der Satzung). Eine nur zwischen den Parteien wirkende Erklärung des Unternehmers beispielsweise in AGB oder auf einer Website, an der Schlichtung teilzunehmen, schließt nach der hier vertretenen Auffassung eine einseitige Verfahrensbeendigung lediglich bei der Universalschlichtungsstelle, nicht jedoch bei sonstigen privaten oder öffentlichen Schlichtungsstellen aus (siehe oben → Rn. 182).

231   Nach der hier vertretenen Auffassung kann das Recht des Antragsgegners auf vorzeitige Verfahrensbeendigung in der Verfahrensordnung der Schlichtungsstelle dahingehend eingeschränkt werden, dass es nur bis zur Feststellung des Eingangs der vollständigen Beschwerdeakte nach § 20 Abs. 1 VSBG ausgeübt werden kann (siehe → Rn. 177).

232   § 15 Abs. 3 VSBG enthält eine Gegenausnahme zu § 15 Abs. 2 VSBG. Eine einseitige Verfahrensbeendigung durch den Antragsgegner bleibt trotz einer gesetzlichen oder anderweitigen Verpflichtung zur Teilnahme an der Schlichtung möglich, wenn ein **erheblicher Verfahrensmangel** vorliegt. Beinahe humorvoll mutet die Begründung des Gesetzgebers an, dass es sich dabei um eine Klarstellung handle, da weder eindeutig ist, worin ein erheblicher Verfahrensmangel zu sehen ist, noch woraus sich das Beendigungsrecht ableitet. Die als Beleg herangezogene Regelung in Art. 9 Abs. 2 Buchst. a) der ADR-Richtlinie besagt nur, dass dem Verbraucher nicht das Recht auf Verfahrensbeendigung entzogen werden kann. Im Ergebnis wird man dem Unternehmer ein unabdingbares Recht auf Verfahrensbeendigung nach § 15 Abs. 3 VSBG dann zuerkennen, wenn der Anspruch des Unternehmers auf rechtliches Gehör vollständig verweigert wird oder die Schlichtungsstelle in offenkundiger Weise das Gebot der Unparteilichkeit zu Lasten des Unternehmers gröblich verletzt. Dies dürfte jedoch zumal bei unternehmensgetragenen Schlichtungsstellen praktisch nie der Fall sein.

233   Daneben kann die Schlichtungsstelle von sich aus das Verfahren nach § 14 Abs. 4 VSBG beenden, wenn nachträglich Ablehnungsgründe bekannt werden oder entstehen (siehe oben → Rn. 112).

Die Parteien sind gemäß § 21 Abs. 1 VSBG in Textform über die Verfahrensbeendigung   **234**
zu informieren. Die Mitteilung ist nach § 21 Abs. 2 VSBG zugleich als Bescheinigung eines
erfolglosen Einigungsversuchs im Sinne von § 15a Abs. 3 S. 3 EGZPO zu bezeichnen.
Allerdings haben inzwischen die Länder wieder davon Abstand genommen, in vermögensrechtlichen Streitigkeiten eine Schlichtung vor Klageerhebung zu verlangen.[77]

IX. Verfahrensfehler und ihre Folgen

Die Schlichtungsstelle ist den Parteien aus dem Schlichtungsrechtsverhältnis zur   **235**
sorgfältigen Durchführung der Schlichtung und zur Beachtung der Vorgaben des VSBG
sowie der Verfahrensordnung verpflichtet. Als **Haftungsmaßstab** ist insoweit §§ 280,
276 BGB anzusetzen. Anders als bei Entscheidungen zur Zulässigkeit (siehe oben
→ Rn. 167) oder Lösungsvorschlägen zur Streitbeilegung, die ihrem Wesen nach einem
richterlichen Urteil nahekommen, besteht bei verfahrensbezogenen Pflichten kein Anlass für eine Haftungsprivilegierung.

Haftungsrelevant können beispielsweise Verstöße gegen die Pflicht zur Gewährung   **236**
rechtlichen Gehörs werden, wenn die betroffene Partei an den Lösungsvorschlag des
Schlichters gebunden ist oder sie aus mangelnder Rechtskenntnis einen Lösungsvorschlag akzeptiert, der wegen der Nichtgewährung rechtlichen Gehörs materiell fehler-
haft ist. Der Schaden besteht dabei in dem Wert des zu Unrecht zugesprochenen oder
abgelehnten Anspruchs. Wenn die betroffene Partei anwaltlich vertreten war, können
grundsätzlich auch die Anwaltskosten als Schadensposition berücksichtigt werden. Allerdings ist mit Blick auf die Schadensminderungspflicht insoweit zu verlangen, dass
die Nichtgewährung des rechtlichen Gehörs gerügt wurde und die Rüge unbeachtet
blieb.

Auch Verstöße gegen die Pflichten zur Verfahrensbeschleunigung wie beispielsweise   **237**
die Einhaltung der 90-Tages-Frist nach § 20 VSBG könnten grundsätzlich eine Haftung
der Schlichtungsstelle zur Folge haben. Abgesehen davon, dass hier gemäß § 280 Abs. 2
BGB zusätzlich die Voraussetzungen des § 286 BGB für einen Verzug der Schlichtungsstelle vorliegen müssen, bleibt für eine verzögerte Leistung weiterhin die Leistungsver-
weigerung des Schuldners und dessen Verantwortlichkeit nach § 286 BGB vorrangig
maßgeblich.

Die Schlichtungsstelle kann in der Verfahrensordnung die **Haftung** auf vorsätzliche   **238**
und grob fahrlässige Pflichtverletzungen **beschränken**.

X. Entgelte, Kosten, Missbrauchsgebühr

Die Zielsetzung der ADR-Richtlinie und des VSBG ist es, vor allem für den Verbrau-   **239**
cher eine erleichterte Möglichkeit der Durchsetzung seiner Ansprüche aus einem Verbrauchervertrag zu schaffen. Art. 8 Buchst. c) der ADR-Richtlinie sieht daher vor, dass
das Schlichtungsverfahren für den Verbraucher entweder kostenlos oder gegen eine
Schutzgebühr zugänglich ist. Dies hat zur Folge, dass die Kosten der Schlichtung entweder von den Unternehmern oder der öffentlichen Hand getragen werden. Der deutsche Gesetzgeber hat sich bei der Umsetzung der ADR-Richtlinie dazu entschieden, auf

---

[77] *Eidenmüller/Engel* ZZP 2015, 149 (154).

eine generelle Schutzgebühr des Verbrauchers zu verzichten.[78] Mit Ausnahme einer etwaigen **Missbrauchsgebühr** von höchstens 30 EUR ist die Schlichtung für den Verbraucher kostenfrei, wenn an dem Verfahren ein Unternehmer beteiligt ist. Bietet die Schlichtungsstelle auch eine Schlichtung zwischen Verbrauchern an, kann sie hierfür ein Entgelt verlangen. Die einseitige Kostentragung der Unternehmen – eine ausschließliche Kostentragung durch die öffentliche Hand ist nicht vorgesehen und mit Ausnahme vom Online-Schlichter beim Zentrum für Europäischen Verbraucherschutz e. V. derzeit nicht Praxis – bleibt selbstverständlich nicht ohne Kritik. Einerseits bestärkt sie diejenigen in ihrer Auffassung, die bei einer unternehmensgetragenen und unternehmensfinanzierten Schlichtung die Neutralität und Unparteilichkeit nicht gewährleistet sehen.[79] Andererseits leistet sie Argumentationshilfe für die ablehnende Haltung einzelner Unternehmensverbände, die die Schlichtung als ein einseitiges Instrument des Verbraucherschutzes betrachten, mit dessen Kosten die Unternehmen selbst dann belastet werden, wenn der Verbraucher zu Unrecht Ansprüche geltend macht.

240   Hinsichtlich der Kosten der Streitbeilegung ist im Folgenden zu unterscheiden zwischen dem Entgelt, das die Schlichtungsstelle vom Unternehmer erhebt (§§ 23 Abs. 2, 31 Abs. 1 VSBG), der Missbrauchsgebühr, die dem Verbraucher auferlegt werden kann (§§ 23 Abs. 1, 31 Abs. 3 VSBG), etwaigen Entgelten des Verbrauchers in Verfahren ohne Unternehmerbeteiligung (§ 31 Abs. 1 S. 2 VSBG) und den Kosten, die den Parteien durch die Verfahrensführung bzw. die Vertretung durch einen Rechtsanwalt entstehen.

1. Entgelt- und Gebührenpflicht des Unternehmers

241   Für die privat-rechtliche Schlichtung regelt § 23 Abs. 2 VSBG, dass die Schlichtungsstelle vom Unternehmer, der zur Teilnahme an der Schlichtung bereit oder verpflichtet ist, ein angemessenes Entgelt verlangen kann. Daneben bestehen zum Teil spezialgesetzliche Vorschriften mit vergleichbarem Regelungsgehalt (zB § 111b Abs. 6 EnWG;[80] § 214 Abs. 4 VVG; § 57 Abs. 4 LuftVG). § 23 Abs. 2 VSBG schafft keine eigene Anspruchsgrundlage. Die Entgelte werden von den Schlichtungsstellen in ihrer Satzung, wenn am Trägerverein Unternehmer beteiligt sind, in der Verfahrensordnung oder in einer gesonderten Kostenordnung geregelt. Die Entgeltregelungen der Schlichtungsstellen haben die in § 23 VSBG geregelten Voraussetzungen zu berücksichtigen, Verstöße können die Unwirksamkeit nach § 307 BGB zur Folge haben.

242   Die Entgeltpflicht setzt zunächst voraus, dass der Unternehmer zur Teilnahme an der Schlichtung bereit oder verpflichtet ist. Auch wenn der Wortlaut der Vorschrift von § 15 Abs. 2 VSBG abweicht, ist nach der Gesetzesbegründung die Bereitschaft des Unternehmers zur Teilnahme im Einzelfall, dh nach der Antragstellung, oder eine Verpflichtung gegenüber der Schlichtungsstelle gemeint. Eine lediglich gegenüber der anderen Vertragspartei bzw. dem Verbraucher wirkende Erklärung der Teilnahmebereitschaft auf einer Webseite oder in den AGB allein begründet nach dem Willen des Gesetzgebers noch keine Entgeltpflicht (siehe näher → Rn. 182). Die Notwendigkeit einer Vereinbarung mit der Schlichtungsstelle ergibt sich zudem aus allgemeinen vertragsrechtlichen Grundsätzen, es sei denn, man sähe in der Verpflichtung gegenüber

---

[78] Allerdings war im RefE vom 10.11.2014 noch die Möglichkeit eines geringen Entgelts anstelle der nunmehrigen Missbrauchsgebühr vorgesehen.

[79] Vgl. ua die deutliche Kritik von *Schmitt* VuR 2015, 134 (139).

[80] Zur Verfassungsgemäßheit der Entgeltpflicht OLG Köln Beschl. v. 17.2.2016 – 18 U 127/14, EnWZ 2016, 180.

dem Verbraucher zugleich einen Vertrag zugunsten der Schlichtungsstelle im Sinne von § 328 BGB.

Eine Pflicht zur Entgelterhebung besteht nach § 23 Abs. 2 VSBG nicht, die Schlich- **243** tungsstelle kann sich auch über eine Umlage und Mitgliedsbeiträge ganz oder teilweise finanzieren.

§ 23 Abs. 2 VSBG lässt offen, für welche Verfahrensstadien die Schlichtungsstelle ein **244** Entgelt verlangen kann. Auch der Aufwand für die Eingangsbearbeitung kann dem Unternehmer in Rechnung gestellt werden. Üblicherweise sehen die Entgeltregelungen der Schlichtungsstellen eine aufwandsbezogene **Staffelung** vor, die zumindest bei einer vorzeitigen Verfahrensbeendigung wegen der Unzulässigkeit des Schlichtungsantrags oder bei rechtzeitig erklärtem Anerkenntnis zu einer Entgeltermäßigung führt. Dies erscheint unter dem Aspekt der Angemessenheit auch geboten.

Zudem staffeln einzelne Schlichtungsstellen das Entgelt in Abhängigkeit vom Streit- **245** wert. Denkbar erschiene außerdem, bei grenzüberschreitenden Vertragsbeziehungen den Mehraufwand in Rechnung zu stellen, der mit einer aufgrund der getroffenen Rechtswahl oder nach Art. 6 der Rom-I-Verordnung erforderlichen Berücksichtigung ausländischen Rechts verbunden sein kann. Dies erscheint auch nicht unangemessen, da im Falle einer Klage der betroffene Unternehmer den Mehraufwand eines am Verbrauchergerichtsstand in einem anderen Mitgliedstaat zu führenden Prozesses zu tragen hätte (Art. 18 Abs. 1 der Brüssel-I-Verordnung, VO (EU) Nr. 1215/2012).

Bei der Festlegung der Entgelte ist darauf zu achten, dass sie auf die Teilnahmebereit- **246** schaft der Unternehmer nicht abschreckend wirken und den Zugang der Verbraucher zur Schlichtung nicht faktisch ausschließen.

Als Beispiel für eine ausgewogene Entgeltregelung sei an dieser Stelle die Kostenord- **247** nung der Allgemeinen Verbraucherstreitbeilegungsstelle des Zentrums für Schlichtung e. V. dargestellt:

Streitwert in EUR	Entgelt in EUR	Ermäßigtes Entgelt bei Anerkenntnis in EUR
≤ 100	50	40
> 100 und ≤ 200	75	50
> 200 und ≤ 500	150	75
> 500 und ≤ 2.000	300	75
> 2.000 und ≤ 5.000	380	75
> 5.000	600	75

Außerdem ist eine **Entgeltermäßigung** oder ein **Entgeltverzicht** möglich, wenn die **248** Entgelterhebung unbillig wäre. Genannt wird hier die Verfahrensablehnung aus den in § 14 Abs. 1 Nr. 3 VSBG genannten Gründen, dh bei offensichtlicher Erfolglosigkeit oder Mutwilligkeit des Antrags.

Die Wirksamkeit der Entgeltregelung richtet sich allerdings nicht nach § 23 Abs. 2 **249** VSBG, sondern nach den zivilrechtlichen Grundsätzen. Grenzen können sich hier insbesondere aus den §§ 307, 138 und 242 BGB ergeben.

Das VSBG steht einer **Vorschusspflicht** nicht generell entgegen, ebensowenig § 614 **250** BGB und §§ 307 und 305c BGB.[81] Eine Vorschusspflicht, die zugleich Voraussetzung für die Durchführung des Verfahrens ist (vgl. § 6 Abs. 5 der Verfahrensordnung der

---

[81] Siehe Greger/Unberath/Steffek/*Greger* § 2 MediationsG Rn. 230 f.

Allgemeinen Verbraucherschlichtungsstelle des Zentrums für Schlichtung e. V.), kann dann gerechtfertigt sein, wenn zwischen der Schlichtungsstelle und dem Unternehmer keine vorherige Abrede besteht und die Schlichtungsstelle Gefahr liefe, ihren Entgeltanspruch nachträglich durchsetzen zu müssen. Zumutbar ist der Schlichtungsstelle das Entgeltrisiko dagegen bei Unternehmen, die sich ihr gegenüber zuvor als Mitglieder des Trägervereins oder in anderer Form zur Teilnahme und Kostentragung verpflichtet haben (siehe auch oben → Rn. 176). Die von den privaten Schlichtungsstellen erhobenen Entgelte unterliegen grundsätzlich der **Umsatzsteuerpflicht**.

251   § 23 VSBG gilt nicht für **behördliche Schlichtungsstellen**. Die Erhebung von Gebühren und Auslagen bestimmt sich insoweit nach den jeweiligen Kostenvorschriften und ggf. autonom erlassenen Kostenregelungen. Während beispielsweise die Schlichtung bei der Bundesnetzagentur im Bereich der Telekommunikation kostenfrei ist (§ 17 der Verfahrensordnung), verlangt das Bundesamt für Justiz für Schlichtungen über Fluggastrechte nach § 16a Justizverwaltungskostengesetz iVm Ziff. 1220 des Kostenverzeichnisses eine Gebühr von 290 EUR, die sich bei einem fristgemäßen Anerkenntnis innerhalb von vier Wochen auf 75 EUR ermäßigt. Die Gebühr beim Bundesamt für Justiz fällt nicht an, wenn der Schlichtungsantrag dem Luftverkehrsunternehmen nicht zugeleitet wurde oder wenn dem Antragsteller eine Missbrauchsgebühr auferlegt wird. Für Schlichtungen bei der Bundesbank und der BaFin gilt ab 1.2.2017 nach § 10 Abs. 2 FinSV ein Entgelt von 200 EUR, das im Einzelfall ermäßigt werden kann. Die Schlichtung bei der Bundesrechtsanwaltskammer ist dagegen nach § 191 f Abs. 5 Nr. 1 BRAO für die Beteiligten unentgeltlich.

252   Für die Universalschlichtung eines Landes bei einer Behörde oder einer beliehenen Stelle legt § 31 Abs. 1 VSBG nach Streitwerten gestaffelte Gebühren fest:

Streitwert in EUR	Entgelt in EUR	Ermäßigtes Entgelt bei Anerkenntnis in EUR
≤ 100	190	75
> 100 und ≤ 500	250	75
> 500 und ≤ 2.000	300	75
> 2.000	380	75

253   § 31 Abs. 2 S. 2 VSBG lässt neben dem Fall des Anerkenntnisses eine Gebührenermäßigung oder -befreiung bei Unbilligkeit im Einzelfall zu. Die Gebühren sind vor allem bei niedrigen Streitwerten zu hoch, um noch einen effektiven Zugang zur Schlichtung zu gewährleisten. Das Motiv des Gesetzgebers, eine Flucht der Unternehmen in die Universalschlichtung zu verhindern, ist zwar anerkennenswert, vermag jedoch derart prohibitive Gebühren nicht zu rechtfertigen. Folgerichtig hat sich das Zentrum für Schlichtung e. V. entschieden, den Gebührenrahmen des § 31 Abs. 1 VSBG bei der Kostenordnung der Allgemeinen Verbraucherschlichtungsstelle nicht unverändert zu übernehmen, sondern die Entgelte vor allem bei niedrigen Streitwerten deutlich abzusenken.

2. Missbrauchsentgelt

254   § 23 Abs. 1 S. 1 VSBG sieht vor, dass die Schlichtungsstelle vom Verbraucher ein Entgelt von höchstens 30 EUR verlangen kann, wenn sein Antrag unter Berücksichtigung der gesamten Umstände als missbräuchlich anzusehen ist. Der Anspruch auf ein etwaiges Missbrauchsentgelt wird nicht durch § 23 Abs. 1 S. 1 VSBG unmittelbar begründet, sondern bedarf einer Regelung in der Verfahrens- oder Kostenordnung der Schlichtungsstelle.[82] Sollte dabei der von § 23 Abs. 1 S. 1 VSBG vorgegebene Rahmen von 30 EUR überschritten werden, wäre die Regelung vollständig unwirksam ohne die Möglichkeit einer geltungserhaltenden Reduktion auf den zulässigen Höchstbetrag. Die Mehrzahl der Schlichtungsstellen hat bislang von der Möglichkeit eines Missbrauchs-entgelts keinen Gebrauch gemacht (anders jedoch die Allgemeine Verbraucherschlich-tungsstelle).

Da die Verfahrensordnung grundsätzlich erst mit der Unterrichtung nach § 16 VSBG **255** Bestandteil der Vertragsbeziehung zwischen der Schlichtungsstelle und den Parteien wird, ist fraglich, ob der Anspruch auf Zahlung eines Missbrauchsentgelts bereits vor Erhalt der Informationen nach § 16 Abs. 1 VSBG entstehen kann. Die Frage ist inso-fern relevant, als der Verbraucher möglicherweise nach Erhalt der Informationen nach § 16 Abs. 1 VSBG von einer weiteren Durchführung der Schlichtung absieht. Nach Sinn und Zweck der Regelung in § 23 Abs. 1 S. 1 VSBG wird man die Möglichkeit ei-ner frühzeitigen Anspruchsentstehung bejahen können, da die Schlichtungsstellen auch vor dem Aufwand geschützt werden sollen, der bereits mit der Eingangsbearbeitung missbräuchlicher Anträge entsteht. Sofern man daran festhält, dass § 16 VSBG eine über § 305 Abs. 2 BGB hinausgehende Anforderung an die Einbeziehung der Verfah-rensordnung darstellt, lässt sich der Anspruch als pauschalierter vorvertraglicher Auf-wendungsersatzanspruch (§ 670 BGB) oder Schadensersatzanspruch wegen einer Ver-letzung vorvertraglicher Pflichten (§§ 311 Abs. 2, 280 BGB) begründen.

Wann ein Fall der missbräuchlichen Antragstellung vorliegt, hat der Gesetzgeber of- **256** fen gelassen. Der Missbrauchstatbestand in § 23 Abs. 1 VSBG ist jedenfalls enger zu verstehen als die in § 14 Abs. 1 Nr. 3 VSBG genannten Ablehnungsgründe.[83] Als miss-bräuchlich anzusehen ist die Anrufung einer Verbraucherstreitbeilegungsstelle dann, wenn ihr kein anerkennenswertes Interesse an einer Klärung der Streitigkeit zugrunde liegt. Dies wäre beispielsweise der Fall, wenn der Verbraucher ausschließlich in der Absicht, den Unternehmer zu schädigen, Ansprüche geltend macht, ohne dass jemals Vertragsverhandlungen zwischen ihm und dem Unternehmer stattgefunden haben. In Fällen, in denen die Streitigkeit bereits beigelegt ist, erscheint das Rechtsverfolgungsin-teresse des Verbrauchers zunächst fraglich. Allerdings kann durchaus ein nachvollzieh-bares Interesse an einer rechtlichen Klärung bestehen, insbesondere dann, wenn der Unternehmer den streitigen Anspruchs ausdrücklich lediglich aus Kulanz erfüllt hat. Zwar kann hier eine Ablehnung der Durchführung der Schlichtung angezeigt sein, je-doch erschiene die Erhebung eines Missbrauchsentgelts nicht gerechtfertigt. Nicht un-mittelbar von § 23 Abs. 1 VSBG erfasst ist der Fall, dass der Antragsteller bewusst wahrheitswidrig seine Verbrauchereigenschaft behauptet, in Wirklichkeit aber den streitgegenständlichen Vertrag als Unternehmer geschlossen hat. Gleichwohl kann die Verfahrensordnung hierfür ein Missbrauchsentgelt vorsehen. Missbräuchlich kann im Einzelfall eine Antragstellung auch sein, wenn der Verbraucher seinen Mitwirkungs-pflichten im Verfahren ohne Begründung nicht nachkommt, insbesondere nicht die zur Beurteilung des Sachverhalts notwendigen Informationen beibringt, obwohl ihm dies zumutbar wäre. Zugleich zeigt dieses Beispiel, dass in den meisten Fällen eine schlichte Verfahrensbeendigung auf Grund von § 14 Abs. 4 VSBG oder § 15 Abs. 1 VSBG unter ökonomischen Gesichtspunkten das sinnvollste Vorgehen ist. Die Erhebung und ggf. Durchsetzung einer Missbrauchsgebühr wäre nur mit zusätzlichem Aufwand ver-bunden.

---

[82] So die in der Gesetzesbegründung zum Ausdruck kommende Konzeption, BR-Drs. 258/15, 78.
[83] So im Ergebnis auch Borowski/Röthemeyer/Steike/*Steike* § 23 Rn. 3.

257   § 23 VSBG gilt zwar nicht für die behördliche Schlichtung, jedoch sollte die Grenze von 30 EUR auch im Rahmen öffentlich-rechtlicher Kostenregelungen beachtet werden. Für die Schlichtung beim Bundesamt für Justiz über Fluggastrechte sieht Nr. 1222 des Kostenverzeichnisses zum JVKostG eine Missbrauchsgebühr von 30 EUR vor.

258   Auch bei der Universalschlichtung durch eine Landesbehörde oder eine beliehene Stelle kann eine Missbrauchsgebühr in Höhe von 30 EUR anfallen (§ 31 Abs. 3 VSBG).

3. Entgelt des Verbrauchers

259   § 23 Abs. 1 S. 2 VSBG lässt die Erhebung eines Entgelts vom Verbraucher zu, wenn an dem Verfahren kein Unternehmer beteiligt ist, der Verbraucher auf die Kosten hingewiesen wurde und der Verbraucher weiter an dem Verfahren teilnehmen will. Der Hinweis muss auch die Höhe der Kosten enthalten.[84] Die Regelung ist derzeit von keiner praktischen Bedeutung, da die bislang nach dem VSBG anerkannten Streitbeilegungsstellen auf Streitigkeiten aus Verbraucherverträgen beschränkt sind und folgerichtig in ihren Kostenregelungen hierzu nichts vorgesehen haben. Gerade beim Online-Handel über Verkaufsplattformen oder bei Online-Vermittlungsplattformen, bei denen für den Verbraucher nicht immer eindeutig erkennbar ist, ob er es mit einem Unternehmer als Vertragspartner zu tun hat, könnte jedoch Bedarf für eine entsprechende Erweiterung der Zuständigkeit bestehen. Denkbar ist auch eine zwischen der Schlichtungsstelle und den Verfahrensbeteiligten *ad hoc* getroffene Vereinbarung zur Durchführung einer Schlichtung.

260   Der Entgeltanspruch ergibt sich auch hier nicht unmittelbar aus § 23 Abs. 1 S. 2 VSBG, sondern bedarf einer Verankerung in der Verfahrens- und Kostenordnung der Schlichtungsstelle oder einer zwischen den Beteiligten getroffenen Vereinbarung. Fehlt es hieran, kann sich unter der Voraussetzung des ordnungsgemäßen Hinweises auf die Kostenpflichtigkeit ein Vergütungsanspruch aus §§ 611, 612 BGB ergeben. Die dabei herangezogenen Vergütungssätze sollten in der Summe die von der Allgemeinen Verbraucherschlichtungsstelle erhobenen Entgelte nicht überschreiten (siehe hierzu oben → Rn. 247).

4. Kosten der Parteien

261   Die Durchführung eines Schlichtungsverfahrens kann für die Parteien mit Kosten verbunden sein, wenn sie anwaltlich vertreten sind. Das VSBG trifft enthält sich einer Regelung zur Kostentragung.

262   Mit dem unionsrechtlich vorgegebenen Grundsatz der **Kostenfreiheit für den Verbraucher** würde sich ein verfahrensrechtlicher Kostenerstattungsanspruch des obsiegenden Unternehmers nicht vertragen, zumal auch das Wesen einer einvernehmlichen Streitbeilegung grundsätzlich für eine Kostentragung der Parteien spricht. Vor diesem Hintergrund sehen die meisten Verfahrensordnungen vor, dass jede Partei ihre Kosten trägt.

263   Davon zu unterscheiden ist ein **materiell-rechtlicher Anspruch** des Antragstellers auf Erstattung der Anwaltskosten ggf. nach §§ 280, 286 BGB. Wenn die Verfahrensordnung die Kostentragung der Parteien anordnet, wird man darin allerdings einen gegenseitigen Anspruchsverzicht erkennen können, der auch über das Schlichtungsverfahren hinaus bei einer etwaigen späteren gerichtlichen Geltendmachung zu berücksichtigen wäre (siehe hierzu näher oben → Rn. 63).

---

[84] Borowski/Röthemeyer/Steike/*Steike* § 23 Rn. 7.

XI. Abschluss des Verfahrens

Nach § 21 VSBG hat die Verbraucherschlichtungsstelle das Ergebnis des Verfahrens **264** den Parteien in Textform mit den erforderlichen Erläuterungen zu übermitteln. Mit der Mitteilung ist das Verfahren beendet. Erst die Mitteilung der Beendigung setzt die sechsmonatige, nachwirkende Verjährungshemmung gemäß § 204 Abs. 2 S. 1 BGB in Gang.[85]

Als Ergebnis des Verfahrens kommen in Betracht die Annahme des Lösungsvor- **265** schlags im Fall der Schlichtung (materiell-rechtlich als Vergleich im Sinne von § 779 BGB oder Anerkenntnis im Sinne von § 781 BGB einzuordnen – siehe näher unter → § 6 Rn. 67), eine Abschlussvereinbarung nach § 2 Abs. 6 MediationsG im Fall der Mediation oder das Scheitern einer Einigung. Sollten sich die Parteien zum Schlichtungsvorschlag nicht äußern, wäre dies ebenfalls zu dokumentieren. Nicht ausdrücklich geregelt ist, wie die Schlichtungsstelle erfährt, ob und worauf sich die Parteien einigen. §§ 19 und 21 VSBG liegt die Vorstellung zugrunde, dass die Parteien ihre Entscheidung der Schlichtungsstelle mitteilen. Die Schlichtungsstelle wirkt insofern als Empfangsvertreter der jeweils anderen Partei (siehe → § 6 Rn. 61), was jedoch direkte Verhandlungen zwischen den Parteien nicht ausschließt. Die Verfahrensordnung sollte deutlich machen, dass die Parteien ihre Entscheidung der Schlichtungsstelle mitteilen.

§ 21 VSBG regelt zwar keine Frist, jedoch ist die Verbraucherschlichtungsstelle **266** grundsätzlich gehalten, das Ergebnis unverzüglich nach Ablauf der Annahmefrist für den Schlichtungsvorschlag nach § 19 Abs. 3 S. 3 VSBG bzw. der 90-tägigen Einigungsfrist nach § 20 Abs. 2 VSBG festzustellen und mitzuteilen. Wenn die Parteien einvernehmlich Fristverlängerung beantragen, steht es im Ermessen der Schlichtungsstelle, mit der Beendigungsmitteilung noch zu warten.

Nicht eindeutig geregelt ist, welche Erläuterungen die Verbraucherschlichtungsstelle **267** geben muss. Im Falle der Schlichtung sind die für die Parteien wichtigsten Informationen, insbesondere die Begründung des Schlichtungsvorschlags und die Rechtsfolgen seiner Annahme, bereits mit der Übermittlung des Schlichtungsvorschlags nach § 19 VSBG zu erteilen. Die Gesetzesbegründung deutet daraufhin, dass die Parteien über die Rechtsfolgen zu unterrichten sind.[86] Auch wenn darin eine Wiederholung zu den Informationen nach § 19 VSBG liegen mag, erscheint es sinnvoll, die Parteien über die Rechtswirkungen der Annahme oder, im Falle des Scheiterns, über die Möglichkeit der gerichtlichen Durchsetzung einschließlich der nachfolgenden sechsmonatigen Verjährungshemmung gemäß § 204 Abs. 2 S. 1 BGB zu informieren.

Eine Unterrichtung über die Rechtsfolgen der Einigung oder des Scheiterns der Eini- **268** gung erscheint erst recht sinnvoll im Falle der Mediation.

Kommt es zu keiner Einigung der Parteien, ist den Parteien nach § 21 Abs. 2 VSBG **269** hierüber eine Bescheinigung auszustellen. Eine zivilprozessuale Bedeutung ist allerdings damit derzeit nicht verbunden, da die Länder wieder davon Abstand genommen haben, in vermögensrechtlichen Streitigkeiten gestützt auf § 15a EGZPO vor Klageerhebung einen außergerichtlichen Einigungsversuch vorzuschreiben. Nicht auszuschließen ist dagegen, dass Rechtsschutzversicherungen die Übernahme der Kosten für ein gerichtliches Verfahren von der Bescheinigung abhängig machen.[87]

---

[85] BGH Urt. v. 28.10.2015 – IV ZR 405/14, NJW 2016, 236; Borowski/Röthemeyer/Steike/*Borowski* § 21 Rn. 7.

[86] BR-Drs. 258/15, 78.

[87] Kritisch hierzu *Engel* NJW 2015, 1633 (1637).

§ 6 Schlichtungsvorschlag/Ergebnis des Verfahrens

I. Einordnung des Schlichtungsvorschlags

1. Stellung im Gesamtkontext der Streitlösung

Der Schlichtungsvorschlag ist ein spezifisches Element zur Lösungsfindung und steht **1** systematisch zwischen Optionsentwicklung und Entscheidung. Mit ihm übt der in die Streitlösung einbezogene Dritte weniger Macht aus als der Richter mit dem Urteil (oder dem Beschluss) und der private Schiedsrichter mit dem Schiedsspruch (§§ 1025 ff. ZPO). Während Entscheidungen das Verfahren (vorbehaltlich von Rechtsbehelfen) beenden, bedarf der Schlichtungsvorschlag noch der Annahme seitens der Parteien, er ist also letztlich unverbindlich, wobei der Unternehmer sich dem Vorschlag vorab unterwerfen kann (→ Rn. 75 ff.). In dieser Hinsicht unterscheidet der Schlichtungsspruch sich im engeren juristischen Sinne nicht von anderen Interventionen wie der Optionsarbeit in der Mediation oder der Äußerung von Lösungsideen. In der Verfahrens- und Gesprächsdynamik aber bestehen wesentliche Unterschiede (→ § 2 Rn. 13 ff.). Der Mediator hilft den Parteien dabei, zunächst überhaupt den Lösungsraum zu erschließen, seine Intervention dient (nur) dem Ziel, dass möglichst keine Option übersehen oder vernachlässigt wird. In der Phase der Bewertung der identifizierten Optionen und ihrer Auswahl steuert er lediglich das Gespräch, die Verhandlung der Parteien. Macht der Mediator in diesem Rahmen einen konkreten Vorschlag, wozu er nach wohl überwiegender Auffassung[1] zumindest aufgrund entsprechender Ermächtigung der Medianden[2] durchaus befugt ist, so unterscheidet sich dieser Vorschlag vom Schlichtungsvorschlag in einem wesentlichen Punkt. Der Vorschlag des Mediators oder des Dritten in einem vergleichbaren Verfahren erfolgt situativ, während der **Schlichtungsvorschlag Schlussstein eines hierauf ausgerichteten Verfahrens** ist. Eben dies ist der Grund, weshalb häufig von „Schlichtungsspruch" oder „Schlichterspruch" die Rede war, Begriffe, die freilich zu sehr in Richtung Entscheidung deuten und deshalb vom Gesetz zutreffend nicht übernommen wurden.[3]

2. Element der Schlichtung

Das Gesetz beschreibt in § 19 das Wesenselement der Schlichtung, definiert sie aber **2** nicht (vollständig). Es knüpft dementsprechend nicht technisch an die Schlichtung an, sondern phänomenologisch an den in der Verfahrensordnung vorgesehenen „Vorschlag zur Beilegung der Streitigkeit". Die Gesetzesbegründung freilich spricht von „Schlichtung im engeren Sinne", scheint also jedes Verfahren mit vorgesehenem Schlichtungsvorschlag für Schlichtung (im engeren Sinne) zu halten.[4] Im Gesetzestext kommt das freilich nicht zum Ausdruck. In § 19 Abs. 1 S. 1VSBG ist nicht etwa auf das „Schlichtungsverfahren" Bezug genommen, sondern ausdrücklich auf das „Streitbeilegungsver-

---

[1] Vgl. *Soffner* Mediation im Sozialrecht, Teil 2 § 1 B. II. 2. b) mwN.
[2] So Klowait/Gläße/*Hagel* § 2 Rn. 20.
[3] Allerdings findet sich in der Begründung des Regierungsentwurfs an verschiedenen Stellen der Begriff des „Schlichterspruch(s)": BR-Drs. 258/18, 46, 76, 89.
[4] BR-Drs. 258/15, 76.

fahren", ein Begriff, den der Gesetzgeber ausweislich der Gesetzesmaterialien[5] „als Oberbegriff für die von den Verbraucherschlichtungsstellen durchgeführten Verfahren" verwendet. Letztlich kommt es aber ohnehin nicht auf die von der Verbraucherschlichtungsstelle gewählte Bezeichnung des Verfahrens an und auch nicht auf die Verwendung des Begriffs „Schlichtungsvorschlag", sondern allein auf die gesetzlichen Tatbestandsmerkmale, also darauf, ob der Streitmittler einen **Vorschlag zur Beilegung der Streitigkeit zu unterbreiten hat.**

II. Anwendungsbereich

1. Verankerung in der Verfahrensordnung und Parteiwille

3   Nach § 19 Abs. 1 S. 1 VSBG ist maßgeblich, dass der Streitmittler nach der Verfahrensordnung einen Vorschlag zu unterbreiten „hat", die Begründung des Regierungsentwurfs bekräftigt dies dahin, der Streitmittler müsse hierzu „verpflichtet" sein.[6] Damit scheinen nur Verfahren betroffen, die zwingend zu einem Vorschlag führen.

4   Dies bedarf zunächst der **Einschränkung aus dem Gesichtspunkt der Privatautonomie.** So ist es dem Einfluss des Streitmittlers ersichtlich entzogen, dass das Verfahren etwa durch Rücknahme des Antrags oder durch (vollständiges) Einlenken des Unternehmers vorzeitig beendet wird. Beide Möglichkeiten kommen im Gesetz selbst in §§ 14, 15 VSBG zum Ausdruck. Daraus wird deutlich, dass die die Anwendung des § 19 VSBG auslösende Pflicht zum Schlichtungsvorschlag keine unbedingte sein muss, sondern vom Willen der Parteien abhängen kann. § 19 ist also auch dann anwendbar, wenn die Parteien den Schlichtungsvorschlag nach dem Gesetz oder nach der Verfahrensordnung hätten verhindern können.

2. Einfluss anderer Bedingungen und Einschränkungen

5   Fraglich ist, welche Folgen andere Bedingungen oder Einschränkungen haben, unter die die Verfahrensordnung den Schlichtungsvorschlag stellen mag. Hierbei kann es der Verbraucherschlichtungsstelle um Flexibilität gehen. Ihr Interesse kann aber auch darin bestehen, den Anforderungen des § 19 und damit möglichen Haftungsrisiken zu entgehen.

6   So könnte die Verfahrensordnung etwa zulassen oder vorgeben, dass vor dem Schlichtungsvorschlag **autonome Einigungsmöglichkeiten** ausgelotet werden (informelle Einigung). Oder die Schlichtungsordnung kann vorsehen, dass der Streitmittler in einem ersten Schritt auf eine Einigung hinwirkt (formalisiertes Einigungsverfahren) und dass nur für den Fall des Scheiterns ein Schlichtungsvorschlag zu erfolgen hat. Hierbei kann der erste Schritt etwa in einer Konfliktmoderation, sei es im schriftlichen Austausch, per Mail, per shuttle-Kontakt, in Telefonkonferenzen, im Präsensgespräch oder auch in einer Mediation (vgl. § 18 VSBG) bestehen. Ferner kann die Schlichtungsordnung primär Konfliktmoderation oder Mediation vorsehen und dem Streitmittler freistellen, ob er **nach Scheitern der Einigungsbemühungen** einen Schlichtungsvorschlag unterbreitet oder nicht. Schließlich ist auch denkbar, dass die Verfahrensordnung einen Schlichtungsvorschlag gar nicht erwähnt, ihn aber auch nicht ausschließt.

7   Diese Abgrenzungs- und Zweifelsfragen sind vom Gesetz nicht gelöst, sie bedürfen vertiefter Betrachtung, vielleicht auch praktischer Erprobung und justizieller Nachbearbeitung.

---

[5] Gegenäußerung der Bundesregierung zu der Stellungnahme des Bundesrats, BT-Drs. 18/5760, 25.
[6] BR-Drs. 258/15, 76.

Als Anknüpfungspunkt kann und sollte das **Maß der Lösungsaktivität des Streitmitt-** **8** **lers** und spiegelbildlich die Verantwortlichkeit der Parteien für den Prozess der Lösungsentwicklung dienen (→ § 2 Rn. 14 ff.). Je stärker in dem VSBG-Verfahren das Rollenverständnis dem im Gerichtsverfahren ähnelt, je eher sind die Bindungen des § 19 gerechtfertigt und notwendig. Je stärker die Ähnlichkeit mit der Mediationssituation, je eher kann auf die Vorgaben des § 19 zu verzichten sein, selbst wenn es zu einem Vorschlag des Streitmittlers kommt.

3. Folgerungen für den Anwendungsbereich von § 19 VSBG

Daraus könnten sich folgende Leitlinien ergeben: **9**

(1) Die Verfahrensordnung sieht **keinen Schlichtungsvorschlag** vor → **Keine Geltung** **10** des § 19, selbst wenn der Streitmittler Lösungsoptionen anspricht oder sogar einen konkreten Lösungsvorschlag unterbreitet. Der Streitmittler kann allerdings nach § 19 vorgehen.

(2) Die Verfahrensordnung gibt ein lösungspassives Verfahren vor wie **Mediation, er-** **11** **laubt** dem Streitmittler für den **Fall des Scheiterns** der autonomen Einigungsbemühungen Lösungsvorschläge auf Basis des **gegebenen Sachstands** → gleichwohl **keine Geltung des § 19.**

(3) Die Verfahrensordnung gibt ein lösungspassives Verfahren vor wie **Mediation, er-** **12** **laubt** dem Streitmittler für den **Fall des Scheiterns** der autonomen Einigungsbemühungen ausdrücklich einen „**Schlichtungsvorschlag**" → Grenzfall; **Tendenz: keine Geltung des § 19.**

(4) Die Verfahrensordnung gibt ein lösungspassives Verfahren vor wie **Mediation,** **13** **verpflichtet** den Streitmittler für den **Fall des Scheiterns** der autonomen Einigungsbemühungen zu eigenen **Lösungsbemühungen** auf Basis des **gegebenen Sachstands** → Grenzfall; **Tendenz: Geltung des § 19.**

(5) Die Verfahrensordnung gibt ein lösungspassives Verfahren vor wie **Mediation,** **14** **verpflichtet** den Streitmittler für den **Fall des Scheiterns** der autonomen Einigungsbemühungen ausdrücklich zu einem „**Schlichtungsvorschlag**" auf Basis der gewonnenen Erkenntnisse → Grenzfall; **deutliche Tendenz: Geltung des § 19.**

(6) Die Verfahrensordnung gibt ein lösungspassives Verfahren vor wie **Mediation,** **15** **verpflichtet** den Streitmittler für den **Fall des Scheiterns** der autonomen Einigungsbemühungen zum Übergang zu einem eigenständigen lösungsaktiven Verfahren, das **in der Sache auf einen Schlichtungsvorschlag** hinführt → **Geltung des § 19.**

(7) Die Verfahrensordnung gibt ein Verfahren vor, das in der Sache **auf einen Schlich-** **16** **tungsvorschlag hinführt** → **Geltung des § 19** unabhängig von der Bezeichnung des Verfahrens („Schlichtung" oder anders) und unabhängig von der Bezeichnung des Vorschlags („Schlichtungsvorschlag", „Lösungsvorschlag", „Schlichterspruch" etc.) und auch unabhängig davon, ob der Streitmittler zuvor autonome Einigungsmöglichkeiten auslotet oder anstößt.

In Variante 1 haben wir es mit einem benannten („Mediation") oder unbenannten **17** lösungspassiven Verfahren zu tun. Die Verfahrensordnung vermittelt den Parteien von vornherein das Bild, selbst die Lösung erarbeiten zu müssen. In den Varianten 2 und 3 haben die Parteien zwar vor Augen, dass es zu einem Vorschlag des Streitmittlers kommen kann, sie wissen aber, dass der Fokus auf der eigenen Konsensarbeit liegt und der Streitmittler bei der Entwicklung seines möglichen Vorschlags nur hierauf zurückgreift, also nicht aktiv auf einen Vorschlag hinarbeitet. Der Streitmittler ist frei, bei Scheitern einen Vorschlag zu unterbreiten; das ermöglicht ihm, sich bei der Durchführung des konsensualen Verfahrens ganz auf dessen Dynamik einzustellen. Allerdings kann die ausdrückliche Verwendung des Begriffs „Schlichtungsvorschlag" den Aspekt der Freiwilligkeit überstrahlen und die Parteien (doch) dazu bringen, sich von vornherein auf den Streitmittler zu konzentrieren. Ob das so ist oder nicht, kann von weiteren Details des Verfahrens und auch von der Entwicklung der Bedeutung des Schlichtungsvorschlags in der öffentlichen Wahrnehmung abhängen: Je dichter die Bedeutung an einen gerichtsgleichen „Spruch" heranführt, je näher liegt es, ihn auch in dieser Variante an § 19 zu binden. Je stärker das primäre, also das konsensuale Verfahren im Vordergrund steht, und je weiter sich in der öffentlichen Wahrnehmung der Schlichtungsvorschlag vom staatlichen Urteil entfernt hält, desto mehr ist es gerechtfertigt, der Entscheidungsfreiheit des Streitmittlers und dem Wortlaut der Norm entsprechend § 19 nicht anzuwenden.

18   In Variante 4 und 5 fehlt es an dieser Entscheidungsfreiheit; die bedingte Verpflichtung sorgt dafür, dass der Streitmittler die Notwendigkeit, selbst lösungsaktiv werden zu müssen, stets „im Hinterkopf" haben wird. Aus Sicht der Parteien stellt es sich reziprok so dar, dass ein Scheitern stets Lösungsaktivität des Streitmittlers erzeugt. Beiden Parteien ist bewusst, dass ein Scheiternlassen der autonomen Lösungsbemühungen auch taktisch herbeigeführt werden kann; diese eigene Option und das Wissen um die Möglichkeit in der Hand des anderen prägt das Verfahren stark.

19   Wenn allerdings der Begriff „Schlichtungsvorschlag" nicht verwendet wird (Variante 4), mag diese Prägung durch andere Umstände wie eine besondere Betonung mediativer Elemente aufgehoben werden. Diese Relativierung mag im Einzelfall auch noch bei Verwendung des Begriffs „Schlichtungsvorschlag" (Variante 5) in Betracht kommen, wenn die öffentliche Wahrnehmung oder Besonderheiten in der konkreten Verfahrensgestaltung einer gedanklichen Annäherung an ein urteilsähnliches Verfahren deutlich entgegenstehen. Diese Möglichkeit scheidet allerdings jedenfalls dann aus, wenn nach Scheitern konsensualer autonomer Einigungsbemühungen ein neuer Verfahrensabschnitt beginnt, der auf einen Schlichtungsvorschlag zusteuert (Variante 6). Von diesem Moment an sind die Parteien auf den zu erwartenden Vorschlag des Streitmittlers orientiert, das Verfahren ist dann genauso schlichtungsgeprägt wie bei einem grundständig auf den Vorschlag des Streitmittlers orientierten Verfahren (Variante 7). Auf die Verwendung des Begriffs „Schlichtungsvorschlag" kommt es hierbei ebenso wenig an wie auf Bemühungen des Streitmittlers um Einigungsmöglichkeiten zur Vermeidung des Schlichtungsvorschlags.

III. Maß der Rechtsbindung

1. Die Anforderungen des Europäischen Rechts

20   Die ADR-Richtlinie verlangt eine Rechtsbindung („Rechtmäßigkeit") nur für Verfahren mit einer dem Verbraucher aufgegeben Lösung (Art. 11), die das VSBG gerade nicht vorsieht. Im Übrigen lässt die Richtlinie den Maßstab, der bei der Streitbeilegung angewendet wird, offen und fordert nur Transparenz (Art. 7 Abs. 1 Buchst. i ADR-Richtlinie; → § 1 Rn. 26)

2. Der rechtspolitische Diskurs in Deutschland

21   Die vor allem in der Rechtswissenschaft geführte Diskussion um die Vor- und Nachteile, um Chancen und Risiken der VSBG-ADR, war fokussiert auf das Spannungsverhältnis zwischen dem beklagten Vollzugsdefizit des Verbraucherrechts wegen „rationalen Desinteresses" der Verbraucher einerseits und dem Abdrängen vom gerichtlichen und damit rechtsorientierten Verfahren andererseits.(→ § 1 Rn. 44 ff.) Dieses Spannungsverhältnis hat *Engel* im Titel eines vielbeachteten Aufsatzes[7] auf den Punkt gebracht: „… **Mehr Zugang zu weniger Recht**". Bei der Diskussion um die richtige Schlussfolgerung für die Rechtsbindung des Streitmittlers im Rahmen des VSBG kommt ein weiteres **Spannungsverhältnis** in den Blick: Das zwischen der **Privatautonomie** und dem gesellschaftlichen Interesse an der **Rechtskonformität des Wirtschaftslebens.**

Wer zivilrechtliche Ansprüche als wichtigen Teil staatlicher Intervention und gesellschaftlicher Verantwortung zur Begrenzung von Machtausübung auch in generalpräventiver Hinsicht begreift, hält jedes Zurückweichen hinter dem materiellen Recht für ein Problem: Das dem Verbraucher strukturell überlegene Unternehmen ist solange verführt, das rationale Desinteresse der Verbraucher einzukalkulieren und gezielt Rechtsbruch als Mittel zur Gewinnmaximierung einzusetzen, solange die Risiken solcher Vorgehensweise nicht (deutlich) überwiegen. Aus dieser Sicht kann zwar ein Anreiz, statt auf Ansprüche von vornherein und ganz zu verzichten immerhin eine Schlichtung durchzuführen, einen Fortschritt darstellen. Wenn es aber Unternehmen gelingt, auf die Schlichtung in ihrem Sinne einzuwirken, insbesondere systematisch einen „Schlichtungsrabatt" herauszuhandeln, kann die Schlichtung Teil eines rechtsbruchorientierten Kalküls werden. Aus dieser Sicht schlägt das Pendel spätestens dann in die falsche Richtung aus, wenn Verbraucher in nennenswertem Umfang vom gerichtlichen Verfahren, das sie ohne das VSBG in Anspruch genommen hätten, abgehalten und gleichsam in die VSBG-ADR „gelockt" werden. **22**

Betont man die Privatautonomie, hat der Umstand zentrale Bedeutung, dass in einem Rechtsstaat niemand gezwungen ist, vorhandenes (materielles) Recht auch geltend zu machen und durchzusetzen. Der Staat hat diese Entscheidung hinzunehmen. Verfolgt er generalpräventive Ziele, ist er primär auf staatliche Intervention mittels Strafrecht oder behördlicher Intervention angewiesen. Daneben kann das Lauterkeitsrecht stehen; starke und gut durchsetzbare Ansprüche von Wettbewerbern können die gesellschaftlich gewollte Rechtstreue fördern. Aus dieser Sicht ist die Schlichtung ein weiteres von Freiwilligkeit geprägtes Angebot neben dem Gericht. Der Verbraucher, der statt auf die Geltendmachung von Ansprüchen zu verzichten, Schlichtungsangebote wahrnimmt, hat schon einen Zugewinn gegenüber dem status quo, selbst wenn das Schlichtungsangebot von geringer Qualität ist. Dass bei Gericht „mehr" herausgekommen wäre, ist irrelevant, eben weil der Verbraucher das Gericht nicht angerufen hätte. **23**

Die wesentliche **Steuerung zur Qualität des Schlichtungsangebots** hat der Gesetzgeber bei den Vorgaben zu den Maßstäben, nach denen ein möglicher Schlichtungsvorschlag erfolgt. Neben der damit angesprochenen Rechtsbindung des Streitmittlers spielt freilich flankierend dessen Qualifikation eine Rolle. Die vielfältigen Forderungen nach der volljuristischen Ausbildung, die im Gesetzgebungsverfahren und in der begleitenden Diskussion erhoben wurden, dienten der Stärkung der Verbraucherrechte in dem oben aufgezeigten Spannungsverhältnis. **24**

Dass das verbraucherpolitische Qualitätsinteresse **stärker im Diskurs zur Qualifikation des Streitmittlers und weniger in der Rechtsbindung des Schlichtungsvorschlags** zum Ausdruck kam, mag auf den ersten Blick überraschen, hätte doch letzteres unmittelbarer gewirkt als der Weg über die Qualifikation, über die ja allenfalls indirekt gewirkt wird. Zwar wurde an den schwammigen Formulierungen in der ADR-Richtlinie und besonders an § 19 VSBG durchaus Kritik geübt, an Vorschlägen zur stärker auf Rechtsbindung orientierten Ausgestaltung fehlt es jedoch. Zur Erklärung können zwei **25**

---

[7] *Engel* NJW 2015, 1633 ff.

Aspekte herangezogen werden. Zum einen setzt echte Rechtsanwendung einen festgestellten **Sachverhalt** voraus, der Streitmittler hat aber weder einen gesetzlichen Auftrag zur Sachverhaltsaufklärung noch die Befugnis zur Durchsetzung (siehe → § 5 Rn. 211), ebensowenig eine gesetzliche Grundlage, mit nicht zu klärendem Tatsachenstoff (non liquet) umzugehen wie der Richter, der gemäß näherer Regelung nach Beweislast urteilt. Würde das Gesetz diese Regelungen der ZPO im VSBG nachbilden, wäre ungeachtet der damit verbundenen auch (verfassungs-)rechtlichen Probleme die VSBG-Schlichtung letztlich nur ein Ausschnitt des Gerichtsverfahrens und es entstünde eine Doppelstruktur ohne Mehrwert. Hier nun findet sich der zweite Grund für die Zurückhaltung bei Vorschlägen zu stärkerer Rechtsbindung des Schlichtungsvorschlags. Will man den Mehrwert konsensualer Methodik nutzen, darf man nicht (ausgerechnet) die außerrechtlichen Aspekte ausblenden, zumal diese sogar im gerichtlichen Verfahren, freilich außerhalb des Urteils auch eine Rolle spielen. Der systemische Mehrwert der Schlichtung gegenüber dem gerichtlichen Verfahren besteht letztlich darin, dass der Streitmittler einen **formalisierten Vorschlag** unterbreitet, zu dessen Entwicklung er auf **außerrechtliche Aspekte** zurückgreifen kann.

3. Vorgaben des VSBG

a) Gesetzeswortlaut

26   Nach dem Wortlaut von § 19 Abs. 1 S. 2 VSBG „soll" der Schlichtungsvorschlag „am geltenden Recht ausgerichtet sein und soll insbesondere die zwingenden Verbraucherschutzgesetze beachten." Es werden also unbestimmte Rechtsbegriffe („ausrichten" und „beachten") mit „Soll"-Vorgaben kombiniert. Hierbei ist vom Referentenentwurf zum Regierungsentwurf nicht unerheblich nachgesteuert worden. Nach dem im Referentenentwurf vorgesehenen Normentext „berücksichtigt (der Schlichtungsvorschlag) das geltende Recht", während es in der Begründung hieß: „Der Schlichter ist (jedoch) verpflichtet, seinen Vorschlag am geltenden Recht auszurichten und dabei insbesondere zwingende Vorschriften des vertraglichen Verbraucherschutzes zu berücksichtigen." Bei der Entwicklung des Gesetzestextes ist also einerseits die Ausrichtung am Recht und Berücksichtigung zwingenden Rechts stärker zur Geltung gebracht, andererseits durch die „Soll"-Regelung wieder relativiert worden.

27   Versucht man, die praktischen Folgen dieser Regelung aus dem Wortlaut zu entwickeln, stößt man auf große, fast unüberwindbare Schwierigkeiten. Reicht für „ausrichten" oder „orientieren"[8] mehr als ein bloßes Zurkenntnisnehmen? Orientiert der Streitmittler sich hinreichend am Recht, wenn er sich wie der Wanderer verhält, der den Kompass auf „Norden" stellt, um gen Süden zu gehen? Oder muss der Vorschlag mindestens ungefähr der Rechtslage entsprechen? Bestimmt das ggf. erlaubte Maß der Abweichung sich an abstrakten Fragen wie Abdingbarkeit der einschlägigen Norm oder an der konkreten Auswirkung? Oder ist danach zu differenzieren, ob die Abweichung (mehr) den Verbraucher oder den Unternehmer trifft? Und nach welchen Kriterien bestimmt sich der Ausnahmefall, in dem – wie durch das „soll" erlaubt zu sein scheint – scheinbar ganz auf die Ausrichtung und Beachtung verzichtet werden kann? Und schließlich: Gilt die „Soll"-Erleichterung am Ende gar nicht, wenn der Streitmittler – wie regelmäßig (→ Rn. 67) – einen Vergleich vorschlägt? In der Begründung des Regierungsentwurfs jedenfalls heißt es „(Der Streitmittler) kann insbesondere einen Vergleich vorschlagen, der sich jedoch an der Sach- und Rechtslage orientieren *muss*.[9]"

---

[8] So die Begründung des Regierungsentwurfs BR-Drs. 258/15, 76.
[9] Hervorhebung nicht im Original.

b) Auslegung nach Sinn und Zweck

Die sachgerechte und praktisch verwertbare Auslegung des § 19 Abs. 1 S. 2 VSBG   **28**
muss zwei Umstände mit in den Blick nehmen: die Funktion des Schlichtungsvorschlags auch im **Abgleich mit dem gerichtlichen Verfahren** und die **Funktion der Begründung** des Schlichtungsvorschlags.

aa) Funktion des Schlichtungsvorschlags

Schon der Wortlaut zeigt den entscheidenden Unterschied zur gerichtlichen Ent-   **29**
scheidung. Es handelt sich lediglich um einen *Vorschlag*, der das Ergebnis zwar bahnen
mag, über dessen Annahme aber letztlich die Parteien autonom entscheiden. In diesem
Unterschied sieht die Begründung des Regierungsentwurfs zu Recht die Grundlage da-
für, dass der „Schlichter ... nicht in derselben Weise rechtlich gebunden (ist) wie ein
Gericht, das eine für beide Parteien verbindliche Entscheidung trifft."[10] Sucht man auf
dieser Basis das gleichwohl einzuhaltende Mindestmaß an rechtlicher Substanz im
Schlichtungsvorschlag, liegt auch insoweit die Orientierung an der Arbeitsweise des
Richters nahe. Der Richter ist nicht nur Entscheider, sondern „soll in jeder Lage des
Verfahrens auf eine gütliche Beilegung des Rechtsstreits...bedacht sein" (§ 278 Abs. 1
ZPO). Diese Aufgabe erfüllt der Richter vor allem in der Güteverhandlung nach § 278
Abs. 2 ZPO, die in der Regel der eigentlichen (zum Urteil führenden) mündlichen
Verhandlung vorausgeht. In der Güteverhandlung hat der Richter den Sach- und
Streitstand „unter freier Würdigung aller Umstände zu erörtern" (§ 278 Abs. 2 S. 2
ZPO). Damit sind ausdrücklich auch außerrechtliche Aspekte eingeschlossen wie etwa
Vorgeschichte, Konfliktentwicklung, wirtschaftliche und psychologische Momente.
Eine Einigung der Parteien und mithin auch ein Vergleichsvorschlag des Richters kann
also auch Umstände berücksichtigen, die juristisch irrelevant sind oder gar nicht auf ju-
ristischer Ebene liegen. Wenn aber selbst die Zivilprozessordnung dem staatlichen
Richter die **Berücksichtigung nichtrechtlicher Umstände** erlaubt, dies sogar aufgibt,
kann das VSBG den Streitmittler kaum enger an das Recht binden. Dem kann nicht
§ 14 Abs. 1 Nr. 3 VSBG entgegengehalten werden. Diese Norm zeigt in Gestalt rechtlich orientierter Ablehnungsgründe zwar eine gewisse Rechtsorientierung des VSBG.
Allerdings kann man diese Vorschrift zum einen so lesen, dass sie zwar soweit gilt, wie
Rechtsansprüche geltend gemacht werden, solches aber nicht voraussetzt, also die außerrechtliche Schlichtung zulässt wie etwa den Wunsch nach einer Erklärung oder einer
Entschuldigung. Zum anderen findet der Richter des staatlichen Gerichtsverfahrens die
notwendige Rechtsorientierung in jedem Fall in stärkerem Ausmaß vor als der Streitmittler und dennoch kann der Richter zur Beilegung des Streits auf die genannten außerrechtlichen Aspekte zurückgreifen. Das Eintrittstor der Klage ist juristisch determi-
niert, nach Durchschreiten des Tors aber ist das Verhandlungs- und Lösungsfeld offen.
Selbst wenn man ein juristisch gebautes Eintrittstor auch für die VSBG-Schlichtung
sieht, kann das **Verhandlungs- und Lösungsfeld nicht kleiner sein als das des Richters.**
Ferner kann nicht entgegengehalten werden, der Schlichtungsvorschlag habe eine psychologisch höhere Qualität als der Vergleichsvorschlag des Richters. Zwar ist der
Schlichtungsvorschlag jedenfalls in der Regel stärker formalisiert als der Vergleichsvorschlag des Richters (→ Rn. 45) und mag deshalb durchaus eine höhere förmliche Autorität haben. Anderseits fehlt dem Schlichtungsvorschlag ein potentieller Aspekt persönlicher Autorität: Die Gerichtspartei mag in die Überlegungen einbeziehen, ob ihr die
Ablehnung des Vergleichsvorschlags Nachteile beim Urteil einbringen kann, die Partei

---

[10] BR-Drs. 258/15, 76.

der Verbraucherschlichtung ist von solchen antizipatorischen Erwägungen frei, eben weil die Tätigkeit des Streitmittlers auch bei Ablehnung des Schlichtungsvorschlags endet.

bb) Funktion der Begründung des Schlichtungsvorschlags

30   Der Schlichtungsvorschlag bedarf einer formalisierten Begründung, aus der sich neben dem zugrunde gelegten Sachverhalt „die rechtliche Bewertung des Streitmittlers ergeben" muss (§ 19 Abs. 1 S. 3 VSBG). Die rechtliche Bewertung ist etwas anderes als das Ergebnis einer am Recht ausgerichteten oder unter Beachtung des Rechts erfolgten Prüfung. Vielmehr wird deutlich, dass die rechtliche Bewertung ein Zwischenschritt auf dem Weg zum Schlichtungsvorschlag ist oder zumindest sein kann. Hier also, in der **Begründung, ist der Ort des Rechts**. Damit ist zugleich klar, dass die Begründung sich nicht in der Darstellung der Rechtslage erschöpft, vielmehr daneben die Herleitung eines der Rechtslage nicht (vollständig) entsprechenden Vorschlags enthält (→ Rn. 53).

cc) Fazit: Prinzip der informierten Autonomie

31   Das Gesetz verlangt im Ergebnis also nicht, dass der Schlichtungsvorschlag dem Recht entspricht sondern nur, dass die Parteien bei der Entscheidung über dessen Annahme über die Rechtslage zutreffend und (soweit möglich) umfassend informiert sind. Die Parteien entscheiden in Privatautonomie auf der Basis rechtlicher Information. Man kann vom „**Prinzip der informierten Autonomie**"[11] sprechen.

c) Einzelfragen

32   Aus diesem Befund lassen sich die Auslegungszweifel zu bestimmten Fragen wie folgt lösen.

aa) Keine Differenzierung zwischen zwingendem und dispositiven Recht

33   § 19 Abs. 1 S. 2 VSBG erwähnt ausdrücklich „zwingende Verbraucherschutzgesetze" als „insbesondere" zu *beachten*. Diese Vorschriften gehören ohne Zweifel zum „geltenden Recht", woran *auszurichten* dem Streitmittler im selben Satz aufgetragen ist, ohne den Schluss nahezulegen, dass die Bindung an zwingendes Recht stärker ausgeprägt sein soll als die übrigen, dispositiven Rechtsvorschriften. Indessen ist ein semantischer Unterschied zwischen den Verben *beachten* und *ausrichten* nicht auszumachen, die beide auch aus anderen juristischen Kontexten nicht bekannt sind. Es kommt hinzu, dass der Sinn einer solchen Abstufung auch der Sache nach nicht einleuchtet. Die Disponibilität ist bei Vertragsschluss in dem Sinne relevant, dass eine Abweichung zulasten des Verbrauchers nicht wirksam ist. Sind solche Vertragsregelungen getroffen, hat der Streitmittler dies im Rahmen der ihm aufgetragenen Rechtsprüfung – natürlich – zu berücksichtigen. Hat er allerdings die Rechtslage als Ausgangspunkt für die Entwicklung des Schlichtungsvorschlags bewertet, kommt es für seine weiteren Überlegungen nicht darauf an, ob das maßgebliche Recht sich aus disponiblem oder (halb-) zwingendem Normen ergibt. Ob der Unternehmer die gegen ihn sprechende Rechtslage hätte durch entsprechende Vertragsregelungen ändern können oder nicht, ist in der Nachschau ersichtlich unbedeutend. Festzuhalten bleibt, dass die Freiheit des Streitmittler zur Entwicklung des Schlichtungsvorschlags (auch) nicht durch zwingende Verbraucherschutzgesetze eingeschränkt ist.[12]

---

[11] *Niewisch-Lennartz* ZKM 2015, 136 (139); zustimmend *Wiese/Hörnig* ZKM 2016, 56 (60); *Isermann* RRa 2016 106 (111); *Riehm* JZ 2016, 866 (871) sowie Tamm/Tonner/*Berlin* § 23 Rn. 64.

[12] So auch *Riehm* JZ 2016, 866 (870).

Das ändert freilich nichts an der Verantwortung des Streitmittlers für die **Wirksam-** 34
keit des auf Basis seines Vorschlags ggf. zustande kommenden Vergleichs.[13] Die Bedeutung zwingenden Rechts für diese Frage wird gesondert dargestellt (→ Rn. 70 ff.).

bb) Keine zwingende Berücksichtigung ausländischen Rechts

Die Begründung des Gesetzentwurfs scheint davon auszugehen, dass der Vorschlag 35
bei grenzüberschreitenden Fällen nach Maßgabe der Rom I-Verordnung[14] ggf. an ausländischem Recht auszurichten hat. Nach der Logik von ADR-Richtlinie und VSBG ist
bei auseinanderfallendem (Wohn-)Sitz die Schlichtungsstruktur im Mitgliedsstaat des
Unternehmens zuständig, genauer besteht nur insoweit ein Anspruch des Verbrauchers.
Da nach Art. 6 der Rom I-Verordnung ein Verbrauchervertrag grundsätzlich dem
Recht des Staates unterliegt, in dem der Verbraucher seinen gewöhnlichen Aufenthalt
hat, müsste die Schlichtungsstelle grundsätzlich ausländisches Recht beurteilen. Die Beachtung ausländischen Rechts ist auch in dem oben geschilderten Rahmen deutschen
Verbraucherschlichtungsstellen nicht vorgegeben, vielmehr können sie hiervon unter
Nutzung der „Soll"- Regelung in § 19 Abs. 1 S. 2 VSBG absehen.[15] Zum einen gelten
aufgrund der weitgehenden Vollharmonisierung des Verbraucherschutzrechts ohnehin
gleiche Standards,[16] zum anderen kann gerade das deutsche Verbraucherschutzniveau
als überdurchschnittlich eingeordnet werden.[17] Die Berücksichtigung von nur deutschem Recht sollte indessen in der Verfahrensordnung geregelt werden.[18] Ferner erscheint der **Hinweis auf eine mögliche Anwendbarkeit ausländischen Rechts** sinnvoll.
Dieser mag in abstrakter und allgemeiner Form zu Beginn des Verfahrens im Rahmen
der Belehrung über die potentielle Abweichung vom gerichtlichen Ergebnis nach § 16
Abs. 1 Nr. 3 VSBG gegeben werden.[19] Mit dem Schlichtungsvorschlag kann der Hinweis in abstrakter und allgemeiner Form im Rahmen der Unterrichtung nach § 19
Abs. 3 VSBG wiederholt werden, er mag (zusätzlich) in die Rechtsausführungen des
Schlichtungsvorschlags integriert werden und kann insoweit auch auf die grundsätzliche Anwendbarkeit des näher bezeichneten ausländischen Rechts konkretisiert
werden.[20]

IV. Gegenstand des Schlichtungsvorschlags

1. Keine Bindung an Anträge

Der Streitmittler wird den Stoff zur Entwicklung des Schlichtungsvorschlags natür- 36
lich zunächst dem Antrag entnehmen (zur Antragstellung siehe → § 5 Rn. 69 ff.). Der
Antrag unterliegt allerdings nicht unmittelbar den Bestimmtheitsanforderungen des

---

[13] So differenziert auch Greger/Unberath/Steffek/*Greger* § 19 Rn. 6 VSBG.

[14] Verordnung (EG) Nr. 593/2008, ABl. 2008, L 177, 6.

[15] So im Ergebnis auch Schmidt-Kessel/*Kramme* S. 141, 153;*Wiese/Hörnig* ZKM 2016, 56 (60);
Gössl RIW 2016, 473 (480) und *Höxter* VUR-Sonderheft 2016, 29 (32).

[16] *Berlin*, Alternative Streitbeilegung in Verbraucherkonflikten S. 334.

[17] Vgl. *Pelzer* ZKM 2015, 43 (45).

[18] So auch *Kramme* in Schmidt-Kessel S. 141, 153 sowie *Wiese/Hörnig* ZKM 2016, 56, 60, die sich
auf den Rechtsgedanken des § 17 Abs. 3 Beurkundungsgesetz stützen; weitergehend *Gössl* RIW 2016,
473 (480), die wohl Rechtswahl nach Art. 3 Abs. 1 Rom I-Verordnung verlangt.

[19] So *Höxter* VUR-Sonderheft 2016, 29 (32).

[20] Weitergehend *Gössl*, RIW 2016, 473 (480), die ggf. die Darstellung der Rechtslage nach ausländischem Recht verlangt, wenn nicht Wahl deutschen Rechts nach Art. 3 Abs. 1 Rom I-VO erfolgt.

Klageantrags, zumal anders als das auf den Klageantrag gestützte Urteil der Schlichtungsvorschlag nicht vollstreckbar ist. Auch liegt anders als im Klageverfahren nicht regelmäßig ein formaler Antrag der Gegenseite vor. Allerdings ist der Streitmittler anders als der Richter nach § 308 ZPO ohnehin **nicht an Anträge gebunden.** Damit hat der Streitmittler ähnlich dem Richter bei Vergleichsverhandlungen die Freiheit, auch auf Aspekte einzugehen, die sich nicht in Forderungen ausdrücken lassen. So kann der Streitmittler – unter Beachtung freilich seiner Neutralitätspflicht – zum Beispiel rechtliche Aspekte einbeziehen, die sich im Antrag nicht spiegeln, zB Zinsansprüche oder andere Nebenforderungen. Auch außerrechtliche Umstände wie etwa Störungen auf der Beziehungsebene kann der Streitmittler berücksichtigen; so kann etwa der Vorschlag einer Entschuldigung in einer emotional zugespitzten Situation geeignet sein, „das Eis zu brechen".

2. Kosten des Verfahrens und anwaltlicher Vertretung

37   Die Entgelte bzw. Gebühren für das Verfahren sind in der Verfahrensordnung oder einer eigenen Entgeltordnung niedergelegt. Für eine Aufnahme in den Schlichtungsvorschlag besteht also kein Anlass.

38   Der Streitmittler kann allerdings Kosten, die etwa für eine Beweiserhebung entstanden sind, zum Gegenstand des Schlichtungsvorschlags machen. Besser freilich erscheint es, solche Fragen vor Entstehen der Kosten mit den Parteien zu besprechen und mit einem Teilvergleich abzuschichten.

39   Kosten für Rechtsanwälte werden im Rahmen der Abrechnung des Gerichtsverfahrens berücksichtigt. Dies kann auch im Schlichtungsvorschlag geschehen, erforderlich ist dies allerdings nicht. Möglicherweise spricht mehr dafür, diese Frage außen vor zu lassen, zumal zur (rechtlichen) Beurteilung des Erstattungsanspruchs sowohl dem Grunde wie der Höhe nach uU gesonderte Informationen benötigt werden, deren Einholen aufwändig sein und das Verfahren verzögern kann. Wenn allerdings deutlich wird, dass die Anwaltskosten im Vordergrund stehen oder dahin geraten sind, vielleicht sogar den einzig wichtigen (verbliebenen) Streitpunkt darstellen, sollten sie im Interesse der Akzeptanz des Vorschlags einbezogen werden.

40   Auch muss der **Grundsatz der Kostenfreiheit** für den Verbraucher beachtet werden (§ 23 VSBG). Man könnte zwar einwenden, ein Vorschlag, wonach der Verbraucher Kosten für Beweise oder gegnerischen Anwalt (teilweise) trägt, verstoße hiergegen nicht, weil es sich ja nur um einen *Vorschlag* handelt. Indessen wäre es nicht im Sinne der ADR- und VSBG-Schlichtung, wenn der Verbraucher Kostenfreiheit nur um den Preis der Ablehnung des Schlichtungsvorschlags erhalten könnte. Deshalb wird der Streitmittler Kosten zu Lasten des Verbrauchers nur dann in den Schlichtungsvorschlag aufnehmen, wenn dies zuvor erörtert wurde und (zumindest) der Verbraucher dem zugestimmt hat. Dies schließt allerdings nicht die Möglichkeit ein vorzuschlagen, dass der Verbraucher (teilweise) das Entgelt für das Streitbeilegungsverfahren übernimmt; ein solches Vorgehen verstieße trotz des (reinen) Vorschlagscharakters gegen § 23 Abs. 1 VSBG.

3. Teilerledigung

41   In aller Regel intendiert der Schlichtungsvorschlag die vollständige Erledigung der Streitigkeit. Möglich ist allerdings auch eine Teilerledigung in dem Sinne, dass ein Streitstoff ausdrücklich offenbleibt. Anders als der Richter ist der Streitmittler weder an Anträge der Parteien gebunden noch hat er den Auftrag, den Streit vollständig zu erledigen. Der Streitmittler kann also etwa Nebenforderungen aus dem Vorschlag herauslassen

(vgl. → Rn. 37 ff.) oder auch ein Teil der Hauptforderung, wobei es sich allerdings anbietet, hierzu einen Verfahrensvorschlag zu unterbreiten, also etwa die gerichtliche Klärung vorzuschlagen. Der Streitmittler kann den Streit aber nicht nur vertikal, sondern auch horizontal teilen: Hängt der Streit etwa an einer nur von einem Sachverständigen zu beantwortenden Frage, kann der Vorschlag lauten, das Gutachten (eines bestimmten) Sachverständigen einzuholen und auf dieser Grundlage autonom zu verhandeln, bei ansonsten klarer Sachlage kann aber auch schon eine Bindung an das Gutachten vorgeschlagen werden, etwa in Form eines Schiedsgutachtens nach § 317 BGB.

Zu all diesen Fragen kann die **Verfahrensordnung** Regelungen enthalten und den **42** Streitmittler entsprechend binden. Dies kann im Sinne von Transparenz sinnvoll sein. Dagegen kann sprechen, dass die Vielzahl von Fallgestaltungen nur schwer vorhersehbar und abstrakt abzubilden ist und die Flexibilität und Unabhängigkeit des Streitmittlers nicht unnötig eingeschränkt werden sollte (vgl. → § 4 Rn. 88).

V. Begriff, Elemente und Aufbau des Schlichtungsvorschlags (iwS)

1. Begriff

Das Gesetz verwendet den Begriff „Schlichtungsvorschlag" in zweifacher Hinsicht. **43** Zum einen geht es um den Lösungskern, die vorgeschlagene Regelung, in der Sprache des Gerichts um den Tenor. In diesem Sinne spricht § 19 Abs. 1 und 4 von Schlichtungsvorschlag; insoweit könnte man von Schlichtungsvorschlag im engeren Sinne (ieS) oder – schlicht – von „Vorschlag" sprechen. § 19 Abs. 2 und 3 meint mit diesem Begriff das Gesamtwerk einschließlich Begründung (Schlichtung im weiteren Sinne – iwS); entsprechendes gilt für § 20 Abs. 3 und § 30 Abs. 4 und 5.

2. Vergleich mit dem Urteil nach der ZPO

Der Schlichtungsvorschlag iwS entspricht im Vergleich zum gerichtlichen Verfahren **44** von seiner Aufgabe und Stellung her am ehesten dem Vergleichsvorschlag. Dieser ist allerdings in der ZPO trotz seiner hohen praktischen Bedeutung nicht geregelt. Er bedarf folglich keiner besonderen Form. Der Richter unterbreitet Vergleichsvorschläge in der Güteverhandlung und/oder in der mündlichen Verhandlung, auch der Güterichter (§ 278 Abs. 5 ZPO) ist dazu befugt. Neben mündlichen Vorschlägen, die sich auch gesprächsweise gleichsam iterativ ergeben können, sind in der Praxis gerade in komplexeren Verfahren auch schriftliche Vorschläge anzutreffen. Diese können so weit ausformuliert sein, dass sie mit der Zustimmung der Parteien (zumeist in mündlicher Verhandlung) wirksam werden, sie können aber auch lediglich Leitplanken für den daraus im Einzelnen erst zu entwickelnden Vergleichstext enthalten. Jedenfalls bleibt Spielraum für Parteiverhandlungen, diese haben in der Regel die Verhandlungshoheit.

Der **Schlichtungsvorschlag ist stärker formalisiert,** was sich nicht nur daraus ergibt, **45** dass der Gesetzgeber ihn anders normiert hat als die ZPO den Vergleichsvorschlag. Der Schlichtungsvorschlag ist anders als der Vergleichsvorschlag gleichsam der Schlussstein der Vermittlungsbemühung. Wie insbesondere § 19 Abs. 3 VSBG erkennen lässt, können die Parteien den Schlichtungsvorschlag nur annehmen oder ablehnen. Wird er beidseits angenommen, endet das Verfahren – zumeist durch Vergleich (→ Rn. 67). Lehnt ihn (auch nur) eine Seite ab bzw. lässt die Annahmefrist (§ 19 Abs. 3 S. 3 VSBG) verstreichen, endet das Verfahren erfolglos (§ 21 Abs. 2 VSBG). Verhandlungen über den Vorschlag, Nachschärfungen und Klarstellungen sieht das VSBG nicht vor. Zwar schließt das VSBG solches nicht aus (→ Rn. 64 ff.), es prägt den Schlichtungsvorschlag aber klar als abschließende Bewertung des Streitmittlers; nicht zufällig ist in der Begründung des Regierungsentwurfs von „Schlichterspruch" die Rede.[21]

46   Damit ähnelt der Schlichtungsvorschlag inhaltlich und gemessen an der rechtlichen Bedeutung am ehesten dem Vergleichsvorschlag des Richters, gemessen an der Verfahrensstellung und -dynamik weist er aber deutliche Parallelen zum Urteil auf. Deshalb liegt es für den Streitmittler nahe, sich zu den Elementen und zum Aufbau am Urteil zu orientieren.

3. Elemente des Schlichtungsvorschlags

a) Vorschlag, Rubrum und Tenor

47   Neben dem Schlichtungsvorschlag ieS, dem **Schlichtungstenor**, muss der Schlichtungsvorschlag (iwS) in formaler Hinsicht die Parteien und den Streitgegenstand bezeichnen, damit der Streit hinreichend individualisiert ist und so dem (angestrebten) Vergleich die ausreichende Bestimmtheit gibt. Diese Angaben können in Anlehnung an das gerichtliche Urteil **Schlichtungsrubrum** genannt werden.

b) Begründung

48   Die **Begründung** gliedert sich jedenfalls gedanklich in zwei Teile. Erstens ist nach § 19 Abs. 1 S. 3 VSBG der **Sachverhalt** darzustellen, den der Streitmittler seinem Vorschlag zugrunde legt, zum zweiten ist die **rechtliche Bewertung** niederzulegen. Soweit folgt das Gesetz der ZPO, die „Tatbestand" und „Entscheidungsgründe" vorsieht, nur zum Teil. Zum einen verlangt das VSBG nicht eine formale Trennung dieser Teilelemente, sodass der Streitmittler Sach- und Rechtslage auch zusammenhängend, gemischt, darstellen kann, was freilich nur in einfach gelagerten Fällen anzuraten ist. Zum anderen kann die rechtliche Bewertung, die das VSBG verlangt, den Vorschlag nur in Ausnahmefällen vollständig begründen – nur dann, wenn dieser der Rechtslage vollständig folgt und wenn der Sachverhalt feststeht.

aa) Unklarheiten zum Sachverhalt und Beweisprognose

49   Sind (relevante) Teile des Sachverhalts ungeklärt, was wegen der praktisch sehr beschränkten Möglichkeit der Klärung nicht selten der Fall sein dürfte (→ § 5 Rn. 209 ff.), fehlt dem Streitmittler schon die Basis für eine rechtskonforme Entwicklung des Vorschlags, selbst wenn er sich daran (ausschließlich) orientieren will. Dieses Problem kann der Streitmittler dadurch lösen, dass er die Rechtslage differenziert darstellt, also die Bewertung auf Basis einmal des Verbraucher-, zum anderen auf Grundlage des Unternehmervortrags vornimmt. Das kann allerdings zu einer noch größeren Auffächerung führen, etwa wenn über mehrere Punkte gestritten wird und der Streitmittler auch eine Bewertung von Kombinationsvorträgen vornimmt. Wenn der Streitmittler eine **differenzierte rechtliche Bewertung** abgibt, ist die Entwicklung des Vorschlags hieraus besonderen Schwierigkeiten ausgesetzt. Bei einer solchen rechtlich geprägten Vorgehensweise (zu anderen Aspekten → Rn. 28 ff., 53) liegt es nahe, nach den Grundsätzen der Beweislast vorzugehen, also die nicht über Beweise gelöste Differenz zum Nachteil dessen zu lösen, der vor Gericht den Beweis erbringen müsste.

---

[21] BR-Drs. 258/15, 46, 76, 89.

Wenn allerdings der Streitmittler seinen rechtsorientierten Vorschlag allein auf   **50**
Sachverhalt stützt, der unstreitig oder ihm bewiesen erscheint, kann das an der antizi-
pierten gerichtlichen Realität vollständig vorbeigehen. Wenn etwa der Verbraucher für
das streitige Verkaufsgespräch eine Reihe von Zeugen hat, der Unternehmer, der das
Gespräch selbst und allein geführt hat, niemanden, würde die lineare an der Beweislast
des Verbrauchers ausgerichtete Prüfung des Streitmittlers ersichtlich lebensfremd,
zumindest unvollständig sein. Der Streitmittler bezieht also sinnvollerweise in seine
Überlegungen ein, wie das Gericht mit der Unklarheit des Sachverhalts umginge. Damit
stellt der Streitmittler eine Prognose an, er erwägt, welche Beweisfragen das Gericht
mit welchen Beweismitteln prüfen würde, was freilich nur gelingt, wenn die Parteien
sie auch vortragen. Noch schwieriger ist die Prognose, wie das Gericht die Beweise
würdigen wird. Selbst in dem Beispiel vieler Zeugen auf der einen und keinem auf der
anderen Seite ist nicht eindeutig, dass das Gericht den vielen folgen würde, immerhin
könnten sie einander widersprechen. Der Streitmittler ist bei dieser **Beweisprognose**
strukturell denselben Schwierigkeiten wie der Richter ausgesetzt, der im Rahmen der
Güteverhandlung auf Basis der Akten einen Vergleichsvorschlag unterbreitet. Allerdings findet der Richter Beweisantritte vor und hat damit eine bessere Prognosegrund-
lage als der Streitmittler, der anders als der Richter im Allgemeinen nicht erwarten
kann, dass die Parteien von sich aus Vortrag zu Beweismöglichkeiten halten. Das könnte dazu führen, über die Verfahrensordnung bzw. das Antragsformular oder -programm
auch im Verbraucherschlichtungsverfahren solche Informationen einzuholen.

bb) Prozessrisikoanalyse

Unter Einbeziehung auch der Rechtsfragen, die ja ebenfalls nicht eindeutig sein   **51**
müssen, kann sich insgesamt eine **Prozessrisikoanalyse** ergeben, also eine Prognose
über den Ausgang einer gerichtlichen Klärung[22]. In diese Analyse können auch Kostenfragen einfließen, also Berechnung von Gerichts- und ggf. Anwaltskosten samt Auslagen für Zeugen und Sachverständige. Damit kann den Parteien ein umfassendes und
differenziertes Bild als Grundlage für die Entscheidung gegeben werden, sich entsprechend dem Vorschlag zu einigen oder doch das Gericht anzurufen. Der Sache
nach wäre ein derart ausgestalteter Schlichtungsvorschlag nichts anderes als das Ergebnis der Güteverhandlung im gerichtlichen Verfahren. Auch hier wird der Sache nach
und teilweise auch explizit eine Prozessrisikoanalyse vorgenommen, mitunter auch in
der Güterichterverhandlung nach § 278 Abs. 5 ZPO. Eine in diesem Sinne gerichts-
orientierte Schlichtung erspart im Übrigen für den Fall ihres Scheiterns und der
Durchführung des Zivilprozesses gemäß § 278 Abs. 2 ZPO die Güteverhandlung,
sodass das gerichtliche Verfahren beschleunigt werden kann. Dieser Effekt kann
noch dadurch verstärkt werden, dass die Unterlagen der Schlichtung vorgelegt werden.
Vertraulichkeitsaspekte stehen dem nicht aus dem VSBG entgegen, da § 22 VSBG
nur dem Streitmittler Verschwiegenheit auferlegt, nicht den Parteien. Diese können
zwar Verschwiegenheit untereinander vereinbaren, dies scheint aber außerhalb der
Mediation nicht unbedingt sinnvoll. Jedenfalls sollte der Streitmittler hierauf nicht hinwirken[23].

Im Ergebnis kann auf diese Weise eine effektive und zielführende Verzahnung zwi-   **52**
schen VSBG-Schlichtung und Gerichtsverfahren herbeigeführt werde; idealiter könnte
von einem **ganzheitlichen Ansatz der Verbraucherstreitlösung** gesprochen werden.

---

[22] Zustimmend *Riehm* JZ 2016, 866 (871).
[23] Vgl. ausführlich HK-VSBG/*Röthemeyer* § 22 Rn. 19 ff.

cc) Aspekte außerhalb des Rechts

53   Die Begründung des Schlichtungsvorschlags enthält ein weiteres wesentliches Element: Die Erwägungen, die den Streitmittler veranlassen, gerade diesen und keinen anderen Vorschlag zu unterbreiten. Dies mag sich dann erübrigen, wenn der Streitmittler (strikt) der Rechtslage folgt und diese eindeutig ist. Bezieht der Streitmittler – was er kann (→ Rn. 28 ff.) – andere Aspekte ein, sollte er die Gründe hierfür darlegen. Dabei kann es sich zum einen um Vorschläge handeln, die nur im Ansatz aus der Rechtslage entwickelt sind, dann aber außerrechtlichen Erwägungen folgen wie den spezifischen Interessen der Parteien. Der Verbraucher mag etwa durchaus in Übereinstimmung mit der Präferenz des Unternehmens ein größeres Interesse an einem Preisnachlass auf ein Neugerät als an der Nachbesserung des alten haben. Der Streitmittler kann aber auch Vorschläge unterbreiten, die von vornherein nicht justiziabel wären wie etwa eine Entschuldigung oder eine bestimmte positive Bewertung im Internet.

VI. Zustandekommen des Vertrages und Ablehnung

54   Der Schlichtungsvorschlag selbst hat keine Rechtsfolgen auf das Rechtsverhältnis zwischen Verbraucher und Unternehmer. Diese ergeben sich erst aus der von der Verbraucherschlichtungsstelle zu bahnenden (→ Rn. 55 ff.) Reaktion der Parteien. Das VSBG enthält hierzu nur wenige Regelungen, sodass auf das allgemeine Vertragsrecht des BGB zurückzugreifen ist (→ Rn. 59 ff.). Inhaltlich läuft der Schlichtungsvorschlag in der Regel auf einen Vergleich hinaus, ausnahmsweise auch auf einen Verzicht oder ein Anerkenntnis (hierzu unter → Rn. 67 ff.). Bei einseitiger Bindung des Unternehmens ergeben sich gewisse Besonderheiten (hierzu unter → Rn. 75 ff.).

1. Übermittlung und Überlegungsfrist

55   Die Verbraucherschlichtungsstelle übermittelt den Parteien den Schlichtungsvorschlag in Textform (§ 19 Abs. 2 VSBG), also in Papier oder als Datei, mit einer „angemessene(n) Frist zur Annahme des Vorschlags" (Abs. 3 S. 3). Tätig werden muss also nicht der Streitmittler, das Handeln eines anderen Mitarbeiters reicht aus. Dies mag in Bezug auf die rein technische Übermittlung und auch hinsichtlich der Unterrichtungen nachvollziehbar sein, kann aber zur Fristbestimmung kritisch betrachtet werden. Immerhin kann die Überlegungsfrist, wie die Richtlinie sie nennt (Art. 9 Abs. 2 Buchst. d ADR-Richtlinie), stark von konkreten Umständen wie der Komplexität in tatsächlicher und/oder rechtlicher Hinsicht abhängen, die oft nur der Streitmittler wird einschätzen können. Deshalb könnte es naheliegen, den Streitmittler die Frist bestimmen zu lassen oder die Frist generell und großzügig festzulegen, wobei eine Orientierung an der Berufungsfrist des Zivilprozesses von **einem Monat** (§ 517 ZPO) naheliegt. Eine Regelung hierüber in der Verfahrensordnung scheint sinnvoll.

56   Die Überlegungsfrist ist nicht verlängerbar, was sich auch im Gegenschluss aus § 17 Abs. 1 S. 3 VSBG ergibt. Damit ist allerdings der Weg zur Einigung trotz Fristablaufs nicht notwendig versperrt (→ Rn. 64 ff.).

2. Hinweise

57   Die Unterrichtungspflichten sind der ADR-Richtlinie entnommen und wirken insgesamt leicht überzogen und übervorsichtig, drücken sie doch durchaus Selbstverständliches aus. Es ist darüber zu belehren, dass der Vorschlag von dem Ergebnis eines gerichtlichen Verfahrens abweichen kann (Abs. 3 S. 1), nicht angenommen werden muss und (stattdessen) die Gerichte angerufen werden können (Abs. 3 S. 2) sowie über die Rechtsfolgen der Annahme (Abs. 3 S. 1).

Der **Abweichenshinweis** muss nicht konkret sein, also weder die konkrete Rechtslage noch die konkrete Abweichung in den Blick nehmen. Es muss also nicht die Darstellung der Rechtslage aus der Begründung des Schlichtungsvorschlags (→ Rn. 30) wiederholt oder auf diese verwiesen werden, wie aber andererseits die hier geregelte Hinweispflicht nicht mit der Begründung erfüllt wird. Der Hinweis ist vielmehr ,abstrakter Natur, wie sich aus dem Wortlaut („abweichen kann") ergibt. Der Gesetzgeber hatte hier in gewisser Übererfüllung der Richtlinienvorgabe[24] einen **abstrakten und plakativen Warnhinweis** vor Augen: Mit der Übersendung des Vorschlags werden die Parteien nochmals (vgl. § 16 Abs. 1 Nr. 3 VSBG) auf potentielle Unterschiede zum gerichtlichen Verfahren hingewiesen.   **58**

3. Annahme des Schlichtungsvorschlags

Mit der Annahme durch die Parteien kommt ein Vertrag (zu den Vertragsarten → Rn. 67) zustande, mit dem die Streitigkeit rechtlich verbindlich und in der Regel vollständig (Ausnahme → Rn. 41) beendet wird.   **59**

Zur Wirksamkeit des Vertrages ist der **frist- und formgerechte Eingang** der (beider) Erklärungen **bei der Verbraucherschlichtungsstelle** erforderlich.   **60**

Der Vertrag kommt gemäß §§ 145 ff. BGB durch Angebot und Annahme zustande. Während es im Rechtsverkehr in der Regel erforderlich ist, dass die betreffenden Erklärungen der anderen Seite jeweils unmittelbar zugehen, nimmt bei dem Einigungsvertrag nach dem VSBG die Verbraucherschlichtungsstelle auch insoweit eine **vermittelnde Rolle** ein. Das wird auch aus § 21 VSBG deutlich, wonach die Stelle den Parteien das Ergebnis des Streitbeilegungsverfahrens mitteilt, was bei Erklärungen nur unter den Parteien weder erforderlich noch ohne weiteren im Gesetz nicht angelegten Aufwand (Nachfragen; Vorgabe Parallelunterrichtung) überhaupt möglich wäre. Rechtlich ergibt sich eine dem § 278 Abs. 6 ZPO vergleichbare Situation, wonach der Einigungsvorschlag (nur) durch Erklärung gegenüber dem Gericht angenommen werden kann. Die nach § 19 Abs. 3 S. 3 VSBG gesetzte Frist wird nur und bereits durch Erklärung gegenüber der Schlichtungsstelle gewahrt, die **Empfangsvertreter** der jeweils anderen Seite im Sinne des § 164 Abs. 3 BGB ist. Mit dem rechtzeitigen Eingang der (beider) Annahmeerklärungen wird der Vertrag wirksam, die Weiterleitung der Erklärung an den jeweils anderen ist weder notwendig noch für die Fristberechnung von Bedeutung.   **61**

Zur Form enthält § 19 VSBG anders als § 278 Abs. 6 ZPO (Schriftsatz) keine Vorgaben, die Erklärung kann also grundsätzlich auch per E-Mail oder gar telefonisch erklärt werden. Möglicherweise bietet es sich aber aus Gründen der Klarheit und Beweisbarkeit an, in der Verfahrensordnung generell Textform für die Annahmeerklärung vorzusehen. Enthält die Verfahrensordnung eine solche Vorgabe, ist damit eine mündlich abgegebene Erklärung unwirksam; § 127 BGB. Im Falle eines konstitutiven Schuldanerkenntnisses sollte im Hinblick auf § 781 BGB Schriftlichkeit verlangt werden (→ Rn. 68).   **62**

---

[24] Vgl. iE HK-VSBG/*Röthemeyer* § 19 Rn. 58.

4. Ablehnung und nicht rechtzeitige oder nicht vollständige Annahme

63   Wenn auch nur eine Seite den Schlichtungsvorschlag ablehnt, sich nicht äußert oder den Vorschlag verspätet oder nur unter Änderungen annimmt, kommt die **Einigung** (jedenfalls zunächst) **nicht zustande**. In diesen Fällen erlischt bei bilateralen Vertragsverhandlungen gem. § 146 BGB das Angebot. Übertragen auf die Schlichtungssituation verliert eine etwaig von der anderen Seite bereits erklärte Annahme ihre juristische Bedeutung. Wenn also die Ablehnung, die verspätete oder die unter Änderungen erfolgte Annahme revidiert und der Schlichtungsvorschlag (doch noch vollständig) angenommen werden soll, kommt dadurch allein der Vertrag nicht zustande.

5. Nachverhandlungen

64   Eine verspätete (vollständige) Annahme oder eine Annahme unter Änderungen hat allerdings bei der bilateralen Verhandlung die Qualität eines **neuen Angebots**; § 150 BGB. Man kann dem VSBG nicht entnehmen, dass die Verbraucherschlichtungsstelle auch insoweit Empfangsbevollmächtigte nach § 164 Abs. 3 BGB wäre. Nach der Logik des VSBG endet das Schlichtungsverfahren mit der Annahme oder mit der (auch nur einseitigen) Ablehnung des Vorschlags. Eine Weiterführung des Verfahrens ist also nicht vorgesehen, sodass es ohne Regelung in der Verfahrensordnung (→ Rn. 65) an der **gesetzlichen Empfangsvollmacht fehlt**. Allerdings sollte die Schlichtungsstelle das neue Angebot der anderen Seite zuleiten, wozu sie aufgrund vertraglicher Nebenpflichten auch verpflichtet sein dürfte. Damit (erst) geht das neue Angebot der anderen Seite im Rechtssinne zu und kann zu einer bilateralen Einigung führen.

65   Wenn das VSBG auch die Schlichtungsaktivität der Schlichtungsstelle mit der Übersendung des Schlichtungsvorschlags für beendet hält, schließt das nicht aus, dass die Stelle **freiwillig** die **Nachverhandlung** unterstützt bzw. leitet. Das kann mit Blick auf Erfolgsstatistiken auch in ihrem Interesse sein. Der Streitmittler ist hierzu befugt, auch wenn die Verfahrensordnung dazu schweigt. Enthält die Verfahrensordnung solche Regelungen, ist die Verbraucherschlichtungsstelle in dem geregelten Rahmen auch Empfangsbevollmächtigte mit der Folge, dass bei ihr eingehende Erklärungen (bereits) wirksam sind. Ob die Verfahrensordnung hierzu Regelungen enthalten sollte, könnte fraglich sein. Einerseits könnte man erwägen, besser nicht (unnötig) zu Nachverhandlungen zu untergeordneten Punkten einzuladen, die anderenfalls akzeptiert worden wären. Andererseits könnte man im qualitativen Sinne Wert darauf legen, alle Möglichkeiten zu nutzen, volle Akzeptanz herzustellen.

66   Will die Verbraucherschlichtungsstelle in Nachverhandlungen nicht eingebunden werden, kann es sich anbieten, dies in der Verfahrensordnung klarzustellen. Anderenfalls sollte ggf. das neue Angebot mit dem Hinweis übersandt werden, dass die Verhandlungen nur unter den Parteien fortgesetzt werden können; hierüber sollte auch die andere Partei (die das neue Angebot unterbreitet hat) unterrichtet werden.

6. Materiellrechtliche Einordnung der Einigung

67   Sieht der Vorschlag ein gewisses Maß an gegenseitigem Nachgeben vor, handelt es sich um einen Vergleich im Sinne von § 779 BGB;[25] hierzu genügt ein geringfügiges Abweichen von der Ausgangsposition der Parteien, weshalb es sich auch dann um einen Vergleich handelt, wenn der Vorschlag zB nur zu einer Nebenforderung (Zinsen,

---

[25] Vgl. MüKoBGB/*Habersack* § 779 Rn. 26 BGB mwN.

Kosten) und sei es auch nur teilweise hinter der Forderung des Verbrauchers zurückbleibt. Entspricht der Vorschlag ganz der Forderung des Verbrauchers, führt die Annahme zu einem Schuldanerkenntnis; rechtlich handelt es sich entweder um ein konstitutives Schuldanerkenntnis nach § 781 BGB oder um ein im BGB nicht geregeltes deklaratorisches.[26] Sieht der Vorschlag vor, dass der Verbraucher nichts bekommt, kann es sich um einen Erlassvertrag im Sinne von § 397 BGB handeln.

Die Unterscheidung dieser Vertragstypen ist rechtlich nur insoweit von Bedeutung, als **68** § 781 BGB für ein konstitutives Schuldanerkenntnis Schriftlichkeit verlangt (→ Rn. 62).

VII. Wirksamkeit des Vergleichs

1. Anfechtbarkeit und Nichtigkeitsgründe

Der Vergleich ist wie jeder Vertrag nach §§ 119 ff. BGB anfechtbar und es finden die **69** Regelungen zur Nichtigkeit nach §§ 134, 138 BGB Anwendung. Ferner ist nach der besonderen Regelung in § 779 BGB ein Vergleich dann unwirksam, wenn der „... als feststehend zugrunde gelegte Sachverhalt der Wirklichkeit nicht entspricht und der Streit oder die Ungewissheit bei Kenntnis der Sachlage nicht entstanden sein würde." Hiermit ist allerdings nicht ein Einfallstor geschaffen, geschlossene Vergleiche wieder in Frage zu stellen. Denn diese Vorschrift wird in der Praxis eng ausgelegt und kommt im Wesentlichen nur in Konstellationen klaren beidseitigen Irrtums über wesentliche Tatsachen[27] in Betracht.[28]

2. Keine Bindung an halbzwingendes Verbraucherschutzecht

Der dem Schlichtungsvorschlag entsprechende **Vergleich ist nicht an die halbzwin- 70 genden Regeln des Verbraucherschutzes** gebunden.[29] Er ist vielmehr auch dann wirksam, wenn er zu Lasten des Verbrauchers von den verbraucherschützenden Normen etwa der § 362 Abs. 2, § 475 Abs. 1 S. 2, § 487 S. 1, § 511 S. 1 BGB abweicht. Zwar könnte man im Ansatz erwägen, die Rechtsfolge solcher halbzwingender Normen, also die Unwirksamkeit der Abweichung zu Lasten des Verbrauchers, auf die Phase nach dem primärem Vertragsschluss auszudehnen.[30] Hierzu muss aber der Schutzzweck der Normen und das Spannungsverhältnis zur Privatautonomie im Kontext mit dem Gesamtkonzept staatlicher Lauterkeitskontrolle in den Blick genommen werden.

Die verbraucherschützenden Regelungen des halbzwingenden Rechts tragen vor al- **71** lem der **strukturellen Überlegenheit** des Unternehmers Rechnung. Dieser verfügt als „repeat player" in der Regel[31] über größere Ressourcen an Erfahrung und (bezahlter) Expertise, um die Rechtslage zu durchdringen und in seinem Sinne zu gestalten. Wenn das Gesetz also dem Grundgedanken der Privatautonomie folgend Abweichungen vom

---

[26] Vgl. Palandt/*Sprau* BGB § 781 Rn. 1 ff.

[27] Erfasst sind uU auch Rechtsfragen, wobei die Einzelheiten streitig sind; vgl. Palandt/*Sprau* BGB § 779 Rn. 14 BGB.

[28] Vgl. Palandt/*Sprau* BGB § 779 Rn. 15.

[29] So auch *Pelzer* ZKM 2015, 43 (45) mwN; MüKoBGB/*Franzen* § 487 Rn. 4 für diese Vorschrift; Staudinger/*Thüsing* BGB § 321i Rn. 12 für diese Vorschrift (jetzt § 312k BGB); Schmidt-Kessel/*Schmidt-Kessel*, S. 16 ff. für die Ebene des Europäischen Rechts.

[30] So MüKoBGB/*Habersack* , Rn. 11 zu § 779 BGB mwN; Palandt/*Sprau* BGB § 779 Rn. 6; einschränkend (keine Bindung bei ernsthaften Zweifeln zur Rechtslage) *Roth* JZ 2013, 637 (642).

[31] Es gibt freilich Ausnahmen etwa kleiner, unerfahrener Unternehmen oder nachfragedominierter Märkte; dem Gesetz liegt indessen (notwendig) eine vertypte Sichtweise zugrunde.

gesetzten, interessenbalancierten Recht (ohne weiteres) zuließe, müsste der Verbraucher entweder mit entsprechendem Ressourceneinsatz gegenzuhalten versuchen, ohne freilich Aussicht auf Durchsetzbarkeit zu haben, oder sich von vornherein in die gegenüber der Gesetzeslage geschwächte Position begeben. Der Ansatz des halbzwingenden Rechts erlaubt es dem Verbraucher also, den Vertrag so wie vom Unternehmer vorgegeben in der Gewissheit abzuschließen, dass ihm damit wesentlich Rechte nicht abgeschnitten werden können. In der **Phase nach Vertragsschluss** hat dieser Schutzgedanke dann noch Berechtigung, wenn die strukturelle Überlegenheit des Unternehmers fortwirkt. Wenn also dem Verbraucher, der eine mangelhafte Kaufsache zurückgeben (wandeln) will, im Laden oder im Internet nur ein Warengutschein angeboten wird und er sich darauf einlässt, dann ist der Vertrag nach § 487 BGB unwirksam mit der Folge, dass der Verbraucher seinen Anspruch auf Nachbesserung oder -lieferung und ggf. auf Wandelung nicht verliert. Entsprechendes mag in allen Situationen direkter nicht drittunterstützter Verhandlungen gelten.

72   In der Schlichtungssituation zumindest in der nach dem VSBG aber ist der strukturellen Überlegenheit des Unternehmens systemisch ausreichend entgegen gewirkt. Der Streitmittler ist neutral und unabhängig und hat bei der Entwicklung des Schlichtungsvorschlags die Rechtslage im Blick (→ Rn. 20 ff.). Die Parteien erfahren die Rechtslage und nehmen Kenntnis von den Erwägungen, die den Streitmittler ggf. zu einem hiervon abweichenden Vorschlag bewogen haben. Sie handeln vollinformiert, ohne Zwang und mit ausreichender Überlegungsfrist. Wollte das Gesetz bzw. wollte man das Gesetz dahin auslegen, dass in einer solchen Konstellation halbzwingendes Recht auch gegen den Willen des Verbrauchers eingehalten werden müsse, müsste man nach einer Rechtfertigung dieses Eingriffs in die auch grundgesetzlich (Art. 1 und 2 Grundgesetz) geschützte Privatautonomie suchen. Dies kann schon deshalb nicht gelingen, weil das Recht letztlich selbst auf die Durchsetzung der von ihm normierten Ansprüche verzichtet. Die zivilrechtliche Konstruktion des Lauterkeitsanreizes setzt auf die **Privatautonomie**, räumt dem Verbraucher also zwar Rechte ein, überlässt die Geltendmachung aber ihm. Wenn der Verbraucher also Ansprüche verjähren lassen, im untechnischen[32] Sinne also auf sie verzichten kann, ist nicht nachvollzieh- oder begründbar, weshalb er an der teilweisen oder modifizierten Durchsetzung gehindert werden soll. Wollte der Gesetzgeber die (volle) Rechtsdurchsetzung nicht dem betroffenen Verbraucher überlassen, müsste er einen überindividuellen Lauterkeitsanreiz durch behördliche Kontroll- und Eingriffsbefugnisse, durch eine (verbesserte) Verbandsklage und/oder durch das Angebot von Sammelklagen schaffen. Wenn das Gesetz demgegenüber auf privatautonome Durchsetzung setzt, ist er an deren innere Logik auch gebunden.

73   Zur Stützung dieses Gedankens muss man nicht notwendig eine strukturelle Überlegenheit konsensualer Streitlösung gegenüber dem gerichtlichen Klärungsprogramm behaupten, wie manche dies aus einer Entscheidung des Bundesverfassungsgerichts (BVerfG) aus dem Jahre 2007 liest. Führe die Schlichtung – so das BVerfG in einer vielbeachteten Beschluss zu einem Landesgesetz zu § 15a EGZPO (→ Rn. 84 f.) – „zu Lösungen, die so in der Rechtsordnung nicht vorgesehen sind, die von den Betroffenen aber – wie ihr Konsens zeigt – als gerecht empfunden werden, dann deutet … dies auf eine befriedende Bewältigung des Konflikts hin. Eine zunächst streitige Problemlage durch eine einverständliche Lösung zu bewältigen, ist auch in einem Rechtsstaat grundsätzlich vorzugswürdig gegenüber einer richterlichen Streitentscheidung."[33] Man kann diesen Erwägungen in ihrer Allgemeinheit entgegenhalten, damit sei das richter-

---

[32] Ein Verzicht im rechtlichen Sinne freilich wäre entspr. dem og Schutzgedanken unwirksam.
[33] BVerfG Beschl. v. 14.2.2007 – 1 BvR 1351/0, NJW-RR 2007, 1073.

liche Streitlösungsprogramm zu eng beschrieben (→ Rn. 29) und – was in diesem Zusammenhang allein relevant ist –, dass nicht aus dem Konsens allein auf Befriedung zu schließen sei, komme es doch auch auf die Qualität des zum Konsens führenden Verfahrens an, zum Beispiel auf seine Eignung, eine etwaige strukturelle Überlegenheit auszugleichen. Das BVerfG hatte allerdings keinen Anlass, an der Qualität der nach Landesrecht anerkannten Gütestelle zu zweifeln. Dieses Qualitätsvertrauen gilt aber für den Schlichtungsvorschlag des Streitmittlers nach § 19 VSBG auch und angesichts der weitgehenden Schutzregeln des VSBG zur Neutralität (§ 5 VSBG), Transparenz (§ 16), Informiertheit zum Schlichtungsvorschlag (§ 19 Abs. 1 S. 3, Abs. 3 Sätze 1 und 2) und seiner Reflektierbarkeit (Annahmefrist nach § 19 Abs. 3 S. 3) genau besehen erst recht.

In diesem Sinne ist für die Ebene des Europäischen Rechts der Gedanke entwickelt **74** worden, der **Schlichtungszweck überlagere den Verbraucherschutzzweck**, die ADR-Richtlinie reduziere den Anwendungsanspruch zwingenden Verbraucherrechts.[34] Dem mag man entgegenhalten, damit werde die Schlichtung zum Selbstzweck erhoben oder auch (nur), damit werde der Schlichtung eine zu große Verantwortung übertragen. Dennoch kann und muss man in gewisser Weise den Gedanken in dem Sinne für das deutsche Recht fruchtbar machen, dass das VSBG-gemäße **Prinzip der informierten Autonomie**[35] den **Schutzzweck halbzwingenden Rechts bereits strukturell erfüllt**.

VIII. Sonderfall Bindung des Unternehmens

Das VSGB lässt es zu, dass der Unternehmer sich bereits vorab an den Schlichtungs- **75** vorschlag bindet. Dies wird in § 19 Abs. 4 VSBG vorausgesetzt und ergibt sich im Gegenschluss aus § 5 Abs. 2 VSBG, der es der Verbraucherschlichtungsstelle verbietet, Verfahren vorzusehen, in denen Verbraucher an das Ergebnis gebunden sind.

Die Bindung des Unternehmens kann sich zum einen aus **Satzungsrecht** ergeben, also **76** aus den Statuten des Trägervereins, denen der Unternehmer sich durch den Vereinsbeitritt unterwirft. Die Bindung kann sich ferner durch eine **einzelfallbezogene Vereinbarung** zwischen Verbraucherschlichtungsstelle und Unternehmen ergeben. Einer Zustimmung des Verbrauchers bedarf es in beiden Fällen nicht, da für ihn die Bindung des Unternehmens nicht nachteilig sein kann, die Bindung insbesondere ihn selbst nicht treffen kann. Allerdings sollte er im Sinne von Transparenz über diesen Umstand informiert werden. Ferner kann die Bindung durch **Vertrag zwischen Verbraucher und Unternehmer** auch dann herbeigeführt werden, wenn die Verbraucherschlichtungsstelle nicht zustimmt oder nicht einmal davon weiß. Soweit Haftungsaspekte dagegen sprechen könnten, ist zu bedenken, dass die Schlichtungsstelle zumindest für den Fall eines einseitig bindenden Schlichtungsvorschlags die Haftung gegenüber dem Unternehmen begrenzen kann (→ § 5 Rn. 238).

Die **Möglichkeit (einseitiger) Teilnahmebindung** des Unternehmens setzt das Gesetz **77** an verschiedenen Stellen voraus (§ 6 Abs. 3 Nr. 1, § 23 Abs. 2, § 30 Abs. 4, § 31 Abs. 1, § 36 Abs. 1 Nr. 1, Nr. 2, § 37 Abs. 1 VSBG) und erläutert in § 15 Abs. 2 VSBG auch die möglichen Rechtsquellen der Teilnahmepflicht mit „Rechtsvorschriften, Satzungen oder vertraglich(en) Abreden". Gesetzlich ist die Teilnahmepflicht in § 111b Energiewirtschaftsgesetz vorgesehen, eine immerhin indirekte in § 57a Abs. 1 Luftfahrtgesetz iVm § 13 Abs. 2 LuftSchlichtV. Nach der Satzung können Teilnahmepflicht und Bindungswirkung derart verkoppelt sein, dass das Unternehmen einen bindenden Vor-

---

[34] Schmidt-Kessel/*Schmidt-Kessel*, S. 17 f.
[35] Begriff geprägt von *Niewisch-Lennartz* ZKM 2015, 136 (139).

schlag nicht durch Beendigung des Verfahrens verhindern kann. So ist etwa das Verfahren beim Versicherungsombudsmann bei Streitwerten bis 10.000 EUR ausgestaltet.[36] Möglich ist aber auch die Kombination zwischen bindendem Vorschlag und vorzeitiger Beendigungsmöglichkeit auch seitens des Unternehmens, wobei die Einzelheiten klug ausgestaltet werden sollten, um nicht Fehlanreize zur taktischen Flucht vor der Bindungswirkung zu setzen und eine auch im Sinne von § 307 Abs. 1 S. 2 BGB hinreichend klare und verständliche Regelung zu schaffen. Mit der **Bindung an den Schlichtungsvorschlag** dürfte regelmäßig die ebenfalls einseitige **Pflicht zur Durchführung des Verfahrens** verbunden sein. Andernfalls könnte der Unternehmer sich der Vorschlagsbindung durch Beendigung des Verfahrens entziehen, im Extremfall nach Erhalt des Vorschlags vor Zustimmung des Verbrauchers, die dann ins Leere ginge.

78   Der vom Verbraucher angenommene, den Unternehmer einseitig bindende Vorschlag führt zu einem **Vertrag**, dessen juristische Einordnung nicht eindeutig erscheint. Zum einen könnte man für den Hauptfall des gegenseitigen „Nachgebens", also dem Zurückbleiben des Vorschlags hinter den (beiden) Maximalvorstellungen, einen Vergleich im Sinne von § 779 BGB annehmen, mit der Besonderheit, dass die Zustimmungserklärung des Unternehmers vorab gegeben wird. Da eine solche Erklärung notwendig abstrakt auf etwas zukünftiges, noch unbekanntes gerichtet ist, handelt es sich aus Sicht des Unternehmers eher um einen Verfahrens- denn um einen materiellrechtlichen Vertrag. Insoweit liegt die Parallele zu einem Schiedsvertrag nach §§ 1025 ff. ZPO nahe oder an die Bindung an Leistungsbestimmung durch Dritte, in der Regel an ein Sachverständigengutachten nach § 317 BGB nahe.

79   Anwendbar sind diese Normen freilich nicht,[37] weil sie eine beiderseitige (Verfahrens-) Bindung voraussetzen. Auch eine entsprechende Anwendung von Vorschriften wie etwa die beschränkte Überprüfung des Ergebnisses durch die staatliche Gerichtsbarkeit (§ 319 Abs. 1 S. 2 BGB, §§ 1059 f. ZPO) kommt nicht in Betracht. Dies würde mit der Vorgabe der Außergerichtlichkeit in der ADR-Richtlinie (→ § 1 Rn. 10 ff,) nicht übereinstimmen und auch den Geboten der Beschleunigung und möglicherweise auch der Kostenfreiheit des Verbrauchers widersprechen. Hätte der Gesetzgeber des VSBG eine gerichtliche Prüfung des einseitig bindenden Schlichtungsvorschlags oder die Anwendung sonstiger Regelungen der §§ 1025 ff. ZPO gewollt, wäre eine ausdrückliche Regelung zu erwarten gewesen.

80   Fazit: handelt sich bei der durch die Annahme des einseitig bindenden Schlichtungsvorschlags zustande kommenden Einigung um einen **Vertrag sui generis**, auf den die allgemeinen Regelungen des BGB ohne Berücksichtigung der Sonderregelungen insbesondere in §§ 1025 ff. ZPO Anwendung finden.

IX. Durchsetzung/Vollstreckung

81   Der durch Annahme des Vorschlags zustande gekommene Vergleich ist kein Titel, aus ihm kann also nicht vollstreckt werden. Entsprechendes gilt auch für die in einer anderen Verfahrensart einschließlich der Mediation getroffene Einigung und auch für den Fall des Anerkenntnisses. Beim Verzicht stellt sich die Frage nicht, weil es nichts durchzusetzen gilt.

82   Etwas anderes gilt dann, wenn die Verbraucherschlichtungsstelle eine nach Landesrecht anerkannte Gütestelle im Sinne von § 794 ZPO ist. Ob das möglich ist, ergibt

---

[36] http://www.versicherungsombudsmann.de.
[37] So hinsichtlich § 1025 ff. ZPO auch Greger/Unberath/Steffek/*Greger* D Rn. 12.

sich aus dem einschlägigen Landesrecht.[38] Daneben hat die Verbraucherschlichtungsstelle weitere Möglichkeiten, die Parteien bei der Schaffung eines Titels zu unterstützen,[39] dies dürfte aber nur im Ausnahmefall sinnvoll und ökonomisch sein.

Wenn der aus der Einigung oder dem Anerkenntnis Verpflichtete nicht freiwillig leistet, könnte man auch an die Fortsetzung der VSBG-ADR oder an die Möglichkeit eines neuen Verfahrens denken. Allerdings zeigt der Ablehnungsgrund nach § 14 Abs. 1 Nr. 3 Buchst. c VSBG, dass das Gesetz nicht für beigelegte Streitigkeiten gilt. Nun mag man die Beilegung erst nach Erfüllung des Vereinbarten annehmen, in aller Regel wird aber die erneute Schlichtung kaum sinnvoll sein. Letztlich bleibt dem Berechtigten nichts anderes als **Klage vor einem staatlichen Gericht.** Wenn keine Zweifel an der Wirksamkeit des Vergleichs bzw. des Anerkenntnisses bestehen, wird dies allerdings einfach und schnell zum Titel führen. möglicherweise bietet sich das (einfachere) Urkundsverfahren nach §§ 592 ff. ZPO an, in dem in der Regel die Vorlage der Mitteilung der Schlichtungsstelle über den Ausgang des Verfahrens genügen sollte. Wenn es nur um Geldleistungen geht, kann ferner das Mahnverfahren nach §§ 688 ff. ZPO genutzt werden. **83**

X. Prozessvoraussetzung nach § 15a EGZPO

Derzeit noch elf Bundesländer[40] haben von der Befugnis Gebrauch gemacht, für Klagen aus bestimmten Rechtsmaterien die Zulässigkeit der Klage von dem Versuch der außergerichtlichen Einigung vor einer durch Landesrecht eingerichteten oder anerkannten Gütestelle abhängig zu machen („obligatorisches Güteverfahren").[41] Von den betroffenen Rechtsmaterien kann im Verbraucherstreit das Allgemeine Gleichbehandlungsgesetz (AGG) einschlägig sein (§ 15a Abs. 1 S. 1 Nr. 4 EGZPO iVm Landesrecht), wenn der Verbraucher sich etwa auf Diskriminierung stützt. Eher seltener werden auch Ansprüche aus Ehrverletzung in Betracht kommen (§ 15a Abs. 1 S. 1 Nr. 3 EGZPO). Die weitere Fallgruppe des Nachbarrechts (§ 15a Abs. 1 S. 1 Nr. 2 EGZPO) ist nicht praxisrelevant, der streitwertbezogene Ansatz (bis 750 EUR nach § 15a Abs. 1 S. 1 Nr. 1 EGZPO) ist von Landesrecht derzeit nicht mehr umgesetzt. **84**

Durch Art. 4 des Rahmengesetzes, der § 15a Abs. 3 S. 2 EGZPO ändert, ist klargestellt, dass die „Anrufung" der Verbraucherschlichtungsstelle den Voraussetzungen der Obligatorik genügt.[42] Zudem ist die Verbraucherschlichtungsstelle gem. § 21 Abs. 2 VSBG verpflichtet, für den Fall des Scheiterns der VSBG-ADR eine Erfolglosigkeitsbescheinigung auszustellen, die den Anforderungen des § 15a EGZPO entspricht. **85**

---

[38] Übersicht über die Landesnormen bei Thomas/Putzo/*Hüßtege* ZPO § 15a Rn. 9 EGZPO.
[39] Vgl. *Röthemeyer* Mediation, Rn. 304 ff.
[40] Das betreffende baden-württembergische Gesetz ist unterdessen aufgehoben worden.
[41] Vgl. Thomas/Putzo/*Hüßtege* ZPO § 15a Rn. 9 EGZPO.
[42] Näheres zur gesetzlichen Konstruktion bei HK-VSBG/*Röthemeyer* Art. 4 (§ 15a EGZPO) Rn. 2.

§ 7 Informationspflichten der Unternehmer

Unternehmer müssen unter bestimmten Voraussetzungen Verbraucher über ihre Be- **1**
reitschaft oder Verpflichtung zur Teilnahme an einer außergerichtlichen Streitbeilegung
sowie über die für sie zuständigen Verbraucherschlichtungsstellen informieren. Die
diesbezüglichen Pflichten aus Art. 13 der ADR-Richtlinie und **§§ 36 und 37 VSBG** ergänzen die Informationspflichten bei Fernabsatzverträgen und Haustürgeschäften, die
in der Verbraucherrechte-Richtlinie (RL 2011/83/EU) und § 312d Abs. 1 BGB iVm
Art. 246a § 1 Nr. 16 EGBGB geregelt sind. Für Unternehmer, die über eine Webseite
oder in sonstiger elektronischer Form Kauf- und Dienstleistungsverträge mit Verbrauchern („Online-Kaufverträge" und „Online-Dienstleistungsverträge" gemäß der Ter-
minologie der ODR-Verordnung) abschließen, sowie für Online-Marktplätze gelten zusätzliche Informationspflichten nach **Art. 14 der ODR-VO.** Darüber hinaus bestehen
für einzelne Branchen wie beispielsweise Anbieter von Wohn- und Betreuungsleistungen, Telekommunikationsunternehmen, Versicherungen und Strom- und Gasversorgungsunternehmen besondere Regelungen.

Mit der Information der Verbraucher soll zum einen erreicht werden, dass diese im **2**
Streitfall rasch erkennen können, ob eine Schlichtung in Betracht kommt und an wel-
che Stelle sie sich wenden müssen.[1] Zum anderen geht mit der Informationspflicht die
Erwartung einher, dass sich die Bereitschaft, an einer Schlichtung teilzunehmen, zu ei-
nem absatzfördernden Qualitätsmerkmal und Marketingaspekt entwickelt und sich die
Unternehmer stärker als bisher für die außergerichtliche Streitbeilegung öffnen.

Der Gesetzgeber unterscheidet zwischen vorvertraglichen[2] (§ 36 VSBG) und den im **3**
Streitfall entstehenden Informationspflichten (§ 37 VSBG). Die **Informationspflichten** gelten nach Art. 24 des ADR-Richtlinien-Umsetzungsgesetzes erst **ab dem 1. Februar 2017.**

I. Vorvertragliche Information

Unternehmer, die eine Webseite unterhalten oder Allgemeine Geschäftsbedingungen **4**
verwenden, sind nach § 36 VSBG ab dem 1. Februar 2017 grundsätzlich verpflichtet, über
ihre Bereitschaft oder Verpflichtung zur Teilnahme an einem Streitbeilegungsverfahren
vor einer Verbraucherschlichtungsstelle vorvertraglich zu informieren. Die Informationspflicht ist unionsrechtlich in Art. 13 Abs. 1 und 2 der ADR-Richtlinie verankert.

1. Persönlicher Anwendungsbereich und Kleinbetriebsklausel

Die vorvertragliche Informationspflicht trifft Unternehmer im Sinne von § 14 BGB, **5**
die ihre Leistungen Verbrauchern anbieten. Sie gilt auch für im Ausland niedergelassene
Unternehmer, wenn sie ihr Angebot auf Deutschland ausrichten.[3] Nicht erfasst sind
ausschließlich im b2b-Bereich anbietende Unternehmer.[4]

Nach Sinn und Zweck der Vorschrift beschränkt sich die Informationspflicht auf Un- **6**
ternehmer, die Verbraucherverträge abschließen, bei denen aufgrund des Vertrags-

---

[1] Vgl. EG 47 der ADR-Richtlinie.

[2] Auch zusammen mit den AGB zu erteilende Informationen werden hier der Einfachheit halber als
vorvertraglich bezeichnet, wenngleich man sie auch als Vertragsinformationen ansehen kann.

[3] Siehe auch VO (EG) Nr. 2006/2004 über die Zusammenarbeit im Verbraucherschutz, Anhang Nr. 20.

[4] Borowski/Röthemeyer/Steike/*Steike* § 36 Rn. 3.

gegenstandes eine Verbraucherschlichtung nach dem VSBG denkbar ist bzw. nicht von Gesetzes wegen ausgeschlossen ist. Entsprechend § 4 Abs. 1 VSBG besteht damit bei arbeitsvertraglichen Streitigkeiten keine Informationspflicht nach § 36 VSBG (und auch nicht nach § 37 VSBG), obwohl sie unter den Begriff des Verbrauchervertrages nach § 310 Abs. 3 BGB fallen.[5] Auf die Entgeltlichkeit kommt es dagegen nicht an. Nicht eindeutig ist, ob sich die Informationspflicht auch auf die nach § 4 Abs. 1 S. 1 Nr. 1 VSBG optionalen, von der ADR-Richtlinie ausgenommenen Vertragsgegenstände (zB Gesundheitsdienstleistungen) erstreckt. Sinnvoller Weise wird man von einem Unternehmer, der Gesundheitsdienstleistungen oder nichtwirtschaftliche Dienstleistungen von allgemeinem Interesse erbringt, eine Erklärung zur Teilnahme an einer Verbraucherschlichtung nur unter der Voraussetzung verlangen können, dass ein solches Angebot überhaupt besteht. Denn nur dann ist auch die Verpflichtung zur Angabe der zuständigen Schlichtungsstelle erfüllbar. Allerdings ist dies nicht frei von praktischen Schwierigkeiten, da die vom Bundesamt für Justiz nach § 33 VSBG veröffentlichte Liste der anerkannten Verbraucherschlichtungsstellen zum Teil unklare Angaben zur Zuständigkeit der Stellen enthält.[6] Auch ist die Abgrenzung zwischen nichtwirtschaftlichen und wirtschaftlichen Dienstleistungen keineswegs trennscharf. Daher ist im Zweifel zur Vermeidung von Abmahnungen eher zur Bereitstellung der Informationen nach § 36 VSBG zu raten.

7 Voraussetzung ist weiter, dass der Unternehmer eine Webseite unterhält oder Allgemeine Geschäftsbedingungen verwendet. Der Grund für diese Beschränkung dürfte darin liegen, dass die Informationen am einfachsten und zugleich wirkungsvollsten über eine Webseite oder in den AGB mitgeteilt werden[7] und eine Belastung der Unternehmer mit einem zusätzlichen Informationsträger wie beispielsweise einem Merkblatt dem Gesetzgeber nicht sinnvoll erschien.

8 Die im Referentenentwurf noch nicht enthaltene **Kleinbetriebsklausel** des § 36 Abs. 3 VSBG nimmt Unternehmer mit zehn oder weniger beschäftigten Personen von der Informationspflicht nach § 36 Abs. 1 Nr. 1 aus. Kleinbetriebe müssen damit lediglich dann, wenn sie zur Teilnahme an der Schlichtung verpflichtet sind, gemäß § 36 Abs. 1 Nr. 2 VSBG über ihre Webseite oder in ihren AGB über die zuständige Verbraucherschlichtungsstelle informieren. Die Kleinbetriebsklausel befreit allerdings Unternehmer, die einen Vertragsschluss über ihre Webseite oder auf elektronischem Weg ermöglichen, nicht von der zusätzlichen Verpflichtung, gemäß Art. 14 der ODR-Verordnung auf ihrer Webseite einen Link auf die OS-Plattform einzustellen (zu den weiteren Pflichten s. unten → Rn. 17).

9 Da nach der Gesetzesbegründung bei der Anwendung der Kleinbetriebsklausel die Kopfzahl der Beschäftigten maßgeblich ist, sind auch Teilzeitbeschäftigte voll zu berücksichtigen. Nicht eindeutig ist, welche Personen als „beschäftigt" anzusehen sind. Denkbar wäre, lediglich auf die sozialversicherungsrechtliche Definition der „Beschäftigung" in § 7 SGB IV abzustellen und selbständige, freie Mitarbeiter auszuschließen. Da der Privilegierung von Kleinbetrieben der Gedanke der wirtschaftlichen Zumutbarkeit und Verhältnismäßigkeit zugrunde liegt, erscheint im vorliegenden Fall eine wirtschaftliche Betrachtung angezeigt. Freie Mitarbeiter sind daher nicht generell auszunehmen, da sie erheblich zum Umsatz des Unternehmers beitragen können.[8] Stattdessen sind im Ergebnis sowohl die Beschäftigten im sozialversicherungsrechtlichen

---

[5] Borowski/Röthemeyer/Steike/*Steike* § 37 Rn. 3.

[6] So findet sich bspw. bei der Allgemeinen Verbraucherschlichtungsstelle unter der Rubrik „Gesundheit" neben einzeln aufgeführten Vertragsgegenständen die Angabe „andere" (Stand 9. Mai 2016).

[7] Die Gesetzesbegründung spricht insoweit von „praktischen Gründen", BR-Drs. 258/15, 92.

[8] So auch Borowski/Röthemeyer/Steike/*Steike* § 36 Rn. 16.

Sinne (einschließlich der Auszubildenden) als auch Personen, die über einen längeren Zeitraum und wiederholt umsatzrelevante Leistungen für den Unternehmer erbringen,[9] bei der Berechnung der Beschäftigtenzahl zu berücksichtigen. Konsequenter Weise sind damit bei inhabergeführten Unternehmen auch die Inhaber, beispielsweise die Mitgesellschafter einer GbR, auf die Zahl der Beschäftigten anzurechnen.

Maßgeblicher Stichtag für die Beschäftigtenzahl ist der 31. Dezember des Vorjahres. **10**

2. Inhalt und Form der Information nach § 36 VSBG

Nach § 36 Abs. 1 Nr. 1 VSBG muss der Unternehmer darüber informieren, inwieweit **11** er **bereit oder verpflichtet** ist, an Streitbeilegungsverfahren vor einer Verbraucherschlichtungsstelle **teilzunehmen**. Eine Verpflichtung zur Teilnahme kann entsprechend § 15 Abs. 2 VSBG auf Grund gesetzlicher Regelungen (zB § 111b EnWG), einer Regelung in der Satzung der Schlichtungsstelle oder sonstiger vertraglicher Abreden mit der Schlichtungsstelle bestehen. Wenn eine derartige Verpflichtung besteht, ist diese auch als solche kenntlich zu machen.

Besteht keine derartige Verpflichtung, muss sich der Unternehmer entscheiden, ob er **12** zur Schlichtung bereit ist, und diese Entscheidung öffentlich machen. Nicht eindeutig ist dabei, ob der Unternehmer seine grundsätzliche Bereitschaft zur Schlichtung einschränken oder unter einen Vorbehalt stellen kann. Einerseits spricht die vom Gesetzgeber in Abweichung vom Referentenentwurf gewählte Konjunktion „inwieweit" für eine derartige Auslegung, andererseits gehen differenzierende Erklärungen zu Lasten der Klarheit und Verständlichkeit, die § 36 Abs. 1 Nr. 1 VSBG von der Erklärung des Unternehmers verlangt. Auch war es Ziel des Gesetzgebers, Transparenz darüber herzustellen, welche Unternehmer sich der Schlichtung verweigern.[10] Mit Blick auf das verbraucherpolitische Ziel, die Schlichtung für Unternehmer und Verbraucher attraktiv zu machen, erscheint es vorzugswürdig, den Unternehmern entgegenzukommen und **differenzierende Erklärungen** zuzulassen, solange sie hinreichend klar und verständlich sind. Allerdings ist hier wegen der Gefahr von Abmahnungen nach dem UKlaG und dem UWG große Sorgfalt geboten, was vor allem für die anwaltliche Beratung wichtig ist.

Denkbar erschiene beispielsweise eine Beschränkung auf bestimmte Streitwerte,[11] **13** während eine Beschränkung auf einzelne Streitgründe wie beispielsweise die Mangelhaftigkeit der Leistung für den Verbraucher jedoch mit erheblicher Unsicherheit verbunden wäre und daher kritisch zu sehen ist.[12] Nicht zulässig wäre es, wenn der Unternehmer die Entscheidung über die Bereitschaft zur Schlichtung ausdrücklich offen lässt, da damit das Informationsziel nicht erreicht würde.[13] Schwierig gestaltet sich die Situation, wenn der Unternehmer zu einer Schlichtung vor einer Stelle bereit ist, die jedoch nicht nach dem VSBG als Verbraucherschlichtungsstelle anerkannt ist. Hier sollte deutlich darauf hingewiesen werden, dass es sich bei der Schlichtungsstelle nicht um eine nach dem VSBG anerkannte Verbraucherschlichtungsstelle handelt,[14] und zusätz-

---

[9] ZB als Selbständige anerkannte Dozenten einer Sprachschule, vgl. LSG Baden-Württemberg vom 21.10.2014 – L 11 R 4761/13, BeckRS 2015, 65242.

[10] BR-Drs. 258/15, 92; kritisch zur Prangerwirkung der Regelung Borowski/Röthemeyer/Steike/Steike § 36 Rn. 8.

[11] So auch *Greger* MDR 2016, 365 (368).

[12] AA offenbar Greger/Unberath/Steffek/*Greger* § 36 VSBG Rn. 7.

[13] IdS wohl auch Borowski/Röthemeyer/Steike/*Steike* § 36 Rn. 10.

[14] Kritisch zu sehen daher der Formulierungsvorschlag von Greger/Unberath/Steffek/*Greger* § 36 VSBG Rn. 7.

lich erklärt werden, ob darüber hinaus die Bereitschaft zur Schlichtung vor einer Verbraucherschlichtungsstelle besteht oder nicht.

14 Zu beachten ist, dass Online-Händler, die sich einem Schlichtungsverfahren unterworfen haben, auch nach Art. 246a Abs. 1 Nr. 16 EGBGB über ihre Schlichtungsbereitschaft sowie über die Zugangsvoraussetzungen informieren müssen. Keine Rolle spielt dabei, ob die Schlichtungsstelle als Verbraucherschlichtungsstelle nach dem VSBG anerkannt ist.

15 Sofern eine Verpflichtung zur Teilnahme an einer außergerichtlichen Streitbeilegung vor einer Verbraucherschlichtungsstelle besteht, muss der Unternehmer nach § 36 Abs. 1 Nr. 2 VSBG ihre **Anschrift und Webseite** angeben. Zudem muss die Erklärung enthalten sein, an einer Streitbeilegung vor dieser Stelle teilzunehmen. Diese zusätzliche Erklärung zur Teilnahme bewirkt, dass auch im Verhältnis zwischen den Parteien eine Teilnahmeverpflichtung entsteht, die ihrerseits Grundlage für Wohlverhaltenspflichten und etwaige Schadensersatzansprüche sein kann.

16 Die Informationen zur Teilnahme an der Schlichtung sowie zur zuständigen Schlichtungsstelle müssen gemäß § 36 Abs. 2 VSBG auf der **Webseite** enthalten sein und zusammen mit den **AGB** erteilt werden. Eine Informationserteilung „zusammen mit den AGB", wie der Gesetzgeber formuliert hat, erfolgt sinnvoller Weise in den AGB, kann jedoch auch gesondert geschehen. Da die meisten Unternehmer, die über eine Webseite verfügen, auch AGB verwenden, sind die in § 36 Abs. 2 VSBG genannten Kommunikationswege kumulativ zu bedienen. Die Informationen müssen nach § 36 Abs. 1 VSBG **leicht zugänglich, klar und verständlich** sein. Insoweit ist zu fordern, dass der Verbraucher spätestens im Streitfall ohne Mühe die Informationen zur Schlichtung finden kann. Sie sind daher in entsprechend bezeichneten Rubriken, unter denen der Verbraucher im Streitfall nach Informationen suchen wird, zu erteilen. Neben einer ausdrücklich mit „Schlichtung" oder „Streitbeilegung" bezeichneten Überschrift erscheinen auch Rubriken wie „Kundenbeschwerden" oder „Kundenservice" geeignet. Ob der durchschnittstypische Verbraucher Hinweise zur Schlichtung im Impressum vermutet, bedürfte einer empirischen Untersuchung. Im **Impressum** finden sich häufig rechtlich relevante Hinweise, was dafür spräche, dass ein Unternehmer die gebotenen Informationen in zulässiger Weise auch dort erteilen kann.[15] Indes ist nicht auszuschließen, dass der EuGH mit Blick auf den verbraucherpolitischen Zweck und *effet utile* der Regelung in Art. 13 der ADR-Richtlinie eine Anstoßwirkung verlangt, die bei einer Informationserteilung im Impressum zweifelhaft erscheint. Daher ist eine Platzierung der nach § 36 VSBG gebotenen Informationen lediglich im Impressum nicht empfehlenswert.

3. Zusätzliche Informationspflichten für Online-Anbieter nach der ODR-Verordnung

17 Wer als Unternehmer Online-Kaufverträge oder Online-Dienstleistungsverträge gemäß Art. 4 Abs. 1e) der ODR-Verordnung abschließt, muss außerdem auf seiner Webseite einen Link zur OS-Plattform der Europäischen Kommission einrichten und seine E-Mail Adresse angeben (Art. 14 Abs. 1 der ODR-Verordnung). Erfasst sind alle unter die Vorschrift des § 312i BGB fallenden Online-Anbieter, bei denen die Bestellung über die Webseite oder auf anderem elektronischen Weg möglich ist. Die von der Kommission betriebene Plattform ist unter der Adresse http://ec.europa.eu/consumers/odr/ zu erreichen, die in leicht zugänglicher Weise anzugeben ist. Leicht zugänglich ist die In-

---

[15] So auch die Argumentation von *Zieger/Smirra* MMR 2016, 291 (293); bejahend ebenfalls Greger/Unberath/Steffek/*Greger* § 36 VSBG Rn. 11.

formation dann, wenn sie an einem Ort und in einer Weise gegeben wird, dass der Verbraucher sie im Streitfall mühelos findet. Die weit verbreitete Praxis, den Link im **Impressum** anzugeben,[16] wird man trotz der zuvor dargelegten Bedenken als noch zulässig ansehen können, da es sich – anders als bei der Erklärung nach § 36 VSBG – lediglich um eine förmliche Information ohne eigene Rechtswirkung handelt (siehe hierzu auch oben → Rn. 16).

Unternehmer, die einen Online-Marktplatz betreiben, brauchen auf ihrer Webseite **18** lediglich einen Link zur OS-Plattform zu setzen. Gemäß der Definition in Art. 4 Abs. 1 f) der ODR-Verordnung fallen hierunter internetgestützte Verkaufsplattformen wie beispielsweise eBay, über die Unternehmer Waren und Leistungen an Verbraucher anbieten und einen Vertragsschluss im elektronischen Geschäftsverkehr vorsehen.

Die Funktion der OS-Plattform besteht vor allem darin, dass der Verbraucher über **19** sie unter Verwendung eines elektronischen Formulars seine Beschwerde bzw. seinen Schlichtungsantrag einreichen kann. Die Beschwerde wird unter Hinweis auf die in Frage kommende Verbraucherschlichtungsstelle zunächst dem Beschwerdegegner übermittelt, der aufgefordert wird, sich über seine Verpflichtung oder Bereitschaft zur Schlichtung zu erklären. Einigen sich die Parteien über die Durchführung einer außergerichtlichen Streitbeilegung und auf eine für sie zuständige Verbraucherschlichtungsstelle, wird die Beschwerde an diese weitergeleitet (zum Zeitpunkt der verjährungshemmenden Wirkung siehe oben → § 5 Rn. 103).

Ist der Online-Anbieter zur Teilnahme an der Schlichtung verpflichtet, muss er nach **20** Art. 14 Abs. 2 der ODR-Verordnung außerdem über die Existenz der OS-Plattform und die Möglichkeit ihrer Nutzung informieren. Der bloße Link zur OS-Plattform genügt nicht. Die Verpflichtung kann auf gesetzlichen Vorschriften beruhen (relevant beispielsweise für Energieversorger, die einen Online- Vertragsschluss ermöglichen) oder ihre Grundlage in einer Vereinbarung mit einer Verbraucherschlichtungsstelle oder mit dem Verbraucher selbst (antizipiert über die AGB des Unternehmers) haben. Die Information muss auf der Webseite des Unternehmers und, soweit er solche verwendet, in den Allgemeinen Geschäftsbedingungen enthalten sein. Falls das Angebot per E-Mail erfolgt, ist mit dem Angebot der Link zur OS-Plattform anzugeben. Als Angebot wird man auch eine lediglich als *invitatio ad offerendum* einzustufende Werbe-Mail ansehen können.

Auch wenn Art. 14 Abs. 2 der ODR-Verordnung dies nicht ausdrücklich anspricht, **21** müssen die Informationen leicht zugänglich sein. Da die Information über die Verpflichtung des Unternehmers zur Teilnahme an einer Schlichtung nicht nur förmlichen Charakter hat, wird man insoweit die zu § 36 VSBG entwickelten Maßstäbe anlegen können. Zudem ist Art. 14 Abs. 7 der ODR-Verordnung zu beachten, wonach die Information nach Abs. 1 und 2 möglichst gebündelt veröffentlicht werden sollen. Eine Darstellung in unterschiedlichen Rubriken ist daher zu vermeiden.

4. Spezialgesetzliche Regelungen zu Informationspflichten

Für Anbieter von Wohn- und Betreuungsleistungen nach dem WBVG sowie für **22** Strom- und Gasversorgungsunternehmen gelten spezialgesetzliche Regelungen, deren Besonderheit vor allem darin liegt, dass sie bereits seit 1. April 2016 in Kraft sind. § 6 Abs. 3 Nr. 4 VSBG verlangt, dass ein Vertrag über **Wohn- und Betreuungsleistungen** die Informationen nach § 36 Abs. 1 VSBG zur Teilnahmebereitschaft an einem Schlichtungsverfahren und ggf. zur zuständigen Verbraucherschlichtungsstelle enthalten muss.

---

[16] Siehe auch *Zieger/Smirra* MMR 2016, 291 (292 f.).

Die Pflicht gilt unabhängig davon, ob der Unternehmer eine Webseite unterhält oder AGB verwendet. Auch die Kleinbetriebsklausel findet keine Anwendung.

23   Für **Strom- und Gasversorgungsunternehmen** (sowie Messstellenbetreiber) schreibt § 111a EnWG vor, dass sie auf ihrer Webseite auf das Schlichtungsverfahren nach § 111b EnWG und ihre Verpflichtung zur Teilnahme hinweisen. Zudem müssen die Informationen zur Schlichtungsstelle und Teilnahmeverpflichtung in den Grundversorgungsverträgen nach § 2 Abs. 3 StromGVV und § 2 Abs. 3 GasGVV enthalten sein.

24   **Telekommunikationsunternehmen** müssen nach § 43a Abs. 1 Nr. 10 TKG im Vertrag über die erforderlichen Schritte zur Einleitung eines Schlichtungsverfahrens nach § 47a TKG informieren. Dies entbindet jedoch nicht von der nach § 36 Abs. 1 Nr. 1 VSBG notwendigen Erklärung zur Teilnahme an der Schlichtung.

25   Erwähnt sei außerdem die Pflicht der **Versicherungsunternehmen**, nach § 1 Abs. 1 Nr. 19 VVG-InfoV über etwaige außergerichtliche Beschwerde- und Rechtsbehelfsverfahren im Vertrag zu informieren.

5. Wirkung der Information

26   Erklärt der Unternehmer, zur Teilnahme an einer Schlichtung bereit oder verpflichtet zu sein, begründet diese Erklärung eine entsprechende, zwischen dem Unternehmer und dem Verbraucher wirkende **vertragliche Verpflichtung**, sobald sich zwischen ihnen ein Vertragsschluss anbahnt. Zwar schließt dies nach der hier vertretenen Auffassung nicht aus, dass der Unternehmer nach § 15 Abs. 2 VSBG dennoch seine Teilnahme an der Schlichtung verweigert,[17] jedoch können dem Verbraucher hieraus Schadensersatzansprüche nach § 280 BGB erwachsen.[18] Einen erstattungsfähigen Schaden können beispielsweise die durch die Beauftragung eines Rechtsanwalts entstandenen Kosten darstellen. Will der Unternehmer beispielsweiser aufgrund geänderter Verfahrens- und Entgeltbedingungen von seiner Teilnahmebereitschaft Abstand nehmen und dementsprechend die vorvertraglichen Informationen nach § 36 VSBG ändern, bleibt er in Bezug auf bereits geschlossene Verträge grundsätzlich an die Teilnahmeerklärung gebunden. Allerdings kann sich bei schwerwiegenden Änderungen der Verfahrensordnung eine Lösung von der Teilnahmeverpflichtung unter dem Gesichtspunkt der Störung der Geschäftsgrundlage nach § 313 BGB ergeben.

27   Lehnt der Unternehmer eine Schlichtung vorvertraglich ab, so ist strittig, ob sich der Verbraucher auf die **Verjährungshemmung** nach § 204 Abs. 1 Nr. 4 BGB berufen kann, wenn er dennoch einen Antrag auf Durchführung einer Schlichtung gestellt hat und dieser dem Unternehmer übermittelt wurde. Nach der hier vertretenen Auffassung kann aus dem Urteil des BGH vom 18. Oktober 2015[19] nicht der Schluss gezogen werden, dass jegliche **vorvertragliche Ablehnung** einer außergerichtlichen Streitbeilegung den Einwand des Rechtsmissbrauchs nach § 242 BGB begründet. Dem Verbraucher soll es nicht verwehrt sein, den Unternehmer entgegen seiner grundsätzlichen Ablehnung dazu zu bewegen, im Einzelfall dennoch die Möglichkeit einer einvernehmlichen Konfliktlösung zu versuchen. Eine Berufung auf die Verjährungshemmung ist daher richtiger Weise erst dann als rechtsmissbräuchlich anzusehen, wenn der Unternehmer

---

[17] Siehe auch *Greger* MDR 2016, 365 (368), der einerseits die vorvertragliche Erklärung als bindend für den Abschluss des Schlichtungsvertrags ansieht, andererseits eine Verfahrensbeendigung nach § 15 Abs. 2 VSBG für möglich hält.
[18] BR-Drs. 258/15, 91.
[19] BGH Urt. v. 18.10.2015 – IV ZR 526/14.

nach Entstehen der Streitigkeit gemäß § 37 VSBG ausdrücklich die Teilnahme an einer Schlichtung verweigert.[20]

6. Folgen fehlerhafter und fehlender Information

Fehlerhafte Informationen nach § 36 VSBG können zum einen Ansprüche des be- **28** troffenen Verbrauchers auslösen, wenn er sich auf diese verlässt und dadurch einen Schaden erleidet, zum anderen Unterlassungsansprüche von Verbraucherverbänden nach dem UKlaG sowie von Mitbewerbern nach dem UWG begründen. Auch wenn das VSBG selbst keine ordnungsrechtlichen Konsequenzen vorsieht, erscheint es nicht ausgeschlossen, dass die nach spezialgesetzlichen Vorschriften mit Aufsichtsaufgaben betrauten Behörden (zB BaFin und Bundesnetzagentur) auch über die Einhaltung der Informationspflichten nach § 36 VSBG wachen.

Als Anspruchsgrundlage für den betroffenen Verbraucher kommen §§ 280, 241, 311 **29** Abs. 2 BGB sowie § 823 Abs. 2 BGB iVm § 36 VSBG in Frage. Dabei sollte zugunsten der Verbraucher eine Vermutung dafür streiten, dass sie sich aufklärungsgerecht verhalten hätten.

Ein denkbares Schadensszenario wäre beispielsweise, dass der Unternehmer eine unzu- **30** ständige Schlichtungsstelle angibt und die Ansprüche des Verbrauchers infolge der Abweisung des Schlichtungsantrags zwischenzeitlich verjähren. Auch können zusätzliche erstattungsfähige Aufwendungen entstehen. In Bezug auf die Verjährung von Ansprüchen dürfte allerdings eine sachgerechte Lösung vorrangig über § 242 BGB zu erzielen sein, indem dem Unternehmer die Berufung auf die Einrede der Verjährung verwehrt wird.

Unterlässt der Unternehmer einen Hinweis darauf, dass er zur Teilnahme an einer **31** Schlichtung verpflichtet ist, erscheint es zudem nicht völlig ausgeschlossen, einen Schadensersatzanspruch für den Fall zu konstruieren, dass der Verbraucher daraufhin von einer weiteren Rechtsverfolgung absieht. Aber auch insoweit besteht der Schaden in der zwischenzeitlich eingetretenen Verjährung, die zu überwinden bereits § 242 BGB hilft.

Erhebt der Verbraucher dagegen erfolglos Klage, ließe sich ein möglicher Schaden in **32** der Belastung mit den Kosten des Rechtsstreits nach § 91 ZPO erkennen, die bei einer vorherigen Klärung im Schlichtungsverfahren vermeidbar gewesen wären. Allerdings erscheint fraglich, ob der Schutzzweck der Informationspflicht auch die Vermeidung von Rechtsverfolgungskosten aus der Geltendmachung unberechtigter Forderungen umfasst. Setzt der Verbraucher seine Forderung im gerichtlichen Verfahren durch, werden ihm ohnehin die durch eine Schlichtung möglicherweise vermiedenen Kosten des Rechtsstreits erstattet.

Im umgekehrten Fall, in dem der Unternehmer entgegen seiner vorherigen Erklärung **33** die Teilnahme an der Schlichtung verweigert, liegt der Pflichtverstoß nicht in der Fehlinformation, sondern in der Nichteinhaltung der Abrede zur Schlichtung.

Bei Verstößen gegen die Informationspflichten nach § 36 VSBG können ab **34** 1. Februar 2017 qualifizierte Einrichtungen im Sinne von § 4 UKlaG, dh die beim Bundesamt für Justiz registrierten Verbraucherverbände, im Wege der Abmahnung und Klage gegen den betreffenden Unternehmer vorgehen. Zum 1. Februar 2017 tritt auch die Änderung in § 2 Abs. 2 UKlaG in Kraft, mit der Verstöße gegen die §§ 36 und 37 VSBG ausdrücklich als Verstöße gegen verbraucherschützende Vorschriften bezeichnet werden (§ 2 Abs. 2 Nr. 12 UKlaG – neu). Einschlägig ist, selbst wenn die fehlerhaften Informationen in AGB enthalten sind, § 2 Abs. 2 UKlaG und nicht § 1 UKlaG, da der

---

[20] Vgl. auch *May/Röder* NJW 2016, 235 f., die bereits die Entscheidung des BGH kritisch sehen; aA Borowski/Röthemeyer/Steike/*Steike* § 36 Rn. 11.

relevante Rechtsverstoß nicht in einer Verwendung einer nach den §§ 307 ff. BGB unwirksamen Vertragsklausel besteht.[21] Zugleich kann ein Verstoß gegen § 36 VSBG eine unlautere Handlung im Sinne des Rechtsbruchtatbestands nach § 3a UWG darstellen, so dass auch Mitwerber und die übrigen nach § 8 Abs. 3 UWG anspruchsberechtigten Stellen gegen den Unternehmer vorgehen können.

35   Verstöße gegen die sich aus Art. 14 Abs. 1 der ODR-Verordnung ergebenden Informationspflichten können bereits seit dem 9. Januar 2016 abgemahnt werden. Anspruchsgrundlagen sind auch hier §§ 8, 3, 3a UWG[22] sowie § 2 Abs. 2 UKlaG.

36   Soweit die Tätigkeit des Unternehmers einer spezialgesetzlich geregelten behördlichen Aufsicht unterliegt, erscheint es zudem denkbar, dass die zuständige Behörde bei Verstößen gegen die Informationspflicht entsprechende Maßnahmen ergreift. Dies gilt vor allem für die BaFin, die nach § 4 Abs. 1a FinDAG nunmehr ausdrücklich einen umfassenden Auftrag zur Aufsicht über die Einhaltung verbraucherschützender Vorschriften im Zusammenhang mit Finanzdienstleistungen erhalten hat. Gleichwohl dürfte die Eingriffsschwelle nach § 4 Abs. 1a VSBG nur selten erreicht sein. Daneben kommen auch Anordnungen der Bundesnetzagentur in den Bereichen Energieversorgung und Telekommunikation in Betracht.

7. Inkrafttreten

37   Die Informationspflichten nach § 36 VSBG gelten aufgrund der vom Bundestag in Art. 24 des ADR-Richtlinien-Umsetzungsgesetzes eingefügten Änderung erst ab dem **1. Februar 2017**.

38   Absehen davon, dass die ohnehin verspätet umgesetzte ADR-Richtlinie keine gesonderte, verlängerte Umsetzungsfrist für die Informationspflichten nach Art. 13 enthält, erscheint fraglich, welches praktische Bedürfnis für eine derart lange Übergangsfrist besteht. Um sich mit der neuen Rechtssituation und dem Angebot an Verbraucherschlichtungsstellen vertraut zu machen und sich vor etwaigen Abmahnungen wegen Wettbewerbsverstößen und Verstößen gegen verbraucherschützende Vorschriften nach dem UWG und UKlaG zu schützen, hätte auch eine kürzere Übergangsfrist ausgereicht.

39   **Online-Händler** müssen dagegen bereits seit dem **9. Januar 2016** auf die ODR-Plattform gemäß Art. 14 Abs. 1 der ODR-Verordnung hinweisen. Nach Ansicht des LG Bochum greift die Verpflichtung auch bereits vor der Inbetriebnahme der ODR-Plattform, die sich bis zum 15. Februar 2016 verzögert hat.[23] Die weitergehenden Informationspflichten nach Art. 14 Abs. 2 der ODR-Verordnung derjenigen Online-Anbieter, die zur Teilnahme an der Schlichtung verpflichtet sind, gelten seit dem 1. April 2016.

40   Die besonderen Regelungen über Informationspflichten für Anbieter von Wohn- und Betreuungsleistungen und Energieversorgern gelten seit dem 1. April 2016. Die Informationspflicht der Telekommunikationsunternehmen besteht seit 10. Mai 2012, die der Versicherungsunternehmen seit 1. Januar 2008.

II. Information nach Entstehen der Streitigkeit

41   Nach § 37 VSBG hat ab 1. Februar 2017 ein Unternehmer den Verbraucher über seine Bereitschaft oder Verpflichtung zur Teilnahme an einer Verbraucherschlichtung zu informieren und die für ihn zuständige Verbraucherschlichtungsstelle anzugeben,

---

[21] AA offenbar Borowski/Röthemeyer/Steike/*Steike* § 36 Rn. 17.
[22] LG Bochum Urt. v. 31.3.2016 – 14 O 21/1, MMR 2016, 540.
[23] LG Bochum Urt. v. 31.3.2016 – 14 O 21/16, MMR 2016, 540.

wenn eine Streitigkeit in Zusammenhang mit einem Verbrauchervertrag nicht beigelegt werden konnte. Der Verbraucher soll damit einerseits aktiv auf die Möglichkeit der außergerichtlichen Streitbeilegung hingewiesen werden, zugleich sollen ihm Mühen und Kosten einer vergeblichen Anrufung einer Schlichtungsstelle erspart bleiben.[24]

1. Persönlicher Anwendungsbereich

Die Informationspflicht nach § 37 VSBG gilt für alle Unternehmer im Sinne von § 14   **42**
BGB, die vom Anwendungsbereich des VSBG erfasste Verbraucherverträge abschließen. Eine Ausnahme für Kleinbetriebe besteht nicht. Entsprechend den Erläuterungen zu § 36 VSBG (→ Rn. 6) sind Arbeitsverträge ausgeschlossen. Bei Verträgen über nicht-wirtschaftliche Dienstleistungen von allgemeinem Interesse und Gesundheitsdienstleistungen ist eine Information nur dann erforderlich, wenn ein entsprechendes Schlichtungsangebot besteht.

2. Inhalt und Form

Nach § 37 Abs. 1 S. 1 VSBG muss der Unternehmer auf eine für ihn zuständige Ver-   **43**
braucherschlichtungsstelle unter Angabe ihrer Anschrift und Webseite hinweisen. Man mag am Sinn der Pflicht zur Angabe einer Verbraucherschlichtungsstelle zweifeln, wenn der Unternehmer nicht zur Schlichtung bereit oder verpflichtet ist. Auch ist unklar, ob eine von der Teilnahmebereitschaft und -verpflichtung entkoppelte Hinweispflicht überhaupt durch Art. 13 Abs. 3 der ADR-Richtlinie vorgegeben ist. Allerdings kann die Hinweispflicht den Unternehmer dazu bewegen, sich mit der Möglichkeit der außergerichtlichen Streitbeilegung näher zu befassen und sich in der konkreten Streitigkeit doch noch für sie zu entscheiden. § 37 Abs. 1 S. 2 VSBG verlangt weiter eine Erklärung, ob der Unternehmer zur Teilnahme an der Schlichtung bei dieser Stelle bereit oder verpflichtet ist. Im Gegensatz zur vorvertraglichen Information nach § 36 VSBG ist eine differenzierende Erklärung in diesem Stadium nicht mehr möglich. Der Unternehmer muss sich eindeutig äußern, ob er zur Teilnahme an einer außergerichtlichen Streitbeilegung vor einer Verbraucherschlichtungsstelle bereit ist, verpflichtet ist oder diese ablehnt. Hat sich der Unternehmer in seinen AGB bereits vorvertraglich zur Schlichtung bereit erklärt, ist er daran gebunden und zur Teilnahme an der Schlichtung verpflichtet. Der Begriff der Verpflichtung ist hier weiter als bei § 15 Abs. 2 VSBG und erfasst auch eine lediglich zwischen den Parteien wirkende Verpflichtung. Eine Ad-hoc-Erklärung, zur Schlichtung bereit zu sein, wird vor allem bei Kleinunternehmern in Frage kommen, die sich aufgrund der Kleinbetriebsklausel nach § 36 Abs. 3 VSBG in ihren AGB noch nicht vorvertraglich entscheiden mussten.

Sollten mehrere Stellen zuständig sein (denkbar beispielsweise bei im Internet ge-   **44**
schlossen Verträgen über Flugreisen, für die sowohl der Online-Schlichter als auch die söp zuständig sein kann), sind diese anzugeben (§ 37 Abs. 1 S. 3 VSBG), wenn der Unternehmer zur Teilnahme an einer Schlichtung vor ihnen bereit oder verpflichtet ist. Lehnt der Unternehmer eine Teilnahme an der Schlichtung dagegen ab, genügt die Angabe lediglich einer zuständigen Verbraucherschlichtungsstelle.[25]

Die Informationen sind gemäß § 37 Abs. 2 VSBG in Textform nach § 126b BGB zu   **45**
erteilen (zB E-Mail, Fax, Brief, sms). Für den Unternehmer empfiehlt es sich, die Ertei-

---

[24] BR-Drs. 258/15, 92.
[25] Borowski/Röthemeyer/*Steike* § 37 Rn. 4; siehe auch die Begründung des Rechtsausschusses des Deutschen Bundestags, BT-Drs. 18/6904, 83.

lung der Information zu dokumentieren, um sich vor etwaigen Abmahnungen zu schützen.

3. Nichtbeilegung einer Verbraucherstreitigkeit

46   Die Information ist nach § 37 VSBG zu erteilen, wenn die Streitigkeit nicht beigelegt werden konnte. Die Gesetzesbegründung nennt den erfolglosen Versuch einer Beilegung im Rahmen eines Kundenbeschwerdesystems.[26] Entsprechend § 203 BGB entsteht die Informationspflicht spätestens dann, wenn der Unternehmer die Fortsetzung der Verhandlungen verweigert. Dies kann auch bereits bei der ersten Äußerung des Unternehmers zur Beschwerde des Verbrauchers der Fall sein. Während ein bewusstes Hinhalten des Verbrauchers durch Vortäuschen der Verhandlungsbereitschaft vertragswidrig und unzulässig ist, bestehen andererseits keine Bedenken gegen eine vorzeitige Information des Verbrauchers nach § 37 VSBG in einem Stadium, in dem der Unternehmer eine Einigungsmöglichkeit noch nicht gänzlich ausgeschlossen hat.

4. Spezialgesetzliche Regelungen

47   Beförderungsunternehmen in den Bereichen Bahn, Fernbus und Schiff müssen im Falle einer Kundenbeschwerde auf die Möglichkeit der Schlichtung hinweisen (§ 37 Abs. 3 EVO, § 6 Abs. 4 EU-FahrgRSchG, § 6 Abs. 4 EU-FahrgRBusG). Eine Erklärung, ob das Unternehmen zur Teilnahme an der Schlichtung bereit ist, ist jedoch erst mit Inkrafttreten von § 37 VSBG zum 1. Februar 2017 erforderlich.

5. Wirkung der Erklärung

48   Auch die Erklärung nach Entstehen der Streitigkeit, zur Teilnahme an einer Verbraucherschlichtung bereit zu sein, schafft eine zivilrechtliche Bindung des Unternehmers, deren Verletzung Schadensersatzansprüche nach § 280 BGB begründen kann (s. oben → Rn. 29).

49   Im Gegensatz zur **vorvertraglichen Ablehnung** der Teilnahme an einer Schlichtung, die für den Verbraucher zunächst lediglich informatorischen Charakter trägt, manifestiert sich in einer Ablehnung nach § 37 VSBG, dass der Unternehmer zu einer außergerichtlichen Beilegung der konkreten Streitigkeit nicht bereit ist. Daher kann in diesem Fall dem Verbraucher, der dennoch eine Verbraucherschlichtungsstelle anruft, die Berufung auf die **Verjährungshemmung** nach § 204 Abs. 1 Nr. 4 BGB als **rechtsmissbräuchlich** gemäß § 242 BGB verwehrt sein.[27] Der Einwand des Rechtsmissbrauchs ist jedoch nur zuzulassen, wenn sich der Unternehmer nicht in Widerspruch zu einer zuvor nach § 36 VSBG erklärten Teilnahmebereitschaft setzt.

6. Folgen fehlerhafter und fehlender Information

50   Fehlerhafte Informationen nach § 37 VSBG können wie bei Verstößen gegen die vorvertragliche Informationspflicht nach § 36 VSBG zum einen Schadensersatzansprüche des betroffenen Verbrauchers auslösen, wenn er sich auf diese verlässt und dadurch einen Schaden erleidet (näher hierzu oben → Rn. 28), zum anderen Unterlassungsansprüche von Verbraucherverbänden nach dem UKlaG sowie von Mitbewerbern nach dem UWG begründen. Soweit die Tätigkeit des Unternehmers einer behördlichen

---

[26] BR-Drs. 258/15, 92.
[27] Borowski/Röthemeyer/Steike/*Steike* § 37 Rn. 7 unter Berufung auf BGH Urt. v. 18.10.2015 – IV ZR 526/14, ZIP 2015, 2426.

Aufsicht unterliegt, erscheint es zudem denkbar, dass die zuständige Behörde bei Verstößen gegen die Informationspflicht entsprechende Maßnahmen ergreift (siehe oben → Rn. 36).

Unrichtige Informationen nach Entstehen der Streitigkeit können im Vergleich zu vorvertraglichen Informationen sehr unmittelbar Fehlvorstellungen beim Verbraucher hervorrufen, der sich in der Folge entweder an eine unzuständige Verbraucherschlichtungsstelle wendet, von einer weiteren Verfolgung seiner Ansprüche absieht oder statt der für ihn kostenfreien Schlichtung eine gerichtliche Klärung sucht und dabei mit den Kosten des Rechtsstreits belastet wird. Sie stehen daher in einem engeren Kausalzusammenhang zu einem möglichen Schaden des Verbrauchers als Fehler bei der vorvertraglichen Information. Auch wird man erst recht eine Berufung des Unternehmers auf eine zwischenzeitliche Anspruchsverjährung als rechtsmissbräuchlich gemäß § 242 BGB ansehen können, wenn die Möglichkeit besteht, dass sich der Verbraucher bei ordnungsgemäßer Information rechtzeitig an die zuständige Schlichtungsstelle gewandt hätte und die Verjährung dadurch gemäß § 204 Abs. 1 Nr. 4 BGB gehemmt worden wäre.   **51**

7. Inkrafttreten

Auch die Informationspflicht nach § 37 VSBG tritt erst am **1. Februar 2017** in Kraft.   **52**
Die Kritik an der unionsrechtswidrigen und unnötig langen Übergangsfrist gilt hier besonders. Mag die Umstellung der vorvertraglichen Angaben auf einer Webseite oder in den AGB noch einen gewissen zeitlichen Vorlauf erfordern, bedarf eine Ad-hoc-Information im Streitfall darüber, ob eine Bereitschaft zur Teilnahme an einer außergerichtlichen Konfliktlösung besteht, gerade keines besonderen Vorlaufs.

§ 8 Grenzüberscheitende Streitigkeiten

Das Vorantreiben von Alternativer Beilegung von Verbraucherstreitigkeiten ist der **1** Europäischen Union nicht erst mit der ADR-Richtlinie und der ODR-Verordnung zu einem wichtigen Anliegen geworden.

Bereits 1998 verabschiedete die EU-Kommission die Empfehlung 98/257/EG betref- **2** fend die Grundsätze für Einrichtungen, die für die außergerichtliche Beilegung von Verbraucherrechtsstreitigkeiten zuständig sind,[1] 2001 folgte die Empfehlung 2001/310/ EG über die Grundsätze für an der einvernehmlichen Beilegung von Verbraucherrechtsstreitigkeiten beteiligte außergerichtliche Einrichtungen.[2] Die ADR-Richtlinie bringt daher nicht einen völlig neuen Wunsch nach alternativer Beilegung von Streitbeilegung in Verbraucherangelegenheiten zum Ausdruck, vielmehr steht sie in direkter Linie zu den beiden vorgenannten Rechtakten und verleiht vielen der in dem Empfehlungen angelegten Mindestqualitätskriterien EU- und EWR-weite Verbindlichkeit.[3]

Schon den Empfehlungen, aber genauso der Richtlinie ist zu entnehmen, **dass die EU** **3** **stets zwei wesentliche Triebfedern für ihr Handeln hatte: erstens ein hohes Verbraucherschutzniveau und zweitens die Förderung des Binnenmarktes.**[4]

Wie bereits oben erläutert, ist es für viele Verbraucherstreitigkeiten kennzeichnend, **4** dass Streitwert auf der einen und Aufwand und Kosten auf der anderen Seite in einem Missverhältnis stehen, das geeignet ist, Verbraucher von einer weiteren Rechtsverfolgung absehen zu lassen. Wie bereits ebenfalls oben ausgeführt, verschärft sich dieses Missverhältnis meist erheblich bei grenzüberschreitenden Streitigkeiten. Die EU nimmt an, dass dies viele Verbraucher von einer Nutzung des Binnenmarktes abhält, da sie sich sorgen, im Falle von Problemen nicht ihre Rechte durchsetzen zu können.[5] Dem soll durch Umsetzung der ADR-Richtlinie entgegentreten werden, wonach Verbraucher EU- und EWR-weit Zugang zu ADR-Stellen für fast alle Arten von Verbraucherstreitigkeiten haben müssen.

Das VSBG, da es die ADR-Richtlinie umsetzt, kann also nicht losgelöst von der Be- **5** **trachtung gerade des grenzüberschreitenden Kontextes gesehen werden.** Nachfolgend soll daher dargestellt werden,

- wann grenzüberschreitenden Streitigkeiten dem VSBG und der ADR-Richtlinie unterfallen, insbesondere wo die Parteien in diesem Zusammenhang ihren Wohnsitz haben, bzw. niedergelassen sind,
- wie Verbraucher und Unternehmer zu der zuständigen Verbraucherschlichtungs-, bzw. ADR-Stelle finden,
- welche sprachlichen Herausforderungen bestehen,
- welches Recht bei grenzüberschreitenden Streitbeilegungsstellen zu beachten ist und
- welche Möglichkeiten die ODR-Plattform bietet und wo deren Grenzen liegen.

---

[1] ABl. 1998, L 115/31 ff.

[2] ABl. 2001, L 109/56 ff.

[3] Wie sich ganz eindeutig an den direkten Bezugnahmen in Erwägungsgründen 5 und 37 der ADR-Richtlinie zeigt.

[4] Erwägungsgrund 1 Empfehlung 98/257/EG, Erwägungsgrund 6 2001/310/EG, Begründung des ADR-Richtlinien-Vorschlags KOM(2011) 793 endgültig http://www.europarl.europa.eu/meetdocs/2009_2014/documents/com/com_com(2011)0793_/com_com(2011)0793_de.pdf, S. 2, Erwägungsgründe 3, 4 ADR-Richtlinie.

[5] Erwägungsgrund 4 der ADR-Richtlinie.

6   Im Übrigen sei auch auf die bereits oben unter → § 2 Rn. 147 ff. dargestellten Vorteile und Herausforderungen bei der grenzüberschreitenden, außergerichtlichen Beilegung von Verbraucherstreitigkeiten hingewiesen.

I. Die von ADR-Richtlinie und VSBG erfassten grenzüberschreitenden Streitigkeiten

7   Nicht bei jeder grenzüberschreitenden Verbraucherstreitigkeit besteht Zugang zu Verbraucherschlichtungsstellen nach dem VSBG. **Sowohl hinsichtlich der Parteien als auch der Streitgegenstände gibt es Einschränkungen**, auch wenn der von den Verbraucherschlichtungsstellen in ihrer Gesamtheit nach dem VSBG abzudeckende Pflichtbereich sehr weit gefasst ist. Freiwillig können die Verbraucherschlichtungsstellen ihre Zuständigkeiten aber auch in nicht unerheblichem Umfang erweitern. Bezüglich der Streitgegenstände sei auf die Ausführungen unter → § 2 Rn. 26 ff. verwiesen, während im Folgenden dargestellt werden soll, in welchem Parteienverhältnis es auch in grenzüberschreitenden Fälle stets Zugang zu Verbraucherschlichtungsstellen geben muss.

1. Pflichtbereich

8   Sowohl die ADR-Richtlinie wie auch das VSBG sehen vor, dass **im gesamten EU- und EWR-Raum wohnhafte Verbraucher Zugang zu ADR-, bzw. Verbraucherschlichtungsstellen haben müssen. Allerdings muss nur gewährleistet sein, dass sie eine solche Stelle in dem Staat anrufen können, in dem der gegnerische Unternehmer niedergelassen ist.** Dies folgt aus Art. 5 Abs. 1 der ADR-Richtlinie und für Deutschland aus § 4 Abs. 4 VSBG.

9   Konkret heißt das, dass es in Deutschland für annähernd jede Art von Verbraucherstreitigkeit eine Verbraucherschlichtungsstelle geben muss, bei der ein Deutschland niedergelassenes Unternehmen Antragsgegner ist, ganz gleich ob der antragstellende Verbraucher seinen Wohnsitz in Deutschland oder in einem anderen EU- oder EWR-Staat hat (die Staatsangehörigkeit des Verbrauchers ist hierbei unbedeutend). Bei einer Streitigkeit mit einem Unternehmer in einem anderen EU- oder EWR-Staat wird ein Verbraucher aus Deutschland hingegen in der Regel eine ADR-Stelle anrufen müssen, die ihrem Sitz in jenem Staat hat, in dem das Unternehmen niedergelassen[6] ist.

10   Zu den damit einhergehenden Vor- und Nachteilen dieser Grundkonstellation siehe bereits oben → Rn. 154 ff.) sowie in den nachfolgenden Punkten.

2. Freiwilliger Bereich

11   Freiwillig kann eine ADR- bzw. Verbraucherschlichtungsstelle ihren Zuständigkeitsbereich auch für Unternehmen aus anderen Staaten öffnen – auch über den EU- und EWR-Raum hinaus – gleiches gilt auf Verbraucherseite. Beides folgt in Deutschland aus § 4 Abs. 4 VSBG.

12   Verbraucherschlichtungsstellen sollten hierbei beachten, dass eine entsprechende Klarstellung in der Verfahrensordnung sinnvoll ist.

---

[6] Zu beachten ist, dass auch eine unselbständige Zweigstelle als Niederlassung zählt, s. HK-VSBG/ *Steike* § 4 Rn. 19.

II. Zugang zu Verbraucherschlichtungs- bzw. ADR-Stellen

Gerade in grenzüberscheitenden Fällen stellt es für Verbraucher eine Herausforde- **13**
rung dar, die zuständige ADR- bzw. Verbraucherschlichtungsstelle zu finden, sofern er
dies alleine bewältigen möchte. Dass dies bereits bei innerstaatlichen Streitigkeiten
nicht immer einfach ist, wurde bereits weiter oben dargestellt (siehe oben → § 3
Rn. 38 ff. **Bei grenzüberschreitenden Fällen muss nicht nur die richtige Wahl unter
mehreren Stellen getroffen werden; diese Auswahl wird in der Regel auch in einem anderem Staat erfolgen, in welchem der Unternehmer niedergelassen ist.** Der Verbraucher
dürfte eher selten die Strukturen in diesen Staaten kennen, weiterhin kann er bereits
hier auf sprachliche Hürden stoßen. Allerdings stehen dem Verbraucher gerade für den
grenzüberschreitenden Bereich zahlreiche Hilfsmittel zur Verfügung, um diese Herausforderungen zu meistern und die Hürden zu überbrücken. Diese Hilfsmittel sollen im
Folgenden dargestellt werden.

1. Informationspflichten für Unternehmer

Die Notwendigkeit einer schnellen Auffindbarkeit von ADR- bzw. Verbraucher- **14**
schlichtungsstellen hat bereits der europäische Gesetzgeber erkannt. So führt er unter
anderem aus, dass Unternehmer diesbezüglich Informationen vorsehen müssen, die für
den Verbraucher erkennen lassen, ob er im Streitfall die Teilnahme an einem Schlichtungsverfahren seitens des Unternehmers erwarten kann und wenn ja, bei welcher
Stelle.[7] Allerdings ordnet die Richtlinie in Art. 13 Abs. 1 nur dann eine Informationspflicht an, sofern der Unternehmer verpflichtet ist oder sich selbst verpflichtet hat, im
Falle von Verbraucherstreitigkeiten eine ADR-Stelle zur Beilegung der Streitigkeit ein-
zuschalten. Die Informationen sind nach Art. 13 Abs. 2 der ADR-Richtlinie auf der
Website des Unternehmers und in den Allgemeinen Geschäftsbedingungen zu geben,
soweit es eine solche gibt oder solche verwendet werden; sie müssen klar, verständlich
und leicht zugänglich sein. Somit ist für deutsche Verbraucher, die mit einem Unternehmer aus einem anderen EU- oder EWR-Staat einen Vertrag abschließen (oder für
Verbraucher aus diesen Staaten, die mit einem deutschen Unternehmen kontaktieren)
auch in einem grenzüberschreitenden Kontext für eine gewisse Orientierung gesorgt.
Freilich dürfte dennoch oft eine sprachliche Hürde existieren, da bezüglich der Informationspflicht keine Mehrsprachigkeit vorgeschrieben ist.

In Deutschland finden sich die Regelungen zur Informationspflicht der Unternehmer **15**
in §§ 36 und 37 VSBG. Zu beachten ist hier, dass die Informationspflicht nach § 36
Abs. 3 VSBG nicht solche Unternehmer trifft, die am 31. Dezember des Vorjahres zehn
oder weniger Personen beschäftigt haben, wobei hier nicht die Summe der Arbeits-
kraftanteile, sondern die Kopfzahl maßgeblich ist.[8] Auch solche, die weder Allgemeine
Geschäftsbedingungen verwenden noch eine Website haben, trifft keine Informationspflicht. Allerdings ist es Unternehmern unbenommen, freiwillig entsprechende Informationen zu geben und sie dürfen damit auch werben.[9]

Insgesamt ist also festhalten, dass die Informationspflichten ein wichtiger Baustein **16**
zum EU- und EWR-weiten Auffinden sind, aber nicht gesichert ist, dass Verbraucher
immer Informationen erhalten werden, sei es aus sprachlichen Gründen oder weil diese

---

[7] Artikel 13 sowie Erwägungsgründe 47, 48 der ADR-Richtlinie.
[8] BR-Drs. 258/15, 92.
[9] BR-Drs. 258/15, 92.

in bestimmten Fällen nicht gegeben werden müssen. Es bedarf daher weiterer Informationsmöglichkeiten. Hierauf wird im Folgenden eingegangen.

2. Unterstützung und Kontaktstellen

17   Einen leichten Zugang zur zuständigen ADR-, bzw. Verbraucherschlichtungsstelle will der europäische Gesetzgeber nicht nur durch die Informationspflichten sicherstellen, vielmehr hat er in Artikel 14 der ADR-Richtlinie angeordnet, dass die Mitgliedstaaten dafür sorgen müssen, dass die Verbraucher bei grenzüberschreitenden Streitigkeiten Unterstützung erhalten können, um in einem anderen Mitgliedstaat die zuständige ADR-Stelle zu finden.

18   In Artikel 7 der ODR-Verordnung geht er noch weiter, in dem er hier ein Netz von Kontaktstellen[10] vorschreibt, die noch weiter gehende Unterstützung als jene nach Art. 14 der ADR-Richtlinie anbieten müssen. Die ODR-Plattform, ebenfalls von der ODR-Verordnung vorgesehen, weist selbst und automatisiert den Weg zur zuständigen Stelle (siehe dazu unten → Rn. 34). Allerdings gilt die ODR-Verordnung nur bezüglich Verbraucherverträgen, die online geschlossen wurden.

19   Hervorzuheben ist hier insbesondere, dass die Kontaktstellen den Parteien (also auch den Unternehmern) die Kommunikation mit der zuständigen ADR-Stelle erleichtern und dabei unter anderem die Verfahrensregeln erläutern müssen. Allerdings trifft die Mitgliedsstaaten gem. Art. 7 Abs. 3 der ODR-Verordnung nur insoweit eine Pflicht zur Einrichtung solcher Kontaktstellen, sofern grenzüberschreitende Streitigkeiten betroffen sind, wie auch bei der Unterstützung gem. Art. 14 der ADR-Richtlinie.

20   In Deutschland wurde die Vorgaben zu ODR-Kontaktstellen und Unterstützung nach Art. 14 der ADR-Richtlinie durch § 40 VSBG umgesetzt und auch hier bleiben die Aufgaben auf grenzüberschreitende Sachverhalte beschränkt. Zuständig ist für beide Aufgaben nach § 40 Abs. 1 VSBG das Bundesamt für Justiz. Dieses hat von der nach § 40 Abs. 2 VSBG bestehenden Möglichkeit Gebrauch gemacht, diese Aufgabe im Wege der Beleihung an einen Dritten zu übertragen. Beliehen wurde das Europäische Verbraucherzentrum Deutschland.[11] Auch in vielen anderen Mitgliedsstaaten wurden die dortigen Europäische Verbraucherzentren, die allesamt dem Netzwerk ECC-Net[12] angehören, mit diesen Aufgaben betraut.[13] Diese Möglichkeit wurde sowohl in der ADR-Richtlinie wie auch in der ODR-Verordnung explizit genannt.[14] Dies lag insofern nahe, als damit auf langjährige Erfahrungen zurückgegriffen werden kann. Das ECC-Net nahm von Anfang an, also seit seiner Schaffung im Jahr 2005, ähnliche Aufgaben wahr und im Grunde schon vorher: Es entstand nämlich aus dem Zusammenschluss zweier Netzwerke, dem Netz für die außergerichtliche Beilegung von Verbraucherrechtsstreitigkeiten (EEJ-Net) und dem Netz der Europäischen Verbraucherinformationsstellen („Euroguichets").[15] Das EEJ-Net wurde bereits 2000 gegründet. Die Aufgabe des EEJ-

---

[10] Liste der Kontaktstellen abrufbar unter https://webgate.ec.europa.eu/odr/main/index.cfm?event=main.complaints.odrList.

[11] http://www.evz.de/de/schlichtung-und-online-streitbeilegung/.

[12] http://ec.europa.eu/consumers/solving_consumer_disputes/non-judicial_redress/ecc-net/index_en.htm.

[13] https://webgate.ec.europa.eu/odr/main/index.cfm?event=main.complaints.odrList.

[14] Art. 14 Abs. 2 ADR-Richtlinie, Art. 7 abs. 1 ODR-Verordnung, noch deutlicher Erwägungsgrund 25 der ODR-Verordnung: „Die Mitgliedstaaten sollten diese Möglichkeit nutzen, damit die OS-Kontaktstellen sich uneingeschränkt auf die Erfahrung der Zentren des Europäischen Netzes der Verbraucherzentren stützen können, um die Beilegung von Streitigkeiten zwischen Verbrauchern und Unternehmern zu erleichtern."

[15] http://eur-lex.europa.eu/legal-content/DE/TXT/HTML/?uri=URISERV:l32048&from=EN.

Netzes bestand darin, Verbraucher über die Möglichkeiten alternativer Streitbeilegungsverfahren zu informieren, grenzüberschreitende Verfahren zu vereinfachen und dazu beizutragen, Sprachbarrieren durch praktische Hilfestellungen zu überwinden.[16]

3. Zusammenarbeit von Verbraucherschlichtungsstellen mit ADR-Stellen aus anderen EU- und EWR-Staaten

Nach Artikel 16 Abs. 1 der ADR-Richtlinie sollen Verbraucherschlichtungsstellen **21** mit ADR-Stellen aus anderen EU- und EWR-Staaten kooperieren, in Deutschland wurde dies durch § 38 VSBG umgesetzt. Die Kooperation umfasst dabei nicht nur den Austausch von best practice; auch die Unterstützung von Verbrauchern, die sich versehentlich an eine unzuständige Stelle gewandt haben, beim Auffinden der zuständigen Stelle ist ein Beispiel für eine solche Kooperation.[17] Dass so eigenständige Netzwerke ausgebaut oder entstehen können, ist ein Anliegen des europäischen Gesetzgebers.[18]

III. Sprachliche Herausforderungen

Wie bereits dargelegt wird die zuständige ADR- bzw. Verbraucherschlichtungsstelle **22** meist im Staat der Unternehmensniederlassung liegen. Dadurch kann es bei grenzüberschreitenden Streitigkeiten nicht nur zu Verständigungsschwierigkeiten zwischen Verbraucher und Unternehmer kommen, sondern auch zwischen Verbrauchern und den zuständigen ADR- bzw. Verbraucherschlichtungsstellen.

Wurde der Vertrag online geschlossen, können an dieser Stelle die ODR-Plattform **23** und die ODR-Kontaktstellen Hilfestellung bieten, die sowohl den Parteien als auch den ADR-Stellen zugutekommen.

Die ODR-Plattform verfügt über ein automatisches Übersetzungstool (Art. 5 Abs. 4 **24** lit. e) der ODR-Verordnung), das jederzeit im Rahmen des Verfahrens genutzt werden kann. Doch bereits bei Antragstellung kann der Antragsteller auf der Plattform die Sprache wählen, die er nutzen möchte und wird dann durch Fragen im Online-Beschwerdeformular geleitet. Die Antworten erfolgen meist schematisch per Auswahl in einem vorgegebenen Menü oder erfordern keine sprachliche Komponente, wie etwa die Angabe von Kundennummern und Kontaktdaten. Dadurch ist es möglich, dass sich sowohl die gegnerische Seite wie auch später die zuständige und mit dem Fall befasste ADR- bzw. Verbraucherschlichtungsstelle die Informationen in ihrer eigenen Sprache anzeigen lassen können. Freilich stößt dies dort an seine Grenzen, wo die Antragsteller Freitextfelder nutzen oder etwa gescannte Dateien uploaden, was beides möglich ist. Hier kann grundsätzlich das oben genannte Übersetzungstool helfen, in das Passagen manuell eingegeben werden können, allerdings wird sich erst künftig zeigen können, wie gut dieses Tool funktioniert. Dabei kann es auch Unterschiede von Sprache zu Sprache geben.

Nach Art 7 Abs. 2 lit. a) der ODR-Verordnung haben die Kontaktstellen überdies die **25** Kommunikation zwischen Parteien und der ADR-Stellen zu erleichtern. Letzteres umfasst allerdings nicht zwangsläufig die Übersetzung von Unterlagen, wie sich aus Erwägungsgrund 25 der Verordnung ergibt, so dass durchaus sprachliche Hürden verbleiben können.

---

[16] http://eur-lex.europa.eu/legal-content/DE/TXT/?uri=URISERV%3Al32043.
[17] BR-Drs. 258/15, 93.
[18] Erwägungsgrund 53 der ADR-Richtlinie.

26   Wurde der Vertrag nicht online geschlossen, können die ODR-Plattform und die Kontaktstellen zudem nicht genutzt werden. Dies wird auch insofern nicht ausgeglichen, als dass weder die ADR-Richtlinie noch das VSBG spezifische Hilfestellungen in Hinblick auf die Bewältigung der sprachlichen Hürden vorsehen.

27   Es erscheint daher für Verbraucher sinnvoll, auch weiterhin auf das bereits bestehende Angebot des Netzwerks der Europäischen Verbraucherzentren zurückzugreifen, wenn dies erforderlich ist.[19]

IV. Rechtliche Herausforderungen

28   Während die ADR-Richtlinie in Art. 11 Abs. 1 lit. c) lediglich vorschreibt, dass zwingende Verbraucherschutznormen des Aufenthaltsstaats des Verbrauchers dann anzuwenden sind, wenn den Parteien eine verbindliche Lösung von der ADR-Stelle auferlegt werden, schreibt § 19 Abs. 1 S. 2 VSBG vor, dass der Schlichtungsvorschlag am geltenden Recht ausgerichtet sein soll und insbesondere zwingende Verbraucherschutzgesetze beachten soll.

29   Damit müssen sich deutsche Verbraucherschlichtungsstellen prinzipiell mit dem Internationalen Privatrecht und damit mit dem materiellen Recht im dem Staat, in dem der Verbraucher seinen Aufenthalt hat, auseinandersetzen; auch, wenn sie einen unverbindlichen Schlichtungsvorschlag machen. Allerdings lassen die relativ vagen Formulierungen in § 19 VSBG „ausgerichtet sein soll" und „beachten soll" der Verbraucherschlichtungsstelle hier Spielräume.

30   So erscheint es gut vertretbar und sinnvoll, davon auszugehen, dass Verbraucherschlichtungsstellen ausländisches Recht nicht immer anwenden müssen; sie sollten dies aber im Sinne größtmöglicher Transparenz auch klarstellen (siehe zu dem Ganzen ausführlich oben → § 6 Rn. 35).

31   Für eine Nutzung dieses Spielraums sprechen auch praktische Erwägungen: Ein Verfahren vor einer Verbraucherschlichtungsstelle soll unter anderem kostengünstig und effizient sein – beide Ziele wären leicht zu kompromitieren, wenn man zu hohe Anforderungen an die rechtliche Bindung bei grenzüberschreitenden Streitigkeiten stellen würde, insbesondere da man über Art. 6 der Rom-I-Verordnung leicht zu einer Prüfung ausländischen Rechts gelangen würde.

32   Die Nutzung dieses Spielraums ist zumindest derzeit sinnvoll, da die ADR-Richtlinie nicht vorsieht, wie Verbraucherschlichtungsstellen verlässliche Informationen zu eventuell zu beachtenden ausländischen Verbraucherschutznormen mit einem höheren Schutzniveau einholen können. Künftig mag sich dies gegebenenfalls ändern, sofern sich Netzwerke von ADR-Stellen bilden, die auch insofern kooperieren. Auch den Europäischen Verbraucherzentren könnte eine entsprechende Rolle zukommen, da sie vom europäischen Gesetzgeber ganz offensichtlich als ausreichend neutral angesehen werden, um sowohl die Parteien – also Verbraucher und Unternehmer – als auch ADR-Stellen mit allgemeinen Informationen über die Rechte der Verbraucher in Bezug auf Verbraucherverträge zu versorgen, die in dem Staat, in dem sie als ODR-Kontaktstelle tätig sind, gelten. Dies ergibt sich aus Art. 7 der ODR-Verordnung.

Sobald also die Entscheidung rechtlicher Experise aus dem Ausland ohne größere Hürden möglich wird, sollte auch ausländisches Verbraucherrecht strenger beachtet werden.

---

[19] *Braun/Opplet* VuR Sonderheft 2016, 33 (35).

V. Die europäische ODR-Plattform

1. Anwendungsbereich

Nach Art. 2 Abs. 1 der ODR-Verordnung ist die ODR-Plattform nur dann nutzbar, **33**
wenn es um die Klärung von Verbraucherstreitigkeiten geht, denen entgeltliche Online-
Verträgen zugrunde liegen (siehe auch oben → § 2 Rn. 48 ff.). Trotz dieser Einschränkung verbleibt ein weiter Anwendungsbereich, da prinzipiell alle Wirtschaftssektoren
erfasst sind und es nur auf die Art des Vertragsabschlusses ankommt. Nicht nur klassische Online-Shops sind also erfasst. Weiterhin ist es besonders einfach, online grenzüberschreitend Verträge abzuschließen, so dass die ODR-Plattform für eine Vielzahl aller grenzüberschreitenden Verbraucherverträge von Relevanz sein dürfte.

2. Wesentliche Funktionen der ODR-Plattform

Art. 5 Abs. 4 der ODR-Verordnung enthält eine detaillierte Aufzählung der Funktio- **34**
nen. Auf zwei wesentliche Funktionen wurde bereits oben eingegangen. Zum einen auf
die Wegweiser- und Übermittlungsfunktion, die anhand voreingestellter Parameter zu
der oder den zuständigen ADR- bzw. Verbraucherschlichtungsstellen führt (Art. 5
Abs. 4 lit c) der ODR-Verordnung) und im Falle der Einigung der Parteien auf eine
Stelle den Antrag dorthin übermittelt, zum anderen auf die Übersetzungsfunktion
(Art. 5 Abs. 4 lit e) der ODR-Verordnung).

Im Übrigen können ADR- bzw. Verbraucherschlichtungsstellen das in die Online- **35**
Plattform integrierte elektronische Fallbearbeitungssystem im Rahmen des gesamten
Streitbeilegungsverfahrens nutzen. Erforderlich ist dies aber nicht. Dennoch kommen
ADR- bzw. Verbraucherschlichtungsstellen nicht umhin, sich auf der ODR-Plattform
einmalig zu registrieren, um so Schlichtungsanträge übermittelt zu bekommen. Weiter-
hin sind sie verpflichtet, sich auf der Plattform einzuloggen, um dort gem. Art. 10 der
ODR-Verordnung eine Reihe von Angaben zu machen, insbesondere das Datum des
Abschlusses des Verfahrens sowie der Ausgang.[20]

---

[20] Näher zu den sich aus der ODR-Verordnung für ADR-Stellen ergebenden Pflichten *Braun/Klinder*
ZKM, 2016, S. 17 f.

§ 9 Aufsicht und Rechtsdurchsetzung

Die Verpflichtungen aus dem VSBG richten sich vorwiegend an die anerkannten Verbraucherschlichtungsstellen, wobei der Schutz der Bezeichnung „Verbraucherschlichtungsstelle" nach § 2 Abs. 2 VSBG auch auf sonstige Schlichtungsstellen ausstrahlt. Daneben bestehen die Informationspflichten der Unternehmer nach §§ 36 und 37 VSBG. **1**

Die ADR-Richtlinie regelt nur zurückhaltend die behördliche Aufsicht und Maßnahmen zur Durchsetzung der Anforderungen aus der Richtlinie. Im Gegensatz zum Richtlinienvorschlag der Kommission[1] vermeidet der vom Parlament und Rat verabschiedete Text den Begriff „Überwachung". Allerdings setzt Art. 20 Abs. 2 UA 4 der ADR-Richtlinie eine behördliche Aufsicht über die Einhaltung der Anforderungen aus Art. 20 Abs. 1 der ADR-Richtlinie voraus und schreibt vor, dass Schlichtungsstellen bei anhaltender Nichterfüllung der gesetzlichen Anforderungen von der Liste der anerkannten und gemeldeten Verbraucherschlichtungsstellen gestrichen werden. Außerdem verlangt Art. 21 der ADR-Richtlinie wirksame, geeignete und abschreckende Sanktionen insbesondere bei Verstößen gegen die Informationspflichten, die die Unternehmer treffen. **2**

Der deutsche Gesetzgeber hat im VSBG die behördliche Aufsicht auf die Tätigkeit der Schlichtungsstellen beschränkt. Maßgeblich sind insoweit die Regelung in § 26 VSBG über die Beanstandung von Pflichtverstößen der Schlichtungsstellen und den Widerruf der Anerkennung sowie die Bußgeldvorschrift des § 41 VSBG, mit der die unberechtigte Führung der Bezeichnung „Verbraucherschlichtungsstelle" sanktioniert wird (Bezeichnungsschutz). **3**

Die in Art. 21 der ADR-Richtlinie geforderte Sanktion von Verstößen gegen die Informationspflichten der Unternehmer hat der deutsche Gesetzgeber grundsätzlich den zivilrechtlichen Instrumenten der Abmahnung und Unterlassungsklage, gestützt auf die Regelungen des UKlaG und UWG, überlassen.[2] Zweifelhaft erscheint allerdings, ob der im Falle einer Abmahnung ggf. zu leistende Aufwendungsersatz nach § 12 Abs. 1 S. 2 UWG als wirkungsvolle Sanktion unionsrechtlich ausreicht. Denn in der Praxis werden Verstöße gegen die Informationspflichten weder über die wettbewerbsrechtlichen Schadensersatz- und Gewinnabschöpfungsansprüche (§§ 9 und 10 UWG) noch über die in der Gesetzesbegründung hervorgehobenen Schadensersatzansprüche des Verbrauchers spürbare wirtschaftliche Konsequenzen haben. **4**

Neben den zivilrechtlichen Instrumenten können Unternehmen wie beispielsweise in den Bereichen Finanzdienstleistung, Energieversorgung und Telekommunikation einer spezialgesetzlichen Aufsicht unterliegen, die ggf. auch die Einhaltung der Informationspflichten (zumal wenn sie gesondert geregelt sind) überwacht (zB § 4 Abs. 1a FinDAG). **5**

I. Behördliche Aufsicht über Schlichtungsstellen

1. Zuständige Behörde

Nach § 27 Abs. 1 VSBG liegt die Zuständigkeit für den Vollzug des VSBG und damit die Aufsicht über privat-rechtliche Verbraucherschlichtungsstellen grundsätzlich beim **6**

---

[1] Siehe KOM(2011) 793, Art. 15 des RL-Vorschlags.
[2] BR-Drs. 258/15, 91.

Bundesamt für Justiz. Abweichend davon sind gemäß § 27 Abs. 2 VSBG diejenigen Behörden zuständig, denen nach anderen Bundesgesetzen die Anerkennung der Verbraucherschlichtungsstellen übertragen ist. Das gilt auch, wenn die nach branchenspezifischen Regelungen anerkannte Schlichtungsstelle ihre Zuständigkeit auf andere Vertragsgegenstände erweitert. **Sonderzuständigkeiten** bestehen danach beispielsweise beim Bundesministerium für Wirtschaft und Energie für den Bereich der Energieversorgung (§ 111a Abs. 3 EnWG) und beim Bundesministerium für Verkehr und digitale Infrastruktur für den Eisenbahn- und Busverkehr sowie die Schifffahrt (§ 37 EVO, § 6 FahrgRBusG, § 6 FahrgRSchG).

7   Soweit Kammern als Verbraucherschlichtungsstellen tätig sind, sind sie als behördliche Verbraucherschlichtungsstellen anzusehen,[3] die von der nach den jeweiligen Kammergesetzen (zB IHK-Gesetz) zuständigen Behörde beaufsichtigt werden.

2. Aufsichtsmaßnahmen nach § 26 VSBG

8   § 26 VSBG sieht bei Verstößen der Schlichtungsstelle gegen ihre Pflichten aus dem VSBG ein gestuftes Vorgehen der Aufsichtsbehörde vor. Zunächst beanstandet die Aufsichtsbehörde das Fehlverhalten und ordnet entsprechende Maßnahmen an (§ 26 Abs. 1 VSBG). Kommt die Schlichtungsstelle der Anordnung binnen drei Monaten nicht nach, widerruft das Bundesamt für Justiz oder die sonst zuständige Aufsichtsbehörde die Anerkennung (§ 26 Abs. 2 VSBG).

a) Aufsichtlich relevantes Fehlverhalten

9   Nach § 26 Abs. 1 VSBG liegt ein aufsichtlich relevantes Fehlverhalten, das die Behörde zur Beanstandung und ggf. auch zum Widerruf der Anerkennung ermächtigt, dann vor, wenn die Verbraucherschlichtungsstelle die für **ihre Anerkennung notwendigen Voraussetzungen nicht mehr erfüllt** oder sie **in sonstiger Weise den Anforderungen** an eine Verbraucherschlichtungsstelle **in erheblichem Umfang nicht nachkommt**. Anerkennungsvoraussetzung sind nach § 24 S. 1 VSBG die organisatorischen und fachlichen Anforderungen an die Streitbeilegung in Verbrauchersachen, die in den Abschnitten 2 und 3 des VSBG geregelt sind. Dazu zählen insbesondere die institutionellen Anforderungen wie beispielsweise eine gesicherte Finanzierung (§ 3 VSBG), eine mit dem VSBG konforme Verfahrensordnung (§ 5 VSBG), ein den Vorgaben an die Qualifikation und Unparteilichkeit entsprechender Streitmittler (§§ 6 bis 8 VSBG) und die ggf. notwendige Beteiligung von Interessensvereinigungen nach § 9 VSBG, die im Anerkennungsverfahren geprüft werden. Auch die Nichterfüllung des Schlichtungsauftrags durch häufige Ablehnung zulässiger Schlichtungsanträge wird man zu den Verstößen gegen die Anerkennungsvoraussetzungen rechnen können.

10   Da Art. 20 Abs. 1 der ADR-Richtlinie alle Qualitätsanforderungen der Richtlinie als Anerkennungsvoraussetzung ansieht, deren Einhaltung nach Art. 20 Abs. 3 UA 4 der Richtlinie zu überwachen ist, ließen sich grundsätzlich auch einzelne Verhaltenspflichten wie beispielsweise die Übermittlung der Informationen nach § 16 VSBG, die Gewährung rechtlichen Gehörs nach § 17 VSBG oder die Beachtung der Pflichten beim Schlichtungsvorschlag nach § 19 VSBG als Anerkennungsvoraussetzungen einordnen, deren Einhaltung die Behörde bei der Anerkennung zunächst prognostisch auf Grundlage der Angaben nach § 25 VSBG prüft und in der Folge überwacht. Allerdings kämen dann für eine Nichterfüllung sonstiger Anforderungen, die erst ab Erreichen der **Erheblichkeitsschwelle** zur Beanstandung und ggf. zum Widerruf der Anerkennung führen,

---

[3] Borowski/Röthemeyer/Steike/*Röthemeyer* § 28 Rn. 4.

im Grunde nur noch die Mitteilungspflichten nach § 25 Abs. 2 VSBG und die Berichtspflichten nach § 34 VSBG in Betracht. Außerdem werden verhaltensbezogene Pflichten anders als institutionelle Anforderungen typischer Weise nur fallweise und nicht absolut verletzt, so dass das Erheblichkeitskriterium insoweit eine praxisgerechtere Handhabung durch die Aufsichtsbehörde ermöglicht. Daher dürfte es eher der Vorstellung des Gesetzgebers entsprechen, den Begriff der Anerkennungsvoraussetzungen eng zu fassen und die verhaltensbezogenen Pflichten des Abschnitts 3 des VSBG unter den Begriff der sonstigen Anforderungen zu subsumieren.[4] Von erheblichem Umfang ist die Nichterfüllung der Anforderungen, wenn die verletzten Pflichten insbesondere mit Blick auf die verbraucherpolitische Zielsetzung des Gesetzes von grundlegender Bedeutung sind (qualitative Betrachtung) oder die Pflichtverstöße zahlreich sind (quantitative Betrachtung).[5] Je bedeutsamer die nicht erfüllte Anforderung ist, desto geringer braucht die Häufigkeit zu sein, um die Erheblichkeitsschwelle zu erreichen. Dies gilt insbesondere für die Verletzung des Anspruchs auf rechtliches Gehör nach § 17 VSBG und die Pflicht zur Begründung des Schlichtungsvorschlags nach § 19 Abs. 1 S. 2 VSBG.[6]

Unbeachtlich ist, ob verhaltensbezogene Verstöße gegen das VSBG ihre Grundlage in **11** einer fehlerhaften Verfahrensordnung haben. Die Verfahrensordnung vermag ein Fehlverhalten nicht zu rechtfertigen (zB Nichtgewährung rechtlichen Gehörs aufgrund bestimmter Verfahrensvorgaben oder auf unzulässige Gründe gestützte Ablehnungen).[7]

Birgt die aufsichtliche Behandlung von Verstößen gegen formale Anforderungen kei- **12** ne Schwierigkeiten, ist dagegen fraglich, in welchem Maße auch die inhaltliche Richtigkeit der Entscheidungen und Schlichtungsvorschläge der Aufsicht unterliegt. Im Mittelpunkt stehen dabei die Regelungen zur Ablehnung, Durchführung und Beendigung des Streitbeilegungsverfahren nach den §§ 14 und 15 VSBG und die relative Rechtsbindung des Schlichters nach § 19 Abs. 1 S. 2 VSBG. Unstreitig dürfte sein, dass die Aufsichtsbehörde bei einer unzulässigen Beschränkung des Zugangs von Verbrauchern zur außergerichtlichen Verbraucherstreitbeilegung beispielsweise durch eine unrechtmäßige Erweiterung der Ablehnungsgründe tätig werden muss. Aber auch im umgekehrten Fall einer systematischen Nichtbeachtung der zwingenden Ablehnungsgründe des § 14 Abs. 1 VSBG oder der fehlenden Teilnahmebereitschaft des Antragsgegners nach § 15 Abs. 2 VSBG kann eine Beanstandung erfolgen, um zu vermeiden, dass die betroffenen Unternehmer fortgesetzt mit ungerechtfertigten Verfahrensentgelten belastet werden.

Hinsichtlich der materiell-rechtlichen Vertretbarkeit der Schlichtungsvorschläge und **13** ihrer Begründung wird man der Aufsichtsbehörde zwar eine gewisse Zurückhaltung auferlegen, jedoch kann eine Beanstandung nach § 26 Abs. 1 VSBG geboten sein, wenn wiederholt in gröblicher Weise zwingende Verbraucherschutzvorschriften oder eine gefestigte Rechtsprechung nicht beachtet werden. Die Beanstandung kann dabei sowohl auf § 19 Abs. 1 S. 2 VSBG als auch auf die Vermutung fehlender Rechtskenntnisse nach § 6 Abs. 2 S. 1 VSBG gestützt werden.

Nicht ganz eindeutig erscheint weiter, ob sich die Aufsicht auf Fehlverhalten im Zu- **14** sammenhang mit der Schlichtung von Verbraucherstreitigkeiten beschränkt oder auch

---

[4] AA Borowski/Röthemeyer/Steike/*Röthemeyer* § 26 Rn. 2, der Verhaltenspflichten den sonstigen Anforderungen zuordnet.
[5] Borowski/Röthemeyer/Steike/*Röthemeyer* § 26 Rn. 2.
[6] *Röthemeyer* sieht auch die Verschwiegenheitspflicht als eine zentrale Anforderung an, Borowski/Röthemeyer/Steike/*Röthemeyer* § 26 Rn. 3.
[7] Borowski/Röthemeyer/Steike/*Röthemeyer* § 26 Rn. 3.

andere Parteienkonstellationen erfasst, wenn die Schlichtungsstelle ihre Tätigkeit auf diese ausgedehnt hat. Eine Verbraucherschlichtungsstelle unterliegt auch in dem „überobligatorischen", über Verbraucherverträge hinausgehenden Bereich den Vorschriften des VSBG,[8] was für eine erweiterte Aufsicht spricht. Da sie auch in diesem Bereich als „Verbraucherschlichtungsstelle" auftritt, kann in besonderen Fällen durchaus auch ein Widerruf der Anerkennung geboten sein. Eine Beschränkung des Beanstandungsrechts auf die Nichteinhaltung der Anerkennungsvoraussetzungen lässt sich § 26 Abs. 1 VSBG gerade nicht entnehmen.[9]

b) Beanstandung und Anordnung

15   Das Bundesamt für Justiz oder die sonstige Aufsichtsbehörde teilt der Verbraucherschlichtungsstelle mit, welche Änderungen zur Aufrechterhaltung der Anerkennung erforderlich sind, und fordert sie auf, diese Änderungen innerhalb von drei Monaten durchzuführen (§ 26 Abs. 1 VSBG). Mit der vom Wortlaut der unionsrechtlichen Vorgabe in Art. 20 Abs. 3 UA 4 der ADR-Richtlinie abweichenden Formulierung ist klargestellt, dass sich die Aufsichtsbehörde nicht auf eine gesetzeswiederholende Verfügung zu beschränken braucht, sondern auch konkrete Maßnahmen anordnen kann. Die Verbraucherschlichtungsstelle ist gemäß § 28 VwVfG vorher anzuhören. Zwar fehlen in § 26 VSBG ausdrückliche Ermittlungsbefugnisse (zB Anordnung der Vorlage von Dokumenten), die die Behörden in die Lage versetzten, individuelle Beschwerden zu prüfen. Jedoch können die zur Beurteilung des Sachverhalts nötigen Informationen über die Anhörung nach § 28 VwVfG eingeholt werden.

16   Der Gesetzgeber ist offenbar davon ausgegangen, dass die Mängel der Schlichtungsstelle selten besonders gravierend sind und daher den Schlichtungsstellen eine Frist von drei Monaten zu ihrer Beseitigung zugestanden werden kann. Allerdings sind durchaus Fälle denkbar, in denen **sofortige Maßnahmen** notwendig sind, um die Gefahr grob unrichtiger Schlichtungsvorschläge oder unfairer Verfahren zu verhindern. Sinnvoll kann es beispielsweise auch sein, die Anwendung einer geänderten Regelung in der Verfahrensordnung außer Kraft zu setzen. In diesen Fällen bleibt der Aufsichtsbehörde lediglich die Möglichkeit eines sofortigen Widerrufs der Anerkennung (s. unten → Rn. 19). Der Gesetzgeber sollte *de lege ferenda* die Handlungsmöglichkeiten der Behörde in praxisgerechter Weise erweitern. Die auf einen Widerruf der Anerkennung ausgerichteten Befugnisse des § 26 VSBG sind vor allem bei minder schweren Verstößen, bei denen ein Widerruf unverhältnismäßig erscheint, aber gleichzeitig ein Handeln mit sofortiger Wirkung notwendig wäre (zB unrechtmäßige Änderung der Verfahrensordnung), zu wenig flexibel.

17   Die Aufforderung zur Durchführung der notwendigen Maßnahmen ist ein **Verwaltungsakt** im Sinne von § 35 VwVfG, gegen den die betroffene Schlichtungsstelle, soweit keine oberste Bundesbehörde zuständig ist, Widerspruch einlegen oder andernfalls direkt Klage erheben kann. Örtlich zuständig ist nach § 52 Nr. 2 VwGO das Verwaltungsgericht am Sitz der Bundesbehörde. Die Aufsichtsbehörde kann gemäß § 80 Abs. 2 Nr. 4 VwGO den Sofortvollzug anordnen, was bei schwerwiegenden Mängeln zum Schutz der Verbraucher und Unternehmer durchaus geboten sein kann.

18   Im Rahmen ihres Ermessens kann die Behörde auch vor Erlass einer Anordnung informell tätig werden und die Schlichtungsstelle über Verstöße in Kenntnis setzen.[10]

---

[8] *Greger* MDR 2016, 365 (367).
[9] AA Borowski/Röthemeyer/Steike/*Röthemeyer* § 26 Rn. 4 f.
[10] BR-Drs. 258/15, 81; siehe auch Borowski/Röthemeyer/Steike/*Röthemeyer* § 26 Rn. 9.

c) Widerruf der Anerkennung

Kommt die Verbraucherschlichtungsstelle der Aufforderung binnen drei Monaten **19** nicht nach, widerruft die Aufsichtsbehörde gemäß § 26 Abs. 2 VSBG die Anerkennung. § 26 Abs. 2 VSBG ist eine spezielle Widerrufsregelung, die anders als § 49 Abs. 2 Nr. 3 VwVfG keine Feststellung verlangt, dass ohne den Widerruf das öffentliche Interesse gefährdet wäre. Auch hat die Behörde anders als bei § 49 VwVfG kein Ermessen, sondern muss die Anerkennung widerrufen.[11] § 26 Abs. 2 VSBG lässt die Möglichkeit der Aufsichtsbehörde unberührt, aus anderen Gründen nach § 49 VwVfG die Anerkennung zu widerrufen oder sie nach § 48 VwVfG zurückzunehmen.[12]

Die Widerrufsvoraussetzungen liegen vor, wenn die Verbraucherschlichtungsstelle die **20** Änderungen nicht rechtzeitig durchgeführt hat. Wurden die Mängel nur teilweise behoben, ist zu prüfen, ob weiterhin die Anerkennungsvoraussetzungen nicht erfüllt sind bzw. die Mängel weiterhin als erheblich anzusehen sind.[13]

Die Drei-Monats-Frist wird durch die rechtzeitige Einlegung eines statthaften **21** Rechtsbehelfs gemäß § 80 Abs. 1 S. 1 VwGO gehemmt, sofern die Aufsichtsbehörde nicht die sofortige Vollziehbarkeit der Beanstandungsanordnung gemäß § 80 Abs. 2 Nr. 4 VwGO angeordnet hat.[14] Die Drei-Monats-Frist ist zwar nicht verlängerbar, entfaltet aber auch keine absolute Sperrwirkung, falls die Behörde gestützt auf § 49 VwVfG die Anerkennung widerrufen möchte. In besonderen Fällen kann es aus Gründen des Wohls der Allgemeinheit geboten sein, eine Fortsetzung der Schlichtungstätigkeit als Verbraucherschlichtungsstelle sofort zu untersagen. Da § 26 Abs. 1 VSBG hierzu keine geeigneten Anordnungsbefugnisse enthält, muss die Behörde notfalls auf die allgemeinen Widerrufsmöglichkeiten des § 49 Abs. 2 VwVfG zurückgreifen.

Das Bundesamt für Justiz streicht in der Folge die Stelle von der Liste der anerkann- **22** ten Verbraucherschlichtungsstellen, die gemäß § 33 Abs. 1 VSBG regelmäßig zu aktualisieren ist. Sofern nicht das Bundesamt für Justiz für die Aufsicht zuständig ist, wird es von der zuständigen Anerkennungs- und Aufsichtsbehörde gemäß § 32 Abs. 2 VSBG über den Widerruf informiert. Die Einrichtung kann nach dem Widerruf der Anerkennung zwar weiterhin Dienstleistungen zur Streitbeilegung anbieten, sofern dies nicht aus anderen rechtlichen Gründen unzulässig ist, jedoch darf sie hierfür nicht mehr die Bezeichnung „Verbraucherschlichtungsstelle" verwenden.

d) Anlassbezogene Gestaltung der Aufsicht

Der Gesetzgeber hat davon abgesehen, die Überwachungsaufgabe der zuständigen **23** Behörde im VSBG ausdrücklich zu verankern und als solche zu konturieren. Das Bundesamt für Justiz und die anderen Aufsichtsbehörden können damit grundsätzlich frei entscheiden, ob sie die Aufsicht über die Schlichtungsstellen aktiv oder lediglich reaktiv, dh anlassbezogen wahrnehmen. Allerdings muss aufgrund der unionsrechtlichen Vorgaben gewährleistet sein, dass Verbraucherschlichtungsstellen bei Nichterfüllung der für sie geltenden Anforderungen nach entsprechender Beanstandung ihre Anerkennung verlieren.

Anlass für eine Überprüfung liefern zum einen Mitteilungen der Schlichtungsstelle zu **24** Änderungen nach § 25 Abs. 2 VSBG. Wird beispielsweise die Verfahrensordnung geändert, hat die Aufsichtsbehörde zu prüfen, ob die Änderungen mit den Anforderungen

[11] BR-Drs. 258/15, 81, siehe Borowski/Röthemeyer/Steike/*Röthemeyer* § 26 Rn. 13.
[12] BR-Drs. 258/15, 81.
[13] Borowski/Röthemeyer/Steike/*Röthemeyer* § 26 Rn. 10
[14] Hiergegen wäre erforderlichenfalls mit einem Antrag nach § 80 Abs. 5 VwGO vorzugehen.

des VSBG vereinbar sind und die ggf. erforderliche Beteiligung eines Verbraucher- oder Unternehmerverbandes nach § 9 VSBG erfolgt ist. Außerdem können Mängel im jährlich zu erstellenden Tätigkeitsbericht oder im zweijährlich vorzulegenden Evaluationsbericht darauf hindeuten, dass die Verbraucherschlichtungsstelle ihren Verpflichtungen nicht vollständig nachkommt. Überwiegend dürften konkrete Beschwerden von Verfahrensbeteiligten oder Verbänden dazu führen, dass die Behörde tätig wird.

3. Ordnungswidrigkeiten

25   Das VSBG hält Bußgeldsanktionen lediglich für den Fall vor, dass sich eine Einrichtung unzulässigerweise als Verbraucherschlichtungsstelle bezeichnet oder ihr Träger sie als solche bezeichnet. § 41 VSBG sieht für die Verstöße gegen den Bezeichnungsschutz nach § 2 Abs. 1 S. 1 und S. 2 VSBG einen Bußgeldrahmen von bis zu 50.000 EUR vor. Bußgeldbewehrt sind vorsätzliche und fahrlässige Verstöße. Zuständige Behörde ist das Bundesamt für Justiz.

II. Privatrechtliche Rechtsdurchsetzung

26   Verstöße gegen verbraucherschützende oder das Marktverhalten regelnde Vorschriften können Abmahnungen und Unterlassungsklagen von anspruchsberechtigten Mitbewerbern, Verbänden und Einrichtungen (zB IHK, Wettbewerbszentrale) zur Folge haben. Dabei ist zwischen den Schlichtungsstellen einerseits und den Unternehmern andererseits als Adressaten der für das UWG und UKlaG relevanten Rechtspflichten zu unterscheiden.

1. Durchsetzung von Pflichten der Schlichtungsstellen

a) Unterlassungsklagengesetz (UKlaG)

27   Einige der Vorschriften des VSBG erlegen den Schlichtungsstellen Verpflichtungen zum Schutz der Verfahrensbeteiligten auf. Es stellt sich damit die Frage, ob diese als Verbraucherschutzgesetze im Sinne von § 2 Abs. 1 UKlaG zu betrachten sind, die von Verbraucherverbänden („qualifizierten Einrichtungen"), den Industrie- und Handelskammern und der Wettbewerbszentrale durchgesetzt werden können. Aus der zum 1. Februar 2017 in Kraft tretenden neuen Ziffer 12 in § 2 Abs. 2 UKlaG, die ausdrücklich die Bestimmungen zum Bezeichnungsschutz der Verbraucherschlichtungsstellen nach § 2 Abs. 2 VSBG und die Informationspflichten nach den §§ 36, 37 VSBG bzw. Art. 14 der ODR-Verordnung als Verbraucherschutzgesetze definiert, könnte allerdings der Schluss gezogen werden, dass die übrigen Bestimmungen des VSBG nicht dem UKlaG unterfallen sollen. Auch die dem UKlaG zugrunde liegende Richtlinie 2009/22/ EG über Unterlassungsklagen zum Schutz der Verbraucherinteressen nennt in Anhang I Nr. 14 nicht die ADR-Richtlinie im Ganzen, sondern lediglich Art. 13 der Richtlinie über die Informationspflichten der Unternehmer. Allerdings deutet in der Gesetzesbegründung nichts auf eine derartige einschränkende Auslegung hin. Vielmehr scheint es dem Gesetzgeber mit der ausdrücklichen Erwähnung der Informationspflichten nach §§ 36, 37 VSBG und Art. 14 der ODR-Verordnung darauf angekommen zu sein, die ordnungsgemäße Umsetzung von Art. 23 der ADR-Richtlinie bzw. der geänderten Richtlinie 2009/22/EG zu dokumentieren und sichtbar zu machen.[15] Man wird außerdem dem VSBG und der

---

[15] BR-Drs. 258/15, 99.

Tätigkeit der Schlichtungsstellen anders als dem ZVG[16] nicht gänzlich den Bezug zum rechtsgeschäftlichen Verkehr und zu rechtsgeschäftlichen Entscheidungen absprechen können, da zwischen der Schlichtungsstelle und den Verfahrensbeteiligten ein Dienstleistungsvertrag begründet wird und die Schlichtungsstellen auch eigene Geschäftsinteressen verfolgen. Wie die Einbeziehung der Vorschriften des Rechtsdienstleistungsgesetzes in § 2 Abs. 2 Nr. 8 UKlaG zum Schutz der Verbraucher vor unqualifizierten Inkassodienstleistungen zeigt, kommt es auch nicht darauf an, dass der Adressat der Vorschrift ein unmittelbares Absatzinteresse gegenüber dem Verbraucher hat, das man bei einer Verbraucherschlichtungsstelle als fraglich ansehen könnte.

Damit sind die Ansprüche auf Unterlassung und Beseitigung der nach § 3 UKlaG **28** anspruchsberechtigten Verbänden und Einrichtungen nicht auf Verstöße gegen §§ 2 Abs. 2, 36 und 37 VSBG und Art. 14 der ODR-Richtlinie beschränkt, sondern erstrecken sich auch auf die übrigen dem Schutz der Verbraucher dienenden Vorschriften des VSBG.

Hierzu zählen sowohl die institutionellen Anforderungen des Abschnitts 2 als auch **29** die im Abschnitt 3 des VSBG geregelten Anforderungen an die Gestaltung und Durchführung des Verfahrens. Als verbraucherschützend anzusehen wären beispielsweise die Anforderungen an die Qualifikation des Streitmittlers nach § 6 Abs. 2 VSBG, an seine Unabhängigkeit nach § 7 VSBG, an die Gewährung rechtlichen Gehörs nach § 17 VSBG, die Begründungspflicht nach § 19 Abs. 1 S. 2 VSBG und die Entgeltregelungen in § 22 VSBG. Dass auf Grund des verzögerten Inkrafttretens der Regelung in § 2 Abs. 2 S. 1 Nr. 12 UKlaG zum 1. Februar 2017 die nicht als Verbraucherschlichtungsstellen anerkannten Schlichtungsstellen bei Verstößen gegen den Bezeichnungsschutz nach § 2 Abs. 2 VSBG und Unternehmer bei Verstößen gegen die Informationspflichten nach §§ 36 und 37 VSBG gegenüber den Verbraucherschlichtungsstellen möglicherweise privilegiert werden, wird man als eine der zahlreichen Inkonsistenzen des Gesetzes[17] hinnehmen müssen.

Da es sich bei den Verfahrensordnungen der Schlichtungsstellen um Allgemeine **30** Geschäftsbedingungen handelt (siehe → § 5 Rn. 25), kann eine Schlichtungsstelle bei unzulässigen Abweichungen von den Vorgaben des VSBG auch nach § 1 UKlaG auf Unterlassung in Anspruch genommen werden.

b) Gesetz gegen den unlauteren Wettbewerb (UWG)

Wer entgegen § 2 Abs. 2 VSBG seine Dienstleistung als Verbraucherschlichtungsstelle **31** anbietet, ohne hierzu nach dem VSBG anerkannt oder berechtigt zu sein, kann auf Unterlassung nach den §§ 3, 3a, 8 UWG in Anspruch genommen werden. Neben den institutionellen Anspruchsberechtigten (Verbraucherverbände, IHK, Wettbewerbszentrale) wird man in der Regel auch die Schlichtungsstellen selbst als anspruchsberechtigte Mitbewerber nach § 8 Abs. 3 Nr. 1 UWG ansehen können. Allerdings ist zu prüfen, ob die angebotenen Schlichtungsdienste tatsächlich in Wettbewerb zueinander stehen. Das verzögerte Inkrafttreten von § 2 Abs. 2 Nr. 12 UKlaG zum 1. Februar 2017, das allein den Schutz der Unternehmer vor Abmahnungen aufgrund Verstößen gegen die Informationspflicht nach § 36 VSBG bezweckt haben dürfte, sperrt ein auf das UWG gestütztes Vorgehen bei Verstößen gegen den Bezeichnungsschutz bereits vor dem 1. Februar 2017 nicht.

---

[16] MüKoZPO/*Micklitz* § 2 Rn. 45 UKlaG; LG Augsburg Urt. vom 19.4.2010 – 8 O 4038/09 –, BeckRS 2010, 16057.
[17] Die im Übrigen auch unionsrechtswidrig ist.

32 Mit Ausnahme der Vorschrift zum Bezeichnungsschutz in § 2 Abs. 2 VSBG dürfte es hingegen den übrigen Anforderungen des VSBG an Verbraucherschlichtungsstellen an der in § 3a UWG verlangten Zweckbestimmung fehlen, das Marktverhalten im Interesse der Marktbeteiligten zu regeln. Daher scheiden wettbewerbsrechtliche Ansprüche gegen anerkannte Verbraucherschlichtungsstellen regelmäßig aus.

33 Unlautere geschäftliche Handlungen im Sinne von § 3 UWG können selbstverständlich auch in einem sonstigen, nicht durch das VSBG geregelten Verhalten bestehen. In diesem Zusammenhang ist zu erwähnen, dass Schlichtungsstellen ein Interesse daran haben können, sich vor unlauterer Konkurrenz zu schützen. Wenn beispielsweise für Verbraucher tätige **Inkassodienstleister** ihre Werbung im Internet durch entsprechende Suchattribute und Schlüsselwörter so gestalten, dass sie bei Eingabe des Begriffs „Schlichtung" in der Trefferliste von Suchmaschinen erscheinen, könnte darin grundsätzlich eine **Irreführung** im Sinne von § 5 UWG liegen.[18] Voraussetzung ist allerdings, dass der durchschnittliche Verbraucher (§ 3 Abs. 4 UWG) mit dem Begriff Schlichtung tatsächlich ein von einer neutralen Stelle durchgeführtes Verfahren zur Streitbeilegung verbindet. Die Erwartung einzelner Verbraucher kann zwar auch dahin gehen, dass eine Schlichtungsstelle ihre Interessen vertritt, jedoch weicht das auf Erfolgsbeteiligung gestützte Geschäftsmodell der Inkassounternehmen deutlich von der allgemeinen Vorstellung über die Tätigkeit und Rolle einer Schlichtungsstelle ab. Ob dabei die Wesentlichkeitsschwelle des § 3 Abs. 2 UWG erreicht wird, hängt vom Einzelfall ab. Zu prüfen wird auch sein, ob Inkassodienstleistungen und Schlichtungsdienstleistungen zueinander in einem Wettbewerbsverhältnis stehen. Andernfalls wären nur die in § 8 Abs. 3 Nr. 2 bis 4 UWG genannten Einrichtungen anspruchsberechtigt.

c) Rechtsdurchsetzung durch die Verfahrensbeteiligten

34 Nach der hier vertretenen Auffassung ergeben sich weder aus den Vorschriften des VSBG noch aus dem Schlichtungsverhältnis Ansprüche, mit denen die Verfahrensbeteiligten die Durchführung einer Verbraucherschlichtung oder Erfüllung sonstiger für Verbraucherschlichtungsstellen geltender Anforderungen gerichtlich durchsetzen könnten (→ § 5 Rn. 162). Allenfalls bei behördlichen Schlichtungsstellen scheint eine gerichtliche Überprüfung mit Blick auf Art. 19 Abs. 4 GG denkbar. Die Verfahrensbeteiligten sind damit auf Sekundäransprüche beschränkt (hierzu näher → § 5 Rn. 235).

d) Durchsetzung der Beteiligungsrechte nach § 9 VSBG

35 Wenn eine Verbraucherschlichtungsstelle entgegen § 9 VSBG bei den dort genannten institutionellen Entscheidungen die Beteiligung eines Verbraucher- oder Unternehmensverbands unterlässt, wird dies vorrangig aufsichtliche Maßnahmen nach § 26 VSBG zur Folge haben. Fraglich ist, ob daneben ein unmittelbar durchsetzbarer Beteiligungsanspruch besteht. Solange der zu beteiligende Verband nicht durch die Satzung des Trägervereins näher bestimmt ist, hat die Schlichtungsstelle ein Wahlrecht zwischen mehreren geeigneten Interessensverbänden. Daher ist Voraussetzung für einen unmittelbar durchsetzbaren Beteiligungsanspruch, dass die Vereinssatzung festgelegt, welcher Verband zu beteiligen ist. Die Vereinssatzung begründet in diesem Fall entsprechend § 328 BGB Rechte Dritter.

---

[18] So festzustellen beispielsweise im Bereich von Fluggastrechten nach der VO (EG) Nr. 261/2004; zur wettbewerbsrechtlichen Beurteilung unrichtiger Keywords vgl. LG Düsseldorf Urt. v. 27.3. 2002 – 12 O 48/02 – MMR 2002, 557.

2. Durchsetzung der Informationspflichten der Unternehmer

Werden Unternehmer durch gesetzliche Regelungen verpflichtet, Verbraucher über ihre 36 Rechte oder die Folgen rechtsgeschäftlichen Verhaltens zu informieren, handelt es sich insoweit um Verbraucherschutzgesetze im Sinne von § 2 Abs. 1 UKlaG, die regelmäßig zugleich marktverhaltensregelnde Vorschriften im Sinne von § 3a UWG darstellen.[19]

a) Vorvertragliche Information vor Entstehen einer Streitigkeit

Im Zusammenhang mit der Schlichtung sind vor allem die vorvertraglichen Informa- 37 tionspflichten nach § 36 VSBG und Art. 14 der ODR-Verordnung von Bedeutung. Darüber hinaus bestehen spezialgesetzliche Regelungen, die die Informationspflichten konkretisieren und regelmäßig bereits vor dem 1. Februar 2017, ab dem § 36 VSBG in Kraft tritt, gelten (zB § 6 Abs. 3 Nr. WBVG, § 111a S. 4 EnWG, § 43a Abs. 1 Nr. 10 TKG, § 1 Abs. 1 Nr. 19 VVG-InfoV, siehe im Übrigen oben VII. Nr. 1) d)).

Die genannten Informationspflichten dienen nicht nur dem Schutz der Verbraucher, 38 die Klarheit über die Bereitschaft ihres möglichen Vertragspartners zur Teilnahme an einer Schlichtung erlangen sollen, sondern regeln zugleich, wie die Unternehmer ihre Waren und Dienstleistungen auf dem Markt anbieten müssen. Verstöße gegen die genannten Informationspflichten können damit Abmahnungen und Klagen auf Unterlassung oder Beseitigung sowohl nach dem UKlaG als auch nach dem UWG zur Folge haben.[20]

Zu beachten ist, dass die Informationspflichten nach § 36 VSBG und die entspre- 39 chende Erweiterung der Regelbeispiele für abmahnfähige Verbraucherschutzgesetze in § 2 Abs. 2 Nr. 12 UKlaG erst am 1. Februar 2017 in Kraft treten. § 2 Abs. 2 Nr. 12 UKlaG erfasst auch die Informationspflichten der Online-Händler nach Art. 14 der ODR-Verordnung (Link zur OS-Plattform, Angabe einer etwaigen Teilnahmeverpflichtung), was die Frage aufwirft, welche Auswirkung das verzögerte Inkrafttreten zum 1. Februar 2017 hat. Da Art. 14 der ODR-Verordnung bereits seit 9. Januar 2016 gilt, läge eine teleologische Reduktion von Art. 24 Abs. 1 des ADR-Umsetzungsgesetzes dergestalt nahe, dass das verzögerte Inkrafttreten nur für diejenigen Verbraucherschutzbestimmungen gilt, die ebenfalls verzögert in Kraft treten (dh §§ 36, 37 VSBG). In jedem Fall dürften Mitbewerber nicht daran gehindert sein, gestützt auf § 3a UWG bei Verstößen gegen die Informationspflicht nach Art. 14 der ODR-Verordnung auch schon vor dem 1. Februar 2017 vorzugehen, zumal es hier in der Praxis bereits vor Inkrafttreten des ADR-Umsetzungsgesetzes zu Abmahnungen gekommen ist.[21]

b) Information nach Entstehen der Streitigkeit

Unternehmer sind gemäß § 37 VSBG verpflichtet, nach Entstehen der Streitigkeit den 40 Verbraucher in Textform auf die zuständige Verbraucherschlichtungsstelle unter Angabe ihrer Anschrift und Webseite hinzuweisen sowie sich zu erklären, ob sie zur Teilnahme an einer Schlichtung bereit oder verpflichtet sind. Verstöße hiergegen können ebenfalls zu Abmahnungen und Klagen nach dem UKlaG und UWG führen. Die obigen Erläuterungen gelten entsprechend.

---

[19] *Zieger/Smirra* wollen hier sogar § 5a Abs. 4 UWG erfüllt sehen, MMR 2016, 291 (294).
[20] Siehe auch Borowski/Röthemeyer/Steike/*Steike* § 36, Rn. 17.
[21] Vgl. auch LG Bochum Urt. v. 31.3.2016 – 14 O 21/16, MMR 2016, 540; das Gericht musste sich allerdings mit der erst am 11.4.2016 in Kraft getretenen Vorschrift zum verzögerten Inkrafttreten von § 2 Abs. 2 Nr. 12 UKlaG nicht befassen.

§ 10 Informations- und Unterstützungsangebot

Wer sich als Unternehmer, Verbraucher oder Rechtsanwalt über das Angebot an anerkannten Verbraucherschlichtungsstellen informieren möchte, findet gemäß § 33 VSBG auf der Internetseite des Bundesamts für Justiz eine Liste mit den Schlichtungsstellen und ihren Zuständigkeitsbereichen (https://www.bundesjustizamt.de/DE/Themen/Buergerdienste/Verbraucherschutz/Verbraucherstreitbeilegung/Uebersicht_node.htm). **1**

Die Aufzählung einzelner Waren und Dienstleistungen nach den Kategorien der Europäischen Kommission erscheint dabei eher verwirrend, zumal sie im Zweifelsfall nicht konstitutiv für die tatsächliche Zuständigkeit ist. Insofern ist zu empfehlen, sich die Regelung der Zuständigkeit in der Verfahrensordnung anzusehen. Das Bundesamt für Justiz aktualisiert die Liste regelmäßig. **2**

Eine europaweite Liste der nach den Vorgaben der ADR-Richtlinie in den EU-Mitgliedstaaten anerkannten Verbraucherschlichtungsstellen wird nach Art. 20 Abs. 4 der ADR-Richtlinie von der Europäischen Kommission geführt und veröffentlicht (http://webgate.ec.europa.eu/odr/main/index.cfm?event=main.adr.show&lng=DE#). **3**

Die Kommission unterhält außerdem weiterhin eine Liste der nach den Empfehlungen 98/257/EG und 2001/310/EG notifizierten Schlichtungsstellen, die jedoch nicht alle nach den Vorgaben der ADR-Richtlinie und den entsprechenden nationalen Umsetzungsgesetzen als Verbraucherschlichtungsstellen anerkannt sind (http://ec.europa.eu/consumers/solving_consumer_disputes/non-judicial_redress/national-out-of-court-bodies/index_en.htm). **4**

§ 40 Abs. 1 VSBG sieht vor, dass das Bundesamt für Justiz oder eine vom ihm beliehene Stelle Verbraucher bei der Suche nach einer geeigneten Schlichtungsstelle in einem anderen Mitgliedstaat unterstützt. Bemerkenswert ist, dass sich die Unterstützung zum einen auf Verbraucher, zum anderen auf grenzüberschreitende Verbraucherstreitigkeiten beschränkt. Das Bundesamt für Justiz hat mit dieser Aufgabe im Wege der Beleihung das **Zentrum für Europäischen Verbraucherschutz e. V.** betraut.[1] Dem Zentrum für Europäischen Verbraucherschutz e. V. ist außerdem die Funktion der Kontaktstelle nach § 40 Abs. 1 Nr. 2 VSBG bzw. Art. 7 Abs. 2 der ODR-Verordnung übertragen. Die Kontaktstelle nach Art. 7 Abs. 2 der ODR-Verordnung unterstützt die Bearbeitung von Beschwerden über die OS-Plattform, indem sie die Kommunikation zwischen den Parteien ua durch Informationen über Schlichtungsverfahren und die Rechte der Verbraucher bei Kauf- und Dienstleistungsverträgen im jeweiligen Mitgliedstaat erleichtert. **5**

Innerhalb des Zentrums für Europäischen Verbraucherschutz e. V. werden die Aufgaben vom Europäischen Zentrum für Verbraucherschutz e. V. (EVZ) wahrgenommen (http://www.evz.de/de/). Das EVZ steht in engem Austausch mit den Europäischen Verbraucherzentren anderer Mitgliedstaaten, die Beschwerden von Verbrauchern an die Unternehmen weiterleiten, auf eine Lösung hinwirken oder den Parteien ein Verfahren vor einer geeigneten Schlichtungsstelle vorschlagen. Die Beratung beim EVZ ist in der Regel kostenfrei. **6**

---

[1] BAnz AT 1.4.2016 B4.

§ 11 Formularmuster[1]

I. Schlichtungsvorschlag

Streitbeilegungsverfahren Name Antragssteller/Firma Antragsgegner

Schlichtungsvorschlag

Antrag auf Streitbeilegung:[2]	20.8.2016
Antragssteller:	*Markus Alias, Musterstr. 15, 50.667 Köln*
Antragsgegnerin:	X-Beliebig *GmbH, vertreten durch den Geschäftsführer*
	Richard Mustermann, Modellplatz 12, 80331 München
Referenznummer:	*Kundennummer IT2076.727,*
	Bestellnummer 6253AB446574
Bekanntgabe:[3]	24.8.2016
Eingang der vollständigen Beschwerdeakte:[4]	21.9.2016
Aktenzeichen:[5]	SV-123/2016

1. Sachverhalt

(Sachverhaltsschilderung)

Der Antragsteller bestellte online und per Vorkasse im Online-Shop der Antragsgegnerin (www.antragsgegnerin-shop.de) ein Notebook (Marke Maxi, Modell Mini, Artikelnummer 56.352157) zum Preis von 1.499 EUR, inklusive Hinsendekosten. Der Antragsteller wurde wegen der kostenfreien Retourenmöglichkeit auf den Shop der Antragsgegnerin aufmerksam. Das Notebook war für seinen privaten Gebrauch bestimmt und wurde am 14.7.2016 geliefert. Der Antragsteller stellte sogleich fest, dass das Notebook nicht seinen Erwartungen entsprach. Am 15.7.2016 um 08:17 informierte er die Antragsgegnerin per E-Mail hierüber und teilte in der E-Mail mit, dass er vom Vertrag zurücktrete; zudem sandte er das Notebook an die Antragsgegnerin zurück. Nachdem er keine Nachricht von der Antragsgegnerin erhalten hatte, forderte der Antragsteller sie am 1.8.2016 auf, den Kaufpreis bis spätestens 8.8.2016 zu erstatten. Die Antragsgegnerin kündigte ihm am 3.8.2016 an, das Notebook nach Übernahme der Versandkosten wieder zuzuschicken, mit der Begründung, es liege kein schriftlicher Widerruf vor.

(Begründung Antragsteller)

Der Antragsteller ist der Auffassung, dass er den Vertrag fristgemäß widerrufen habe.

---

[1] Muster eines eng an die Rechtslage angelegten Schlichtungsvorschlag; zu weiteren Möglichkeiten → § 6 Rn. 1 ff.

[2] Datum des Eingangs des Antrags auf Durchführung eines Streitbeilegungsverfahrens. Ist die erste Nachricht des Antragsstellers so unvollständig, dass sie nicht als Antrag im Sinne der Verfahrensordnung gewertet werden kann (zB Name Antragsgegner fehlt), Datum des präzisierten Antrags.

[3] Datum gemäß § 204 Abs. 1 Nr. 4a BGB.

[4] § 20 Abs. 1 VSBG.

[5] Aktenzeichen der Verbraucherschlichtungsstelle.

(Ziel Antragsteller)

Der Antragsteller möchte, dass der Kaufpreis inklusive Hinsendekosten in Höhe von 1.499 EUR erstattet wird. Zudem verlangt er Kompensation in Höhe von 50 EUR dafür, dass er Zeit- und Materialaufwendungen hatte.

(Ziel Antragsgegner und Begründung)

Der Antragsgegner macht geltend, er sei nicht zur Erstattung verpflichtet, da ein Widerruf per E-Mail nicht möglich sei.

Beide Parteien nahmen zum Verfahren Stellung. Auf die Stellungnahmen wird Bezug genommen. Bezüglich des oben geschilderten Sachverhalt stimmen die Parteien überein.

2. Rechtliche Würdigung[6]

(Zusammenfassung Entscheidung)

Der Antragsteller hat einen Anspruch auf Rückzahlung des Kaufpreises in Höhe von 1.499 EUR zzgl. 40 EUR Schadenspauschale. Ein weitergehender Anspruch besteht nicht.

(Ausführungen zur rechtlichen Würdigung [hier verkürzt dargestellt])

Den unter 1. dargestellten Sachverhalt zugrunde gelegt, steht dem Antragsteller ein Rückzahlungsanspruch aus § 357 Abs. 1 BGB zu. Als Verbraucher stand dem Antragsteller ein Widerrufsrecht nach § 312g Abs. 1 BGB zu (…).

Entgegen der Auffassung der Antragsgegnerin wurde der Widerruf wurde am 15.7.2016 fristgemäß und formgerecht ausgeübt. Nach § 355 Abs. 1 S. 2 BGB wird der Widerruf durch Erklärung gegenüber dem Unternehmer ausgeübt. Da das Gesetz kein besonderes Formerfordernis vorsieht, ist ein Widerruf per E-Mail zulässig und entspricht im Übrigen gerade auch in besonderem Maße dem Online-Handel. Das Notebook befindet sich bereits bei der Antragsgegnerin und muss daher nicht zurückgesandt werden.

Der Anspruch auf Zahlung der Schadenspauschale in Höhe von 40 EUR ergibt sich aus § 288 Abs. 5 BGB. Die Frage, ob die Antragsgegnerin bereits mit Ablauf des 14-tägigen Rückzahlungszeitraums (§ 357 Abs. 1 BGB) in Zahlungsverzug war, kann offen bleiben, da jedenfalls Verzug durch die Fristsetzung des Antragstellers am 9.8.2016 eintrat. Da die Vorschrift einen Pauschalbetrag vorsieht, ist der Anspruch auf einen Betrag in Höhe von 40 EUR begrenzt, unabhängig vom tatsächlich angefallenen Aufwand.

Grundsätzlich besteht während des Verzuges ein Zinsanspruch in Höhe von fünf Prozentpunkten über dem Basiszinssatz.

3. Schlichtungsvorschlag

Die Antragsgegnerin zahlt dem Antragsteller 1.539 EUR.

Begründung:

Es wird eine Einigung vorgeschlagen, die grundsätzlich der Rechtslage entspricht.[7] Zinsen sollten unberücksichtigt bleiben, da sie nur in geringem Umfang angefallen sind.

---

[6] § 19 Abs. 1 S. 2 VSBG.

4. Hinweise zum Schlichtungsvorschlag[8]

Der Schlichtungsvorschlag kann vom Ergebnis eines gerichtlichen Verfahrens abwei- 13
chen. Wenn beide Parteien den Schlichtungsvorschlag annehmen, entsteht ein Ver-
gleichsvertrag. Es besteht die Möglichkeit, den Vorschlag nicht anzunehmen. Es besteht
weiterhin die Möglichkeit, die Gerichte anzurufen.

Es wird gebeten,

bis zum 22.10.2016[9]

mitzuteilen, ob der Schlichtungsvorschlag angenommen wird.

Musterhausen, 30.9.2016
Alexandra Streit-Beilegung
Streitmittlerin

---

[7] In diesem Rahmen können auch Kulanzerwägungen oder sonstige Erwägungen Berücksichtigung
finden; vgl. → § 2 Rn. 110.
[8] § 19 Abs. 3 S. 1 und 2 VSBG.
[9] § 19 Abs. 3 S. 3 VSBG.

II. Musterverfahrensordnung[1]

Musterverfahrensordnung der Schlichtungsstelle _____

Konfliktbeilegungsmethode Schlichtung

Präambel/Vorbemerkung

Die Schlichtungsstelle xxx wurde vom xxxverein eingerichtet und vom Bundesamt für Justiz am xxx2016 als Verbraucherschlichtungsstelle anerkannt. Die Schlichtungsstelle bietet bei Streitigkeiten zwischen Verbrauchern und Unternehmern *[zB Mitgliedsunternehmen des Trägervereins]* aus Verträgen über xxx die Möglichkeit einer raschen Klärung und Beilegung der Streitigkeit ohne gerichtliches Verfahren. Die Schlichtungsstelle wird auf Antrag eines Verbrauchers tätig, prüft *[, wenn der Unternehmer zur Teilnahme am Schlichtungsverfahren bereit ist,[2]]* auf Grundlage der von den Parteien vorgetragenen Tatsachen und Argumente den Fall und unterbreitet einen Lösungsvorschlag, den die Parteien annehmen oder ablehnen können *[den der Verbraucher annehmen oder ablehnen kann; der Unternehmer ist bis zu xxxx EUR an den Lösungsvorschlag gebunden]*.

Führt die Schlichtung nicht zum Erfolg, steht es den Parteien frei, ihre Anliegen gerichtlich geltend zu machen. Soweit das Landesrecht vor Klageerhebung ein obligatorisches außergerichtliches Streitbeilegungsverfahren verlangt, wird diese Anforderung durch das Schlichtungsverfahren bei der Schlichtungsstelle xxx erfüllt.

Während des Schlichtungsverfahrens ist die Verjährung der geltend gemachten Ansprüche gehemmt.

Mit der Teilnahme am Schlichtungsverfahren stimmen der Verbraucher und der Unternehmer der Verfahrensordnung zu, die das Schlichtungsverfahren regelt. Neben der Verfahrensordnung gelten ergänzend die Vorschriften des Verbraucherstreitbeilegungsgesetzes (VSBG).

1. Zuständigkeit

(1) Die Schlichtungsstelle ist zuständig für die Beilegung von Streitigkeiten aus einem Vertragsverhältnis zwischen einem Verbraucher (§ 13 BGB) und einem Unternehmer (§ 14 BGB) *[ggf. Mitgliedsunternehmen]* über xxxx *[Bezeichnung der branchentypischen Vertragsgegenstände[3]]* oder über das Bestehen eines solchen Vertragsverhältnisses. Geltend gemacht werden können insbesondere Ansprüche auf Leistung und Geldzahlung, einschließlich Ansprüche auf Ersatz von Vermögensschäden und Nebenforderungen wegen Verzugs. Ansprüche wegen Körperverletzung sind ausgeschlossen.

(2) Die Schlichtungsstelle ist nicht zuständig für Forderungen, deren Wert den Betrag von 10 EUR unterschreitet oder den Betrag von 100.000 Euro[4] überschreitet. Die

---

[1] Es handelt sich hierbei um eine von mehreren Möglichkeiten der Konkretisierung der gesetzlichen Vorgaben; zu anderen Möglichkeiten unter Einschluss der Prozessrisikoanalyse → § 6 Rn. 9.

[2] Bei einer branchenbezogenen, unternehmensgetragenen Schlichtungsstelle werden sich die Unternehmen regelmäßig in der Satzung zur Teilnahme verpflichten; der Vorbehalt der Teilnahmebereitschaft kann allerdings bei Unternehmen zum Tragen kommen, die zwar der Branche angehören, sich jedoch nicht am Trägerverein beteiligen.

[3] Bezeichnung der Vertragsgegenstände entfällt bei allgemeiner Verbraucherschlichtungsstelle; stattdessen Bezugnahme auf Verbraucherverträge gemäß § 310 Abs. 3 BGB.

[4] Die Obergrenze kann branchenabhängig gestaffelt sein und sollte den üblichen Preisrahmen abdecken; auf Streitwertgrenzen kann auch verzichtet werden.

Schlichtungsstelle und die Parteien können im Einzelfall vereinbaren, eine Schlichtung auch bei einem Wert von mehr als 100.000 EUR durchzuführen. Für die Wertbestimmung gelten die Vorschriften der Zivilprozessordnung entsprechend.

(3) Die Schlichtungsstelle wird nur auf Antrag eines Verbrauchers tätig. Antragsberechtigt sind nur Verbraucher mit Wohnsitz oder gewöhnlichem Aufenthalt in der Europäischen Union oder einem anderen Vertragsstaat des Abkommens über den Europäischen Wirtschaftsraum.

(4) Die Schlichtungsstelle ist nicht zuständig für Streitigkeiten mit Unternehmern, die ihren Sitz nicht in Deutschland haben.

Abs. 5 nur relevant bei allgemeiner Verbraucherschlichtungsstelle:
(5) Die Verbraucherschlichtungsstelle ist sachlich nicht zuständig für
a) Streitigkeiten aus Verträgen über nichtwirtschaftliche Dienstleistungen von allgemeinem Interesse,
b) Streitigkeiten aus Verträgen über Gesundheitsdienstleistungen,
c) Streitigkeiten aus Verträgen über Weiter- und Hochschulbildung durch staatliche Einrichtungen,
d) arbeitsvertragliche Streitigkeiten,
e) Streitigkeiten, für deren Beilegung Verbraucherschlichtungsstellen nach anderen Rechtsvorschriften als denen des Verbraucherstreitbeilegungsgesetzes anerkannt, beauftragt oder eingerichtet werden,
f) Streitigkeiten zwischen Unternehmern, zwischen Verbrauchern oder zwischen einem Unternehmer und einem Verbraucher, sofern der Unternehmer der Antragsteller ist.

2. Organisation der Schlichtungsstelle und Streitmittler

(1) Die Schlichtungsstelle hat eine Geschäftsstelle, die insbesondere für die Entgegennahme und Weiterleitung von Anträgen und Stellungnahmen zuständig ist und die Streitmittler bei der Durchführung der Schlichtungsverfahren unterstützt.

(2) Für die Schlichtungsstelle sind zwei Streitmittler [*als Streitmittler Frau / Herr xxx*[5]] tätig. Die Verfahren werden jeweils von einem einzelnen Streitmittler durchgeführt. Die Streitmittler vertreten sich gegenseitig. Sie verfügen als Volljuristen und aufgrund ihrer bisherigen Tätigkeit über die notwendige fachliche Qualifikation und Kompetenz zur Schlichtung. Die Streitmittler sind unabhängig und keinen Weisungen unterworfen. Sie sind verantwortlich für die ordnungsgemäße Durchführung der Verfahren, entscheiden über das Vorliegen von Ablehnungsgründen und unterzeichnen den Schlichtungsvorschlag. Sie können sich bei ihrer Tätigkeit durch weitere Beschäftigte der Schlichtungsstelle unterstützen lassen.

(3) Der Streitmittler hat den Parteien alle Umstände offenzulegen, die seine Unabhängigkeit oder Unparteilichkeit beeinträchtigen können. Der Streitmittler darf bei Vorliegen solcher Umstände nur dann tätig werden, wenn die Parteien seiner Tätigkeit als Streitmittler ausdrücklich zustimmen. Andernfalls wird sein Vertreter in diesem Verfahren tätig.

(4) Jede Partei kann die Ablehnung des Streitmittlers wegen Besorgnis der Befangenheit aus den in Abs. 3 genannten Gründen beantragen. Über den Antrag entscheidet der Vertreter des Streitmittlers.

---

[5] Eine namentliche Nennung der Streitmittler in der Verfahrensordnung ist zwar bislang unüblich, jedoch kann sie bewusst eingesetzt werden, um beispielsweise die fachliche Kompetenz der Schlichtungsstelle zu belegen.

3. Verfahrensgrundsätze

(1) Das Schlichtungsverfahren wird in deutscher Sprache durchgeführt. Dies steht einer Vorlage von Dokumenten in einer anderen Sprache nicht entgegen; der Streitmittler kann die Partei auffordern, eine Übersetzung in die Verfahrenssprache beizubringen. *[Wenn beide Parteien einverstanden sind, kann das Verfahren auch in einer der folgenden Sprachen durchgeführt werden: xxx.]*

(2) Die Parteien können sich durch eine Person vertreten lassen, die nach dem Rechtsdienstleistungsgesetz zur Erbringung von Rechtsdienstleistungen befugt ist. Jede Partei trägt die Kosten ihrer Vertretung.

(3) Anträge, Stellungnahmen und sonstige Unterlagen sind in Textform zu übermitteln. Den Parteien steht hierzu unter Angabe der für das Verfahren vergebenen Registrierungsnummer ein elektronischer Zugang auf der Seite https.xxxx.de zur Verfügung. Eine mündliche Verhandlung findet grundsätzlich nicht statt; eine mündliche Verhandlung kann jedoch auf Vorschlag des Streitmittlers und mit Zustimmung der Parteien durchgeführt werden, wenn dies zur Aufklärung des Sachverhalts, im Zusammenhang mit der Einvernahme von Zeugen oder zur Erörterung von Lösungsvorschlägen erforderlich und zweckmäßig erscheint.[6]

(4) Eine Beweiserhebung findet grundsätzlich nicht statt. Der Streitmittler kann jedoch auf Antrag einer Partei die Einholung eines Sachverständigengutachtens oder die Einvernahme von Zeugen veranlassen, wenn die antragstellende Partei die Kosten hierfür übernimmt. Der Streitmittler kann in besonderen Fällen selbst die Einholung eines Sachverständigengutachtens oder die Einvernahme von Zeugen veranlassen, wenn dies zur Erarbeitung des Schlichtungsvorschlags notwendig ist, das Verfahren dadurch nicht unangemessen verzögert wird und die Schlichtungsstelle die Kosten hierfür übernimmt. Die Parteien sind vorher anzuhören.

(5) Die Teilnahme am Schlichtungsverfahren ist für den Verbraucher *[beide Parteien[7]]* freiwillig. Der Verbraucher kann das Verfahren jederzeit durch Rücknahme des Schlichtungsantrags beenden. *[Der Unternehmer kann das Verfahren bis zur Feststellung der vollständigen Beschwerdeakte gemäß Nr. 8 dieser Verfahrensordnung und § 20 Abs. 1 S. 1 VSBG durch Erklärung gegenüber der Schlichtungsstelle beenden.[8]]* Das Recht zur Verfahrensbeendigung bei Vorliegen eines erheblichen Verfahrensmangels bleibt unberührt (§ 15 Abs. 3 VSBG).

(6) Der Streitmittler kann Anträge von mehreren Verbrauchern gegen einen Unternehmer in gleichgelagerten Fällen in einem gemeinsamen Verfahren bearbeiten. *[Er kann auch einzelne Anträge auswählen und als Musterverfahren bearbeiten[9]].*

---

[6] Eine mündliche Verhandlung kann auch generell ausgeschlossen werden; wenn die Möglichkeit einer Zeugeneinvernahme geschaffen wird, sollte mit Rücksicht auf das Gebot des rechtlichen Gehörs auch eine mündliche Verhandlung vorgesehen werden.

[7] Siehe Fn. 2.

[8] Siehe Fn. 2; bei Teilnahmeverpflichtung ist eine einseitige Verfahrensbeendigung grundsätzlich nicht möglich, § 15 Abs. 2 VSBG.

[9] Eine Verfahrensverbindung entsprechend § 147 ZPO erscheint gegenüber Musterverfahren mit Blick auf das Interesse an einer raschen Klärung des Einzelfalls grundsätzlich vorzugswürdig. Sie kann unter Kostengesichtspunkten für die Unternehmen attraktiv sein.

4. Antragstellung

(1) Antragsberechtigt sind Verbraucher, die ihren Wohnsitz oder gewöhnlichen Aufenthalt in einem Mitgliedstaat der Europäischen Union oder in einem anderen Staat haben, für den das Abkommen über den Europäischen Wirtschaftsraum gilt.

(2) Der Antrag muss folgende Angaben enthalten:

a) Name und Anschrift des Antragstellers

b) Name und Anschrift des Unternehmens, mit dem die Streitigkeit besteht

c) Ziel des Antrags (zB Zahlung eines bestimmten Geldbetrages)

d) Datum des Vertragsschlusses oder des Kontakts mit dem Unternehmer

e) Gegenstand des Vertrages, aus dem der Anspruch geltend gemacht wird (zB Kauf der Ware X)

f) eine Erklärung, dass der Vertrag nicht überwiegend zu Zwecken einer gewerblichen oder selbständigen beruflichen Tätigkeit geschlossen wurde

g) bei einmaligen Leistungen: vom Verbraucher gemäß Vertrag zu zahlender Preis

h) bei sich wiederholenden Leistungen, längerfristigen Vertragsbeziehungen (zB Mitgliedschaft, Abonnementverhältnis, Mietverhältnis) : Preis pro Jahr

i) eine Erklärung, dass der Anspruch vorher gegenüber dem Unternehmer geltend gemacht wurde

j) eine Erklärung, ob eine gerichtliche Klage in dieser Sache anhängig ist oder ein Gericht bereits entschieden hat.

Dem Antrag sollen eine Begründung sowie alle Unterlagen beigefügt werden, die zur Begründung und Beurteilung des Antrags notwendig sind. Hierzu zählen insbesondere Vertragsdokumente, Rechnungen, Belege oder Erklärungen, die in Textform (zB als E-Mail, Papierausdruck) übermittelt werden können.[10]

(3) Der Antrag ist in Textform zu übermitteln. Eine elektronische Antragstellung ist über die Webseite der Schlichtungsstelle unter folgender Adresse möglich: https .....

(4) Der Antragsteller erhält unverzüglich eine Eingangsbestätigung und die nach § 16 Abs. 1 VSBG erforderlichen Informationen. Entspricht der Antrag nicht den Anforderungen des Absatzes 2, fordert die Schlichtungsstelle den Antragsteller auf, den Antrag innerhalb einer Frist von drei Wochen zu ergänzen. Die Frist kann auf Antrag verlängert werden. Erfolgt die Antragsergänzung nicht fristgemäß, gilt der Antrag als zurückgenommen. Ein Schlichtungsverfahren wird in diesem Fall nicht durchgeführt.

(5) Der Antragsteller kann mit seinem Antrag mehrere Ansprüche gegen den Unternehmer aus einem oder mehreren Vertragsverhältnissen geltend machen. Der Antragsteller kann in eigenem oder in fremdem Namen auch Ansprüche aus einem Vertragsverhältnis des Unternehmers mit Dritten geltend machen, sofern diese den Vertrag ebenfalls als Verbraucher geschlossen haben.

5. Zustellung des Antrags an den Unternehmer

(1) Die Schlichtungsstelle übermittelt den Antrag unverzüglich an den Unternehmer, wenn der Antrag mindestens die Angaben nach Nr. 4 Abs. 2 Buchst. a) bis c) enthält.

(2) Mit der Übermittlung des Antrags erteilt die Schlichtungsstelle dem Unternehmer die nach § 16 Abs. 1 VSBG notwendigen Informationen *[und fordert ihn auf, zu erklären, ob er zur Teilnahme an dem Schlichtungsverfahren bereit ist[11]].*

---

[10] Wenn die Streitigkeiten typischerweise Gewährleistungs- oder Schadensersatzansprüche betreffen, kann es sinnvoll sein, an dieser Stelle auch Fotos anzusprechen.

[11] Siehe Fn. 1.

6. Ablehnung des Schlichtungsantrags und Verfahrensbeendigung

(1) Der Streitmittler lehnt die Durchführung des Schlichtungsverfahrens ab, wenn einer der folgenden Gründe vorliegt:

a) die Streitigkeit fällt nicht in die Zuständigkeit der Schlichtungsstelle

b) der streitige Anspruch ist nicht zuvor gegenüber dem Antragsgegner geltend gemacht worden

c) der Antrag ist offensichtlich ohne Aussicht auf Erfolg oder erscheint mutwillig, insbesondere weil

   aa) der streitige Anspruch bei Antragstellung bereits verjährt war und der Unternehmer sich auf die Verjährung beruft,

   bb) die Streitigkeit bereits beigelegt ist,

   cc) zu der Streitigkeit ein Antrag auf Prozesskostenhilfe bereits mit der Begründung zurückgewiesen worden ist, dass die beabsichtigte Rechtsverfolgung keine hinreichende Aussicht auf Erfolg bietet oder mutwillig erscheint.

d) eine andere Verbraucherschlichtungsstelle hat bereits ein Verfahren zur Beilegung der Streitigkeit durchgeführt oder die Streitigkeit ist bei einer anderen Verbraucherschlichtungsstelle anhängig,

e) ein Gericht hat zu der Streitigkeit bereits eine Sachentscheidung getroffen oder die Streitigkeit ist bei einem Gericht anhängig, es sei denn, das Gericht ordnet nach § 278a Abs. 2 der Zivilprozessordnung im Hinblick auf das Verfahren vor der Verbraucherschlichtungsstelle das Ruhen des Verfahrens an.

[(2a) Der Streitmittler beendet das Verfahren, wenn der Unternehmer erklärt, an der Schlichtung nicht teilnehmen zu wollen.[12]]

(2) Die Schlichtungsstelle teilt dem Antragsteller und dem Unternehmer grundsätzlich innerhalb von drei Wochen nach Eingang des Antrags unter Angabe der Gründe mit, wenn der Antrag abgelehnt wird. Die Ablehnung aus den in Abs. 1 genannten Gründen kann auch zu einem späteren Zeitpunkt erfolgen, wenn diese erst später bekannt werden.

7. Stellungnahmen der Parteien

(1) Mit der Übermittlung des vollständigen Antrags gibt die Schlichtungsstelle dem Unternehmer Gelegenheit, sich zu dem Schlichtungsantrag innerhalb einer Frist von drei Wochen zu äußern (Antragserwiderung). Äußert sich der Unternehmer nicht zu dem Antrag, unterbreitet der Streitmittler seinen Schlichtungsvorschlag nach Aktenlage.[13] Die Erklärung der Aufrechnung nach § 388 BGB kann im Schlichtungsverfahren berücksichtigt werden, wenn der Anspruch aus einem Vertragsverhältnis über xxx[14] entstanden ist.

(2) Die Schlichtungsstelle übermittelt dem Antragsteller unverzüglich die Antragserwiderung und gibt ihm Gelegenheit, sich innerhalb einer Frist von drei Wochen zu äußern (Replik).

(3) Die Fristen nach Abs. 1 und 2 können auf Antrag um weitere drei Wochen verlängert werden. Danach eingehende Stellungnahmen können berücksichtigt werden, wenn dadurch das Schlichtungsverfahren nicht unangemessen verzögert wird.

---

[12] Absatz 2a nur relevant, wenn die in die Zuständigkeit der Stelle fallenden Unternehmer nicht oder nicht vollständig zur Teilnahme verpflichtet sind.

[13] Entfällt bei Schlichtungsstellen ohne Teilnahmepflicht der Unternehmer.

[14] gemäß der sachlichen Zuständigkeit der Schlichtungsstelle.

8. Prüfung

Die Schlichtungsstelle prüft die Sach- und Rechtslage auf Grundlage der von den Parteien übermittelten Informationen. Sie stellt innerhalb von drei Wochen nach Eingang der Replik des Antragstellers fest, ob ihr alle zur Vorbereitung des Schlichtungsvorschlags notwendigen Unterlagen vorliegen. Liegen alle notwendigen Unterlagen vor, teilt sie den Parteien mit, dass die Beschwerdeakte vollständig ist. Andernfalls fordert sie die Parteien auf, binnen einer Frist von drei Wochen weitere Unterlagen vorzulegen. Sie kann auch unter den Voraussetzungen nach Nr. 3 Abs. 4 Beweise erheben.

9. Schlichtungsvorschlag und Verfahrensbeendigung

(1) Der Streitmittler erstellt einen Schlichtungsvorschlag, der das geltende Recht und insbesondere die zwingenden Verbraucherschutzgesetze berücksichtigen soll.[15] Der Schlichtungsvorschlag ist mit einer Begründung zu versehen, aus der sich der zugrunde gelegte Sachverhalt und die rechtliche Bewertung des Streitmittlers ergeben. Sofern der Schlichtungsvorschlag von gesetzlichen Vorgaben abweicht, ist dies hervorzuheben. Hervorgehoben werden sollen außerdem entscheidungserhebliche Rechtsfragen von grundsätzlicher Bedeutung, zu denen unterschiedliche Rechtsauffassungen einzelner Gerichten bestehen.

(2) Die Schlichtungsstelle übermittelt den Parteien den Schlichtungsvorschlag binnen 90 Tagen nach Feststellung der vollständigen Beschwerdeakte in Textform. Sie kann die Frist bei besonderen Schwierigkeiten verlängern.

(3) Die Schlichtungsstelle unterrichtet die Parteien mit der Übermittlung des Schlichtungsvorschlags über die rechtlichen Folgen einer Annahme des Vorschlags und darüber, dass der Vorschlag von dem Ergebnis eines gerichtlichen Verfahrens abweichen kann. Sie weist auf die Möglichkeit hin, den Vorschlag nicht anzunehmen und die Gerichte anzurufen.

(4) Die Parteien können [Der Verbraucher kann[16]] den Schlichtungsvorschlag durch Erklärung gegenüber der Schlichtungsstelle innerhalb einer Frist von drei Wochen nach Zugang des Schlichtungsvorschlags annehmen. Die Frist kann auf Antrag um zwei Wochen verlängert werden.

(5) Die Schlichtungsstelle informiert die Parteien unverzüglich nach Ablauf der Frist nach Abs. 4, ob der Schlichtungsvorschlag angenommen oder abgelehnt wurde. Die Information ist mit den nach § 21 VSBG erforderlichen Erläuterungen zu versehen; im Falle des Scheiterns einer Einigung wird eine Bescheinigung nach § 15a Abs. 3 S. 3 EGZPO über einen erfolglosen Einigungsversuch ausgestellt.

10. Verschwiegenheit

Der Streitmittler und die weiteren in die Durchführung des Streitbeilegungsverfahrens eingebundenen Personen sind gegenüber Dritten zur Verschwiegenheit verpflichtet, soweit durch Rechtsvorschrift nichts anderes geregelt ist. Die Pflicht bezieht sich auf alles, was ihnen in Ausübung ihrer Tätigkeit bekannt geworden ist. § 4 S. 3 des Mediationsgesetzes gilt entsprechend. 18

---

[15] Denkbar ist auch, die Berücksichtigung des geltenden Rechts ohne Einschränkung vorzusehen; bereits dem Begriff der „Berücksichtigung" ist immanent, dass keine zwingende Bindung ans Recht besteht.
[16] Die einseitige Annahme durch den Verbraucher genügt, wenn und soweit die Unternehmer sich verpflichtet haben, den Schlichtungsvorschlag als für sie bindend anzuerkennen.

11. Kosten[17]

(1) Vom Unternehmer werden für die Durchführung des Verfahrens Kosten erhoben, die sich aus dem nachfolgenden Kostenverzeichnis ergeben:[18]

Streitwert in EUR	Entgelt in EUR	Ermäßigtes Entgelt bei Anerkenntnis in EUR
≤ 100		
> 100 und ≤ 200		
> 200 und ≤ 500		
> 500 und ≤ 2.000		
> 2.000 und ≤ 5.000		
> 5.000		

(2) Jede Partei trägt die ihr durch das Schlichtungsverfahren entstehenden Kosten selbst.

12. Haftungsausschluss

Die Schlichtungsstelle und die für sie tätigen Personen haften für Vermögensschäden der Parteien nur im Falle von Vorsatz oder grober Fahrlässigkeit.

13. Gültigkeit

Diese Verfahrensordnung gilt ab dem xxx2016.

---

[17] Von der Erhebung einer Missbrauchsgebühr und einer entsprechenden Regelung kann abgesehen werden, wenn sie unwirtschaftlich erscheint.

[18] Für die Darstellung der Kosten in der Verfahrensordnung spricht, dass die Zustimmung des Unternehmers zur Verfahrensordnung nach § 16 VSBG die Kosten damit eindeutig einschließt. Für eine gesonderte Regelung in einer Kostenordnung könnte sprechen, dass die Beteiligungspflicht nach § 9 VSBG möglicherweise nicht besteht.

Anhang

1. Gesetz über die alternative Streitbeilegung in Verbrauchersachen (Verbraucherstreitbeilegungsgesetz – VSBG)[1, 2]

Vom 19. Februar 2016 (BGBl. I S. 254, ber. S. 1039)

Abschnitt 1
Allgemeine Vorschriften

§ 1 Anwendungsbereich

(1) [1]Dieses Gesetz gilt für die außergerichtliche Beilegung von Streitigkeiten durch eine nach diesem Gesetz anerkannte private Verbraucherschlichtungsstelle oder durch eine nach diesem Gesetz eingerichtete behördliche Verbraucherschlichtungsstelle unabhängig von dem angewendeten Konfliktbeilegungsverfahren. [2]Dieses Gesetz gilt auch für Verbraucherschlichtungsstellen, die auf Grund anderer Rechtsvorschriften anerkannt, beauftragt oder eingerichtet wurden, soweit diese anderen Rechtsvorschriften keine abweichende Regelung treffen; von den §§ 2 und 41 darf nicht abgewichen werden.

(2) Dieses Gesetz ist nicht anwendbar auf Kundenbeschwerdestellen oder auf sonstige Einrichtungen zur Beilegung von Streitigkeiten, die nur von einem einzigen Unternehmer oder von mit ihm verbundenen Unternehmen getragen oder finanziert werden oder die nur im Auftrag eines solchen Unternehmers oder von mit ihm verbundenen Unternehmen tätig werden.

§ 2 Verbraucherschlichtungsstelle

(1) Verbraucherschlichtungsstelle ist eine Einrichtung, die

1. Verfahren zur außergerichtlichen Beilegung zivilrechtlicher Streitigkeiten durchführt, an denen Verbraucher oder Unternehmer als Antragsteller oder Antragsgegner beteiligt sind, und

2. nach diesem Gesetz oder auf Grund anderer Rechtsvorschriften als Verbraucherschlichtungsstelle anerkannt, beauftragt oder eingerichtet worden ist.

(2) [1]Eine Einrichtung, die nicht nach diesem Gesetz oder auf Grund anderer Rechtsvorschriften als Verbraucherschlichtungsstelle anerkannt, beauftragt oder eingerichtet ist, darf sich nicht als Verbraucherschlichtungsstelle bezeichnen. [2]Sie darf von ihrem Träger nicht als Verbraucherschlichtungsstelle bezeichnet werden. [3]Das Verbot in den Sätzen 1 und 2 gilt nicht, wenn die Einrichtung in einem anderen Vertragsstaat des Abkommens über den Europäischen Wirtschaftsraum nach der Richtlinie 2013/11/EU des Europäischen Parlaments und des Rates vom 21. Mai 2013 über die alternative Beilegung verbraucherrechtlicher Streitigkeiten und zur Änderung der Verordnung (EG) Nr. 2006/2004 und der Richtlinie 2009/22/EG (ABl. L 165 vom 18.6.2013, S. 63) anerkannt und in die von der Europäischen Kommission geführte Liste aller im Europäischen Wirtschaftsraum anerkannten Streitbeilegungsstellen aufgenommen worden ist.

---

[1] **Amtl. Anm.:** Dieses Gesetz dient der Umsetzung der Richtlinie 2013/11/EU des Europäischen Parlaments und des Rates vom 21. Mai 2013 über die alternative Beilegung verbraucherrechtlicher Streitigkeiten und zur Änderung der Verordnung (EG) Nr. 2006/2004 und der Richtlinie 2009/22/EG (Richtlinie über alternative Streitbeilegung in Verbraucherangelegenheiten) (ABl. L 165 vom 18.6.2013, S. 63).
[2] Verkündet als Art. 1 G v. 19.2.2016 (BGBl. I S. 254, ber. S. 1039); Inkrafttreten gem. Art. 24 dieses G am 1.4.2016, die § 40 Absatz 2 bis 5 und § 42 treten gem. Art. 24 Abs. 1 Satz 1 am 26.2.2016 in Kraft und die §§ 36 und 37 treten gem. Art. 24 Abs. 1 Satz 2 am 1.2.2017 in Kraft.

Abschnitt 2
Private Verbraucherschlichtungsstellen

§ 3 Träger der Verbraucherschlichtungsstelle

[1]Träger der Verbraucherschlichtungsstelle muss ein eingetragener Verein sein. [2]Nimmt der Träger Unternehmerinteressen oder Verbraucherinteressen wahr, oder wird der Träger von einem Verband, der Unternehmerinteressen oder Verbraucherinteressen wahrnimmt, finanziert, so muss für den Betrieb der Verbraucherschlichtungsstelle ein vom Haushalt des Trägers getrennter, zweckgebundener und ausreichender Haushalt zur Verfügung stehen.

§ 4 Zuständigkeit von Verbraucherschlichtungsstellen

(1) Die Verbraucherschlichtungsstelle führt auf Antrag eines Verbrauchers Verfahren zur außergerichtlichen Beilegung von Streitigkeiten aus einem Verbrauchervertrag nach § 310 Absatz 3 des Bürgerlichen Gesetzbuchs oder über das Bestehen eines solchen Vertragsverhältnisses durch; arbeitsvertragliche Streitigkeiten sind ausgenommen.

(2) [1]Die Verbraucherschlichtungsstelle kann ihre Zuständigkeit auf bestimmte Wirtschaftsbereiche, Vertragstypen oder Unternehmer beschränken. [2]Hat die Verbraucherschlichtungsstelle keine einschränkende Zuständigkeitsregelung getroffen, führt sie die Bezeichnung „Allgemeine Verbraucherschlichtungsstelle" und ist für Anträge nach Absatz 1 zuständig, mit Ausnahme von

1. Streitigkeiten aus Verträgen über
   a) nichtwirtschaftliche Dienstleistungen von allgemeinem Interesse,
   b) Gesundheitsdienstleistungen,
   c) Weiter- und Hochschulbildung durch staatliche Einrichtungen,
2. Streitigkeiten, für deren Beilegung Verbraucherschlichtungsstellen nach anderen Rechtsvorschriften anerkannt, beauftragt oder eingerichtet werden.

[3]Die Allgemeine Verbraucherschlichtungsstelle kann ihre Zuständigkeit auf in einem Land niedergelassene Unternehmer beschränken; in diesem Fall führt sie die Bezeichnung „Allgemeine Verbraucherschlichtungsstelle" mit einem Zusatz, der das Land angibt, für das sie zuständig ist. [4]Eine solche Zuständigkeitsbeschränkung kann sich auch auf mehrere Länder beziehen und muss dann dementsprechend angegeben werden.

(3) Die Verbraucherschlichtungsstelle kann ihre Tätigkeit auf die Beilegung sonstiger zivilrechtlicher Streitigkeiten, an denen Verbraucher oder Unternehmer als Antragsteller oder Antragsgegner beteiligt sind, erstrecken; arbeitsvertragliche Streitigkeiten sind ausgenommen.

(4) Die Verbraucherschlichtungsstelle kann ihre Zuständigkeit ausschließen für Verbraucher, die ihren Wohnsitz oder gewöhnlichen Aufenthalt nicht in einem Mitgliedstaat der Europäischen Union oder in einem anderen Vertragsstaat des Abkommens über den Europäischen Wirtschaftsraum haben, oder für Unternehmer, die nicht im Inland niedergelassen sind.

§ 5 Verfahrensordnung

(1) [1]Die Verbraucherschlichtungsstelle muss eine Verfahrensordnung haben. [2]Die Verfahrensordnung bestimmt das Konfliktbeilegungsverfahren und regelt die Einzelheiten seiner Durchführung.

(2) Die Verbraucherschlichtungsstelle darf keine Konfliktbeilegungsverfahren durchführen, die dem Verbraucher eine verbindliche Lösung auferlegen oder die das Recht des Verbrauchers ausschließen, die Gerichte anzurufen.

§ 6 Streitmittler

(1) [1]Die Verbraucherschlichtungsstelle ist mit mindestens einer Person zu besetzen, die mit der außergerichtlichen Streitbeilegung betraut und für die unparteiische und faire Verfahrensführung verantwortlich ist (Streitmittler). [2]Ist nur ein Streitmittler bestellt, muss er einen Vertreter haben; auf den Vertreter des Streitmittlers sind Satz 1, die Absätze 2 und 3 sowie die §§ 7 bis 9 entsprechend anzuwenden.

(2) [1]Der Streitmittler muss über die Rechtskenntnisse, insbesondere im Verbraucherrecht, das Fachwissen und die Fähigkeiten verfügen, die für die Beilegung von Streitigkeiten in der Zuständigkeit der Verbraucherschlichtungsstelle erforderlich sind. [2]Der Streitmittler muss die Befähigung zum Richteramt besitzen oder zertifizierter Mediator sein.

(3) ¹Der Streitmittler darf in den letzten drei Jahren vor seiner Bestellung nicht tätig gewesen sein

1. für einen Unternehmer, der sich zur Teilnahme an Streitbeilegungsverfahren der Verbraucherschlichtungsstelle verpflichtet hat oder auf Grund von Rechtsvorschriften zur Teilnahme verpflichtet ist,

2. für ein mit einem Unternehmer nach Nummer 1 verbundenes Unternehmen,

3. für einen Verband, dem ein Unternehmer nach Nummer 1 angehört und der Unternehmerinteressen in dem Wirtschaftsbereich wahrnimmt, für den die Verbraucherschlichtungsstelle zuständig ist,

4. für einen Verband, der Verbraucherinteressen in dem Wirtschaftsbereich wahrnimmt, für den die Verbraucherschlichtungsstelle zuständig ist.

²Die Tätigkeit als Streitmittler für einen Verband nach Satz 1 Nummer 3 oder 4 steht einer erneuten Bestellung als Streitmittler nicht entgegen.

§ 7 Unabhängigkeit und Unparteilichkeit des Streitmittlers

(1) ¹Der Streitmittler ist unabhängig und an Weisungen nicht gebunden. ²Er muss Gewähr für eine unparteiische Streitbeilegung bieten.

(2) ¹Der Streitmittler darf nicht nur von einem Unternehmer oder von nur mit einem Unternehmer verbundenen Unternehmen vergütet oder beschäftigt werden. ²Die Vergütung des Streitmittlers darf nicht mit dem Ergebnis von Streitbeilegungsverfahren in Zusammenhang stehen.

(3) Der Streitmittler ist verpflichtet, Umstände, die seine Unabhängigkeit oder Unparteilichkeit beeinträchtigen können, dem Träger der Verbraucherschlichtungsstelle unverzüglich offenzulegen.

(4) ¹Der Streitmittler hat den Parteien alle Umstände offenzulegen, die seine Unabhängigkeit oder Unparteilichkeit beeinträchtigen können. ²Der Streitmittler darf bei Vorliegen solcher Umstände nur dann tätig werden, wenn die Parteien seiner Tätigkeit als Streitmittler ausdrücklich zustimmen.

(5) ¹Ist die Aufgabe des Streitmittlers einem Gremium übertragen worden, dem sowohl Vertreter von Verbraucherinteressen als auch von Unternehmerinteressen angehören, so müssen beide Seiten in gleicher Anzahl vertreten sein. ²§ 6 Absatz 3 ist auf Mitglieder des Gremiums, die Unternehmerinteressen oder Verbraucherinteressen vertreten, nicht anzuwenden.

§ 8 Amtsdauer und Abberufung des Streitmittlers

(1) ¹Der Streitmittler muss für eine angemessene Dauer bestellt werden. ²Die Amtsdauer soll drei Jahre nicht unterschreiten. ³Wiederbestellung ist zulässig.

(2) Der Streitmittler kann nur abberufen werden, wenn

1. Tatsachen vorliegen, die eine unabhängige und unparteiische Ausübung der Tätigkeit als Streitmittler nicht mehr erwarten lassen,

2. er nicht nur vorübergehend an der Ausübung der Tätigkeit als Streitmittler gehindert ist oder

3. ein anderer wichtiger Grund vorliegt.

§ 9 Beteiligung von Verbraucherverbänden und Unternehmerverbänden

(1) ¹Ist der Träger der Verbraucherschlichtungsstelle ein Verband, der Unternehmerinteressen wahrnimmt, oder wird der Träger der Verbraucherschlichtungsstelle von einem solchen Verband finanziert, so bedürfen die Festlegung und die Änderung der Zuständigkeit der Verbraucherschlichtungsstelle, die Verfahrensordnung und die Bestellung oder Abberufung eines Streitmittlers der Beteiligung eines Verbands, der die Interessen von Verbrauchern wahrnimmt (Verbraucherverband). ²Der Verbraucherverband muss eine qualifizierte Einrichtung nach § 3 Absatz 1 Satz 1 Nummer 1 des Unterlassungsklagengesetzes sein und sich für die Vertretung von Verbraucherinteressen im Zuständigkeitsbereich der Verbraucherschlichtungsstelle fachlich eignen. ³Die Beteiligung ist in den Regeln über die Organisation der Verbraucherschlichtungsstelle vorzusehen.

(2) ¹Ist der Träger der Verbraucherschlichtungsstelle ein Verbraucherverband oder wird der Träger der Verbraucherschlichtungsstelle von einem Verbraucherverband finanziert, so gilt Absatz 1 Satz 1 und 3 entsprechend für die Beteiligung eines Verbands, der Unternehmerinteressen wahrnimmt (Unternehmerverband). ²Der Unternehmerverband muss sich für die Vertretung von Unternehmerinteressen im Zuständigkeitsbereich der Verbraucherschlichtungsstelle fachlich eignen.

§ 10 Informationspflichten der Verbraucherschlichtungsstelle

(1) Die Verbraucherschlichtungsstelle unterhält eine Webseite, auf der die Verfahrensordnung und klare und verständliche Informationen zur Erreichbarkeit und zur Zuständigkeit der Verbraucherschlichtungsstelle sowie zu den Streitmittlern, zur Anerkennung als Verbraucherschlichtungsstelle sowie zum Ablauf und zu den Kosten des Streitbeilegungsverfahrens veröffentlicht sind.

(2) Auf Anfrage werden die Informationen nach Absatz 1 in Textform übermittelt.

Abschnitt 3
Streitbeilegungsverfahren

§ 11 Form von Mitteilungen

Der Antrag auf Durchführung eines Streitbeilegungsverfahrens, Stellungnahmen, Belege und sonstige Mitteilungen können der Verbraucherschlichtungsstelle in Textform übermittelt werden.

§ 12 Verfahrenssprache

(1) Verfahrenssprache ist Deutsch.

(2) [1] Die Verfahrensordnung kann weitere Sprachen vorsehen, in denen ein Streitbeilegungsverfahren durchgeführt werden kann, wenn eine Partei dies beantragt und die andere Partei sich darauf einlässt. [2] Der Streitmittler kann mit den Parteien durch Individualabrede auch eine nicht in der Verfahrensordnung vorgesehene Verfahrenssprache vereinbaren.

§ 13 Vertretung

(1) Die Parteien können sich im Streitbeilegungsverfahren durch einen Rechtsanwalt oder durch eine andere Person, soweit diese zur Erbringung außergerichtlicher Rechtsdienstleistungen befugt ist, vertreten lassen.

(2) Die Parteien dürfen nicht verpflichtet werden, sich im Streitbeilegungsverfahren vertreten zu lassen.

§ 14 Ablehnungsgründe

(1) Der Streitmittler lehnt die Durchführung eines Streitbeilegungsverfahrens ab, wenn

1. die Streitigkeit nicht in die Zuständigkeit der Verbraucherschlichtungsstelle fällt,
2. der streitige Anspruch nicht zuvor gegenüber dem Antragsgegner geltend gemacht worden ist oder
3. der Antrag offensichtlich ohne Aussicht auf Erfolg ist oder mutwillig erscheint, insbesondere weil
   a) der streitige Anspruch bei Antragstellung bereits verjährt war und der Unternehmer sich auf die Verjährung beruft,
   b) die Streitigkeit bereits beigelegt ist,
   c) zu der Streitigkeit ein Antrag auf Prozesskostenhilfe bereits mit der Begründung zurückgewiesen worden ist, dass die beabsichtigte Rechtsverfolgung keine hinreichende Aussicht auf Erfolg bietet oder mutwillig erscheint.

(2) [1] Die Verfahrensordnung kann vorsehen, dass der Streitmittler die Durchführung eines von einem Verbraucher eingeleiteten Streitbeilegungsverfahrens nach § 4 Absatz 1 in folgenden Fällen ablehnt:

1. eine Verbraucherschlichtungsstelle hat bereits ein Verfahren zur Beilegung der Streitigkeit durchgeführt oder die Streitigkeit ist bei einer anderen Verbraucherschlichtungsstelle anhängig,
2. ein Gericht hat zu der Streitigkeit bereits eine Sachentscheidung getroffen oder die Streitigkeit ist bei einem Gericht anhängig, es sei denn, das Gericht ordnet nach § 278a Absatz 2 der Zivilprozessordnung im Hinblick auf das Verfahren vor der Verbraucherschlichtungsstelle das Ruhen des Verfahrens an,
3. der Streitwert überschreitet oder unterschreitet eine bestimmte Höhe,
4. die Behandlung der Streitigkeit würde den effektiven Betrieb der Verbraucherschlichtungsstelle ernsthaft beeinträchtigen, insbesondere weil
   a) die Verbraucherschlichtungsstelle den Sachverhalt oder rechtliche Fragen nur mit einem unangemessenen Aufwand klären kann,

b) eine grundsätzliche Rechtsfrage, die für die Bewertung der Streitigkeit erheblich ist, nicht geklärt ist.

[2] Die Ablehnungsgründe dürfen den Zugang von Verbrauchern zu dem Streitbeilegungsverfahren nicht erheblich beeinträchtigen. [3] Für Anträge nach § 4 Absatz 3 gelten die in den Sätzen 1 und 2 vorgesehenen Beschränkungen der zulässigen Ablehnungsgründe nicht.

(3) [1] Die Verbraucherschlichtungsstelle teilt dem Antragsteller und, sofern der Antrag bereits an den Antragsgegner übermittelt worden ist, auch dem Antragsgegner die Ablehnung in Textform und unter Angabe der Gründe mit. [2] Sie übermittelt die Ablehnungsentscheidung innerhalb von drei Wochen nach Eingang des Antrags.

(4) [1] Der Streitmittler kann die weitere Durchführung eines Streitbeilegungsverfahrens aus den in den Absätzen 1 und 2 aufgeführten Gründen ablehnen, wenn der Ablehnungsgrund erst während des Verfahrens eintritt oder bekannt wird. [2] Der Ablehnungsgrund nach Absatz 1 Nummer 2 greift nicht, wenn der Antragsgegner in die Durchführung des Streitbeilegungsverfahrens einwilligt oder Erklärungen zur Sache abgibt. [3] Absatz 3 Satz 1 ist anzuwenden.

(5) [1] Der Streitmittler setzt das Streitbeilegungsverfahren aus, wenn der Antragsgegner geltend macht, dass seit der Geltendmachung des streitigen Anspruchs durch den Antragsteller gegenüber dem Antragsgegner nicht mehr als zwei Monate vergangen sind, und der Antragsgegner den streitigen Anspruch in dieser Zeit weder anerkannt noch abgelehnt hat. [2] Der Streitmittler lehnt die weitere Durchführung des Streitbeilegungsverfahrens ab, wenn der Antragsgegner den streitigen Anspruch innerhalb von zwei Monaten seit dessen Geltendmachung vollständig anerkennt; Absatz 3 Satz 1 ist anzuwenden. [3] Erkennt der Antragsgegner den streitigen Anspruch nicht innerhalb von zwei Monaten seit dessen Geltendmachung vollständig an, so setzt der Streitmittler das Verfahren nach Ablauf von zwei Monaten ab Geltendmachung des streitigen Anspruchs fort.

§ 15 Beendigung des Verfahrens auf Wunsch der Parteien

(1) Das Streitbeilegungsverfahren endet, wenn der Antragsteller seinen Antrag zurücknimmt oder der weiteren Durchführung des Verfahrens widerspricht.

(2) Erklärt der Antragsgegner, an dem Streitbeilegungsverfahren nicht teilnehmen oder es nicht fortsetzen zu wollen, so beendet der Streitmittler das Verfahren, es sei denn, Rechtsvorschriften, Satzungen oder vertragliche Abreden bestimmen etwas anderes.

(3) Das Recht einer Partei, das Streitbeilegungsverfahren bei Vorliegen eines erheblichen Verfahrensmangels zu beenden, darf nicht beschränkt werden.

§ 16 Unterrichtung der Parteien

(1) Die Verbraucherschlichtungsstelle muss den Antragsteller unverzüglich nach Eingang des Antrags auf Durchführung eines Streitbeilegungsverfahrens und den Antragsgegner zugleich mit der Übersendung des Antrags über Folgendes unterrichten:

1. dass das Verfahren nach der Verfahrensordnung durchgeführt wird und dass deren Wortlaut auf der Webseite der Verbraucherschlichtungsstelle verfügbar ist und auf Anfrage in Textform übermittelt wird,

2. dass die Parteien mit ihrer Teilnahme am Streitbeilegungsverfahren der Verfahrensordnung der Verbraucherschlichtungsstelle zustimmen,

3. dass das Ergebnis des Streitbeilegungsverfahrens von dem Ergebnis eines gerichtlichen Verfahrens abweichen kann,

4. dass sich die Parteien im Streitbeilegungsverfahren von einem Rechtsanwalt oder einer anderen Person, soweit diese zur Erbringung von Rechtsdienstleistungen befugt ist, beraten oder vertreten lassen können,

5. dass die Parteien im Streitbeilegungsverfahren nicht durch einen Rechtsanwalt oder durch eine andere Person vertreten sein müssen,

6. über die Möglichkeit einer Beendigung des Streitbeilegungsverfahrens nach § 15,

7. über die Kosten des Verfahrens und

8. über den Umfang der Verschwiegenheitspflicht des Streitmittlers und der weiteren in die Durchführung des Streitbeilegungsverfahrens eingebundenen Personen.

(2) Von der wiederholten Unterrichtung eines Unternehmers, der regelmäßig an Streitbeilegungsverfahren der Verbraucherschlichtungsstelle teilnimmt und auf weitere Unterrichtungen verzichtet hat, kann abgesehen werden.

§ 17 Rechtliches Gehör

(1) [1] Die Parteien erhalten rechtliches Gehör und können Tatsachen und Bewertungen vorbringen. [2] Die Verbraucherschlichtungsstelle kann den Parteien eine angemessene Frist zur Stellungnahme setzen. [3] Die Frist beträgt in der Regel drei Wochen und kann auf Antrag verlängert werden.

(2) Der Streitmittler kann die Streitigkeit mit den Parteien mündlich erörtern, wenn diese Möglichkeit in der Verfahrensordnung der Verbraucherschlichtungsstelle vorgesehen ist und die Parteien zustimmen.

§ 18 Mediation

Führt der Streitmittler nach der Verfahrensordnung der Verbraucherschlichtungsstelle eine Mediation durch, so sind die Vorschriften des Mediationsgesetzes mit Ausnahme des § 2 Absatz 1 des Mediationsgesetzes ergänzend anzuwenden.

§ 19 Schlichtungsvorschlag

(1) [1] Hat der Streitmittler nach der Verfahrensordnung den Parteien einen Vorschlag zur Beilegung der Streitigkeit (Schlichtungsvorschlag) zu unterbreiten, so beruht dieser auf der sich aus dem Streitbeilegungsverfahren ergebenden Sachlage. [2] Der Schlichtungsvorschlag soll am geltenden Recht ausgerichtet sein und soll insbesondere die zwingenden Verbraucherschutzgesetze beachten. [3] Der Schlichtungsvorschlag ist mit einer Begründung zu versehen, aus der sich der zugrunde gelegte Sachverhalt und die rechtliche Bewertung des Streitmittlers ergeben.

(2) Die Verbraucherschlichtungsstelle übermittelt den Parteien den Schlichtungsvorschlag in Textform.

(3) [1] Die Verbraucherschlichtungsstelle unterrichtet die Parteien mit der Übermittlung des Schlichtungsvorschlags über die rechtlichen Folgen einer Annahme des Vorschlags und darüber, dass der Vorschlag von dem Ergebnis eines gerichtlichen Verfahrens abweichen kann. [2] Sie weist auf die Möglichkeit hin, den Vorschlag nicht anzunehmen und die Gerichte anzurufen. [3] Die Verbraucherschlichtungsstelle setzt den Parteien eine angemessene Frist zur Annahme des Vorschlags.

(4) Von einer Unterrichtung des Unternehmers nach Absatz 3 ist abzusehen, wenn sich dieser dem Schlichtungsvorschlag bereits vorab unterworfen hat.

§ 20 Verfahrensdauer

(1) [1] Die Verbraucherschlichtungsstelle benachrichtigt die Parteien, sobald sie keine weiteren Unterlagen und Informationen mehr benötigt (Eingang der vollständigen Beschwerdeakte). [2] Der Eingang der vollständigen Beschwerdeakte ist in der Regel anzunehmen, wenn die Parteien nach § 17 Absatz 1 Gelegenheit zur Stellungnahme hatten.

(2) Die Verbraucherschlichtungsstelle übermittelt den Parteien den Schlichtungsvorschlag oder, sofern kein Schlichtungsvorschlag zu unterbreiten ist, den Inhalt der Einigung über die Beilegung der Streitigkeit oder den Hinweis auf die Nichteinigung innerhalb von 90 Tagen nach Eingang der vollständigen Beschwerdeakte.

(3) [1] Die Verbraucherschlichtungsstelle kann die Frist von 90 Tagen bei besonders schwierigen Streitigkeiten oder mit Zustimmung der Parteien verlängern. [2] Sie unterrichtet die Parteien über die Verlängerung der Frist.

§ 21 Abschluss des Verfahrens

(1) [1] Die Verbraucherschlichtungsstelle übermittelt den Parteien das Ergebnis des Streitbeilegungsverfahrens in Textform mit den erforderlichen Erläuterungen. [2] Mit dieser Mitteilung ist das Streitbeilegungsverfahren beendet.

(2) Kommt es nicht zu einer Einigung, ist die Mitteilung nach Absatz 1 als Bescheinigung über einen erfolglosen Einigungsversuch nach § 15a Absatz 3 Satz 3 des Gesetzes betreffend die Einführung der Zivilprozessordnung in der im Bundesgesetzblatt Teil III, Gliederungsnummer 310-2, veröffentlichten bereinigten Fassung, das zuletzt durch Artikel 3 des Gesetzes vom 5. Dezember 2014 (BGBl. I S. 1962) geändert worden ist, in der jeweils geltenden Fassung zu bezeichnen.

§ 22 Verschwiegenheit

[1] Der Streitmittler und die weiteren in die Durchführung des Streitbeilegungsverfahrens eingebundenen Personen sind zur Verschwiegenheit verpflichtet, soweit durch Rechtsvorschrift nichts anderes geregelt ist. [2] Die Pflicht bezieht sich auf alles, was ihnen in Ausübung ihrer Tätigkeit bekannt geworden ist. [3] § 4 Satz 3 des Mediationsgesetzes gilt entsprechend.

§ 23 Entgelt

(1) [1] Ist ein Unternehmer an dem Streitbeilegungsverfahren beteiligt, so kann von dem Verbraucher ein Entgelt nur erhoben werden, wenn der Antrag des Verbrauchers unter Berücksichtigung der gesamten Umstände als missbräuchlich anzusehen ist; in diesem Fall beträgt das Entgelt höchstens 30 Euro. [2] In sonstigen Fällen kann die Verbraucherschlichtungsstelle vom Verbraucher ein angemessenes Entgelt verlangen, wenn

1. sie diesen unverzüglich nachdem ihr bekannt wurde, dass an dem Verfahren kein Unternehmer beteiligt ist, auf diese Kosten hingewiesen hat, und

2. der Verbraucher an dem Verfahren weiterhin teilnehmen wollte.

(2) Die Verbraucherschlichtungsstelle kann vom Unternehmer, der zur Teilnahme an dem Streitbeilegungsverfahren bereit ist oder verpflichtet ist, ein angemessenes Entgelt verlangen.

Abschnitt 4
Anerkennung privater Verbraucherschlichtungsstellen

§ 24 Anerkennung

[1] Die zuständige Behörde erkennt auf Antrag eine Einrichtung als Verbraucherschlichtungsstelle an, wenn die Einrichtung die organisatorischen und fachlichen Anforderungen an die Streitbeilegung in Verbrauchersachen nach den Abschnitten 2 und 3 erfüllt, die Einrichtung ihren Sitz im Inland hat, auf Dauer angelegt ist und ihre Finanzierung tragfähig erscheint. [2] Weitergehende Anforderungen an die Einrichtung, die sich aus anderen Rechtsvorschriften ergeben, bleiben unberührt.

§ 25 Antrag auf Anerkennung und Mitteilung von Änderungen

(1) [1] Der Antrag auf Anerkennung als Verbraucherschlichtungsstelle ist zu begründen. [2] Dem Antrag sind beizufügen:

1. die Verfahrensordnung der Einrichtung und

2. die Regeln über die Organisation und die Finanzierung der Einrichtung, einschließlich der Regeln über die Verfahrenskosten.

(2) Die Verbraucherschlichtungsstelle unterrichtet die zuständige Behörde unverzüglich über Änderungen der für die Anerkennung relevanten Umstände und sonstiger im Antrag mitgeteilter Angaben.

(3) [1] Das Ergebnis einer nach § 9 erforderlichen Beteiligung eines Verbraucherverbands oder eines Unternehmerverbands ist der zuständigen Behörde zusammen mit den Angaben nach den Absätzen 1 oder 2 zu übermitteln. [2] Abweichungen von Empfehlungen des beteiligten Verbands sind zu begründen, es sei denn, der Verband hat als Mitglied eines paritätisch besetzten Gremiums an der Entscheidung mitgewirkt.

§ 26 Widerruf der Anerkennung

(1) Erfüllt die Verbraucherschlichtungsstelle die für ihre Anerkennung notwendigen Voraussetzungen nicht mehr oder kommt sie in sonstiger Weise den Anforderungen an eine Verbraucherschlichtungsstelle in erheblichem Umfang nicht nach, so teilt die zuständige Behörde der Verbraucherschlichtungsstelle mit, welche Änderungen zur Aufrechterhaltung der Anerkennung erforderlich sind, und fordert sie auf, diese Änderungen innerhalb von drei Monaten durchzuführen.

(2) Die zuständige Behörde widerruft die Anerkennung, wenn die Verbraucherschlichtungsstelle die Änderungen nicht innerhalb von drei Monaten nach Zugang der Aufforderung nach Absatz 1 durchführt.

§ 27 Zuständige Behörde

(1) Zuständige Behörde ist, soweit nicht durch Bundesgesetz etwas anderes bestimmt ist, das Bundesamt für Justiz.

(2) ¹Ist durch Bundesgesetz bestimmt, dass eine andere Behörde als das Bundesamt für Justiz für die Anerkennung einer Einrichtung als Verbraucherschlichtungsstelle zuständig ist, so ist diese andere Behörde im Verhältnis zum Bundesamt für Justiz ausschließlich zuständig. ²Die Anerkennung richtet sich nach den für die Anerkennung durch diese andere Behörde maßgeblichen Vorschriften, auch wenn die Zuständigkeit der Verbraucherschlichtungsstelle über den Anwendungsbereich der Vorschrift hinausgeht, der die Zuständigkeit dieser anderen Behörde begründet.

Abschnitt 5
Behördliche Verbraucherschlichtungsstellen

§ 28 Behördliche Verbraucherschlichtungsstellen

¹Für behördliche Verbraucherschlichtungsstellen gelten die §§ 4 bis 7 Absatz 1 und 3 bis 5, die §§ 8, 10 und 11 sowie 13 bis 22 sinngemäß. ²§ 9 Absatz 1 ist nur anzuwenden, wenn die Verbraucherschlichtungsstelle bei einer Kammer eingerichtet ist. ³Anforderungen an behördliche Verbraucherschlichtungsstellen, die sich aus anderen Rechtsvorschriften ergeben, bleiben unberührt.

Abschnitt 6
Universalschlichtungsstellen der Länder

§ 29 Universalschlichtungsstelle und Verordnungsermächtigung

(1) Die Länder richten ergänzende Verbraucherschlichtungsstellen ein (Universalschlichtungsstelle des Landes).

(2) ¹Das Land kann von der Einrichtung einer Universalschlichtungsstelle absehen, wenn ein ausreichendes Schlichtungsangebot besteht. ²Das Schlichtungsangebot ist ausreichend, wenn für jede Streitigkeit nach § 4 Absatz 2 Satz 2 mit einem in diesem Land niedergelassenen Unternehmer eine Verbraucherschlichtungsstelle zur Verfügung steht, deren Verfahren dem Unternehmer zur Teilnahme offensteht.

(3) ¹Die Länder können

1. selbst eine behördliche Universalschlichtungsstelle einrichten,

2. eine geeignete anerkannte Verbraucherschlichtungsstelle mit der Aufgabe der Universalschlichtungsstelle einschließlich der Befugnis, für die Durchführung des Streitbeilegungsverfahrens Gebühren zu erheben, beleihen oder

3. eine geeignete anerkannte Verbraucherschlichtungsstelle mit der Aufgabe der Universalschlichtungsstelle beauftragen.

²Ist eine anerkannte Verbraucherschlichtungsstelle mit der Aufgabe der Universalschlichtungsstelle beauftragt, handelt sie als private Verbraucherschlichtungsstelle nach den Abschnitten 2 und 3. ³Für ihre Tätigkeit als Universalschlichtungsstelle gelten die besonderen Bestimmungen des § 30.

(4) ¹Die Landesregierungen

1. bestimmen durch Rechtsverordnung die für die Beleihung nach Absatz 3 Satz 1 Nummer 2 und die Beauftragung nach Absatz 3 Satz 1 Nummer 3 sowie die für die Rechts- und Fachaufsicht über die Universalschlichtungsstelle des Landes zuständige Behörde und

2. können durch Rechtsverordnung Regelungen zur Beendigung der Beleihung nach Absatz 3 Satz 1 Nummer 2 oder der Beauftragung nach Absatz 3 Satz 1 Nummer 3 treffen.

²Die Landesregierung kann die Ermächtigung nach Satz 1 durch Rechtsverordnung auf eine oberste Landesbehörde übertragen.

§ 30 Zuständigkeit und Verfahren der Universalschlichtungsstelle

(1) Die Universalschlichtungsstelle des Landes lehnt die Durchführung eines Streitbeilegungsverfahrens ab, wenn

1. eine andere Verbraucherschlichtungsstelle zuständig ist,

2. weder der Unternehmer in diesem Land niedergelassen ist noch der Verbraucher in diesem Land seinen Wohnsitz oder gewöhnlichen Aufenthalt hat,

3. es sich um eine Streitigkeit aus einem in § 4 Absatz 2 Satz 2 Nummer 1 genannten Vertrag handelt,

4. der Wert des Streitgegenstands weniger als 10 Euro oder mehr als 5 000 Euro beträgt,

5. der streitige Anspruch nicht zuvor gegenüber dem Unternehmer geltend gemacht worden ist oder

6. der Antrag offensichtlich ohne Aussicht auf Erfolg ist oder mutwillig erscheint, insbesondere weil

   a) der streitige Anspruch bei Antragstellung bereits verjährt war und der Unternehmer sich auf die Verjährung beruft,

   b) die Streitigkeit bereits beigelegt ist,

   c) zu der Streitigkeit ein Antrag auf Prozesskostenhilfe bereits mit der Begründung zurückgewiesen worden ist, dass die beabsichtigte Rechtsverfolgung keine hinreichende Aussicht auf Erfolg bietet oder mutwillig erscheint.

(2) Die Verfahrensordnung der Universalschlichtungsstelle des Landes kann weitere nach § 14 Absatz 2 Satz 1 Nummer 1, 2 und 4 und Satz 2 zulässige Ablehnungsgründe vorsehen.

(3) Die Universalschlichtungsstelle des Landes teilt dem Verbraucher im Fall des Absatzes 1 Nummer 1 mit der Ablehnungsentscheidung eine zuständige Verbraucherschlichtungsstelle mit, an die er sich wenden kann.

(4) [1] Die Universalschlichtungsstelle führt Schlichtungsverfahren durch. [2] Sie kann einen Schlichtungsvorschlag nach Aktenlage unterbreiten, wenn der Unternehmer, der zur Teilnahme am Verfahren der Universalschlichtungsstelle bereit ist oder verpflichtet ist, zu dem Antrag des Verbrauchers keine Stellungnahme abgibt.

(5) [1] Von der Bereitschaft des Unternehmers zur Teilnahme am Streitbeilegungsverfahren ist auszugehen, wenn er gegenüber dem Verbraucher, auf seiner Webseite oder in seinen Allgemeinen Geschäftsbedingungen erklärt hat, an Streitbeilegungsverfahren vor einer Universalschlichtungsstelle teilzunehmen. [2] Von der Bereitschaft des Unternehmers ist auch dann auszugehen, wenn er zwar keine Teilnahmebereitschaft nach Satz 1 erklärt hat, aber die Teilnahme am Verfahren nicht innerhalb von drei Wochen ablehnt, nachdem ihm der Antrag des Verbrauchers von der Universalschlichtungsstelle des Landes übermittelt worden ist. [3] Die Universalschlichtungsstelle muss den Unternehmer zugleich mit der Übermittlung des Antrags auf die in Satz 2 geregelte Rechtsfolge hinweisen und ferner darauf hinweisen, dass für die Durchführung des Streitbeilegungsverfahrens eine Gebühr nach § 31 oder im Fall einer beauftragten Universalschlichtungsstelle ein Entgelt nach § 23 erhoben werden kann.

§ 31 Gebühr

(1) [1] Die Universalschlichtungsstelle des Landes nach § 29 Absatz 3 Satz 1 Nummer 1 und 2 erhebt für die Durchführung des Streitbeilegungsverfahrens vom Unternehmer, der zur Teilnahme an dem Streitbeilegungsverfahren bereit ist oder verpflichtet ist, eine Gebühr, deren Höhe kostendeckend sein soll und die Höhe des Streitwerts berücksichtigt. [2] Die Gebühr beträgt

1. 190 Euro bei Streitwerten bis einschließlich 100 Euro,

2. 250 Euro bei Streitwerten über 100 Euro bis einschließlich 500 Euro,

3. 300 Euro bei Streitwerten über 500 Euro bis einschließlich 2 000 Euro und

4. 380 Euro bei Streitwerten über 2 000 Euro.

(2) [1] Erkennt der Unternehmer den geltend gemachten Anspruch sofort vollständig an, ermäßigt sich die Gebühr auf 75 Euro; die Gebühr entfällt im Fall der Ablehnung der weiteren Durchführung des Streitbeilegungsverfahrens nach § 14 Absatz 5 Satz 2. [2] Die Universalschlichtungsstelle des Landes kann eine niedrigere Gebühr bestimmen oder eine Gebührenbefreiung gewähren, wenn die Erhebung der Gebühr nach Absatz 1 Satz 2 und nach Satz 1 nach den besonderen Umständen des Einzelfalls unbillig erscheint. [3] Die Erhebung der Gebühr erscheint insbesondere dann unbillig, wenn die Universalschlichtungsstelle die Durchführung des Streitbeilegungsverfahrens nach § 30 Absatz 1 Nummer 6 ablehnt, nachdem der Unternehmer sich in der Sache geäußert hat.

(3) [1] Von dem Verbraucher, der die Durchführung eines Streitbeilegungsverfahrens beantragt hat, kann eine Gebühr nur erhoben werden, wenn der Antrag unter Berücksichtigung der gesamten Umstände als missbräuchlich anzusehen ist. [2] In diesem Fall beträgt die Gebühr 30 Euro.

Abschnitt 7
Zentrale Anlaufstelle für Verbraucherschlichtung, Liste der Verbraucherschlichtungsstellen und Berichtspflichten

§ 32 Zentrale Anlaufstelle für Verbraucherschlichtung und Mitteilungspflichten der zuständigen Behörden und Aufsichtsbehörden

(1) Das Bundesamt für Justiz ist zentrale Anlaufstelle für die Europäische Kommission (Zentrale Anlaufstelle für Verbraucherschlichtung).

(2) Die zuständige Behörde teilt der Zentralen Anlaufstelle für Verbraucherschlichtung mit:

1. die Anerkennung sowie den Widerruf und die Rücknahme der Anerkennung einer privaten Verbraucherschlichtungsstelle; eine private Verbraucherschlichtungsstelle nach § 4 Absatz 2 Satz 2 und 3 ist entsprechend auszuweisen;

2. die Angaben, die für die Eintragung der privaten Verbraucherschlichtungsstelle in die Liste nach § 33 Absatz 1 erforderlich sind.

(3) Die für die Aufsicht einer behördlichen Verbraucherschlichtungsstelle zuständige Behörde (Aufsichtsbehörde) teilt der Zentralen Anlaufstelle für Verbraucherschlichtung mit:

1. die Einrichtung und die Auflösung einer behördlichen Verbraucherschlichtungsstelle; eine behördliche Verbraucherschlichtungsstelle nach § 29 Absatz 3 Satz 1 Nummer 1 ist als Universalschlichtungsstelle des Landes auszuweisen;

2. die Angaben, die für die Eintragung der behördlichen Verbraucherschlichtungsstelle in die Liste nach § 33 Absatz 1 erforderlich sind.

(4) Die Beleihung oder Beauftragung einer anerkannten Verbraucherschlichtungsstelle mit der Aufgabe der Universalschlichtung nach § 29 Absatz 3 Satz 1 Nummer 2 oder 3 sowie die Beendigung einer solchen Beauftragung oder Beleihung sind der Zentralen Anlaufstelle für Verbraucherschlichtung durch die nach Maßgabe von § 29 Absatz 4 zuständige Behörde des Landes mitzuteilen.

(5) Änderungen der Angaben nach den Absätzen 2 bis 4 sind der Zentralen Anlaufstelle für Verbraucherschlichtung unverzüglich mitzuteilen.

§ 33 Liste der Verbraucherschlichtungsstellen sowie Zugang zur Liste der Europäischen Kommission und zur Europäischen Plattform zur Online-Streitbeilegung

(1) [1] Die Zentrale Anlaufstelle für Verbraucherschlichtung führt eine Liste der Verbraucherschlichtungsstellen. [2] Diese Liste wird der Europäischen Kommission unter Hinweis auf Artikel 20 Absatz 2 der Richtlinie 2013/11/EU übermittelt und regelmäßig aktualisiert. [3] Die Zentrale Anlaufstelle für Verbraucherschlichtung macht die jeweils aktuelle Fassung der Liste auf ihrer Webseite zugänglich und macht die Liste mit Stand 1. Januar jeden Jahres im Bundesanzeiger bekannt.

(2) [1] Die zuständigen Behörden und die Zentrale Anlaufstelle für Verbraucherschlichtung machen die von der Europäischen Kommission erstellte Liste aller im Europäischen Wirtschaftsraum anerkannten Streitbeilegungsstellen auf ihren Webseiten zugänglich, indem sie einen Link zur Webseite der Europäischen Kommission einstellen. [2] Auf Anfrage stellen sie diese Liste in Textform zur Verfügung.

§ 34 Berichtspflichten und Auskunftspflichten der Verbraucherschlichtungsstelle

(1) [1] Die Verbraucherschlichtungsstelle erstellt jährlich einen Tätigkeitsbericht. [2] Sie veröffentlicht den Tätigkeitsbericht auf ihrer Webseite und übermittelt ihn auf Anfrage in Textform. [3] Für die Übermittlung eines Berichts auf Papier kann sie vom Empfänger Ersatz der dafür notwendigen Auslagen verlangen.

(2) [1] Die Verbraucherschlichtungsstelle erstellt alle zwei Jahre einen Bericht mit einer umfassenden Darstellung und Bewertung ihrer Tätigkeit (Evaluationsbericht). [2] Die private Verbraucherschlichtungsstelle übermittelt den Evaluationsbericht der zuständigen Behörde und die behördliche Verbraucherschlichtungsstelle übermittelt den Evaluationsbericht der Aufsichtsbehörde. [3] Die Universalschlichtungsstelle des Landes übermittelt ihren Bericht der nach Maßgabe von § 29 Absatz 4 zuständigen Behörde und gibt ihn der Zentralen Anlaufstelle für Verbraucherschlichtung zur Kenntnis.

(3) Die Verbraucherschlichtungsstelle berichtet insbesondere über Geschäftspraktiken, die auffällig häufig Anlass für Anträge auf Durchführung von Streitbeilegungsverfahren waren.

(4) Die Verbraucherschlichtungsstelle gibt über Geschäftspraktiken nach Absatz 3 auch außerhalb der Berichte nach Absatz 1 oder Absatz 2 eine aktuelle Auskunft, wenn eine nach § 2 des EG-Verbraucherschutzdurchsetzungsgesetzes vom 21. Dezember 2006 (BGBl. I S. 3367), das zuletzt durch Artikel 2 Absatz 4 des Gesetzes vom 1. April 2015 (BGBl. I S. 434) geändert worden ist, zuständige Behörde sie im Rahmen ihrer Zuständigkeit darum ersucht.

(5) ¹Ist in einem Land keine Universalschlichtungsstelle eingerichtet, hat das Land der Zentralen Anlaufstelle für Verbraucherschlichtung jeweils zum 1. Oktober, frühestens aber zum 1. Oktober 2016, mitzuteilen, durch welche Verbraucherschlichtungsstellen für dieses Land ein ausreichendes Schlichtungsangebot sichergestellt wird. ²Änderungen sind unverzüglich mitzuteilen.

§ 35 Verbraucherschlichtungsbericht

(1) Die Zentrale Anlaufstelle für Verbraucherschlichtung veröffentlicht zum 9. Juli 2018 und danach alle vier Jahre einen Bericht über die Tätigkeit der Verbraucherschlichtungsstellen im Bundesgebiet (Verbraucherschlichtungsbericht) und übermittelt diesen der Europäischen Kommission.

(2) Für den Verbraucherschlichtungsbericht übermitteln die zuständigen Behörden und die Aufsichtsbehörden sowie die nach Maßgabe von § 29 Absatz 4 zuständigen Behörden der Zentralen Anlaufstelle für Verbraucherschlichtung erstmals zum 31. März 2018 und danach alle zwei Jahre eine Auswertung der ihnen nach § 34 Absatz 2 übermittelten Evaluationsberichte.

Abschnitt 8
Informationspflichten des Unternehmers

§ 36 Allgemeine Informationspflicht

(1) Ein Unternehmer, der eine Webseite unterhält oder Allgemeine Geschäftsbedingungen verwendet, hat den Verbraucher leicht zugänglich, klar und verständlich

1. in Kenntnis zu setzen davon, inwieweit er bereit ist oder verpflichtet ist, an Streitbeilegungsverfahren vor einer Verbraucherschlichtungsstelle teilzunehmen, und

2. auf die zuständige Verbraucherschlichtungsstelle hinzuweisen, wenn sich der Unternehmer zur Teilnahme an einem Streitbeilegungsverfahren vor einer Verbraucherschlichtungsstelle verpflichtet hat oder wenn er auf Grund von Rechtsvorschriften zur Teilnahme verpflichtet ist; der Hinweis muss Angaben zu Anschrift und Webseite der Verbraucherschlichtungsstelle sowie eine Erklärung des Unternehmers, an einem Streitbeilegungsverfahren vor dieser Verbraucherschlichtungsstelle teilzunehmen, enthalten.

(2) Die Informationen nach Absatz 1 müssen

1. auf der Webseite des Unternehmers erscheinen, wenn der Unternehmer eine Webseite unterhält,

2. zusammen mit seinen Allgemeinen Geschäftsbedingungen gegeben werden, wenn der Unternehmer Allgemeine Geschäftsbedingungen verwendet.

(3) Von der Informationspflicht nach Absatz 1 Nummer 1 ausgenommen ist ein Unternehmer, der am 31. Dezember des vorangegangenen Jahres zehn oder weniger Personen beschäftigt hat.

§ 37 Informationen nach Entstehen der Streitigkeit

(1) ¹Der Unternehmer hat den Verbraucher auf eine für ihn zuständige Verbraucherschlichtungsstelle unter Angabe von deren Anschrift und Webseite hinzuweisen, wenn die Streitigkeit über einen Verbrauchervertrag durch den Unternehmer und den Verbraucher nicht beigelegt werden konnte. ²Der Unternehmer gibt zugleich an, ob er zur Teilnahme an einem Streitbeilegungsverfahren bei dieser Verbraucherschlichtungsstelle bereit ist oder verpflichtet ist. ³Ist der Unternehmer zur Teilnahme am Streitbeilegungsverfahren einer oder mehrerer Verbraucherschlichtungsstellen bereit oder verpflichtet, so hat er diese Stelle oder diese Stellen anzugeben.

(2) Der Hinweis muss in Textform gegeben werden.

Abschnitt 9
Grenzübergreifende Zusammenarbeit

§ 38 Zusammenarbeit mit ausländischen Streitbeilegungsstellen

Die Verbraucherschlichtungsstelle arbeitet mit Streitbeilegungsstellen zusammen, die in Umsetzung der Richtlinie 2013/11/EU in einem anderen Mitgliedstaat der Europäischen Union oder in einem sonstigen Vertragsstaat des Abkommens über den Europäischen Wirtschaftsraum für die außergerichtliche Beilegung vergleichbarer Streitigkeiten zuständig sind.

§ 39 Zusammenarbeit mit der Europäischen Plattform zur Online-Streitbeilegung

Die Verbraucherschlichtungsstelle ist Stelle für alternative Streitbeilegung im Sinne der Verordnung (EU) Nr. 524/2013 des Europäischen Parlaments und des Rates vom 21. Mai 2013 über die Online-Beilegung verbraucherrechtlicher Streitigkeiten und zur Änderung der Verordnung (EG) Nr. 2006/2004 und der Richtlinie 2009/22/EG (ABl. L 165 vom 18.6.2013, S. 1).

§ 40 Unterstützung von Verbrauchern bei grenzübergreifenden Streitigkeiten; Kontaktstelle für die Europäische Plattform zur Online-Streitbeilegung

(1) Das Bundesamt für Justiz

1. unterstützt Verbraucher bei der Ermittlung der zuständigen Streitbeilegungsstelle in einem anderen Mitgliedstaat der Europäischen Union oder in einem sonstigen Vertragsstaat des Abkommens über den Europäischen Wirtschaftsraum,

2. erfüllt die Aufgaben der Kontaktstelle für die Europäische Plattform zur Online-Streitbeilegung nach Artikel 7 Absatz 2 der Verordnung (EU) Nr. 524/2013.

(2) [1] Das Bundesamt für Justiz wird ermächtigt, eine juristische Person des Privatrechts, eine rechtsfähige Personengesellschaft oder eine andere geeignete Stelle mit den Aufgaben nach Absatz 1 zu beleihen. [2] Der Beliehene hat die notwendige Gewähr für die ordnungsgemäße Erfüllung der ihm übertragenen Aufgaben zu bieten. [3] Er bietet die notwendige Gewähr, wenn

1. er über die zur Erfüllung der ihm übertragenen Aufgaben notwendige Ausstattung und Organisation verfügt, und

2. die Personen, die seine Geschäftsführung oder Vertretung wahrnehmen, zuverlässig und fachlich geeignet sind.

[4] Der Beliehene untersteht der Rechts- und Fachaufsicht des Bundesamts für Justiz.

(3) Erfüllt der Beliehene die ihm nach Absatz 2 Satz 1 übertragenen Aufgaben nicht sachgerecht, so kann das Bundesamt für Justiz unbeschadet des § 49 des Verwaltungsverfahrensgesetzes die Beleihung ohne Entschädigung beenden.

(4) [1] Der Beliehene kann die Beendigung der Beleihung jederzeit schriftlich verlangen. [2] Dem Begehren ist innerhalb einer angemessenen Frist, die zur Fortführung der Aufgabenerfüllung erforderlich ist, zu entsprechen.

(5) Das Bundesamt für Justiz macht die Beleihung im Bundesanzeiger bekannt.

Abschnitt 10
Schlussvorschriften

§ 41 Bußgeldvorschriften

(1) Ordnungswidrig handelt, wer vorsätzlich oder fahrlässig

1. entgegen § 2 Absatz 2 Satz 1 sich als Verbraucherschlichtungsstelle bezeichnet oder

2. entgegen § 2 Absatz 2 Satz 2 eine Einrichtung als Verbraucherschlichtungsstelle bezeichnet.

(2) Die Ordnungswidrigkeit kann mit einer Geldbuße bis zu fünfzigtausend Euro geahndet werden.

(3) Verwaltungsbehörde im Sinne des § 36 Absatz 1 Nummer 1 des Gesetzes über Ordnungswidrigkeiten ist das Bundesamt für Justiz.

§ 42 Verordnungsermächtigung

(1) Das Bundesministerium der Justiz und für Verbraucherschutz wird ermächtigt, im Einvernehmen mit dem Bundesministerium für Wirtschaft und Energie durch Rechtsverordnung mit Zustimmung des Bundesrates

1. die Anforderungen an Inhalt und Form des Antrags auf Anerkennung als Verbraucherschlichtungsstelle nach § 25 Absatz 1 und an die beizufügenden Unterlagen und Belege näher zu bestimmen,

2. die Angaben zu einer Verbraucherschlichtungsstelle, die die zuständige Behörde nach § 32 Absatz 2 und 5 oder die Aufsichtsbehörde nach § 32 Absatz 3 und 5 der Zentralen Anlaufstelle für Verbraucherschlichtung mitzuteilen hat, näher zu bestimmen,

3. die Inhalte der Informationen, die die Verbraucherschlichtungsstelle auf ihrer Webseite nach § 10 Absatz 1 bereitzustellen hat, näher zu bestimmen und weitere Informationen für die Webseite vorzusehen,

4. Einzelheiten zu Inhalt und Form des Tätigkeitsberichts und des Evaluationsberichts der Verbraucherschlichtungsstelle nach § 34 Absatz 1 und 2, zu Inhalt und Form des Verbraucherschlichtungsberichts der Zentralen Anlaufstelle für Verbraucherschlichtung nach § 35 Absatz 1 und der Auswertungen der zuständigen Behörden und Aufsichtsbehörden nach § 35 Absatz 2 näher zu bestimmen,

5. die Zusammenarbeit der Verbraucherschlichtungsstellen zu regeln
   a) nach § 34 Absatz 4 mit den nach § 2 des EG-Verbraucherschutzdurchsetzungsgesetzes zuständigen Behörden,
   b) nach § 38 mit Streitbeilegungsstellen anderer Mitgliedstaaten der Europäischen Union oder eines sonstigen Vertragsstaats des Abkommens über den Europäischen Wirtschaftsraum.

(2) Das Bundesministerium der Justiz und für Verbraucherschutz wird ermächtigt, durch Rechtsverordnung mit Zustimmung des Bundesrates die Einzelheiten des Verfahrens der Universalschlichtungsstellen nach den §§ 29 und 30 zu regeln.

§ 43 Projektförderung, Forschungsvorhaben, Bericht

(1) Das Bundesministerium der Justiz und für Verbraucherschutz fördert bis zum 31. Dezember 2019 die Arbeit einer ausgewählten Allgemeinen Verbraucherschlichtungsstelle (§ 4 Absatz 2 Satz 2), die bundesweit tätig ist.

(2) [1] Begleitend untersucht das Bundesministerium der Justiz und für Verbraucherschutz in einem wissenschaftlichen Forschungsvorhaben die Funktionsweise dieser Allgemeinen Verbraucherschlichtungsstelle, um Erkenntnisse in Bezug auf Inanspruchnahme, Fallzahlen, Arbeitsweise, Verfahrensdauer, Erfolgsquoten, Kosten und Entgelte zu sammeln und auszuwerten. [2] Das Forschungsvorhaben muss bis zum 31. Dezember 2020 abgeschlossen sein.

(3) Das Bundesministerium der Justiz und für Verbraucherschutz berichtet dem Deutschen Bundestag und dem Bundesrat nach Abschluss des wissenschaftlichen Forschungsvorhabens über die Ergebnisse; ein Zwischenbericht ist bis zum 31. Dezember 2018 vorzulegen.

2. Verordnung über die Aus- und Fortbildung von zertifizierten Mediatoren (Zertifizierte-Mediatoren-Ausbildungsverordnung – ZMediatAusbV)

Vom 21. August 2016 (BGBl. I S. 1994)

Auf Grund des § 6 des Mediationsgesetzes, der durch Artikel 135 der Verordnung vom 31. August 2015 (BGBl. I S. 1474) geändert worden ist, verordnet das Bundesministerium der Justiz und für Verbraucherschutz:

§ 1 Anwendungsbereich

Diese Verordnung regelt

1. die Ausbildung zum zertifizierten Mediator,
2. die Fortbildung des zertifizierten Mediators sowie
3. Anforderungen an die Einrichtungen zur Aus- und Fortbildung nach den Nummern 1 und 2.

§ 2 Ausbildung zum zertifizierten Mediator

(1) Als zertifizierter Mediator darf sich nur bezeichnen, wer eine Ausbildung zum zertifizierten Mediator abgeschlossen hat.

(2) Die Ausbildung zum zertifizierten Mediator setzt sich zusammen aus einem Ausbildungslehrgang und einer Einzelsupervision im Anschluss an eine als Mediator oder Co-Mediator durchgeführte Mediation.

(3) Der Ausbildungslehrgang muss die in der Anlage aufgeführten Inhalte vermitteln und auch praktische Übungen und Rollenspiele umfassen.

(4) [1] Der Umfang des Ausbildungslehrgangs beträgt insgesamt mindestens 120 Präsenzzeitstunden. [2] Die jeweiligen Inhalte des Ausbildungslehrgangs müssen mindestens die in Spalte III der Anlage aufgeführten Zeitstunden umfassen.

(5) Während des Ausbildungslehrgangs oder innerhalb eines Jahres nach dessen erfolgreicher Beendigung müssen die Ausbildungsteilnehmenden an einer Einzelsupervision im Anschluss an eine als Mediator oder Co-Mediator durchgeführte Mediation teilgenommen haben.

(6) [1] Über den erfolgreichen Abschluss der Ausbildung ist von der Ausbildungseinrichtung eine Bescheinigung auszustellen. [2] Die Bescheinigung darf erst ausgestellt werden, wenn der gesamte nach den Absätzen 3 und 4 vorgeschriebene Ausbildungslehrgang erfolgreich beendet und die Einzelsupervision nach Absatz 5 durchgeführt ist. [3] Die Bescheinigung muss enthalten:

1. Name, Vornamen und Geburtsdatum der Absolventin oder des Absolventen,
2. Name und Anschrift der Ausbildungseinrichtung,
3. Datum und Ort der Ausbildung,
4. gemäß Anlage vermittelte Inhalte des Ausbildungslehrgangs und die jeweils darauf verwendeten Zeitstunden,
5. Datum und Ort der durchgeführten Einzelsupervision sowie
6. Name und Anschrift des Supervisors.

§ 3 Fortbildungsveranstaltung

(1) [1] Der zertifizierte Mediator hat nach Abschluss der Ausbildung regelmäßig an Fortbildungsveranstaltungen teilzunehmen. [2] Der Umfang der Fortbildungsveranstaltungen beträgt innerhalb eines Zeitraums von vier Jahren mindestens 40 Zeitstunden. [3] Die Vierjahresfrist beginnt erstmals mit Ausstellung der Bescheinigung nach § 2 Absatz 6 zu laufen.

(2) Ziel der Fortbildungsveranstaltungen ist

1. eine Vertiefung und Aktualisierung einzelner in der Anlage aufgeführter Inhalte oder
2. eine Vertiefung von Kenntnissen und Fähigkeiten in besonderen Bereichen der Mediation.

(3) ¹Über die erfolgreiche Teilnahme an einer Fortbildungsveranstaltung ist von der Fortbildungseinrichtung eine Bescheinigung auszustellen. ²Die Bescheinigung muss enthalten:

1. Name, Vornamen und Geburtsdatum der oder des Teilnehmenden,
2. Name und Anschrift der Fortbildungseinrichtung,
3. Datum und Ort der Fortbildungsveranstaltung sowie
4. vermittelte Fortbildungsinhalte und Dauer der Fortbildungsveranstaltung in Zeitstunden.

§ 4 Fortbildung durch Einzelsupervision

(1) ¹Innerhalb der zwei auf den Abschluss seiner Ausbildung nach § 2 folgenden Jahre hat der zertifizierte Mediator mindestens viermal an einer Einzelsupervision, jeweils im Anschluss an eine als Mediator oder Co-Mediator durchgeführte Mediation, teilzunehmen. ²Die Zweijahresfrist beginnt mit Ausstellung der Bescheinigung nach § 2 Absatz 6 zu laufen.

(2) ¹Über jede nach Absatz 1 durchgeführte Einzelsupervision ist von dem Supervisor eine Bescheinigung auszustellen. ²Diese Bescheinigung muss enthalten:

1. Name, Vornamen und Geburtsdatum des zertifizierten Mediators,
2. Datum und Ort der durchgeführten Einzelsupervision,
3. anonymisierte Angaben zur in der Einzelsupervision besprochenen Mediation sowie
4. Name und Anschrift des Supervisors.

§ 5 Anforderungen an Aus- und Fortbildungseinrichtungen

(1) Eine Ausbildung nach § 2 oder eine Fortbildung nach § 3 darf nur durchführen, wer sicherstellt, dass die dafür eingesetzten Lehrkräfte

1. über einen berufsqualifizierenden Abschluss einer Berufsausbildung oder eines Hochschulstudiums verfügen und
2. über die jeweils erforderlichen fachlichen Kenntnisse verfügen, um die in der Anlage aufgeführten oder sonstige Inhalte der Aus- oder Fortbildung zu vermitteln.

(2) Sofern eine Lehrkraft nur eingesetzt wird, um bestimmte Aus- oder Fortbildungsinhalte zu vermitteln, müssen sich ihre fachlichen Kenntnisse nur darauf beziehen.

§ 6¹ Gleichwertige im Ausland erworbene Qualifikation

Als zertifizierter Mediator darf sich auch bezeichnen, wer

1. im Ausland eine Ausbildung zum Mediator im Umfang von mindestens 90 Zeitstunden abgeschlossen hat und
2. anschließend als Mediator oder Co-Mediator mindestens vier Mediationen durchgeführt hat.

§ 7 Übergangsbestimmungen

(1) Als zertifizierter Mediator darf sich bezeichnen, wer vor dem 26. Juli 2012 eine Ausbildung zum Mediator im Umfang von mindestens 90 Zeitstunden abgeschlossen und anschließend als Mediator oder Co-Mediator mindestens vier Mediationen durchgeführt hat.

(2) ¹Als zertifizierter Mediator darf sich auch bezeichnen, wer vor dem 1. September 2017 einen den Anforderungen des § 2 Absatz 3 und 4 genügenden Ausbildungslehrgang erfolgreich beendet hat und bis zum 1. Oktober 2018 an einer Einzelsupervision im Anschluss an eine als Mediator oder Co-Mediator durchgeführte Mediation teilgenommen hat. ²Wird die Einzelsupervision erst nach dem 1. September 2017 durchgeführt, ist entsprechend § 4 Absatz 2 eine Bescheinigung auszustellen.

---

¹ [Amtl. Anm.:] § 6 dieser Verordnung dient der Umsetzung der Richtlinie 2005/36/EG des Europäischen Parlaments und des Rates vom 7. September 2005 über die Anerkennung von Berufsqualifikationen (ABl. L 255 vom 30.9.2005, S. 22, L 271 vom 16.10.2007, S. 18, L 93 vom 4.4.2008, S. 28, L 33 vom 3.2.2009, S. 49, L 305 vom 24.10.2014, S. 115), die zuletzt durch die Richtlinie 2013/55/EU (ABl. L 354 vom 28.12.2013, S. 132, L 268 vom 15.10.2015, S. 35, L 95 vom 9.4.2016, S. 20) geändert worden ist, sowie der Richtlinie 2013/55/EU des Europäischen Parlaments und des Rates vom 20. November 2013 zur Änderung der Richtlinie 2005/36/EG über die Anerkennung von Berufsqualifikationen und der Verordnung (EU) Nr. 1024/2012 über die Verwaltungszusammenarbeit mit Hilfe des Binnenmarkt-Informationssystems („IMI-Verordnung") (ABl. L 354 vom 28.12.2013, S. 132, L 268 vom 15.10.2015, S. 35, L 95 vom 9.4.2016, S. 20).

(3) [1] In den Fällen der Absätze 1 und 2 beginnen die Fristen des § 3 Absatz 1 Satz 3 und des § 4 Absatz 1 am 1. September 2017 zu laufen. [2] Im Fall des Absatzes 2 Satz 2 beginnen die Fristen abweichend von Satz 1 mit Ausstellen der Bescheinigung zu laufen.

§ 8 Inkrafttreten

Diese Verordnung tritt am 1. September 2017 in Kraft.

Anlage
Inhalte des Ausbildungslehrgangs

Nummer	Inhalt des Ausbildungslehrgangs	Stundenzahl (Zeitstunden)
I	II	III
1.	Einführung und Grundlagen der Mediation a) Grundlagen der Mediation aa) Überblick über Prinzipien, Verfahrensablauf und Phasen der Mediation bb) Überblick über Kommunikations- und Arbeitstechniken in der Mediation b) Abgrenzung der Mediation zum streitigen Verfahren und zu anderen alternativen Konfliktbeilegungsverfahren c) Überblick über die Anwendungsfelder der Mediation	18 Stunden
2.	Ablauf und Rahmenbedingungen der Mediation a) Einzelheiten zu den Phasen der Mediation aa) Mediationsvertrag bb) Stoffsammlung cc) Interessenerforschung dd) Sammlung und Bewertung von Optionen ee) Abschlussvereinbarung b) Besonderheiten unterschiedlicher Settings in der Mediation aa) Einzelgespräche bb) Co-/Teammediation, Mehrparteienmediation, Shuttle-Mediation cc) Einbeziehung Dritter c) Weitere Rahmenbedingungen aa) Vor- und Nachbereitung von Mediationsverfahren bb) Dokumentation/Protokollführung	30 Stunden
3.	Verhandlungstechniken und -kompetenz a) Grundlagen der Verhandlungsanalyse b) Verhandlungsführung und Verhandlungsmanagement: intuitives Verhandeln, Verhandlung nach dem Harvard-Konzept/integrative Verhandlungstechniken, distributive Verhandlungstechniken	12 Stunden
4.	Gesprächsführung, Kommunikationstechniken a) Grundlagen der Kommunikation b) Kommunikationstechniken (z.B. aktives Zuhören, Paraphrasieren, Fragetechniken, Verbalisieren, Reframing, verbale und nonverbale Kommunikation) c) Techniken zur Entwicklung und Bewertung von Lösungen (z.B. Brainstorming, Mindmapping, sonstige Kreativitätstechniken, Risikoanalyse) d) Visualisierungs- und Moderationstechniken e) Umgang mit schwierigen Situationen (z.B. Blockaden, Widerstände, Eskalationen, Machtungleichgewichte)	18 Stunden

Nummer	Inhalt des Ausbildungslehrgangs	Stundenzahl (Zeitstunden)
I	II	III
5.	Konfliktkompetenz a) Konflikttheorie (Konfliktfaktoren, Konfliktdynamik und Konflikt- analyse; Eskalationsstufen; Konflikttypen) b) Erkennen von Konfliktdynamiken c) Interventionstechniken	12 Stunden
6.	Recht der Mediation a) Rechtliche Rahmenbedingungen: Mediatorvertrag, Berufsrecht, Verschwiegenheit, Vergütungsfragen, Haftung und Versicherung b) Einbettung in das Recht des jeweiligen Grundberufs c) Grundzüge des Rechtsdienstleistungsgesetzes	6 Stunden
7.	Recht in der Mediation a) Rolle des Rechts in der Mediation b) Abgrenzung von zulässiger rechtlicher Information und unzulässiger Rechtsberatung in der Mediation durch den Mediator c) Rolle des Mediators in Abgrenzung zu den Aufgaben des Partei- anwalts d) Sensibilisierung für das Erkennen von rechtlich relevanten Sachverhalten bzw. von Situationen, in denen den Medianden die Inanspruchnahme externer rechtlicher Beratung zu empfehlen ist, um eine informierte Entscheidung zu treffen e) Mitwirkung externer Berater in der Mediation f) Rechtliche Besonderheiten der Mitwirkung des Mediators bei der Abschlussvereinbarung g) Rechtliche Bedeutung und Durchsetzbarkeit der Abschlussverein- barung unter Berücksichtigung der Vollstreckbarkeit	12 Stunden
8.	Persönliche Kompetenz, Haltung und Rollenverständnis a) Rollendefinition, Rollenkonflikte b) Aufgabe und Selbstverständnis des Mediators (insbesondere Wertschätzung, Respekt und innere Haltung) c) Allparteilichkeit, Neutralität und professionelle Distanz zu den Medianden und zum Konflikt d) Macht und Fairness in der Mediation e) Umgang mit eigenen Gefühlen f) Selbstreflexion (z.B. Bewusstheit über die eigenen Grenzen aufgrund der beruflichen Prägung und Sozialisation)	12 Stunden
Gesamt:		120 Stunden

Sachregister

Die fett gesetzten Zahlen bezeichnen die Paragrafen,
die mageren Zahlen die jeweiligen Randnummern